超ビジュアル！

# 戦国武将大事典

矢部健太郎／監修

西東社

JN181149

# 超ビジュアル！戦国武将大事典

## もくじ

## 2章 織《お》田《だ》信《のぶ》長《なが》の時代

## 3章 豊臣秀吉《とよとみひでよし》の時代

## 5章 戦国《せんごく》時代の終わり

# この本の使い方

## 肖像《しょうぞう》

資料《しりょう》などに残《のこ》されている人物の絵です。想像《そうぞう》でえがかれたものも含《ふく》まれています。

## 家紋《かもん》

戦国武将《せんごくぶしょう》たちが、それぞれの家の印《しるし》としている紋章《もんしょう》です。

## 能力《のうりょく》

武将《ぶしょう》の能力《のうりょく》を5段階《だんかい》で示《しめ》すグラフを入れています。

武 武力《ぶりょく》　知 考える能力《のうりょく》　人 他人から信頼《しんらい》される能力《のうりょく》

## 人物の名前と読み方

ひとりの人物に、たくさんの名前がある場合がありますが、最《もっと》も知られている名前にしています。

## 人物イラスト

戦国武将《せんごくぶしょう》をイラストで再現《さいげん》しています。顔や武器《ぶき》は想像《そうぞう》でえがいているものもあります。

## おもな居城《きょじょう》

戦国武将《せんごくぶしょう》が住んでいた城《しろ》のうち、代表《だいひょう》的《てき》なものです。

## 軍旗《ぐんき》・馬印《うまじるし》

戦国武将《せんごくぶしょう》たちが合戦《かっせん》で目印《めじるし》として使った旗《はた》や印《しるし》のうち代表的《だいひょうてき》なものを取り上げています。想像《そうぞう》でえがいたものも含《ふく》まれます。

## ビジュアル資料《しりょう》

人物に関《かん》する合《かっ》戦図《せんず》や写真などの資料《しりょう》です。

## 発見《はっけん》!

現在《げんざい》も見ることができる城《しろ》や史《し》跡《せき》などです。

## 人物のプロフィール

出身地や生年月日、死亡《しぼう》年月日、死因《しいん》には、いくつかの説《せつ》がある場合がありますが、代表的《だいひょうてき》なものをのせています。

## なるほどエピソード

武将《ぶしょう》の性格《せいかく》や考え方などがわかるエピソードを紹介《しょうかい》しています。

## ウソ!ホント!?

絶対《ぜったい》に本当とは言えないけれど、おどろくような説《せつ》を紹介《しょうかい》します。

## 運命《うんめい》の戦《たたか》い

この本では、その人物の運命《うんめい》が変《か》わった戦《たたか》いを「運《うん》命《めい》の戦《たたか》い」としました。

## 戦国のきずな

武将《ぶしょう》やその家族の心のつながりが現《あらわ》れたエピソードを紹介《しょうかい》します。

## 名勝負

人物に関連《かんれん》する合戦《かっせん》や戦《たたか》いのエピソードを紹介《しょうかい》します。

- この本で紹介《しょうかい》している年齢《ねんれい》は数え年(生まれた年を「1歳《さい》」として、以降《いこう》1月1日を迎《むか》えるたびに1歳《さい》ずつ増《ふ》やして数える年齢《ねんれい》)で示《しめ》しています。
- マンガ、イラストは基本的《きほんてき》に史実《しじつ》に基《もと》づいていますが、想像《そうぞう》でえがいた場面もあります。
- 人物の生没年《せいぼつねん》、できごとの日時・場所などには別の説《せつ》がある場合もあります。

# 1章

# 戦《せん》国《ごく》時代のはじまり

1467年
京都《きょうと》――
タタタ…
ガラッ
たいへんだ!!
ついに山名様《やまなさま》と細川様《ほそかわさま》が激突《げきとつ》したぞ!
じきにここも危《あぶ》なくなる!
そんな……
父ちゃん、これから京都《きょうと》はどうなるの?
とにかく今はにげるんだ!

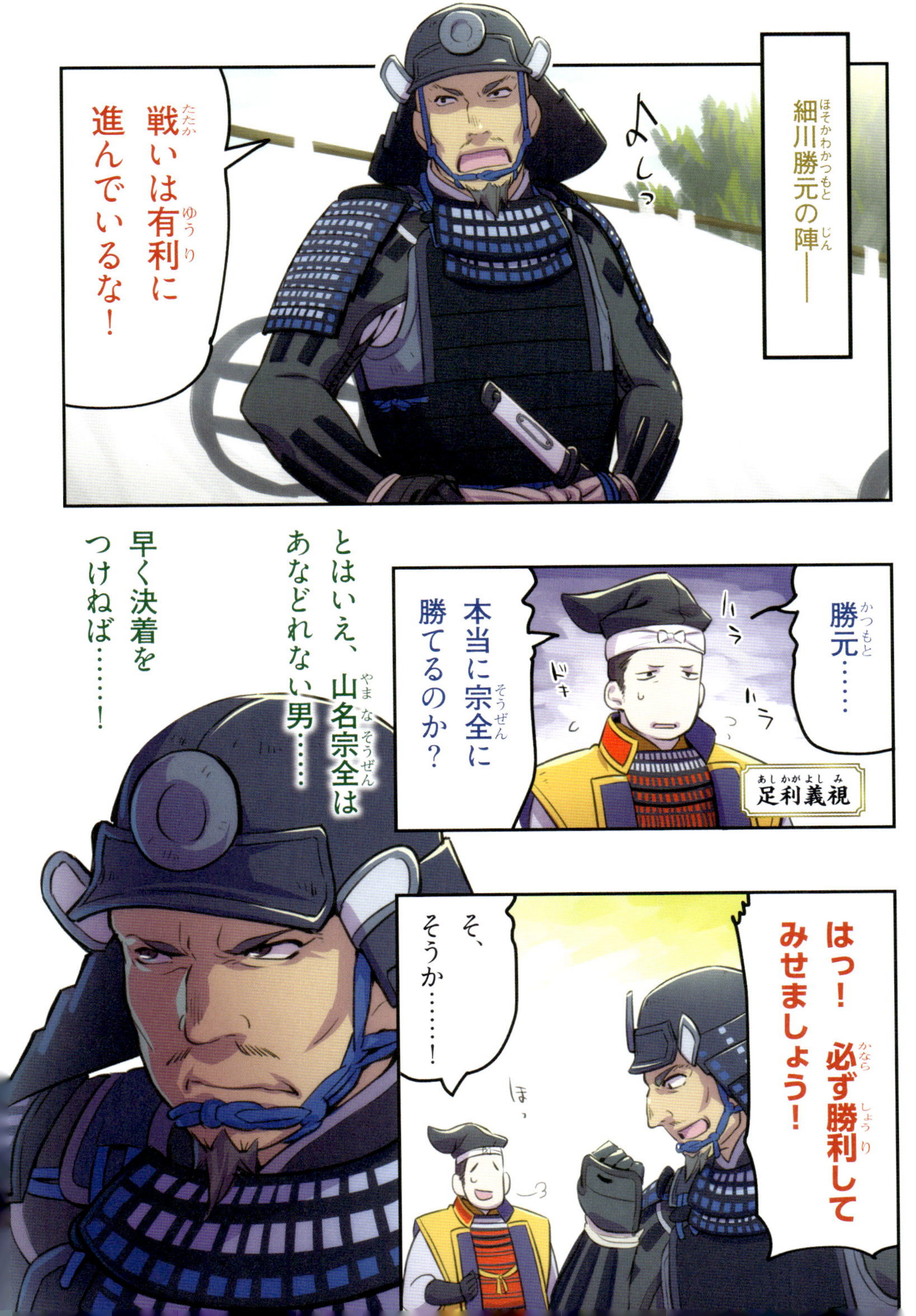
細川勝元《ほそかわかつもと》の陣《じん》——
のしっ
戦《たたか》いは有利《ゆうり》に進んでいるな!
勝元《かつもと》……
ハラ ハラ
ドキッ
本当に宗全《そうぜん》に勝てるのか?
足利義視《あしかがよしみ》
とはいえ、山名宗全《やまなそうぜん》はあなどれない男……
早く決着をつけねば……!
はっ! 必《かなら》ず勝利《しょうり》してみせましょう!
そ、そうか……!
ほっ

山名宗全《やまなそうぜん》の陣《じん》——
バタ
我《わ》が軍《ぐん》が不利《ふり》です!
バタ
むぅ……!
勝元《かつもと》め!
報告《ほうこく》です!
タタタ…
今度はなんだ!?
味方の軍勢《ぐんぜい》が続《ぞく》ぞくと京都《きょうと》に到着《とうちゃく》!
わあっ!
よしっ! 一気に巻《ま》き返すぞ!!
こうして両軍《りょうぐん》の一進一退《いっしんいったい》の攻防《こうぼう》が続《つづ》き、勝敗《しょうはい》がつかないまま年月が過《す》ぎていった……
ワァァァァ

1477年
京都《きょうと》——
なんということだ……!
京都《きょうと》のほとんどが焼《や》け野原です
戦乱《せんらん》は全国に広がっていくことでしょう…
戦《たたか》いの世か……
わしらはどうすれば……
これからの世は実力で生きていく時代!
わたしが力をつけて、父上と母上をお守りします!

応仁《おうにん》の乱《らん》の原因《げんいん》をつくった室町幕府《むろまちばくふ》8代将軍《しょうぐん》

# 足利義政《あしかがよしまさ》

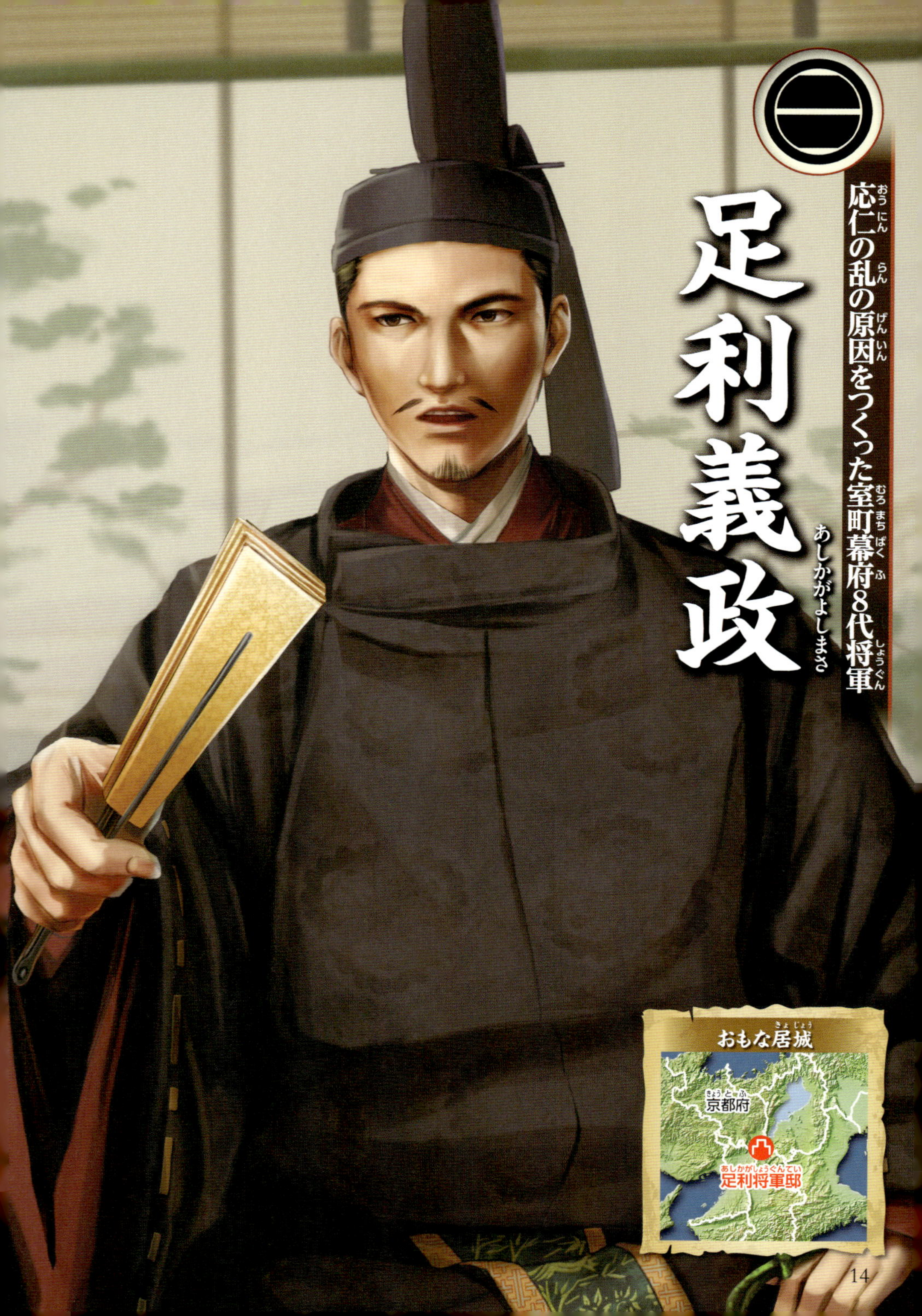

## 将軍《しょうぐん》の後《あと》継《つ》ぎ問題を起こし応仁《おうにん》の乱《らん》の原因《げんいん》をつくる

足利義政《あしかがよしまさ》は、6代将軍《しょうぐん》・足利義教《あしかがよしのり》の子。兄である7代将軍《しょうぐん》の義勝《よしかつ》が若《わか》くして死んだため、義政《よしまさ》は14歳《さい》で将軍《しょうぐん》の職《しょく》についた。

意欲《いよく》をもち、積極的《せっきょくてき》に政治《せいじ》を動かそうとした義政《よしまさ》だったが、妻《つま》の日野富子《ひのとみこ》や、富子《とみこ》の実家の日野家《ひのけ》から政治《せいじ》に口出しをされたため、しだいにやる気を失《うしな》っていった。

そんな中、義政《よしまさ》の後継《あとつ》ぎ問題が守護《しゅご》大名《だいみょう》（地方を支配《しはい》した領主《りょうしゅ》）の勢力争《せいりょくあらそ》いと結《むす》びつき、応仁《おうにん》の乱《らん》へと発展《はってん》した。

義政《よしまさ》は後継《あとつ》ぎ問題に手を打つことなく、京都《きょうと》の東山《ひがしやま》に移《うつ》り住んだ。芸術《げいじゅつ》の才能《さいのう》のあった義政《よしまさ》は、銀閣《ぎんかく》を建《た》て、庭づくり、花道《かどう》、茶道《ちゃどう》など、文化の発展《はってん》につくした。

しかし、11年間戦場《せんじょう》となった京都《きょうと》は焼《や》け野原となり、室町幕府《むろまちばくふ》の力は失《うしな》われた。

こうして、室町《むろまち》時代の後半の約《やく》100年間は、全国の大名《だいみょう》たちが天下統一《とういつ》を目指し、激《はげ》しく争《あらそ》った時代が続《つづ》いた。これを戦国《せんごく》時代と呼《よ》ぶ。

**銀閣《ぎんかく》を建《た》てた義政《よしまさ》**

応仁《おうにん》の乱《らん》が終わった直後、義政《よしまさ》は京都《きょうと》の東山《ひがしやま》に豪華《ごうか》な銀閣《ぎんかく》を建《た》てた。

### 足利義政《あしかがよしまさ》

**肖像《しょうぞう》**

**出身地《しゅっしんち》**

京《きょう》（現在《げんざい》の京都市《きょうとし》）

**生年月日《せいねんがっぴ》**

1436年1月2日

**死亡年月日《しぼうねんがっぴ》**

1490年1月7日

**享年《きょうねん》**

55歳《さい》（病死）

**能力《のうりょく》**

武 1

知 4

人 1

**運命《うんめい》の戦《たたか》い**

応仁《おうにん》の乱《らん》（➡P16）

### 応仁《おうにん》の乱《らん》の対立関係《かんけい》

西軍《せいぐん》
VS
東軍《とうぐん》
義政《よしまさ》の子
足利義尚《あしかがよしひさ》
義尚《よしひさ》をたすける
山名宗全《やまなそうぜん》
足利義政《あしかがよしまさ》
後継者《こうけいしゃ》に義視《よしみ》を指名したが、義尚《よしひさ》が生まれて後継者争《こうけいしゃあらそ》いが起こる
義政《よしまさ》の弟
足利義視《あしかがよしみ》
義視《よしみ》をたすける
細川勝元《ほそかわかつもと》

合戦《かっせん》ファイル
1
1467年

# 応《おう》仁《にん》の乱《らん》

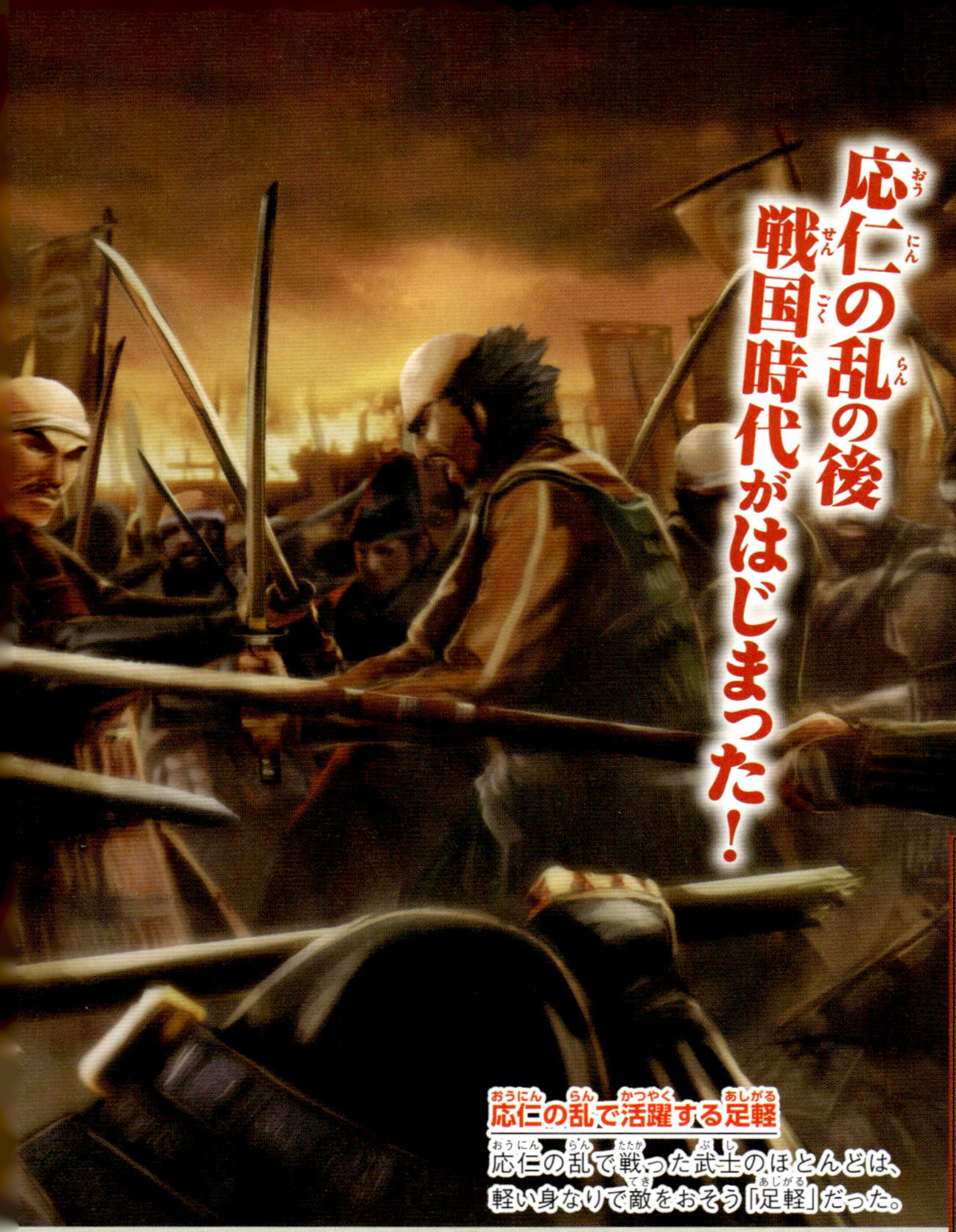

応《おう》仁《にん》の乱《らん》の後
戦《せん》国《ごく》時代がはじまった！

**応仁《おうにん》の乱《らん》で活躍《かつやく》する足軽《あしがる》**
応仁《おうにん》の乱《らん》で戦《たたか》った武士《ぶし》のほとんどは、軽い身なりで敵《てき》をおそう「足軽《あしがる》」だった。

分 戦力《せんりょく》 約《やく》16万人

細川勝元《ほそかわかつもと》
東軍《とうぐん》
VS
西軍《せいぐん》

山名宗全《やまなそうぜん》
分 戦力《せんりょく》 約《やく》11万人

## 全国の守護《しゅご》大名《だいみょう》たちが京都《きょうと》を舞台《ぶたい》に争《あらそ》う

室町幕府《むろまちばくふ》8代将軍《しょうぐん》・足利義政《あしかがよしまさ》は、弟・義視《よしみ》を後継《あとつ》ぎに指名していた。しかしその後、息子の義尚《よしひさ》が生まれると、妻の日野富子《ひのとみこ》は我《わ》が子を将軍《しょうぐん》にしようと、有力な守《しゅ》護《ご》大名《だいみょう》(地方を支配《しはい》した領主《りょうしゅ》)・山《やま》名《な》宗全《そうぜん》に協力《きょうりょく》を頼《たの》んだ。義視《よしみ》には、有力な守護《しゅご》大名《だいみょう》・細川勝元《ほそかわかつもと》が味方し、両者は対立した。

さらに、ほかの守護《しゅご》大名《だいみょう》の家でも後継《あとつ》ぎ問題が起こり、宗全《そうぜん》派《は》と勝元《かつもと》派《は》に分かれて対立した。こうして、宗全《そうぜん》をリーダーとする西軍《せいぐん》には約《やく》11万の兵《へい》が、勝元《かつもと》をリー

ダーとする東軍《とうぐん》には約《やく》16万の兵《へい》が集まり、京都《きょうと》を舞台《ぶたい》に戦《たたか》いをはじめた。応仁《おうにん》の乱《らん》である。

この乱《らん》は勝負がつかないまま約《やく》11年続《つづ》き、京都《きょうと》は焼《や》け野原になった。幕府《ばくふ》は全国を支配《しはい》する力を失《うしな》い、各地《かくち》の守護大名《しゅごだいみょう》たちは勢力《せいりょく》をのばすために争《あらそ》いをはじめた。こうして戦国《せんごく》時代の幕《まく》が開《ひら》いたのである。

## 応仁《おうにん》の乱《らん》のはじまり

### 1 義政《よしまさ》が義視《よしみ》を後継《あとつ》ぎに指名する

８代将軍《しょうぐん》・足利義政《あしかがよしまさ》は、自分に子どもがいなかったので、弟の足利義視《あしかがよしみ》を後継者《こうけいしゃ》に定めた。

### 2 義尚《よしひさ》が誕生《たんじょう》し、後継《あとつ》ぎ争《あらそ》いが起《お》こる

義政《よしまさ》に息子の義尚《よしひさ》が生まれたため、後継《あとつ》ぎ争《あらそ》いが起こった。細川勝元《ほそかわかつもと》が義視《よしみ》に味方し、山名宗全《やまなそうぜん》が義尚《よしひさ》に味方した。

### 3 応仁《おうにん》の乱《らん》がはじまる

全国の守護大名《しゅごだいみょう》たちが細川方《ほそかわがた》（東軍《とうぐん》）か山名方《やまながた》（西《せい》軍《ぐん》）に分かれ、京都《きょうと》を舞台《ぶたい》に戦《たたか》いをはじめた。

# 北条早雲《ほうじょうそううん》

実力で伊豆《いず》をうばい取った「最初《さいしょ》の戦国《せんごく》大名《だいみょう》」

## 伊豆《いず》と小田原城《おだわらじょう》を実力でうばった戦国大名《せんごくだいみょう》

応仁《おうにん》の乱《らん》後、室町幕府《むろまちばくふ》の権力《けんりょく》は急速におとろえた。このため地方では守護《しゅご》大名《だいみょう》(地方を支配《しはい》した領主《りょうしゅ》)たちが幕府《ばくふ》を無視《むし》して、自分の領土《りょうど》を広げるために争《あらそ》うようになった。「戦国時代《せんごく》」のはじまりである。また、実力のある武将《ぶしょう》は、守護大名《しゅごだいみょう》を倒《たお》して権力《けんりょく》をにぎるようになった。こうした武将《ぶしょう》は「戦国大名《せんごくだいみょう》(戦国武将《せんごくぶしょう》)」と呼《よ》ばれた。

早雲《そううん》は、もともと室町幕府《むろまちばくふ》の役人だったが、伊豆《いず》(現在《げんざい》の静岡県《しずおかけん》)を支配《しはい》していた足利氏《あしかがし》が後継《あとつ》ぎ争《あらそ》いを起こして混乱《こんらん》していたとき、わずかな兵《へい》を率《ひき》いて伊豆《いず》をうばい取った。続《つづ》いて、小田原城《おだわらじょう》(神奈川県《かながわけん》)を攻撃《こうげき》してうばい取った。このとき早雲《そううん》は牛の角《つの》に松明《たいまつ》をつけて放ち、大軍《たいぐん》がいると思わせたという。実力で領主《りょうしゅ》となった北条早雲《ほうじょうそううん》は、「最初《さいしょ》の戦国大名《せんごくだいみょう》」といわれている。

発見《はっけん》!

**北条早雲像《ほうじょうそううんぞう》**

早雲《そううん》が小田原城《おだわらじょう》を攻《せ》めたとき、牛の角に松明《たいまつ》をつけて大《たい》軍《ぐん》に見せた姿《すがた》(神奈川県《かながわけん》)。

### 北条早雲《ほうじょうそううん》

**肖像《しょうぞう》**

**出身地《しゅっしんち》**

備中《びっちゅう》(現在《げんざい》の岡山県《おかやまけん》)?

**生年月日《せいねんがっぴ》**

1432年?(誕生日《たんじょうび》は不明《ふめい》)

**死亡年月日《しぼうねんがっぴ》**

1519年8月15日

**享年《きょうねん》**

88歳《さい》(病死)

**能力《のうりょく》**

| | | |
|---|---|---|
| 武 | 4 | ■■■■□ |
| 知 | 5 | ■■■■■ |
| 人 | 3 | ■■■□□ |

**運命《うんめい》の戦《たたか》い**

小田原城奪取《おだわらじょうだっしゅ》

**軍旗《ぐんき》・馬印《うまじるし》**

### ウソ!ホント!? 早雲《そううん》はネズミがトラになる夢《ゆめ》を信《しん》じた!?

早雲《そううん》はあるとき、2本の大きな杉《すぎ》の根元をかじって倒《たお》したネズミが巨大《きょだい》なトラに姿《すがた》を変《か》えるという夢《ゆめ》を見た。早雲《そううん》はこの夢《ゆめ》を、「関東《かんとう》を支配《しはい》していた上杉氏《うえすぎし》を、ねずみ年生まれの自分が倒《たお》す」という意味だと思ってたいへん喜《よろこ》び、自分の印鑑《いんかん》にトラの模《も》様《よう》をつけたそうだ。

# 北条氏康《ほうじょううじやす》

関東《かんとう》地方一帯《いったい》を支配《しはい》した「関東《かんとう》の雄《ゆう》」

## 北条氏康《ほうじょううじやす》

**肖像《しょうぞう》**

**出身地《しゅっしんち》**

相模《さがみ》(現在《げんざい》の神奈川県《かながわけん》)

**生年月日《せいねんがっぴ》**

1515年(誕生日《たんじょうび》は不明《ふめい》)

**死亡年月日《しぼうねんがっぴ》**

1571年10月3日

**享年《きょうねん》**

57歳《さい》(病死)

**能力《のうりょく》**

武 5
知 5
人 3

**運命《うんめい》の戦《たたか》い**

河越夜戦《かわごえやせん》(➡P22)

**軍旗《ぐんき》・馬印《うまじるし》**

## 「河越夜戦《かわごえやせん》」に勝利《しょうり》して関東《かんとう》全体を支配《しはい》する

北条氏康《ほうじょううじやす》は、「最初《さいしょ》の戦国大名《せんごくだいみょう》」と呼《よ》ばれた北条早雲《ほうじょうそううん》の孫《まご》である。氏康《うじやす》の父・氏綱《うじつな》は、「関東《かんとう》全体を支配《しはい》する」という早雲《そううん》の夢《ゆめ》を受け継《つ》ぎ、相模《さがみ》(現在《げんざい》の神奈川県《かながわけん》)の小田原城《おだわらじょう》を本拠地《ほんきょち》に、江戸《えど》城《じょう》や河越城《かわごえじょう》を攻《せ》め落とした。氏綱《うじつな》の死後、氏康《うじやす》は27歳《さい》で北条家《ほうじょうけ》を継《つ》いだ。

1545年、関東《かんとう》北部を支配《しはい》する上《うえ》杉氏《すぎし》や足利氏《あしかがし》の大軍《たいぐん》が、氏康《うじやす》の家臣《かしん》が守る河越城《かわごえじょう》(埼玉県《さいたまけん》)を取り囲《かこ》んだ。河《かわ》越城《ごえじょう》へかけつけた氏康《うじやす》は敵《てき》をだましてわずかな兵《へい》でおそいかかり、大勝利《だいしょうり》した。この「河越夜戦《かわごえやせん》」をきっかけに、氏《うじ》康《やす》は関東《かんとう》地方全体を支配《しはい》した。

その後は、甲斐《かい》(現在《げんざい》の山梨県《やまなしけん》)の武《たけ》田氏《だし》、駿河《するが》(現在《げんざい》の静岡県《しずおかけん》)の今川氏《いまがわし》と仲間《なかま》になる一方、領地《りょうち》である相模《さがみ》の政《せい》治《じ》にも力をつくした。

**河越城《かわごえじょう》**

河越夜戦《かわごえやせん》の舞台《ぶたい》となった城《しろ》。写真の本丸御殿《ほんまるごてん》は、江戸《えど》時代に建《た》てられたもの(埼玉県《さいたまけん》)。

### 名勝負

### 謙信《けんしん》の激《はげ》しい攻撃《こうげき》を防《ふせ》いだ氏康《うじやす》

1561年、越後《えちご》(現在《げんざい》の新潟県《にいがたけん》)の上杉謙信《うえすぎけんしん》(⬇P46)は11万人の大軍《たいぐん》で氏《うじ》康《やす》が守る小田原城《おだわらじょう》を包囲《ほうい》し攻撃《こうげき》を開始した。しかし小田原城《おだわらじょう》の守りはたいへん固《かた》く、氏康《うじやす》は必死《ひっし》に戦《たたか》ったので、謙《けん》信《しん》は小田原《おだわら》城《じょう》を落とすことができなかった。そして、約《やく》1か月後に謙信《けんしん》は引きあげた。

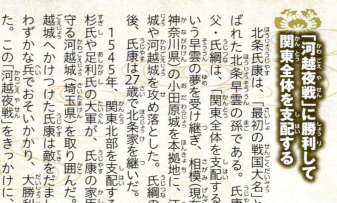

合戦《かっせん》ファイル 2

1546年

# 河越夜戦《かわごえやせん》

## 勝利《しょうり》した氏康《うじやす》は、関東《かんとう》地方を支配《しはい》する！

**上杉軍《うえすぎぐん》へ攻《せ》めこむ北条氏康《ほうじょううじやす》**

氏康《うじやす》は油断《ゆだん》する上杉軍《うえすぎぐん》に夜襲《やしゅう》をしかけて大勝利《だいしょうり》をおさめた。

**勝** 戦力《せんりょく》 約《やく》1万1000人

北条氏康《ほうじょううじやす》

北条軍《ほうじょうぐん》

VS

上杉・足利軍《うえすぎあしかがぐん》

上杉憲政《うえすぎのりまさ》

**負** 戦力《せんりょく》 約《やく》8万人

### にせの降伏状《こうふくじょう》で油断《ゆだん》させ、夜中におそいかかって勝利《しょうり》

1541年、北条氏綱《ほうじょううじつな》が死去し、子・氏康《うじやす》がその後を継《つ》いだ。

ところが氏綱《うじつな》にうばわれた河越《かわごえ》城《じょう》をうばい返そうと、1545年、上杉憲政《うえすぎのりまさ》、上杉朝定《うえすぎともさだ》、足利晴《あしかがはる》氏《うじ》らが、河越城《かわごえじょう》を8万もの大軍《たいぐん》で取り囲《かこ》んだ。そのとき河越城《かわごえじょう》にいたのは、氏康《うじやす》の親類《しんるい》・北条綱成《ほうじょうつなしげ》。綱成《つなしげ》は城《しろ》にこもって戦《たたか》いを続《つづ》けた。

氏康《うじやす》は、争《あらそ》っていた今川氏《いまがわし》と仲《なか》直《なお》りをして河越城《かわごえじょう》へ急いだ。しかし氏康《うじやす》の率《ひき》いる兵《へい》は8000人、河越城《かわごえじょう》の中の兵《へい》は3000人と、圧倒的《あっとうてき》に不利《ふり》な状況《じょうきょう》だった。

## 河越夜戦《かわごえやせん》の流れ

### 1 上杉《うえすぎ》・足利軍《あしかがぐん》が河越城《かわごえじょう》を囲《かこ》む

北条氏《ほうじょうし》が守る河越城《かわごえじょう》を、上杉憲政《うえすぎのりまさ》・上杉朝定《うえすぎともさだ》・足利晴氏《あしかがはるうじ》らの軍勢約《ぐんぜいやく》８万人が包囲《ほうい》した。

### 2 氏康《うじやす》がにせの降伏《こうふく》の手紙を出す

河越城《かわごえじょう》を救《すく》うために来た氏康《うじやす》は、「降伏《こうふく》する」という、にせの手紙を上杉《うえすぎ》・足利軍《あしかがぐん》に送る。

### 3 氏康《うじやす》が夜襲《やしゅう》をしかける

氏康《うじやす》は、油断《ゆだん》していた上杉《うえすぎ》・足利軍《あしかがぐん》に夜襲《やしゅう》をしかける。上杉《うえすぎ》・足利軍《あしかがぐん》は大混乱《だいこんらん》し、朝定《ともさだ》は殺《ころ》され、憲政《のりまさ》と晴氏《はるうじ》はにげた。

そこで氏康《うじやす》は、にせの降伏状《こうふくじょう》を敵《てき》に送りつけた。それを信《しん》じた憲《のり》政《まさ》たちはすっかり勝った気になった。翌年《よくとし》、敵《てき》が完全《かんぜん》に油断《ゆだん》したのを見計らって、氏康《うじやす》は兵士《へいし》たちの甲冑《かっちゅう》をぬがせて身軽にさせ、音を立てずに動けるようにすると、夜中にいきなりおそいかかった。上杉《うえすぎ》・足利軍《あしかがぐん》は大混乱《だいこんらん》し、氏康《うじやす》は大勝利《だいしょうり》をおさめた。

# 毛利元就《もうりもとなり》

優《すぐ》れた作戦《さくせん》で中国《ちゅうごく》地方を支配《しはい》した武将《ぶしょう》

## 毛利《もうり》家《け》を強くするため 3人の子に協力《きょうりょく》させる

毛利元就《もうりもとなり》は、安芸《あき》(現在《げんざい》の広島県《ひろしまけん》)の小さな領地《りょうち》をもつ有力武士《ぶし》の次男として生まれた。父と兄が相次いで亡《な》くなり、兄の子も死んだため、1523年、元就《もとなり》は27歳《さい》で毛利《もうり》家《け》を継《つ》いだ。

ところが、周防《すおう》(現在《げんざい》の山口県《やまぐちけん》)の大《おお》内《うち》氏《し》や出雲《いずも》(現在《げんざい》の島根県《しまねけん》)の尼子氏《あまごし》から、まわりを有力大名《だいみょう》に囲《かこ》まれていた。元就《もとなり》は生き残《のこ》りをかけ、知恵《ちえ》をしぼらねばならなかった。

元就《もとなり》は、「力をつけるまでのしんぼうだ」と、いったん大内氏《おおうちし》に従《したが》った。そして3人の息子に期待をかけた。元《もと》就《なり》は子どもたちに「1本の矢はたやすく折《お》れてしまうが、3本まとめると折《お》れない。だから兄弟3人、協力《きょうりょく》せよ」と教えたという伝説《でんせつ》がある。このように、元就《もとなり》は子どもたちが協力《きょうりょく》して毛利《もうり》家《け》を盛《も》り立てるように説《と》いたという。

そして元就《もとなり》は、次男・元春《もとはる》を、安芸《あき》と石見《いわみ》(現在《げんざい》の島根県《しまねけん》)に勢力《せいりょく》をもつ吉《きっ》川家《かわけ》に養子《ようし》に出し、三男・隆景《たかかげ》を、強力な水軍《すいぐん》をもつ小早川家《こばやかわけ》に養子《ようし》に出した。こうしてふたりにそれぞれの家を継《つ》がせて、毛利《もうり》家《け》が強くなるように協《きょう》力《りょく》させた。

そんな中、1551年に大内氏《おおうちし》の当主・大内義隆《おおうちよしたか》(⬇P33)が家臣《かしん》の陶晴賢《すえはるかた》(⬇P32)に殺《ころ》される事件《じけん》が起こった。

### 毛利元就《もうりもとなり》

肖像《しょうぞう》

出身地《しゅっしんち》

安芸《あき》(現在《げんざい》の広島県《ひろしまけん》)

生年月日《せいねんがっぴ》

1497年3月14日

死亡年月日《しぼうねんがっぴ》

1571年6月14日

享年《きょうねん》

75歳《さい》(病死)

能力《のうりょく》

| | |
|---|---|
| 武 | 3 |
| 知 | 5 |
| 人 | 5 |

運命《うんめい》の戦《たたか》い

厳島《いつくしま》の戦《たたか》い(➡P28)

軍旗《ぐんき》・馬印《うましるし》

ウソ! ホント!?

### 少女の代わりに石をうめた!?

毛利元就《もうりもとなり》が吉田郡山城主《よしだこおりやまじょうしゅ》になった頃《ころ》、石垣《いしがき》の工事がうまくいかないので、ある少女が人柱《ひとばしら》(工事の成功《せいこう》を神に祈《いの》って人間を生きうめにすること)に選《えら》ばれた。元就《もとなり》は「百万一心《ひゃくまんいっしん》(みんなの心をひとつにする)」と刻《きざ》んだ石を代わりにうめるように命令《めいれい》し、少女の命を救《すく》った。

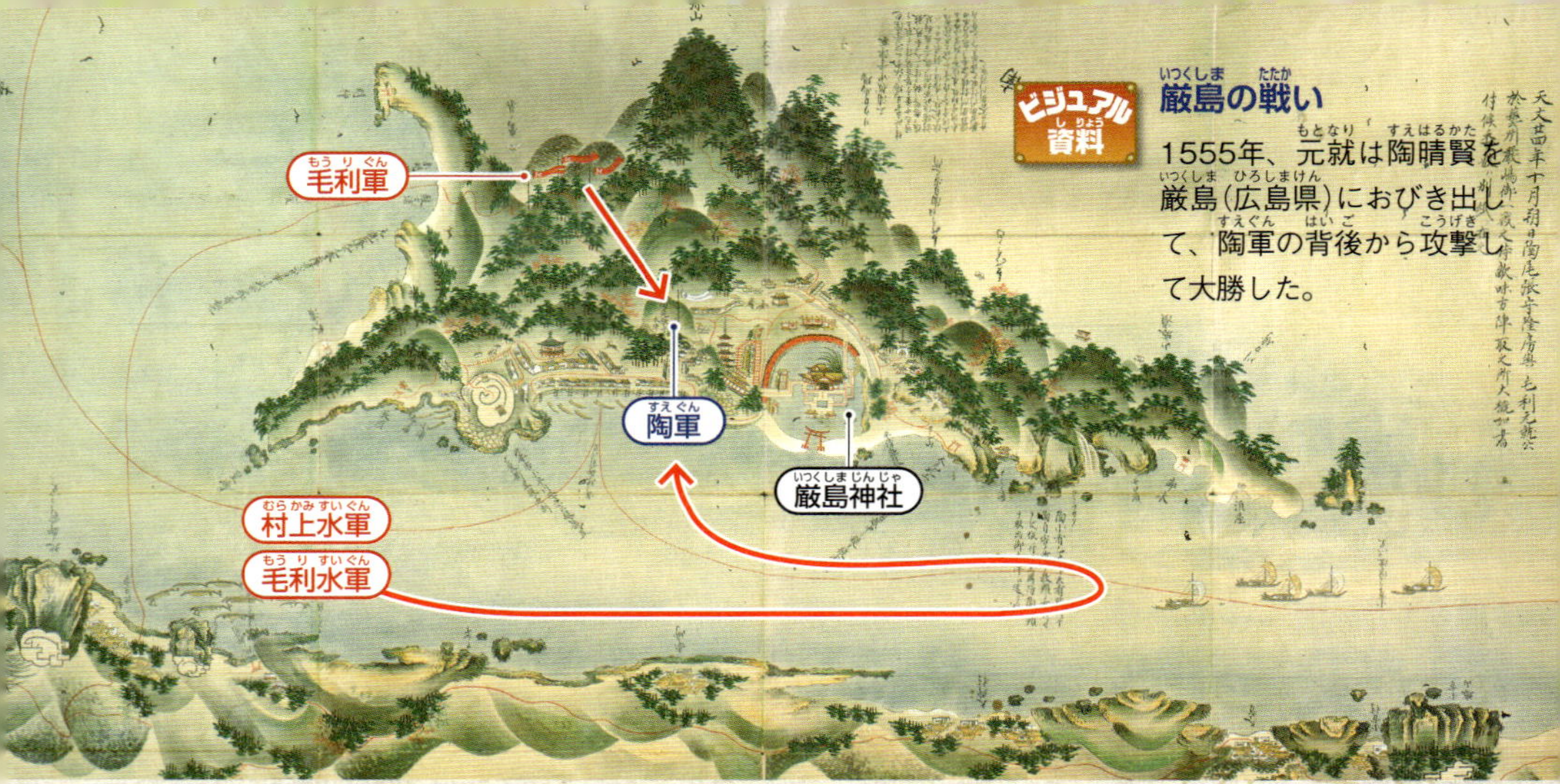


ビジュアル資料《しりょう》

**厳島《いつくしま》の戦《たたか》い**

1555年、元就《もとなり》は陶晴賢《すえはるかた》を厳島《いつくしま》(広島県《ひろしまけん》)におびき出して、陶軍《すえぐん》の背後《はいご》から攻撃《こうげき》して大勝した。

「芸州厳島御一戦之図」山口県文書館所蔵

## 大《おお》内《うち》氏《し》・尼《あま》子《ご》氏《し》を破《やぶ》り中国《ちゅうごく》地方の支《し》配《はい》者《しゃ》となる

最初《さいしょ》、元就《もとなり》は晴賢《はるかた》に協力《きょうりょく》したため、晴賢《はるかた》から新たな領地《りょうち》をあたえられた。しかし晴賢《はるかた》は元就《もとなり》の勢力《せいりょく》が強まることを恐《おそ》れ、元就《もとなり》に領地《りょうち》を返すよう求《もと》めた。元就《もとなり》はこれを断《ことわ》ったため、晴賢《はるかた》と対立し、ついに戦《たたか》いを決意した。

晴賢《はるかた》の大軍《たいぐん》と戦《たたか》っても勝ち目はないと見られていたが、1555年、元就《もとなり》は厳島《いつくしま》(広島県《ひろしまけん》)に晴賢《はるかた》をおびき寄《よ》せ、水軍《すいぐん》を率《ひき》いる三男・小早川隆景《こばやかわたかかげ》らと協力《きょうりょく》して攻撃《こうげき》し、勝利《しょうり》した(厳島《いつくしま》の戦《たたか》い)。

義隆《よしたか》が死んだ後の大内《おおうち》氏《し》には、北九州《きたきゅうしゅう》の戦国大名《せんごくだいみょう》である大友宗麟《おおともそうりん》(⬇P200)の弟・義長《よしなが》が入り、大内家《おおうちけ》を継《つ》いだ。しかし元就《もとなり》は、一気に義長《よしなが》も攻《せ》め、大内家《おおうちけ》をほろぼした。この結果《けっか》、元就《もとなり》は周防《すおう》・長門《ながと》(現在《げんざい》の山口県《やまぐちけん》)も支配《しはい》することになった。

元就《もとなり》の前に立ちはだかるのは、尼子《あまご》氏《し》のみとなった。1558年に尼子《あまご》晴《はる》久《ひさ》(⬇P30)は、元就《もとなり》から石見銀山《いわみぎんざん》(島根県)をうばった。以後《いご》、元就《もとなり》は尼子《あまご》氏《し》と8年間におよぶ激戦《げきせん》をくり広げることになった。

1560年に晴久《はるひさ》が死に、義久《よしひさ》が後《あと》を継《つ》ぐと、元就《もとなり》は義久《よしひさ》を攻《せ》めはじめた。そして1566年、元就《もとなり》は義久《よしひさ》を降伏《こうふく》させ、中国《ちゅうごく》地方の覇者《はしゃ》となった。養子《ようし》に出した吉川元春《きっかわもとはる》と小早川隆景《こばやかわたかかげ》も元就《もとなり》を支《ささ》え、どちらも名字に「川」がつくことから「毛利両川《もうりりょうせん》」と呼《よ》ばれた。

**吉田郡山城《よしだこおりやまじょう》**

元就《もとなり》が本拠地《ほんきょち》にした吉田郡山城《よしだこおりやまじょう》は、山全体を城《しろ》にしたものだった(広島県《ひろしまけん》)。

## 夢《ゆめ》は大きくもとう！

元就《もとなり》は少年のとき、家臣《かしん》たちと厳島神社《いつくしまじんじゃ》へお参《まい》りに行った。
どんな願《ねが》いごとをしたの？
元就様《もとなりさま》が安芸《あき》の領主《りょうしゅ》になれるようにと
それではだめ！理想が低《ひく》すぎ！
えっ!?
天下を目指さなければ、安芸《あき》一国も取れないぞ！

## 毛利家《もうりけ》の一族

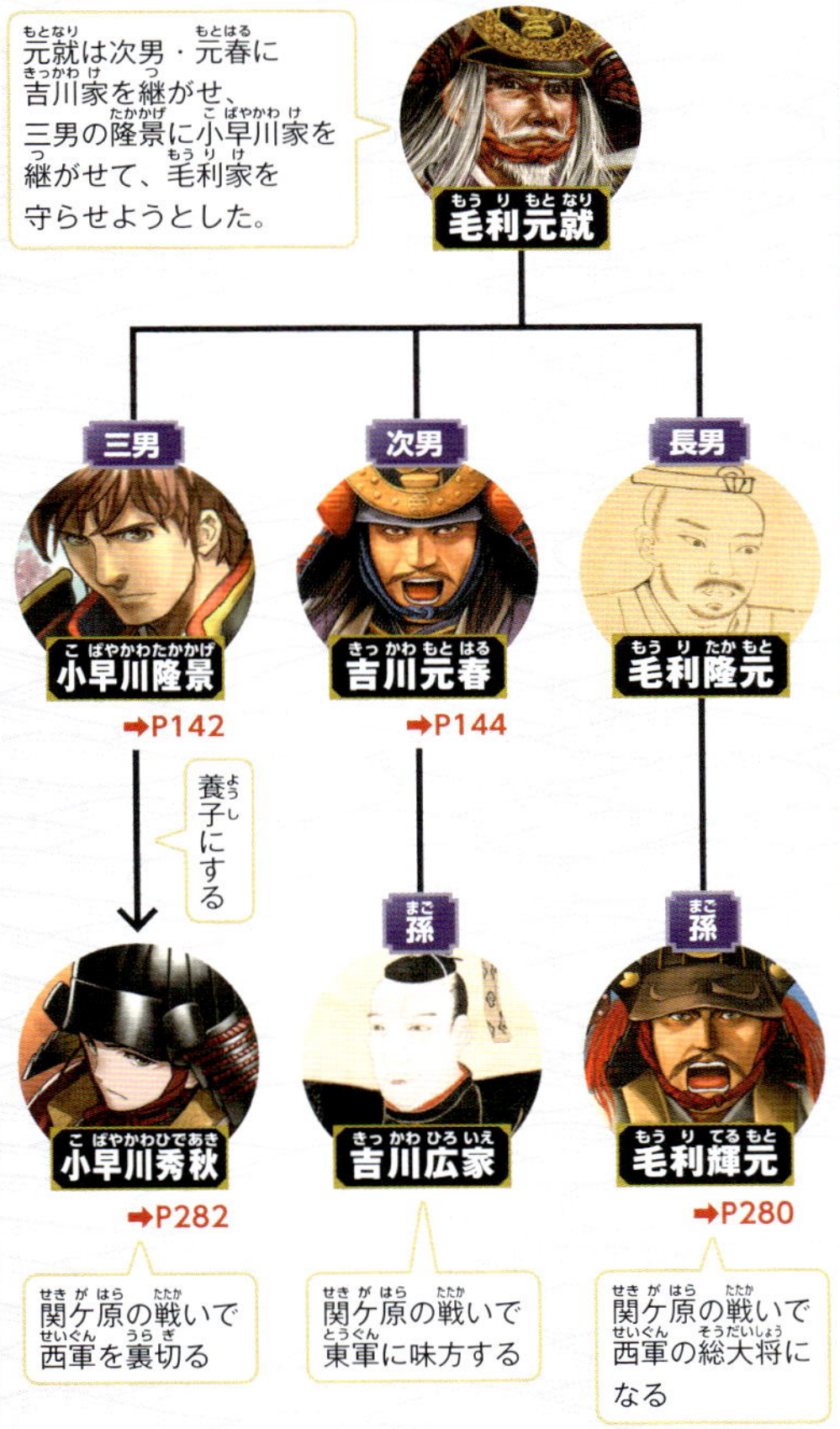
元就《もとなり》は次男・元春《もとはる》に吉川家《きっかわけ》を継《つ》がせ、三男の隆景《たかかげ》に小早川家《こばやかわけ》を継《つ》がせて、毛利家《もうりけ》を守らせようとした。
毛利元就《もうりもとなり》
三男
小早川隆景《こばやかわたかかげ》
➡P142
次男
吉川元春《きっかわもとはる》
➡P144
長男
毛利隆元《もうりたかもと》
養子《ようし》にする
小早川秀秋《こばやかわひであき》
➡P282
孫《まご》
吉川広家《きっかわひろいえ》
孫《まご》
毛利輝元《もうりてるもと》
➡P280
関ケ原《せきがはら》の戦《たたか》いで西軍《せいぐん》を裏切《うらぎ》る
関ケ原《せきがはら》の戦《たたか》いで東軍《とうぐん》に味方する
関ケ原《せきがはら》の戦《たたか》いで西軍《せいぐん》の総大将《そうだいしょう》になる

### なるほどエピソード

### 元就《もとなり》の手紙は長くてくどい!?

元就《もとなり》は手紙を書くのが好《す》きで、息子たちに「兄弟、仲良《なかよ》くするように」と書いた手紙は3メートル近くもある。しかも同じ内容《ないよう》をくり返し書くので、くどいと思われていたようだ。

合戦《かっせん》ファイル 3

1555年

# 厳島《いつくしま》の戦《たたか》い

## 元就《もとなり》は陶軍《すえぐん》を厳島《いつくしま》におびき出して追いつめた!

**陶軍《すえぐん》におそいかかる毛利軍《もうりぐん》**

元就《もとなり》は陶軍《すえぐん》の背後《はいご》の山から突然《とつぜん》おそいかかって攻撃《こうげき》し、海からは村上水《むらかみすい》軍《ぐん》と毛利水軍《もうりすいぐん》が攻撃《こうげき》をしかけた。

勝 戦力《せんりょく》 約《やく》5000人

毛利元就《もうりもとなり》

毛利軍《もうりぐん》

VS

陶軍《すえぐん》

陶晴賢《すえはるかた》

負 戦力《せんりょく》 約《やく》2万人

### 背後《はいご》からおそいかかって晴賢《はるかた》を死に追いこむ

大内義隆《おおうちよしたか》(⬇P33)の死後、陶晴《すえはる》賢《かた》(⬇P32)と毛利元就《もうりもとなり》の仲《なか》は、悪くなった。兵力《へいりょく》が多い晴賢《はるかた》とまともに戦《たたか》っても勝てないことを知っていた元就《もとなり》は、作戦《さくせん》を練った。そして厳島《いつくしま》(広島県《ひろしまけん》)に宮尾城《みやおじょう》を建《た》てはじめ、「今攻《せ》められたらたいへんだ」といううわさを流したり、自分の家来に「元就《もとなり》を裏切《うらぎ》る」という手紙を書かせて晴賢《はるかた》に送らせたりして、晴賢《はるかた》を油断《ゆだん》させた。

元就《もとなり》の作戦《さくせん》を見抜《みぬ》けなかった晴《はる》賢《かた》は、2万人の兵《へい》を率《ひき》いて厳島《いつくしま》に向かった。元就《もとなり》は晴賢《はるかた》の大軍《たいぐん》をせ

## 厳島《いつくしま》の戦《たたか》いの流れ

### 1 陶軍《すえぐん》が宮尾城《みやおじょう》に迫《せま》る

元就《もとなり》は、「厳島《いつくしま》の宮尾城《みやおじょう》が弱点」という、うその情報《じょうほう》を流す。それを信《しん》じた晴賢《はるかた》は２万人の大軍《たいぐん》を率《ひき》いて厳島《いつくしま》に上陸《じょうりく》し、宮尾城《みやおじょう》を包囲《ほうい》した。

### 2 毛利軍《もうりぐん》が厳島《いつくしま》に向かう

村上水軍《むらかみすいぐん》を味方につけた元就《もとなり》は、暴風雨《ぼうふうう》の中、陶軍《すえぐん》に気づかれないまま厳島《いつくしま》に上陸《じょうりく》した。

### 3 陶軍《すえぐん》を背後《はいご》から攻撃《こうげき》

元就《もとなり》は背後《はいご》から、村上水軍《むらかみすいぐん》は海から陶軍《すえぐん》を攻撃《こうげき》。陶軍《すえぐん》は大混乱《だいこんらん》し、晴賢《はるかた》はにげたが自殺《じさつ》した。

まい場所にさそいこむと、暴風雨《ぼうふうう》の中、厳島《いつくしま》に上陸《じょうりく》し、晴賢《はるかた》の背後《はいご》からおそいかかった。

あわてた陶軍《すえぐん》は島からにげようとしたが、小早川隆景《こばやかわたかかげ》が味方につけた村上水軍《むらかみすいぐん》(⬇P104)が待ちかまえていた。にげ道がなくなった陶軍《すえぐん》は大敗北《だいはいぼく》し、晴賢《はるかた》は自殺《じさつ》した。厳島《いつくしま》の海は、多くの死傷者《ししょうしゃ》の血で赤く染《そ》まったといわれる。

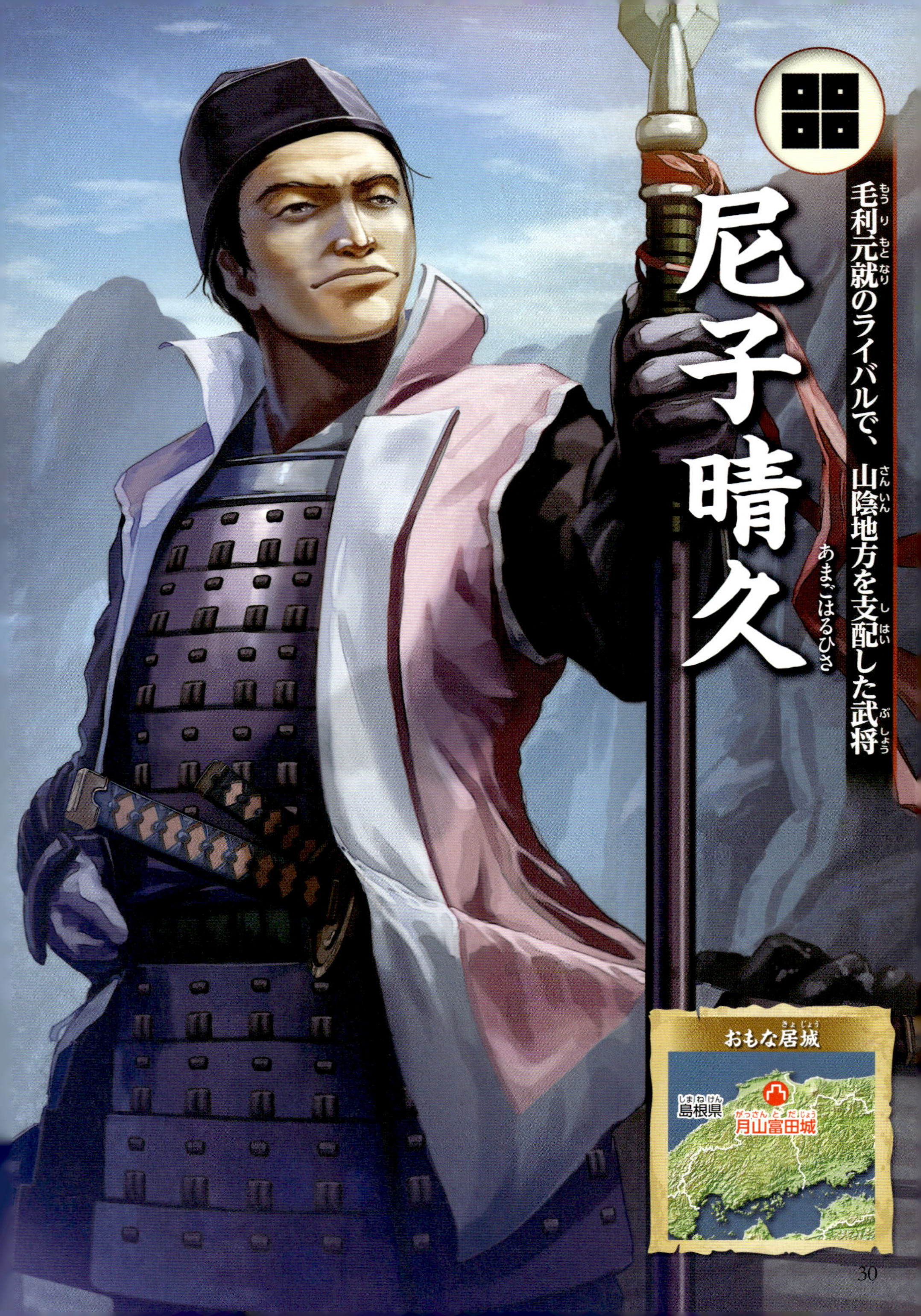

# 尼子晴久《あまごはるひさ》

毛利《もうり》元就《もとなり》のライバルで、山陰《さんいん》地方を支配《しはい》した武将《ぶしょう》

## 石見銀山《いわみぎんざん》をめぐって毛利元就《もうりもとなり》と激《はげ》しく戦《たたか》う

出雲《いずも》(現在《げんざい》の島根県《しまねけん》)の武将《ぶしょう》・尼子晴久《あまごはるひさ》は24歳《さい》で尼子家《あまごけ》を継《つ》ぐと、勢力《せいりょく》を広げようと次つぎと戦《たたか》いを起こした。そして、山陰《さんいん》・山陽《さんよう》地方にまたがる8か国を支配《しはい》する戦国大名《せんごくだいみょう》へと成長《せいちょう》した。

石見《いわみ》(現在《げんざい》の島根県《しまねけん》)には、銀鉱石《ぎんこうせき》(銀が含《ふく》まれている石)のとれる「石見銀山《いわみぎんざん》」があった。晴久《はるひさ》は、石見銀山《いわみぎんざん》をめぐって毛利元就《もうりもとなり》と激《はげ》しく争《あらそ》い、1558年、ついに石見銀山《いわみぎんざん》をうばった(忍原崩《おしばらくず》れ)。石見銀山《いわみぎんざん》をうばい返そうとする元就《もとなり》は、激《はげ》しい攻撃《こうげき》をしかけたが、晴久《はるひさ》は必死《ひっし》に守り続《つづ》けた。

ところが決着がつかないまま、1560年に晴久《はるひさ》は病《やまい》に倒《たお》れ、月山富田城《がっさんとだじょう》(島根県《しまねけん》)で急死した。晴久《はるひさ》の後は、次男・義久《よしひさ》が継《つ》いだが、元就《もとなり》に敗《やぶ》れ、尼子氏《あまごし》はほろびた。

**月山富田城《がっさんとだじょう》**

守りの固《かた》い城《しろ》だったが、晴久《はるひさ》の死後、元就《もとなり》によって落城《らくじょう》した。

### 尼子晴久《あまごはるひさ》

**肖像《しょうぞう》**

**出身地《しゅっしんち》**

出雲《いずも》(現在《げんざい》の島根県《しまねけん》)

**生年月日《せいねんがっぴ》**

1514年(誕生日《たんじょうび》は不明《ふめい》)

**死亡年月日《しぼうねんがっぴ》**

1560年12月24日

**享年《きょうねん》**

47歳《さい》(病死)

**能力《のうりょく》**

| | |
|---|---|
| 武 | 4 |
| 知 | 4 |
| 人 | 4 |

**運命《うんめい》の戦《たたか》い**

忍原崩《おしばらくず》れ

**軍旗《ぐんき》・馬印《うましるし》**

**戦国のきずな**

### 尼子氏《あまごし》の復活《ふっかつ》に命をささげた武将《ぶしょう》がいた!?

1566年、尼子氏《あまごし》は元就《もとなり》によってほろぼされた。尼子氏《あまごし》の家臣《かしん》だった山中鹿之介《やまなかしかのすけ》は、晴久《はるひさ》の親戚《しんせき》であった尼子《あまご》勝久《かつひさ》を守りながら、毛利氏《もうりし》に戦《たたか》いをいどみ続《つづ》けた。織田信長《おだのぶなが》の軍《ぐん》にも加《くわ》わって毛利氏《もうりし》と戦《たたか》ったが、最後《さいご》は信長《のぶなが》に見捨《みす》てられ、毛利軍《もうりぐん》に殺《ころ》された。

山中鹿之介《やまなかしかのすけ》(1545?~1578)

# 陶晴賢《すえはるかた》

主君・大内義隆《おおうちよしたか》を殺《ころ》して実権《じっけん》をにぎる

### おもな居城《きょじょう》

## 主君を裏切《うらぎ》って権力《けんりょく》をにぎるが元就《もとなり》に敗《やぶ》れる

陶晴賢《すえはるかた》は周防《すおう》(現在《げんざい》の山口県《やまぐちけん》)の大内《おおうち》氏《し》の家臣《かしん》の家に生まれた。晴賢《はるかた》は成長《せいちょう》すると、領主《りょうしゅ》の大内義隆《おおうちよしたか》に深く信頼《しんらい》された。１５４０年の尼子晴久《あまごはるひさ》との戦《たたか》いでは、総大将《そうだいしょう》をつとめた。ところがその後、主君の義隆《よしたか》は戦《たたか》いに消極的《しょうきょくてき》になっていった。学問や芸能《げいのう》、ヨーロッパ文化などに興味《きょうみ》を深めていった。「このままでは山陰《さんいん》の尼子《あまご》氏《し》や九州《きゅうしゅう》の大友《おおとも》氏《し》にやられます」と、晴賢《はるかた》は義隆《よしたか》をふるい立たせようとしたが、反感を買い、晴賢《はるかた》の立場は悪くなっていった。不満《ふまん》をもった晴賢《はるかた》は、１５５１年に義隆《よしたか》を攻《せ》めて、自殺《じさつ》に追いこんだ。晴《はる》賢《かた》は大内《おおうち》氏《し》の実権《じっけん》をにぎり、大軍《たいぐん》を手に入れた。しかし、これまで大内《おおうち》氏《し》に従《したが》っていた毛利元就《もうりもとなり》と対立した。「兵力《へいりょく》は自分の方が圧倒的《あっとうてき》に有利《ゆうり》。元《もと》就《なり》を倒《たお》すなら早い方がいい」。そう考えた晴賢《はるかた》は自ら大軍《たいぐん》を率《ひき》いて、元就《もとなり》の待ちかまえる厳島《いつくしま》に乗りこんだ。しかし背後《はいご》から奇襲攻撃《きしゅうこうげき》を受けて大敗《たいはい》し、にげ場を失《うしな》った晴賢《はるかた》は自ら命を絶《た》った。

**主君に怒《いか》りをもつ晴賢《はるかた》**

政治《せいじ》に興味《きょうみ》を示《しめ》さず、文化人ばかりと仲《なか》よくする主君・大内義隆《おおうちよしたか》に対し、晴賢《はるかた》は強い怒《いか》りと不安《ふあん》を感じた。

**大内義隆《おおうちよしたか》(1507〜1551)**

中国《ちゅうごく》地方西部を支配《しはい》した大名《だいみょう》。学問や文学が好《す》きで、領地《りょうち》でキリスト教を布教《ふきょう》することも許可《きょか》した。

### 陶晴賢《すえはるかた》

**肖像《しょうぞう》**

**出身地《しゅっしんち》**

周防《すおう》(現在《げんざい》の山口県《やまぐちけん》)

**生年月日《せいねんがっぴ》**

1521年(誕生日《たんじょうび》は不明《ふめい》)

**死亡年月日《しぼうねんがっぴ》**

1555年10月1日

**享年《きょうねん》**

35歳《さい》(自殺《じさつ》)

**能力《のうりょく》**

武 2

知 2

人 1

**運命《うんめい》の戦《たたか》い**

厳島《いつくしま》の戦《たたか》い(➡P28)

**軍旗《ぐんき》・馬印《うましるし》**

晴賢《はるかた》の軍旗《ぐんき》は不明《ふめい》だが、大内家《おおうちけ》の軍旗《ぐんき》を使用したと考えられる。

# 武田信玄《たけだしんげん》

戦《せん》国《ごく》最《さい》強《きょう》の騎《き》馬《ば》隊《たい》を率《ひき》いた「甲斐《かい》の虎《とら》」

## 父を甲斐《かい》から追放し国を豊《ゆた》かにする

武田《たけだ》氏《し》は甲斐《かい》（現在《げんざい》の山梨県《やまなしけん》）の守護《しゅご》（地方を支配《しはい》する室町幕府《むろまちばくふ》の役職《やくしょく》）だったが、まわりの国との争《あらそ》いが絶《た》えなかった。武田信玄《たけだしんげん》の父・信虎《のぶとら》は、家臣《かしん》を大事にせず、逆《さか》らう者は平気で殺《ころ》していた。「これではいい国にならない」。1541年、信玄《しんげん》は父を甲斐《かい》から追放し、武田家《たけだけ》を継《つ》いだ。

「けんかはお互《たが》いが悪い」と考えた信玄《しんげん》は「喧嘩両成敗《けんかりょうせいばい》」を取り入れた法律《ほうりつ》をつくった。また信玄《しんげん》は、「人は石垣《いしがき》、人は城《しろ》」と話し、人は国をつくるうえで最《もっと》も大切なものと考えた。そこで、能《のう》力《りょく》やる気のある家臣《かしん》には身分に関係《かんけい》なく大事な仕事を任《まか》せ、出世させた。

さらに信玄《しんげん》は、道路を整え、洪水《こうずい》をふせぐ川の工事を進め、新しく田畑を開き、農業を発展《はってん》させた。また、領《りょう》内《ない》の金山《きんざん》を開発して金貨《きんか》をつくり、経《けい》済《ざい》の発展《はってん》にも努《つと》めた。

こうして甲斐《かい》は豊《ゆた》かになり、領民《りょうみん》と信玄《しんげん》は強いきずなで結《むす》ばれた。

**武田信虎《たけだのぶとら》（1494～1574）**

信玄《しんげん》の父。家臣《かしん》を無視《むし》して勝手な政治《せいじ》をするようになり、信玄《しんげん》から追放された。

### なるほどエピソード　日本で最初《さいしょ》に金貨《きんか》をつくったのは信玄《しんげん》!?

信玄《しんげん》は、国を豊《ゆた》かにしたり、武器《ぶき》を買ったりするため、金山《きんざん》の開発に力を注ぎ、たくさんの金を手に入れた。これを元に、信玄《しんげん》は「甲州金《こうしゅうきん》」と呼《よ》ばれる金貨《きんか》をつくった。

甲州金《こうしゅうきん》は日本最初《さいしょ》の金貨《きんか》といわれ、甲斐《かい》の中だけで使うことができた。

### 武田信玄《たけだしんげん》

**肖像《しょうぞう》**

**出身地《しゅっしんち》**

甲斐《かい》（現在《げんざい》の山梨県《やまなしけん》）

**生年月日《せいねんがっぴ》**

1521年11月3日

**死亡年月日《しぼうねんがっぴ》**

1573年4月12日

**享年《きょうねん》**

53歳《さい》（病死）

**能力《のうりょく》**

| | |
|---|---|
| 武 | 5 |
| 知 | 5 |
| 人 | 5 |

**運命《うんめい》の戦《たたか》い**

川中島《かわなかじま》の戦《たたか》い（➡P50）

**軍旗《ぐんき》・馬印《うまじるし》**

疾如風徐如林侵
掠如火不動如山

**諏訪御料人《すわごりょうにん》との結婚《けっこん》**

信玄《しんげん》は、ほろぼした諏訪氏《すわし》の娘《むすめ》で、美人として知られた諏訪御料人《すわごりょうにん》と結婚《けっこん》した。

## 「武田騎馬隊《たけだきばたい》」をつくり天下統一《てんかとういつ》を目指す

当時の日本は戦国《せんごく》の世。「乱《みだ》れた日本をまとめよう」。天下統一《とういつ》を夢見《ゆめみ》た信玄《しんげん》は、強い軍隊《ぐんたい》づくりに力を注いだ。その名は「武田騎馬隊《たけだきばたい》」。きたえられた兵《へい》が馬で戦場《せんじょう》をかけめぐり、敵《てき》を一気に倒《たお》す部隊《ぶたい》である。軍旗《ぐんき》には「風林火山《ふうりんかざん》」と記した。「風のように速く動き、林のように静《しず》かに構《かま》え、火のように激《はげ》しく攻撃《こうげき》し、山のようにどっしりと動かない」という意味である。

優《すぐ》れた家臣《かしん》も集まった。山県昌景《やまがたまさかげ》(➡P96)や馬場信春《ばばのぶはる》、軍師《ぐんし》・山本勘助《やまもとかんすけ》(➡P42)をはじめとする「武田《たけだ》二十四将《しょう》」が活躍《かつやく》した。武田軍《たけだぐん》は信濃《しなの》、駿河《するが》、美濃《みの》(現在《げんざい》の長野県《ながのけん》、静岡県《しずおかけん》、岐阜県《ぎふけん》)の大名《だいみょう》たちを次つぎと破《やぶ》り、領地《りょうち》を広げていった。武田軍《たけだぐん》があまりにも強いため、信玄《しんげん》は「甲斐《かい》の虎《とら》」と呼《よ》ばれたという。

ビジュアル資料《しりょう》

**信玄《しんげん》ゆかりの兜《かぶと》**

信玄《しんげん》が使ったという証拠《しょうこ》はないが、信玄《しんげん》の兜《かぶと》として伝《つた》えられてきた。

## 越後《えちご》の上杉謙信《うえすぎけんしん》と川中島《かわなかじま》で5回も戦《たたか》う

信玄《しんげん》に敗《やぶ》れた大名《だいみょう》たちは、越後《えちご》(現在《げんざい》の新潟県《にいがたけん》)の上杉謙信《うえすぎけんしん》(➡P46)を頼《たよ》った。謙信《けんしん》は「軍神《ぐんしん》」とも呼《よ》ばれる合戦《かっせん》の名人であった。信玄《しんげん》は謙信《けんしん》と、5回におよぶ戦《たたか》いを、川中島《かわなかじま》(長野県《ながのけん》)でくり広げた。両者の戦《たたか》いのうち、最《もっと》も激《はげ》しかったのが4回目の戦《たたか》いで、ふたりの一騎《いっき》うちがおこなわれたという伝説《でんせつ》が残《のこ》っている。

信玄《しんげん》と謙信《けんしん》は敵《てき》どうしだったが、お互《たが》いを尊敬《そんけい》しながら全力で戦《たたか》う、戦国《せんごく》時代を代表するライバルだった。

ビジュアル資料《しりょう》

**信玄《しんげん》と謙信《けんしん》の一騎《いっき》うち**

『川中島合戦図屏風《かわなかじまかっせんずびょうぶ》』にえがかれている一騎《いっき》うちの場面。

米沢市上杉博物館所蔵

**遺言《ゆいごん》を残《のこ》す信玄《しんげん》**

西へ向かって軍《ぐん》を進めている途中《とちゅう》、信玄《しんげん》の病気は悪化した。「わしの死は３年間隠《かく》せ」と遺言《ゆいごん》して亡《な》くなった。

信玄《しんげん》は1572年、いよいよ天下を取ろうと、朝廷《ちょうてい》のある京都《きょうと》を目指した。その途中《とちゅう》、三方ケ原《みかたがはら》の戦《たたか》い（⬇P248）で徳川家康《とくがわいえやす》を破《やぶ》ったが、52歳《さい》になっていた信玄《しんげん》は、病に倒《たお》れる。「病はしかたない。しかし敵《てき》に知られてはまずい。攻《こう》撃《げき》されてしまう」。信玄《しんげん》は、自分の死を3年間隠《かく》すように遺言《ゆいごん》して死んだ。

後《あと》を継《つ》いだのは、四男の武田勝頼《たけだかつより》（⬇P94）。しかし勝頼《かつより》は長篠《ながしの》の戦《たたか》いで織田《おだ》・徳川連合軍《とくがわれんごうぐん》に敗《やぶ》れ、続《つづ》く戦《たたか》いにも敗《やぶ》れて自殺《じさつ》した。こうして、武田氏《たけだし》はほろんだ。

### ウソ！ホント!? 信玄《しんげん》はトイレで作戦《さくせん》を考えた!?

信玄《しんげん》の居城《きょじょう》・躑躅ケ崎館《つつじがさきやかた》の便所《べんじょ》は、とても広く、机《つくえ》や筆が置《お》かれていたという。だれにもじゃまをされない広い便所《べんじょ》の中で、信玄《しんげん》は手紙を書いたり、作《さく》戦《せん》を考えたりしていた。

## 人づかいが上手《じょうず》な信玄《しんげん》

人づかいが上手《じょうず》な信玄《しんげん》。信玄《しんげん》の家臣《かしん》に、とんでもなく恐《こわ》がりの武士《ぶし》がいた。
戦《たたか》いなんて、恐《おそ》ろしくて…
信玄《しんげん》は、その恐《こわ》がりの武士《ぶし》を呼《よ》びだした。
家臣《かしん》の中で悪いことをたくらんでいる者を探《さが》せ！
ははっ！
恐《こわ》がりなだけ、悪いことには敏感《びんかん》だった。
何の話ですか？
いや、何も…
おかげで武田家《たけだけ》の家臣《かしん》で悪いことをする者はいなくなったという。
あの、報告《ほうこく》を…
よくやった！報告《ほうこく》はしなくてもよい！

## 知って おどろき! 戦国《せんごく》!

# 武《たけ》田《だ》信《しん》玄《げん》軍《ぐん》の編《へん》成《せい》

武田《たけだ》信玄軍《しんげんぐん》の編成《へんせい》をわかりやすく示《しめ》した図である。他の戦国武将《せんごくぶしょう》も、基本的《きほんてき》にはこの編成《へんせい》で戦《たたか》った。

中西立太画

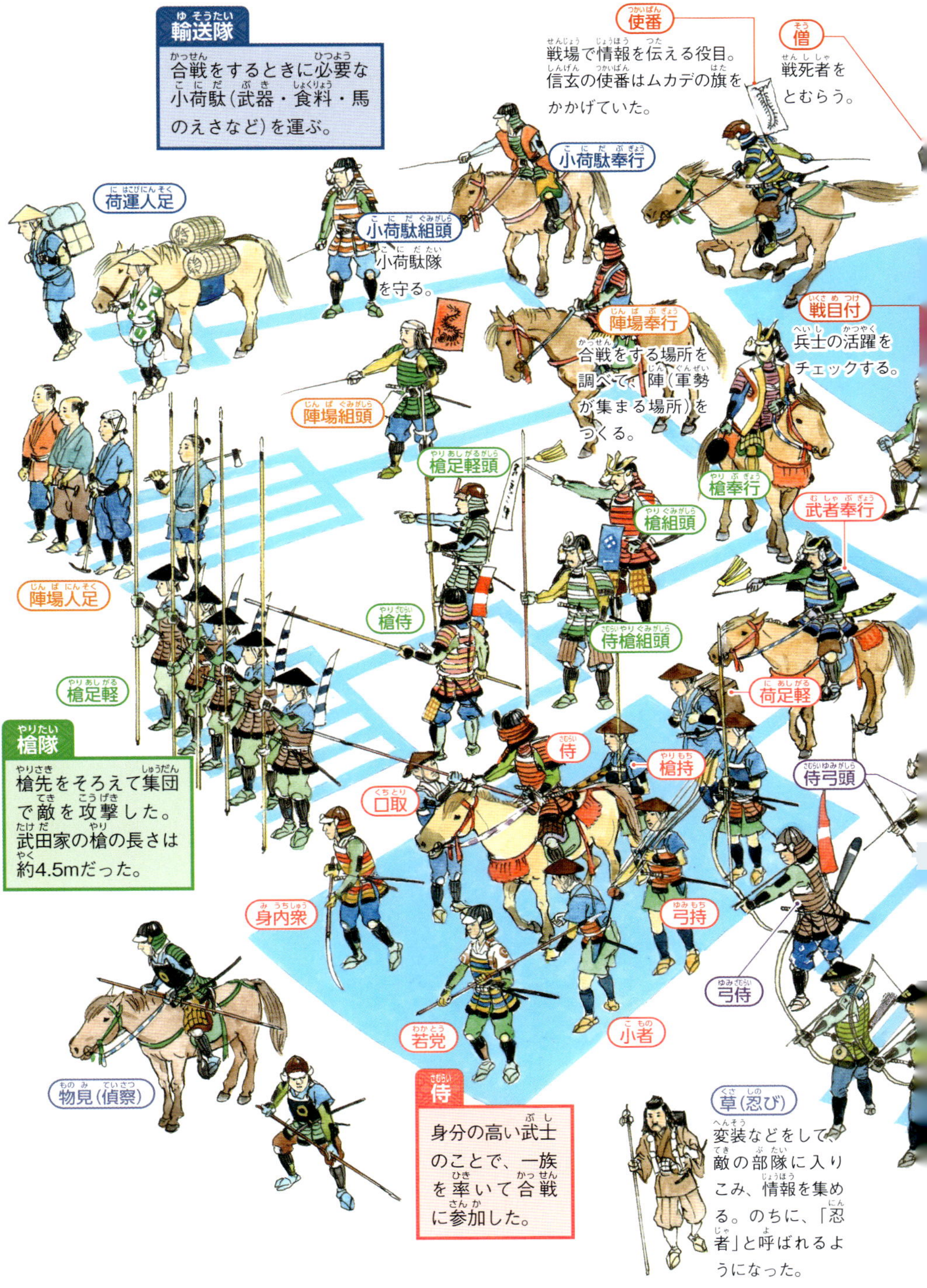


## 輸送隊《ゆそうたい》

合戦《かっせん》をするときに必要《ひつよう》な小荷駄《こにだ》（武器《ぶき》・食料《しょくりょう》・馬のえさなど）を運ぶ。

**使番**：戦場《せんじょう》で情報《じょうほう》を伝《つた》える役目。信玄《しんげん》の使番《つかいばん》はムカデの旗《はた》をかかげていた。

**僧**：戦死者《せんししゃ》をとむらう。

**小荷駄組頭**：小荷駄隊《こにだたい》を守る。

**戦目付**：兵士《へいし》の活躍《かつやく》をチェックする。

**陣場奉行**：合戦《かっせん》をする場所を調べて、陣《じん》（軍勢《ぐんぜい》が集まる場所）をつくる。

## 槍隊《やりたい》

槍先《やりさき》をそろえて集団《しゅうだん》で敵《てき》を攻撃《こうげき》した。武田《たけだ》家の槍《やり》の長さは約《やく》4.5mだった。

## 侍《さむらい》

身分の高い武士《ぶし》のことで、一族を率《ひき》いて合戦《かっせん》に参加《さんか》した。

**草（忍び）**：変装《へんそう》などをして、敵《てき》の部隊《ぶたい》に入りこみ、情報《じょうほう》を集める。のちに、「忍者《にんじゃ》」と呼《よ》ばれるようになった。

川《かわ》中《なか》島《じま》の戦《たたか》いで戦死《せんし》した信玄《しんげん》の弟

# 武田信繁《たけだのぶしげ》

## 兄・信玄《しんげん》につくした武田家《たけだけ》の「副将軍《ふくしょうぐん》」

武田信繁《たけだのぶしげ》は、武田信玄《たけだしんげん》の4歳《さい》年下の弟。父・信虎《のぶとら》は、信繁《のぶしげ》をかわいがり、信繁《のぶしげ》に家を継《つ》がせようとしたが、信繁は兄・信玄《しんげん》が家を継《つ》ぐのにふさわしいと考えていた。

信玄《しんげん》が武田家《たけだけ》のために父を追放したときも、信繁《のぶしげ》は兄・信玄《しんげん》を信《しん》じて協《きょう》力《りょく》した。以後《いご》も信玄《しんげん》をよくたすけ、合戦《かっせん》で信玄《しんげん》が危《あぶ》なくなったときは、自分が身代わりになろうとまでした。そんな信繁《のぶしげ》は、信玄《しんげん》からはもちろん、家《か》臣《しん》からも尊敬《そんけい》され、したわれた。信繁《のぶしげ》は「副将軍《ふくしょうぐん》」と呼《よ》ばれ、武田軍《たけだぐん》のまとめ役となった。ところが1561年、上《うえ》杉謙信《すぎけんしん》(⬇P46)との川中島《かわなかじま》の戦《たたか》い(⬇P50)では、謙信《けんしん》の激《はげ》しい攻撃《こうげき》により、武田軍《たけだぐん》は負けそうになった。信繁《のぶしげ》は信玄《しんげん》を守るために必死《ひっし》で戦《たたか》い、戦《せん》死《し》。信玄《しんげん》は泣《な》き崩《くず》れ、謙信《けんしん》も信繁《のぶしげ》の死をおしんだという。

信繁《のぶしげ》は自分の子に、「武田信繁家訓《たけだのぶしげかくん》」という、99か条《じょう》の教えを残《のこ》していた。そこには、「どんなときでも信玄《しんげん》に従《したが》うように」と記されていた。

**兄・信玄《しんげん》に協力《きょうりょく》する信繁《のぶしげ》**

信繁《のぶしげ》は、信玄《しんげん》が父を追放したときも協力《きょうりょく》し、常《つね》に信玄《しんげん》をたすけた。

### 武田信繁《たけだのぶしげ》

**肖像《しょうぞう》**

**出身地《しゅっしんち》**

甲斐《かい》(現在《げんざい》の山梨県《やまなしけん》)

**生年月日《せいねんがっぴ》**

1525年(誕生日《たんじょうび》は不明《ふめい》)

**死亡年月日《しぼうねんがっぴ》**

1561年9月10日

**享年《きょうねん》**

37歳《さい》(戦死《せんし》)

**能力《のうりょく》**

武 4

知 4

人 5

**運命《うんめい》の戦《たたか》い**

川中島《かわなかじま》の戦《たたか》い(➡P50)

### 戦国のきずな
### 信繁《のぶしげ》は信玄《しんげん》の「影武者《かげむしゃ》」だった⁉

信玄《しんげん》には影武者《かげむしゃ》(大将《たいしょう》と同じ服装《ふくそう》をした武士《ぶし》)が数人いたが、信繁《のぶしげ》もそのひとりだった。川中島《かわなかじま》の戦《たたか》いでは、信玄《しんげん》の身代わりになるため、上杉軍《うえすぎぐん》に向かって突撃《とつげき》し、戦死《せんし》した。信玄《しんげん》は、信繁《のぶしげ》の死体を抱《だ》いて号泣《ごうきゅう》したそうだ。

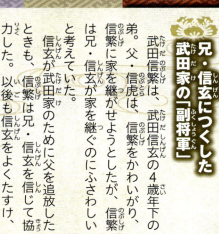

謎《なぞ》につつまれた武田《たけだ》信玄《しんげん》の軍師《ぐんし》

# 山本勘助《やまもとかんすけ》

## 武田信玄《たけだしんげん》の軍師《ぐんし》となり「戦《たたか》いの神様」と呼《よ》ばれる

人物の能力《のうりょく》を見抜《みぬ》く力があったことで有名な武田信玄《たけだしんげん》。そんな信玄《しんげん》の目にとまり、作戦《さくせん》を立てる「軍師《ぐんし》」に迎《むか》えられたのが山本勘助《やまもとかんすけ》だった。

勘助《かんすけ》は20歳頃《さいごろ》に家を出て、日本各地《かくち》を旅して、戦術《せんじゅつ》や城《しろ》づくりを学んだ。豊《ゆた》かな知識《ちしき》を生かして、戦国大名《せんごくだいみょう》に仕えようとしたが、駿河《するが》(現在《げんざい》の静岡県《しずおかけん》)の今川家《いまがわけ》には断《ことわ》られた。勘助《かんすけ》は片目《かため》が見えず、足も不自由《ふじゆう》だったからだといわれる。しかし信玄《しんげん》は、勘助《かんすけ》の実力を見抜《みぬ》いて家臣《かしん》にした。

喜《よろこ》んだ勘助《かんすけ》は、信玄《しんげん》の期待に応《こた》えた。

勘助《かんすけ》は忍者集団《にんじゃしゅうだん》を使い、各地《かくち》の情報《じょうほう》を集め、信玄《しんげん》に伝《つた》えた。立てる作戦《さくせん》はみごとで、どの戦《たたか》いでも勝利《しょうり》した。「戦《たたか》いの神様のようだ」と、勘助《かんすけ》は武田《たけだ》家の中で信頼《しんらい》される存在《そんざい》になった。

信玄《しんげん》のライバル・上杉謙信《うえすぎけんしん》(⬇P46)との戦《たたか》いでも勘助《かんすけ》は活躍《かつやく》した。1561年の川中島《かわなかじま》の戦《たたか》いでは、勘助《かんすけ》は「きつつき戦法《せんぽう》」を提案《ていあん》した。これは、きつつきが木の中にいる虫を反対側《はんたいがわ》からつついて追い出すように、山の上に陣《じん》を構《かま》えていた上杉軍《うえすぎぐん》を反対側《はんたいがわ》から攻撃《こうげき》して、山から下りたところを攻撃《こうげき》しようとする作戦《さくせん》だった。ところが謙信《けんしん》は、勘助《かんすけ》の作戦《さくせん》を見破《みやぶ》って、ひそかに山を下りて武田軍《たけだぐん》への攻撃《こうげき》を開始した。不《ふ》意《い》打《う》ちをくらった武田軍《たけだぐん》は、守ることで精一杯《せいいっぱい》となる。大失敗《だいしっぱい》に責任《せきにん》を感じた勘助《かんすけ》は、味方を守るために上杉軍《うえすぎぐん》に突撃《とつげき》して戦《たたか》ったが、戦死《せんし》した。

**上杉軍《うえすぎぐん》に殺《ころ》される勘助《かんすけ》**

勘助《かんすけ》は危機《きき》におちいった武田軍《たけだぐん》を救《すく》うために突撃《とつげき》したが、うちとられた。

米沢市上杉博物館所蔵

### 山本勘助《やまもとかんすけ》

**肖像《しょうぞう》**

**出身地《しゅっしんち》**

三河《みかわ》(現在《げんざい》の愛知県《あいちけん》)

**生年月日《せいねんがっぴ》**

1493年(誕生日《たんじょうび》は不明《ふめい》)

**死亡年月日《しぼうねんがっぴ》**

1561年9月10日

**享年《きょうねん》**

69歳《さい》(戦死《せんし》)

**能力《のうりょく》**

武 2
知 5
人 3

**運命《うんめい》の戦《たたか》い**

川中島《かわなかじま》の戦《たたか》い(➡P50)

**軍旗《ぐんき》・馬印《うまじるし》**

超《ちょう》ビジュアル！
# 戦《せん》国《ごく》新聞

**第1号**

発行所：デイリー戦国社《せんごくしゃ》

## 軍師《ぐんし》って、何をしていたの!?

戦国武将《せんごくぶしょう》の側《そば》に仕えていた軍師《ぐんし》の本当の姿《すがた》はどんなものだったのか？

### 山本勘助《やまもとかんすけ》氏《し》に独占《どくせん》インタビュー

質問《しつもん》　軍師《ぐんし》の仕事について教えてください。

戦国武将《せんごくぶしょう》は戦《たたか》う前に、「軍配者《ぐんばいしゃ》」に勝敗《しょうはい》を占《うらな》わせたり、勝利《しょうり》を祈《いの》る儀式《ぎしき》などをおこなわせたりしていました。これが本来の「軍師《ぐんし》」の仕事でした。後にわたしのように、作戦《さくせん》を立てるのが得意《とくい》な家臣《かしん》も軍師《ぐんし》と呼《よ》ばれるようになりました。

### 軍配《ぐんばい》によって勝敗《しょうはい》を占《うらな》った!?

「軍配《ぐんばい》」とは、戦国武将《せんごくぶしょう》たちが自分の軍勢《ぐんぜい》を指揮《しき》するときに使う道具だが、軍師《ぐんし》が勝敗《しょうはい》を占《うらな》うときにも使われた。占《うらな》いなどを担当《たんとう》する軍師《ぐんし》は、特《とく》に「軍配者《ぐんばいしゃ》」と呼《よ》ばれ、勝利《しょうり》を祈《いの》る儀式《ぎしき》などもおこなった。

### 出陣《しゅつじん》の儀式《ぎしき》をした!?

戦国武将《せんごくぶしょう》が合戦《かっせん》に向かう前、軍師《ぐんし》が取りしきって「三献《さんこん》の儀《ぎ》」がおこなわれた。縁起《えんぎ》のよい「勝ち栗《かちぐり》」「昆布《こんぶ》（よろこぶに通じる）」「打《う》ち鮑《あわび》（敵《てき》をうつに通じる）」を食べて酒を飲む、出陣《しゅつじん》の儀式《ぎしき》である。

## 軍師《ぐんし》として活躍《かつやく》した僧《そう》がいた!?

今川義元《いまがわよしもと》（➡P64）に仕えていた僧《そう》・太原雪斎《たいげんせっさい》は、多くの合戦《かっせん》を指揮《しき》して勝利《しょうり》した。さらに武田信玄《たけだしんげん》や北条《ほうじょう》氏康《うじやす》と同盟《どうめい》を結《むす》ぶことを成功《せいこう》させ、その直後に病死した。桶狭間《おけはざま》の戦《たたか》いで義元《よしもと》が死んだとき、「雪斎《せっさい》が生きていれば義元《よしもと》はうたれなかった」といわれた。

太原雪斎《たいげんせっさい》
（1496〜1555）
今川義元《いまがわよしもと》の軍師《ぐんし》として活躍《かつやく》した僧《そう》。今川家《いまがわけ》の人質《ひとじち》だった竹千代《たけちよ》（後の徳川家康《とくがわいえやす》）の教育係もつとめた。

## 軍師《ぐんし》を育てた学校があった!?

戦国《せんごく》時代、下野《しもつけ》（現在《げんざい》の栃木県《とちぎけん》）にあった足利学校《あしかががっこう》は、戦国《せんごく》時代で最大《さいだい》の学校といわれ、３０００人以上《いじょう》の生徒《せいと》が全国から集まって勉強していたという。足利《あしかが》学校《がっこう》では易学《えきがく》（占《うらな》いについて研究する学問）や、天文学などが教えられ、多くの軍師《ぐんし》が育ったという。

### これが軍師《ぐんし》の生きる道!?

戦国最強《せんごくさいきょう》の軍師《ぐんし》は、秀吉《ひでよし》に仕えた黒田官兵衛《くろだかんべえ》という。
さすが官兵衛《かんべえ》!
しかし秀吉《ひでよし》は天下を取ると…
官兵衛《かんべえ》は頭がよすぎて恐《おそ》ろしい…
秀吉《ひでよし》から恐《おそ》れられていることを知った官兵衛《かんべえ》は…
秀吉様《ひでよしさま》にうたがわれては黒田家《くろだけ》が危《あぶ》ない…
引退《いんたい》して出家《しゅっけ》してしまったという。
黒田家《くろだけ》は息子に継《つ》がせて、僧《そう》になりました
なんと!

足利学校《あしかががっこう》
日本で最《もっと》も古い学校として知られる（栃木県《とちぎけん》）。

## 妖術《ようじゅつ》を使う軍師《ぐんし》がいた!?

大友宗麟《おおともそうりん》（➡P200）の軍師《ぐんし》・角隈石宗《つのくませきそう》は、空から刀を振《ふ》らせたり、風を巻《ま》き起こしたりするなど、不思《ふし》議《ぎ》な力をもっていたという。

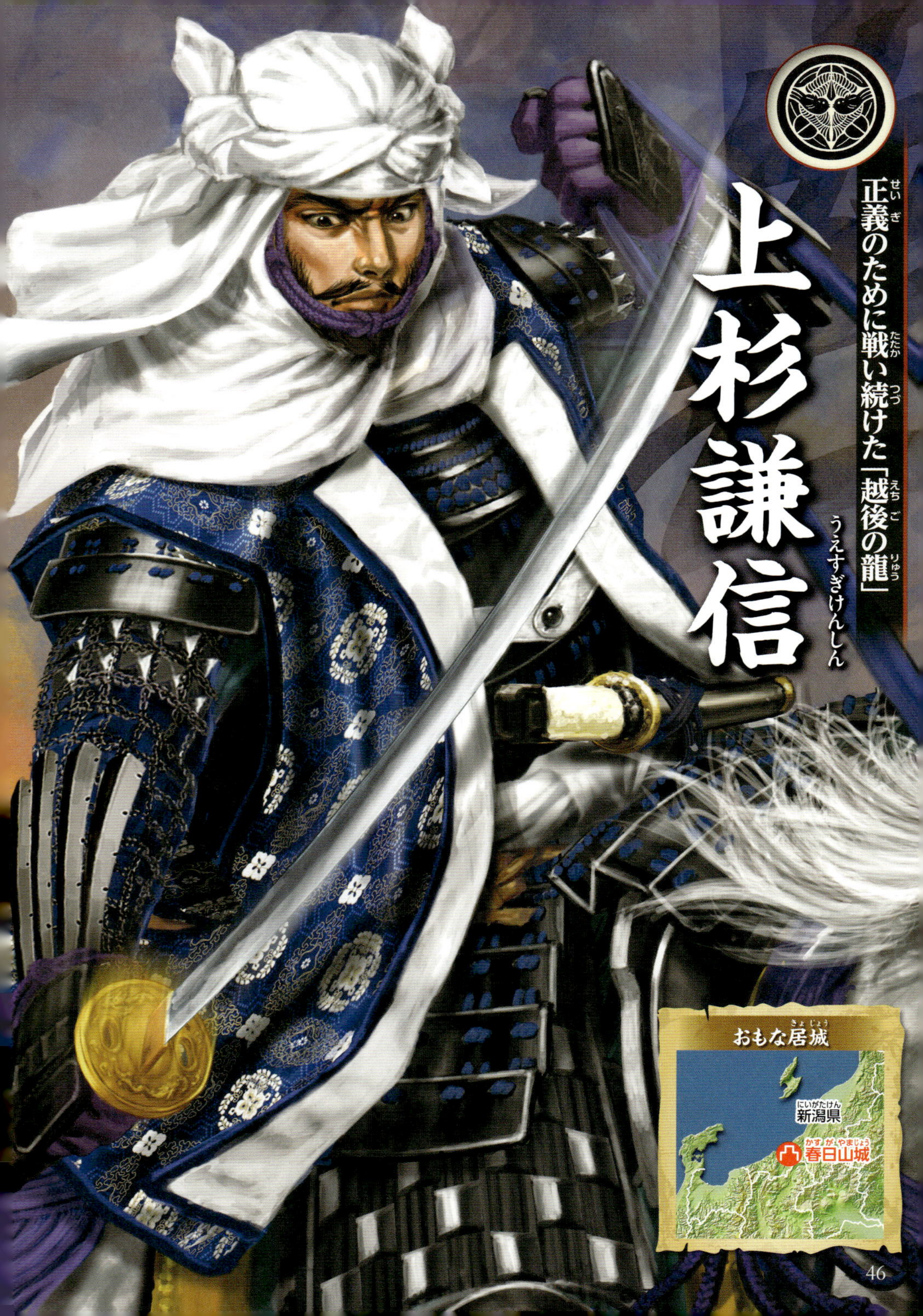


正義《せいぎ》のために戦《たたか》い続《つづ》けた「越後《えちご》の龍《りゅう》」

# 上杉謙信《うえすぎけんしん》

## 病弱な兄の後《あと》を継《つ》いで越後《えちご》の領主《りょうしゅ》となる

武田信玄《たけだしんげん》の「甲斐《かい》(現在《げんざい》の山梨県《やまなしけん》)の虎《とら》」に対して、「越後《えちご》(現在《げんざい》の新潟県《にいがたけん》)の龍《りゅう》」と呼《よ》ばれた上杉謙信《うえすぎけんしん》は、越後《えちご》の戦《せん》国大名《ごくだいみょう》・長尾為景《ながおためかげ》の子として生まれた。為景《ためかげ》は、激《はげ》しい争《あらそ》いの末《すえ》、越後《えちご》地方の大部分を領地《りょうち》にしていた。長尾家《ながおけ》を継《つ》いだのは、謙信《けんしん》の兄・晴景《はるかげ》で、謙《けん》信《しん》は寺へ修行《しゅぎょう》に入った。

しかし謙信《けんしん》は、修行《しゅぎょう》よりも城《しろ》の絵図を使い、合戦《かっせん》の作戦《さくせん》を立てるのが好《す》きだった。「この子はお坊《ぼう》さんには向かない」といわれていたという。

一方、兄・晴景《はるかげ》は体が弱く、国をまとめる力もなかった。そのため越後《えちご》の政治《せいじ》は乱《みだ》れ、家臣《かしん》の反乱《はんらん》なども起こった。そこで19歳《さい》の謙信《けんしん》が寺からもどり、長尾家《ながおけ》を継《つ》ぐことになった。

謙信《けんしん》は反乱《はんらん》をしずめて国内の実権《じっけん》をにぎると、春日山城《かすがやまじょう》の城主《じょうしゅ》となる。戦《たたか》いに強く、公平な謙信《けんしん》は家臣《かしん》や領民《りょうみん》から信頼《しんらい》され、尊敬《そんけい》を集めた。

１５５２年、室町幕府《むろまちばくふ》の関東管領《かんとうかんれい》だった上杉憲政《うえすぎのりまさ》が、相模《さがみ》(現在《げんざい》の神奈《かな》川県《がわけん》)の北条氏康《ほうじょううじやす》に敗《やぶ》れて、謙信《けんしん》を頼《たよ》ってきた。もともと室町幕府《むろまちばくふ》を大切に考えていた謙信《けんしん》は、憲政《のりまさ》をかくまい、１５６１年に大軍《たいぐん》を率《ひき》いて氏康《うじやす》の小田原城《おだわらじょう》(神奈川県《かながわけん》)を攻《せ》めた。しかし氏康《うじやす》も強く、攻《せ》め落とせなかった。

### ウソ!ホント!? 謙信《けんしん》は実は女性《じょせい》だった!?

謙信《けんしん》は一生、結婚《けっこん》をすることがなかった。また、民衆《みんしゅう》が謙信《けんしん》のことを「男もおよばぬ大力無双《たいりきむそう》(怪力《かいりき》のもち主)」と歌っていたといい、当時のスペイン人の報告書《ほうこくしょ》には、謙信《けんしん》のことを「景勝《かげかつ》の叔《お》母《ば》」と記していたという。こうしたことから、謙信《けんしん》は女性《じょせい》だったという説《せつ》がある。

### 上杉謙信《うえすぎけんしん》

**肖像《しょうぞう》**

**出身地《しゅっしんち》**

越後《えちご》(現在《げんざい》の新潟県《にいがたけん》)

**生年月日《せいねんがっぴ》**

1530年1月21日

**死亡年月日《しぼうねんがっぴ》**

1578年3月13日

**享年《きょうねん》**

49歳《さい》(病死)

**能力《のうりょく》**

武 5
知 5
人 5

**運命《うんめい》の戦《たたか》い**

川中島《かわなかじま》の戦《たたか》い(➡P50)

**軍旗《ぐんき》・馬印《うましるし》**

## 天下をのぞまなかった「戦《たたか》いの天才」

**小田原城《おだわらじょう》の戦《たたか》い**

1561年、謙信《けんしん》は11万の大軍《たいぐん》で、北条氏康《ほうじょううじやす》が立てこもる小田原城《おだわらじょう》（神奈川県《かながわけん》）を攻撃《こうげき》したが、落とすことができなかった。

上杉憲政《うえすぎのりまさ》と同じように、甲斐《かい》（現在《げんざい》の山梨県《やまなしけん》）の武田信玄《たけだしんげん》に攻《せ》められた信濃《しなの》（現在《げんざい》の長野県《ながのけん》）の武将《ぶしょう》たちも、謙信《けんしん》にたすけを求《もと》めた。「わかった。引き受けよう」。こうして謙信《けんしん》と信玄《しんげん》の戦《たたか》いがはじまった。川中島《かわなかじま》（長野県《ながのけん》）の近辺《きんぺん》を戦場《せんじょう》として、両者は合計5回も戦《たたか》ったが、勝負はつかなかった。

最《もっと》も激《はげ》しい戦《たたか》いになったのは、1561年の4回目の戦《たたか》い。信玄《しんげん》は山の上に陣《じん》を構《かま》えた謙信《けんしん》をはさみうちしようと、武田軍《たけだぐん》をふたつに分けたが、その気配に気づいた謙信《けんしん》は、夜中にひそかに自分の軍《ぐん》を移動《いどう》させ、翌《よく》朝《あさ》、いきなり武田軍《たけだぐん》の目の前に現《あら》われた。あわてふためく武田軍《たけだぐん》の本陣《ほんじん》に、謙信《けんしん》は一騎《いっき》で突撃《とつげき》した。猛然《もうぜん》と切りかかる謙信《けんしん》の刀を、信玄《しんげん》は軍配《ぐんばい》で受けて、のがれたという。

1561年、謙信《けんしん》は関東管領《かんとうかんれい》（関東《かんとう》を支配《しはい》する室町幕府《むろまちばくふ》の役職《やくしょく》）を上杉氏《うえすぎし》から受け継《つ》いだ。謙信《けんしん》に「天下を取りたい」という野望《やぼう》はなかった。謙信《けんしん》は、領地《りょうち》を広げるためではなく、頼《たよ》ってきた武《ぶ》将《しょう》をたすけたり、関東管領《かんとうかんれい》として関東《かんとう》を支配《しはい》したりするために戦《たたか》った。

信玄《しんげん》が駿河《するが》（現在《げんざい》の静岡県《しずおかけん》）の今川氏《いまがわし》と戦《たたか》っていたとき、塩《しお》の輸送《ゆそう》を止められてしまった。甲斐《かい》や信濃《しなの》には海がないため、人びとは生活に困《こま》った。「戦《たたか》いは刀でするものだ」と考える謙信《けんしん》は、信玄《しんげん》に塩《しお》を送ったという。謙信《けんしん》にとって信玄《しんげん》は最高《さいこう》のライバルだった。

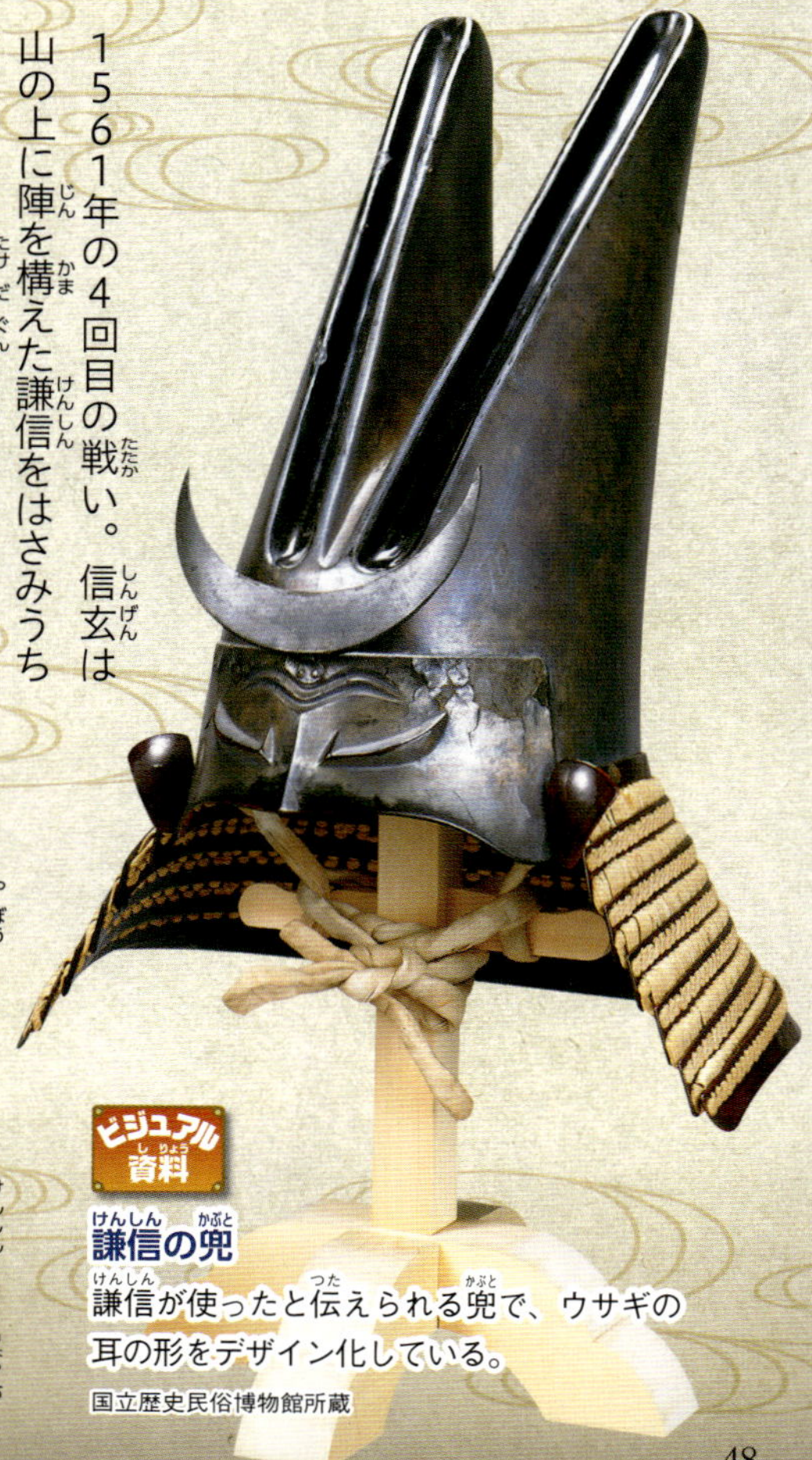

ビジュアル資料《しりょう》

**謙信《けんしん》の兜《かぶと》**

謙信《けんしん》が使ったと伝《つた》えられる兜《かぶと》で、ウサギの耳の形をデザイン化している。

国立歴史民俗博物館所蔵

## 謙信《けんしん》は「断《ことわ》れない人」!?

謙信《けんしん》は、困《こま》っている人のために戦《たたか》った。
わたしは自分の欲望《よくぼう》のためには戦《たたか》わない!
関東《かんとう》を追われた上杉憲政《うえすぎのりまさ》のために、14回も北条氏《ほうじょうし》と戦《たたか》った。
北条《ほうじょう》を倒《たお》せ!
信濃《しなの》を追われた武将《ぶしょう》のために、信玄《しんげん》と5回も川中島《かわなかじま》で戦《たたか》った。
信玄《しんげん》、覚悟《かくご》!
しかし戦《たたか》っても領地《りょうち》は増《ふ》えないので、家臣《かしん》たちにはほうびがなかった。
戦《たたか》いばかりで疲《つか》れるなあ…
ほうびがほしいよなあ…

発見《はっけん》!

**春日山城《かすがやまじょう》**

春日山城《かすがやまじょう》（新潟県《にいがたけん》）は、謙信《けんしん》が本拠地《ほんきょち》にした山城《やまじろ》で、とても防御力《ぼうぎょりょく》が高かった。現在《げんざい》も、堀《ほり》や土塁《どるい》（土の壁《かべ》）などが残《のこ》っている。

1573年、謙信《けんしん》は食事中に信玄《しんげん》の死の知らせを聞いた。「英雄《えいゆう》とは信玄《しんげん》のこと。なんと残念《ざんねん》な」。謙信《けんしん》ははしを落として泣《な》いたという。「これを機《き》に、甲《か》斐《い》を攻《せ》めてはどうか」という家臣《かしん》もいたが、謙信《けんしん》は耳を貸《か》すことはなかった。

1577年、天下統一《とういつ》を急ぐ織田《おだ》信長《のぶなが》（➡P58）は能登《のと》（現在《げんざい》の石川県《いしかわけん》）に軍勢《ぐんぜい》を差《さ》し向けたが、謙信《けんしん》はこれを手《て》取川《どりがわ》（石川県《いしかわけん》）で迎《むか》えうち、大勝利《だいしょうり》をおさめた。「天下を取るのは簡単《かんたん》なのでは?」。謙信《けんしん》は、そんなことを話したといわれるが、その翌年《よくとし》、病《やまい》に倒《たお》れた。

**ウソ!ホント!?**

**ひとりで酒を飲むのが好《す》きだった!?**

謙信《けんしん》は酒が大好《だいす》きだった。しかし大《おお》勢《ぜい》の人と飲むのはあまり好《す》きではなかった。ひとりで縁側《えんがわ》に座《すわ》って、梅干《うめぼ》しや味噌《みそ》だけをつまみにして、静《しず》かに飲んでいたそうだ。

合戦《かっせん》ファイル 4

1561年

# 川《かわ》中《なか》島《じま》の戦《たたか》い

## 武田軍《たけだぐん》の裏《うら》をかいた謙信《けんしん》が、信玄《しんげん》の本陣《ほんじん》に突入《とつにゅう》する!

分 戦力《せんりょく》 約《やく》2万1000人

武田信玄《たけだしんげん》

武田軍《たけだぐん》

VS

上杉軍《うえすぎぐん》

上杉謙信《うえすぎけんしん》

分 戦力《せんりょく》 約《やく》1万8000人

### 作戦《さくせん》を見破《みやぶ》った謙信《けんしん》が信玄《しんげん》の本陣《ほんじん》に突撃《とつげき》する

武田信玄《たけだしんげん》と上杉謙信《うえすぎけんしん》は、川中島《かわなかじま》(長野県《ながのけん》)で5回も戦《たたか》った。このうち最《もっと》も激《はげ》しい戦《たたか》いになったのが、1561年の4回目の戦《たたか》いである。

この戦《たたか》いでは、まず謙信《けんしん》が川中《かわなか》島《じま》の妻女山《さいじょさん》に登って陣地《じんち》をつくった。海津城《かいづじょう》の信玄《しんげん》は、別働隊《べつどうたい》をつくって妻女山《さいじょさん》を背後《はいご》から攻《せ》めようとした。海津城《かいづじょう》から米を炊《た》く煙《けむり》が多く立ちのぼるのを見た謙信《けんしん》は、武田軍《たけだぐん》が動こうとしていることを見破《みやぶ》る。謙信《けんしん》は松明《たいまつ》に火をつけ、軍旗《ぐんき》を立て、陣《じん》に軍勢《ぐんぜい》がいるように見せかけると、ひそかに山を下

## 川中島《かわなかじま》の戦《たたか》いの流れ

### 1 謙信《けんしん》は妻女山《さいじょさん》へ、信玄《しんげん》は海津城《かいづじょう》へ

川中島《かわなかじま》に到着《とうちゃく》した謙信《けんしん》は、妻女山《さいじょさん》に陣地《じんち》を築《きず》いた。信玄《しんげん》は、妻女山《さいじょさん》のふもとの海津城《かいづじょう》に入った。

### 2 別働隊《べつどうたい》が妻女山《さいじょさん》を攻撃《こうげき》する

信玄《しんげん》は別働隊《べつどうたい》に妻女山《さいじょさん》を攻撃《こうげき》させた。にげてくる上杉軍《うえすぎぐん》を八幡原《はちまんばら》ではさみうちにするつもりだった。

### 3 謙信《けんしん》が武田軍《たけだぐん》に攻《せ》めこむ

信玄《しんげん》の作戦《さくせん》を見破《みやぶ》った謙信《けんしん》は、別働隊《べつどうたい》の到着前《とうちゃくまえ》に妻女山《さいじょさん》を下り、八幡原《はちまんばら》の武田軍《たけだぐん》を攻撃《こうげき》。信玄《しんげん》を追いつめたが、別働隊《べつどうたい》がもどってきたのでにげた。

**信玄《しんげん》と謙信《けんしん》の一騎《いっき》うち**

武田軍《たけだぐん》の本陣《ほんじん》に突撃《とつげき》した謙信《けんしん》は、馬上から刀を振《ふ》り下ろして信玄《しんげん》に切りかかったが、信玄《しんげん》はその刀を３度、軍配《ぐんばい》で受け止めたという。

りた。別働隊《べつどうたい》が妻女山《さいじょさん》を攻《せ》めたとき、陣《じん》は空っぽだった。

一方、信玄《しんげん》の作戦《さくせん》の裏《うら》をかいた謙信《けんしん》は、川中島《かわなかじま》の八幡原《はちまんばら》に本陣《ほんじん》を構《かま》えていた信玄《しんげん》におそいかかった。このとき、信玄《しんげん》と一騎《いっき》うちをしたという伝説《でんせつ》が残《のこ》る。追いつめられた武田軍《たけだぐん》であったが、別働隊《べつどうたい》がもどってきたので、上杉軍《うえすぎぐん》は不利《ふり》になり、謙信《けんしん》は戦場《せんじょう》を離《はな》れた。

戦国《せんごく》おもしろベスト3

# 戦国《せんごく》の大悪人たち

裏切《うらぎ》りや暗殺《あんさつ》など、ひきょうな手を使って大名《だいみょう》になった武将《ぶしょう》たちを紹介《しょうかい》しよう。

## No.1 将軍《しょうぐん》・足利義輝《あしかがよしてる》を攻《せ》め殺《ころ》した

### 松永久秀《まつながひさひで》（1510?～1577）

近畿《きんき》を支配《しはい》していた三好長慶《みよしながよし》の家臣《かしん》だったが、長慶《ながよし》の死後、室町幕府《むろまちばくふ》13代将軍《しょうぐん》・足利義輝《あしかがよしてる》（⬇P316）を攻《せ》め殺《ころ》した。その後、信長《のぶなが》に仕えるが反乱《はんらん》を起こし、信長《のぶなが》から攻《せ》め殺《ころ》された。

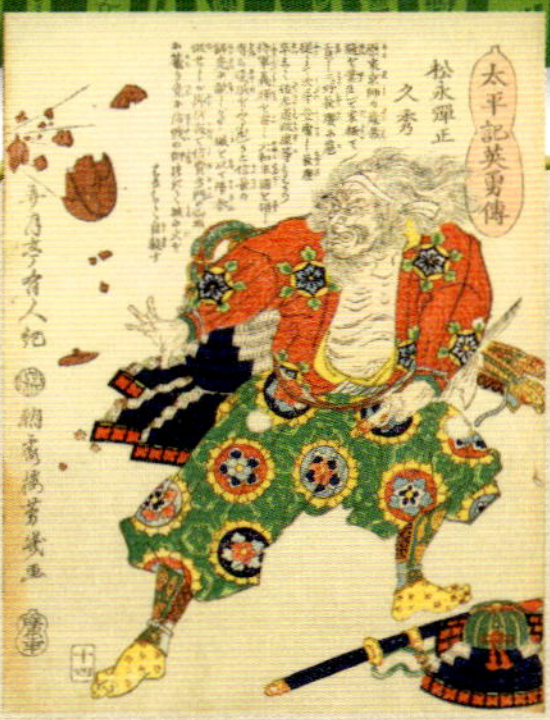

久秀《ひさひで》は、信長《のぶなが》から、「差《さ》し出せば命をたすける」といわれた茶釜《ちゃがま》を爆発《ばくはつ》させ、切腹《せっぷく》した。（➡P221）

「太平記英勇伝 十四 松永弾正久秀」
東京都立中央図書館特別文庫室所蔵

## No.2 暗殺《あんさつ》をくり返して大名《だいみょう》にのし上がる

### 宇喜多直家《うきたなおいえ》（1529～1582）

備前《びぜん》（現在《げんざい》の岡山県《おかやまけん》）の武将《ぶしょう》だった直家《なおいえ》は、親類《しんるい》を次つぎと暗殺《あんさつ》して大名《だいみょう》になった。敵《てき》に対しても、戦《たたか》って倒《たお》すのではなく、家臣《かしん》に命じて鉄砲《てっぽう》で暗殺《あんさつ》した。

## No.3 次つぎと家を乗っ取って大名《だいみょう》になる

### 斎藤道三《さいとうどうさん》（1494?～1556）

➡P62

もとは油を売る商人だったが、美濃《みの》（現在《げんざい》の岐阜県《ぎふけん》）を支配《しはい》する土岐氏《ときし》の家臣《かしん》・長井氏《ながいし》に仕えた。その後、恩人《おんじん》の長井氏《ながいし》を殺《ころ》して、家を乗っ取った。さらに土岐氏《ときし》の重臣《じゅうしん》だった斎藤家《さいとうけ》を乗っ取り、最後《さいご》は土岐氏《ときし》を追放して美濃《みの》を乗っ取り、大名《だいみょう》に出世した。

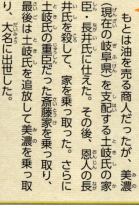

## 2章

# 織《お》田《だ》信《のぶ》長《なが》の時代

1556年
尾張《おわり》（現在《げんざい》の愛知県《あいちけん》）――
もう！ しっかり歩いてください！
柿《かき》はうまいなぁ おまえも食うか？
そんなふうだから、大うつけと言われるんですよ！
まったくうるさいやつじゃの～！
弟君の信行様《のぶゆきさま》こそ織田家《おだけ》にふさわしいという声もあるんですからね！
信行《のぶゆき》か……！

信行《のぶゆき》を支持《しじ》する一派《いっぱ》は、信長《のぶなが》に戦《たたか》いをしかけたが、信長《のぶなが》が勝利《しょうり》し、
騒動《そうどう》はおさまった。
しかし……
信長様《のぶながさま》
信行《のぶゆき》が？
……そうか……
ふたたび裏切《うらぎ》ろうとした信行《のぶゆき》を、信長《のぶなが》はおびき出して殺《ころ》してしまった……

1560年、清洲城《きよすじょう》（愛知県《あいちけん》）——
今川義元《いまがわよしもと》の大軍《たいぐん》が尾張《おわり》に迫《せま》っています！
城《しろ》にこもるのだ！
いや戦《たたか》うべきだ！
降伏《こうふく》しては？
……
ぎゃいのぎゃいの！
……
疲《つか》れた
わしは寝《ね》る！
と、殿《との》!?
そ、そんな！お待ちを!!
よきにはからえ〜

もう……信長様《のぶながさま》ってば！
ポン
ポン
ん？
ポン！
人間《じんかん》五《ご》十年《じゅうねん》
下天《げてん》のうちを比《くら》ぶれば
夢幻《ゆめまぼろし》の如《ごと》くなり
*「人間界の50年間は、神が住む天上界と比《くら》べたら、夢《ゆめ》や幻《まぼろし》のようにはかない」という意味。
小僧《こぞう》、湯づけをもて！
はいっ!?
ドッ
腹《はら》が減《へ》っては戦《いくさ》ができんからのぅ
出陣《しゅつじん》じゃ!!

*「湯づけ」とは、ご飯《はん》に湯をかけたもの。

天下統《とう》一《いつ》を目指した「戦《せん》国《ごく》の覇《は》王《おう》」

# 織田信長《おだのぶなが》

## 「尾張《おわり》の大うつけ」が天下統一《とういつ》へ名乗り出る

織田《おだ》信長《のぶなが》は、尾張《おわり》（現在《げんざい》の愛知県《あいちけん》）の戦国大名《せんごくだいみょう》・織田《おだ》信秀《のぶひで》の子に生まれ、織田《おだ》家の後継者《こうけいしゃ》として期待された。当時、となりの国の美濃《みの》（現在《げんざい》の岐阜県《ぎふけん》）では斎藤道三《さいとうどうさん》（⬇P62）が力をつけてきていた。信秀《のぶひで》は道三《どうさん》と戦《たたか》うが敗北《はいぼく》。信長《のぶなが》と、道三《どうさん》の娘《むすめ》・濃姫《のうひめ》を結婚《けっこん》させることで、道三《どうさん》と仲直《なかなお》りした。

その頃《ころ》の信長《のぶなが》は、着物は片《かた》そでを脱《ぬ》ぎ、丈《たけ》の短い袴《はかま》をはいて、村の若者《わかもの》と遊んでいた。信長《のぶなが》は家臣《かしん》や町の人から「尾張《おわり》の大うつけ（ばか者）」と呼《よ》ばれていた。

父・信秀《のぶひで》が病死すると、葬式《そうしき》に現《あらわ》れた信長《のぶなが》は、抹香《まっこう》（焼香《しょうこう》に使う粉《こな》）を仏壇《ぶつだん》に投げつけたという。「やはり、うつけだ」。古い家臣《かしん》は織田《おだ》家を去り、「家は弟が継《つ》ぐべき」との声も上がった。その後、信長派《のぶながは》と弟派《おとうとは》の争《あらそ》いが起こったが、勝利《しょうり》したのは信長《のぶなが》だった。

1560年、信長《のぶなが》が27歳《さい》のとき、駿河《するが》（現在《げんざい》の静岡県《しずおかけん》）の今川義元《いまがわよしもと》（⬇P64）が、天下統一《とういつ》を目指し、大軍《たいぐん》を率《ひき》いて尾張《おわり》に入ってきた。家臣《かしん》があわてふためくなか、信長《のぶなが》はだまって作戦《さくせん》を練った。そして信長《のぶなが》は、桶狭間《おけはざま》（愛知県《あいちけん》）で休んでいた義元《よしもと》の本陣《ほんじん》に、少数の兵《へい》でおそいかかり、義元《よしもと》をうち取る（⬇P66）。家臣《かしん》たちは興奮《こうふん》でわき立った。

### 織田信長《おだのぶなが》

**肖像《しょうぞう》**

**出身地《しゅっしんち》**

尾張《おわり》（現在《げんざい》の愛知県《あいちけん》）

**生年月日《せいねんがっぴ》**

1534年（誕生日《たんじょうび》は不明《ふめい》）

**死亡年月日《しぼうねんがっぴ》**

1582年6月2日

**享年《きょうねん》**

49歳《さい》（自殺《じさつ》）

**能力《のうりょく》**

武 5
知 5
人 4

**運命《うんめい》の戦《たたか》い**

桶狭間《おけはざま》の戦《たたか》い
（➡P66）

**軍旗《ぐんき》・馬印《うましるし》**

### なるほどエピソード

#### 「大うつけ」と呼《よ》ばれていた信長《のぶなが》

信長《のぶなが》は10代後半、変《か》わった服装《ふくそう》が好《す》きだった。着物は片《かた》そでを脱《ぬ》ぎ、丈《たけ》の短い袴《はかま》をはき、腰《こし》にはひょうたんや火打ち石を入れた袋《ふくろ》などをぶら下げていたという。この姿《すがた》で柿《かき》や瓜《うり》などを食べながら町を歩いていたので、人びとは信長《のぶなが》のことを「尾《お》張《わり》の大うつけ」と呼《よ》んだそうだ。

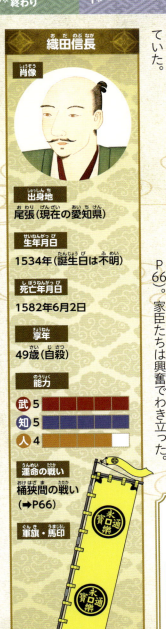

## 本能寺《ほんのうじ》の変《へん》により天下統一《とういつ》の夢《ゆめ》が破《やぶ》れる

桶狭間《おけはざま》での勝利《しょうり》後、信長《のぶなが》の名は全国に広まった。信長《のぶなが》は斎藤道三《さいとうどうさん》の孫《まご》・龍興《たつおき》を倒《たお》し、美濃《みの》を手に入れる。そして「天下布武《てんかふぶ》(天下を治《おさ》める)」と記した印《いん》を使いはじめ、天下統一《とういつ》を宣言《せんげん》した。

ちょうどその頃《ころ》、室町幕府《むろまちばくふ》12代将軍《しょうぐん》・足利義晴《あしかがよしはる》の子・義昭《よしあき》(⬇P74)が信長《のぶなが》を頼《たよ》ってきた。義昭《よしあき》は信長《のぶなが》の力を借《か》りて室町幕府《むろまちばくふ》を立ち直らせたいと考えていた。信長《のぶなが》も、兵《へい》を連《つ》れて京都《きょうと》に入る理由がほしかったので、義昭《よしあき》を15代将軍《しょうぐん》に仕立て上げた。

ところが、京都《きょうと》に入った信長《のぶなが》は、義昭《よしあき》を無視《むし》して自分自身で政治《せいじ》をおこなったため、義昭《よしあき》は不満《ふまん》をもった。義昭《よしあき》は信長《のぶなが》の天下統一《とういつ》をじゃましようとして越前《えちぜん》(現在《げんざい》の福井県《ふくいけん》)の朝倉氏《あさくらし》、近江《おうみ》(現在《げんざい》の滋賀県《しがけん》)の浅井氏《あざいし》、比叡山《ひえいざん》延暦寺《えんりゃくじ》、石山本願寺《いしやまほんがんじ》などと手を組み、信長《のぶなが》に反乱《はんらん》を起こした。このため信長《のぶなが》は、石山本願寺《いしやまほんがんじ》と戦《たたか》いをはじめた(⬇P90)。そして1573年、義昭《よしあき》を破《やぶ》って京都《きょうと》から追放し、室町幕府《むろまちばくふ》をほろぼしてしまった。続《つづ》いて朝倉氏《あさくらし》、浅井氏《あざいし》をほろぼした(⬇P92)。

次に信長《のぶなが》にいどんできたのは、甲斐《かい》(現在《げんざい》の山梨県《やまなしけん》)の武田勝頼《たけだかつより》(信玄《しんげん》の子)だった。信玄《しんげん》がつくった武田騎馬隊《たけだきばたい》は、戦国最強《せんごくさいきょう》といわれ、勝頼《かつより》が引き継《つ》いでいる。信長《のぶなが》はこれに勝つには鉄砲《てっぽう》しかないと考えた。若《わか》い頃《ころ》から興味《きょうみ》をもっていた火縄銃《ひなわじゅう》を大量《たいりょう》につくらせて鉄砲隊《てっぽうたい》を組織《そしき》すると、長篠《ながしの》(愛知県《あいちけん》)で

**織田信長像《おだのぶながぞう》**
岐阜駅前《ぎふえきまえ》に立つ信長像《のぶながぞう》。合戦《かっせん》にいち早く鉄砲《てっぽう》を取り入れた。

ビジュアル資料《しりょう》
**長篠《ながしの》の戦《たたか》い**
1575年、信長《のぶなが》は大量《たいりょう》の鉄砲《てっぽう》を使用して、武田勝頼軍《たけだかつよりぐん》を破《やぶ》った。(➡P98)

## 自分の城《しろ》が大好《す》き!!

信長《のぶなが》は日本で最初《さいしょ》に天守《てんしゅ》をもつ安土城《あづちじょう》を築《きず》いた。
なかなかの出来ばえじゃ!
信長《のぶなが》は安土城《あづちじょう》の天守《てんしゅ》で生活していたという。
高い場所で寝《ね》るのは気持ちいい!
天守《てんしゅ》を提灯《ちょうちん》でライトアップして、庶民《しょみん》を喜《よろこ》ばせた。
きれい!
安土城《あづちじょう》を庶民《しょみん》に見物させるため、自分で入場料《にゅうじょうりょう》を取ったという。
入場料《にゅうじょうりょう》、百文《ひゃくもん》です!

ビジュアル資料《しりょう》
天守《てんしゅ》

安土城《あづちじょう》　大阪城天守閣所蔵
1579年、信長《のぶなが》が完成《かんせい》させた巨大《きょだい》な城《しろ》。日本で最初《さいしょ》に天守《てんしゅ》をもった城《しろ》だった。

武田騎馬隊《たけだきばたい》をほろぼした(⬇P98)。

勢《いきお》いに乗った信長《のぶなが》は、琵琶湖《びわこ》(滋賀県《しがけん》)のほとりに安土城《あづちじょう》を築《きず》いた。日本で最初《さいしょ》に天守《てんしゅ》(城《しろ》の中央にそびえる櫓《やぐら》)をもつ美しい城《しろ》だった。城下町《じょうかまち》では自由な商業活動を認《みと》め、経済《けいざい》は大いに発展《はってん》した。

天下統一《とういつ》が目前に迫《せま》った1582年、信長《のぶなが》は中国《ちゅうごく》地方の毛利氏《もうりし》をうつために安土城《あづちじょう》を出発した。途中《とちゅう》で宿泊《しゅくはく》したのは京都《きょうと》の本能寺《ほんのうじ》。ところが家臣《かしん》の明智光秀《あけちみつひで》に突然《とつぜん》おそわれた。信長《のぶなが》は明智軍《あけちぐん》と戦《たたか》ったが、燃《も》えさかる炎《ほのお》の中で自ら命を絶《た》った(⬇P116)。

### ウソ!ホント!? 信長《のぶなが》は戦《たたか》うときとても慎重《しんちょう》だった!?

信長《のぶなが》は桶狭間《おけはざま》の戦《たたか》いのとき、少ない兵力《へいりょく》で、油断《ゆだん》していた今川義元《いまがわよしもと》の大軍《たいぐん》の不意《ふい》をつく奇襲攻撃《きしゅうこうげき》で勝利《しょうり》した。しかし、この戦《たたか》い以降《いこう》、信長《のぶなが》は敵《てき》よりも多くの兵《へい》や武器《ぶき》をそろえて絶対《ぜったい》に勝てる状態《じょうたい》をつくって勝負した。

「美濃《みの》のマムシ」と恐《おそ》れられた信長《のぶなが》の義父《ぎふ》

# 斎藤道三《さいとうどうさん》

## 主君を次つぎと裏切《うらぎ》り 美濃《みの》を手に入れる

織田《おだ》信長《のぶなが》が尾張《おわり》(現在《げんざい》の愛知県《あいちけん》)に生まれる10年ほど前、となりの美濃《みの》(現《げん》在《ざい》の岐阜県《ぎふけん》)に、芸《げい》の得意《とくい》な油売りがいた。斎藤道三《さいとうどうさん》である。

武士《ぶし》になった道三《どうさん》は、出世を夢《ゆめ》見て、美濃《みの》の有力武将《ぶしょう》だった長井長弘《ながいながひろ》に仕えた。道三《どうさん》は武芸《ぶげい》をみがき、守護《しゅご》(地方を支配《しはい》する室町幕府《むろまちばくふ》の役職《やくしょく》)の土《と》岐《き》氏《し》の次男・頼芸《よりのり》にも気に入られた。

すると道三《どうさん》は、長弘《ながひろ》や頼芸《よりのり》と手を組み、頼芸《よりのり》と対立していた土岐頼武《ときよりたけ》を追い出してしまった。そして頼芸《よりのり》の一番の家臣《かしん》に成《な》り上がった。次に道三《どうさん》は長《なが》弘《ひろ》を殺害《さつがい》し、長井家《ながいけ》を自分のものにしてしまう。さらに美濃《みの》の守護代《しゅごだい》(守護《しゅご》の仕事を代行する役職《やくしょく》)だった斎藤家《さいとうけ》を継《つ》ぐと、ついには頼芸《よりのり》までも追い出す。こうして美濃《みの》を手に入れた道三《どうさん》は「美濃《みの》のマムシ」と恐《おそ》れられた。

その翌年《よくとし》、道三《どうさん》は、娘《むすめ》・濃姫《のうひめ》と結婚《けっこん》させていた信長《のぶなが》と会った。信長《のぶなが》の能《のう》力《りょく》を見ぬいた道三《どうさん》は、「いずれ自分の子たちは、信長《のぶなが》の家臣《かしん》になるだろう」と語ったといわれる。

1554年に、子の義《よし》龍《たつ》(➡P72)に斎藤家《さいとうけ》を継《つ》がせたが、その後、義龍《よしたつ》と戦《たたか》うことになった(長良川《ながらがわ》の戦《たたか》い)。道三《どうさん》は「美濃《みの》をゆずる」と書いた遺言書《ゆいごんしょ》を信長《のぶなが》に送った後、義龍《よしたつ》に敗《やぶ》れて戦死《せんし》した。

**道三《どうさん》と信長《のぶなが》の会見**

信長《のぶなが》は道三《どうさん》とはじめて会うとき、「大うつけ」と呼《よ》ばれた派手《はで》な格好《かっこう》で会見場に向かい、到着《とうちゃく》すると、きちんとした服に着替《きが》えた。すばやい変化《へんか》に道三《どうさん》はおどろき、信長《のぶなが》のすごさに感心したという。

### 斉藤道三《さいとうどうさん》

**肖像《しょうぞう》**

**出身地《しゅっしんち》**

山城《やましろ》(現在《げんざい》の京都府《きょうとふ》)?

**生年月日《せいねんがっぴ》**

1494年?

**死亡年月日《しぼうねんがっぴ》**

1556年4月20日

**享年《きょうねん》**

63歳《さい》?(戦死《せんし》)

**能力《のうりょく》**

武 4
知 5
人 3

**運命《うんめい》の戦《たたか》い**

長良川《ながらがわ》の戦《たたか》い

**軍旗《ぐんき》・馬印《うまじるし》**

# 今川義元《いまがわよしもと》

桶狭間《おけはざま》の戦《たたか》いで敗《やぶ》れた「東海道一《とうかいどういち》の弓取《ゆみと》り」

# 信長《のぶなが》に一瞬《いっしゅん》のすきをつかれて戦死《せんし》した名将《めいしょう》

東海《とうかい》地方の駿河《するが》・遠江《とおとうみ》（現在《げんざい》の静岡《しずおか》県《けん》）を支配《しはい》した戦国大名《せんごくだいみょう》が今川義元《いまがわよしもと》。小さいときから頭がよかったが、五男でほかに兄たちがいたため、寺にあずけられた。このとき僧《そう》の太原雪斎《たいげんせっさい》から学問を学んだ。その後、後継《あとつ》ぎ争《あらそ》いが起きたとき、義元《よしもと》は雪斎《せっさい》のたすけを得《え》て兄に勝利《しょうり》し、今川家《いまがわけ》を継《つ》いだ。

甲斐《かい》（現在《げんざい》の山梨県《やまなしけん》）の武田家《たけだけ》は、今《いま》川家《がわけ》の敵《てき》だったが、信虎《のぶとら》（武田信玄《たけだしんげん》の父）が信玄《しんげん》から追い出されると、義元《よしもと》は信虎《のぶとら》を受け入れ、信虎《のぶとら》の娘《むすめ》と結婚《けっこん》し、武田氏《たけだし》と仲直《なかなお》りをした。また、相模《さがみ》（現在《げんざい》の神奈川県《かながわけん》）の北条氏《ほうじょうし》とも、子どもどうしを結婚《けっこん》させて同盟《どうめい》を結《むす》んだ。三河《みかわ》（現在《げんざい》の愛知県《あいちけん》）の松平家《まつだいらけ》も従《したが》え、義元《よしもと》の力は安定し、巨大《きょだい》になった。

「東海道一《とうかいどういち》の弓取《ゆみと》り」と呼《よ》ばれた義元《よしもと》は、天下統一《とういつ》を果《は》たせる武将《ぶしょう》として期待された。ところが1560年、尾《お》張《わり》（現在《げんざい》の愛知県《あいちけん》）に攻《せ》めこんだとき、桶狭間《おけはざま》で休息していたところを織《お》田《だ》信長《のぶなが》におそわれ、戦死《せんし》した。

**今川義元像《いまがわよしもとぞう》**
桶狭間《おけはざま》の戦《たたか》いの戦場跡《せんじょうあと》に立つ義元像《よしもとぞう》（愛知県《あいちけん》）。

## 今川義元《いまがわよしもと》

**肖像《しょうぞう》**

**出身地《しゅっしんち》**
駿河《するが》（現在《げんざい》の静岡県《しずおかけん》）

**生年月日《せいねんがっぴ》**
1519年（誕生日《たんじょうび》は不明《ふめい》）

**死亡年月日《しぼうねんがっぴ》**
1560年5月19日

**享年《きょうねん》**
42歳《さい》（戦死《せんし》）

**能力《のうりょく》**
武 3
知 4
人 3

**運命《うんめい》の戦《たたか》い**
桶狭間《おけはざま》の戦《たたか》い（➡P66）

**軍旗《ぐんき》・馬印《うましるし》**

### 戦国のきずな
### 義元《よしもと》を支《ささ》え続《つづ》けた軍師《ぐんし》の僧《そう》・太原雪斎《たいげんせっさい》

義元《よしもと》の軍師《ぐんし》となった太原雪斎《たいげんせっさい》は、合《かっ》戦《せん》の作戦《さくせん》を立てたり、他の大名と交流して同盟《どうめい》を結《むす》んだりして大活躍《だいかつやく》した。雪斎《せっさい》が死んで5年後、義元《よしもと》が桶狭間《おけはざま》で戦死《せんし》したとき、「雪斎《せっさい》が生きていれば、義元《よしもと》は死なずにすんだ」といわれた。

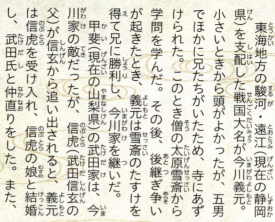

合戦《かっせん》ファイル 5

1560年

# 桶狭間《おけはざま》の戦《たたか》い

**突撃《とつげき》を命じる信長《のぶなが》**

桶狭間《おけはざま》で義元《よしもと》が休んでいることを知った信長《のぶなが》は、攻撃命令《こうげきめいれい》を出した。

勝 戦力《せんりょく》 約《やく》2000人

織田信長《おだのぶなが》

織田軍《おだぐん》

VS

今川軍《いまがわぐん》

今川義元《いまがわよしもと》

負 戦力《せんりょく》 約《やく》2万5000人

## 桶狭間《おけはざま》で休んでいた義元《よしもと》におそいかかる

1560年5月、駿河《するが》(現在《げんざい》の静岡県《しずおかけん》)の今川義元《いまがわよしもと》が、2万5000人の兵《へい》を率《ひき》いて、織田信長《おだのぶなが》の領地《りょうち》・尾張《おわり》(現在《げんざい》の愛知県《あいちけん》)に攻《せ》めてきた。信長方《のぶなががた》の砦《とりで》が次つぎに攻《せ》め落とされたという知らせが、信長《のぶなが》のいる清洲城《きよすじょう》(愛知県《あいちけん》)に入った。

信長《のぶなが》は立ち上がり、舞《まい》を舞《ま》った。「人間《じんかん》五十年、下天《げてん》のうちを比《くら》ぶれば…」。集中力を高めると、信長《のぶなが》は立ったまま湯づけをかきこんだ。2000人の優秀《ゆうしゅう》な兵《へい》を連《つ》れて出陣《しゅつじん》。外は雨風が吹《ふ》きあれていた。

# 弱小大名《だいみょう》だった信長《のぶなが》が、大軍《たいぐん》を率《ひき》いる義元《よしもと》に勝利《しょうり》する!

## 桶狭間《おけはざま》の戦《たたか》いの流れ

### 1 今川義元《いまがわよしもと》が尾張《おわり》に攻《せ》めこむ

駿河《するが》を出発した義元《よしもと》は大軍《たいぐん》を率《ひき》いて、信長《のぶなが》が支配《しはい》する尾張《おわり》に攻《せ》めこんだ。

### 2 信長《のぶなが》が城《しろ》から飛《と》び出す

今川軍《いまがわぐん》の攻撃《こうげき》がはじまると、信長《のぶなが》はわずかな家臣《かしん》を連《つ》れて城《しろ》を飛《と》び出した。

### 3 信長《のぶなが》が2000人の兵《へい》を選《えら》ぶ

信長《のぶなが》は、熱田神宮《あつたじんぐう》(愛知県《あいちけん》)に集まった織田軍《おだぐん》の中から優秀《ゆうしゅう》な兵《へい》2000人を選《えら》んだ。

### 4 義元《よしもと》の本陣《ほんじん》を攻撃《こうげき》する

織田軍《おだぐん》は、雨が降《ふ》って油断《ゆだん》していた義元《よしもと》の本陣《ほんじん》に攻《せ》めこみ、義元《よしもと》をうち取った。

義元《よしもと》の大軍《たいぐん》は、桶狭間《おけはざま》(愛知県《あいちけん》)の丘《おか》で休んでいた。信長《のぶなが》は迷《まよ》うことなく叫《さけ》んだ。「今だ、かかれ!」。信《のぶ》長軍《ながぐん》は一気に義元《よしもと》の本陣《ほんじん》に突《つ》き進んだ。奇襲攻撃《きしゅうこうげき》に気づいた義元軍《よしもとぐん》は大混乱《こんらん》におちいる。味方の兵《へい》がにげて取り残《のこ》された義元《よしもと》は、織田《おだ》軍《ぐん》にうち取られた。それまで無名《むめい》だった信長《のぶなが》は、この戦《たたか》いの勝利《しょうり》で、天下にその名をとどろかせた。

×

どのような仕事もこなした信長《のぶなが》の家臣《かしん》

# 丹羽長秀《にわながひで》

## 安土城《あづちじょう》づくりを任《まか》された信長《のぶなが》の重要《じゅうよう》な家臣《かしん》

丹羽長秀《にわながひで》は尾張《おわり》(現在《げんざい》の愛知県《あいちけん》)の生まれで、若《わか》い頃《ころ》から信長《のぶなが》に仕えた。長《なが》篠《しの》の戦《たたか》い(⬇P98)などで手柄《てがら》を立てる。信長《のぶなが》から「長秀《ながひで》は友であり、兄弟である」と信用《しんよう》され、信長《のぶなが》の家臣《かしん》では、最《さい》初《しょ》に国をあたえられ、若狭《わかさ》(現在《げんざい》の福井《ふくい》県《けん》)を支配《しはい》する大名《だいみょう》となった。

長秀《ながひで》は、政治家《せいじか》としても優《すぐ》れ、どんな仕事でも自分の役目をきちんとこなした。特《とく》に安土城《あづちじょう》(滋賀県《しがけん》)の建設《けんせつ》では、中心となって働《はたら》いた。そのためか自分が先頭に立つよりも、ほかの武《ぶ》将《しょう》をたすけて働《はたら》くことが多くなった。

長秀《ながひで》は「五郎左衛門《ごろうざえもん》」という名前もあり、信長《のぶなが》にとって「米」のように大切な存在《そんざい》という意味から、「米の五郎左《ごろうざ》」と呼《よ》ばれたそうだ。

1582年、本能寺《ほんのうじ》の変《へん》で信長《のぶなが》がうたれたとき、長秀《ながひで》は豊臣秀吉《とよとみひでよし》と合流して、山崎《やまざき》の戦《たたか》い(⬇P148)で明智光《あけちみつ》秀《ひで》を攻《せ》めた。秀吉《ひでよし》は長秀《ながひで》と同じ信長《のぶなが》の家臣《かしん》だったが、それ以後《いご》、長秀《ながひで》は、秀《ひで》吉《よし》を支《ささ》える立場になった。

信長《のぶなが》の後継者《こうけいしゃ》の地位《ちい》をめぐって、秀《ひで》吉《よし》と柴田勝家《しばたかついえ》(⬇P108)が争《あらそ》った賤《しず》ケ《が》岳《たけ》の戦《たたか》いでは、秀吉側《ひでよしがわ》について勝《しょう》利《り》。越前《えちぜん》(現在《げんざい》の福井県《ふくいけん》)や加賀《かが》(現在《げんざい》の石川県《いしかわけん》)などをあたえられ、約《やく》123万石の大名《だいみょう》になった。

### なるほどエピソード

### 安土城《あづちじょう》づくりを指揮《しき》した長秀《ながひで》

事務能力《じむのうりょく》にたいへん優《すぐ》れていた長秀《ながひで》は、信長《のぶなが》が安土城《あづちじょう》を築《きず》くとき、最高責《さいこうせき》任者《にんしゃ》に任命《にんめい》された。安土城《あづちじょう》は日本ではじめて天守《てんしゅ》をつくったり、山全体を石《いし》垣《がき》で囲《かこ》んだりするなど、信長《のぶなが》の大胆《だいたん》なアイデアがつめこまれた城《しろ》だった。築《きず》くのはとても難《むずか》しかったが、長秀《ながひで》はみごとに完成《かんせい》させた。

### 丹羽長秀《にわながひで》

**肖像《しょうぞう》**

**出身地《しゅっしんち》**

尾張《おわり》(現在《げんざい》の愛知県《あいちけん》)

**生年月日《せいねんがっぴ》**

1535年(誕生日《たんじょうび》は不明《ふめい》)

**死亡年月日《しぼうねんがっぴ》**

1585年4月16日

**享年《きょうねん》**

51歳《さい》(病死)

**能力《のうりょく》**

武 3
知 5
人 4

**運命《うんめい》の戦《たたか》い**

山崎《やまざき》の戦《たたか》い(➡P148)

**軍旗《ぐんき》・馬印《うまじるし》**

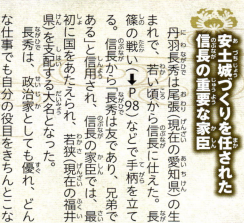

# 滝川一益《たきがわかずます》

信長《のぶなが》から深く信頼《しんらい》された勇敢《ゆうかん》な武将《ぶしょう》

## 滝川一益《たきがわかずます》

**肖像《しょうぞう》**

**出身地《しゅっしんち》**

近江《おうみ》(現在《げんざい》の滋賀県《しがけん》)

**生年月日《せいねんがっぴ》**

1525年(誕生日《たんじょうび》は不明《ふめい》)

**死亡年月日《しぼうねんがっぴ》**

1586年9月9日

**享年《きょうねん》**

62歳《さい》(病死)

**能力《のうりょく》**

武 4

知 3

人 3

**運命《うんめい》の戦《たたか》い**

神流川《かんながわ》の戦《たたか》い

**軍旗《ぐんき》・馬印《うましるし》**

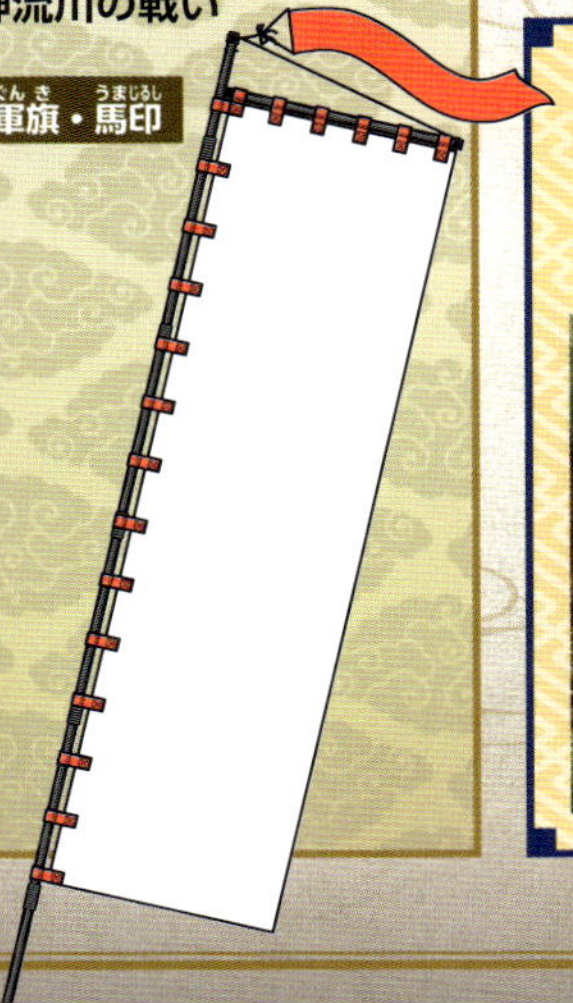

## 本能寺《ほんのうじ》の変《へん》の後に北条軍《ほうじょうぐん》と戦《たたか》うが敗北《はいぼく》する

織田《おだ》信長《のぶなが》の家臣《かしん》には重要《じゅうよう》な武将《ぶしょう》が4人いた。柴田勝家《しばたかついえ》(⬇P108)、丹羽長秀《にわながひで》、明智光秀《あけちみつひで》(⬇P112)、そして滝川一益《たきがわかずます》である。

一益《かずます》は伊勢《いせ》(現在《げんざい》の三重県《みえけん》)の長島《ながしま》で起きた一向一揆《いっこういっき》(浄土真宗《じょうどしんしゅう》の信者《しんじゃ》による反乱《はんらん》)で手柄《てがら》を立て、長篠《ながしの》の戦《たたか》い(⬇P98)でも活躍《かつやく》した。

攻撃《こうげき》したり、退却《たいきゃく》したりするタイミングがとてもうまく、「進むも滝川《たきがわ》、退《ひ》くも滝川《たきがわ》」とたたえられた。鉄砲隊《てっぽうたい》や水軍《すいぐん》のあつかいも上手だった。

しかし、本能寺《ほんのうじ》の変《へん》で信長《のぶなが》がうたれたとき、関東地方《かんとうちほう》にいた一益《かずます》は、約《やく》2倍の兵力《へいりょく》の北条軍《ほうじょうぐん》から攻《せ》められた。この「神流川《かんながわ》の戦《たたか》い」に敗《やぶ》れた一益《かずます》は、信長《のぶなが》の後継《あとつ》ぎを決める清洲《きよす》(愛知県《あいちけん》)での会議《かいぎ》に間に合わなかった。

この会議《かいぎ》で、豊臣秀吉《とよとみひでよし》が後継《あとつ》ぎを信長《のぶなが》の孫《まご》・三法師《さんぼうし》(織田秀信《おだひでのぶ》)に決めると、柴田勝家《しばたかついえ》や信長《のぶなが》の三男・信孝《のぶたか》は不《ふ》満《まん》をもち、秀吉《ひでよし》と対立。戦《たたか》いへと発展《はってん》した。一益《かずます》は勝家《かついえ》・信孝側《のぶたかがわ》についた。

だが賤ケ岳《しずがたけ》の戦《たたか》いで勝家《かついえ》が敗《やぶ》れると、長島城《ながしまじょう》(三重県《みえけん》)にこもって抵抗《ていこう》していた一益《かずます》も、秀吉《ひでよし》に降伏《こうふく》した。命はたすけられた一益《かずます》だったが、領地《りょうち》をすべて取り上げられたため、僧《そう》になり、以後《いご》は丹羽長秀《にわながひで》のもとで暮《く》らした。

### 名勝負

### 一益《かずます》と北条氏《ほうじょうし》が戦《たたか》った「神流川《かんながわ》の戦《たたか》い」

本能寺《ほんのうじ》の変《へん》のとき、一益《かずます》は関東《かんとう》北部を支配《しはい》していた。しかし、関東《かんとう》南部を支配《しはい》する北条氏《ほうじょうし》が織田家《おだけ》との同盟《どうめい》を破《やぶ》って、約《やく》3万人の兵《へい》で一益《かずます》の支配地《しはいち》を攻《せ》めてきた。両者は神流川《かんながわ》(埼玉県《さいたまけん》)で激突《げきとつ》したが、兵力《へいりょく》が北条軍《ほうじょうぐん》の約《やく》半分だった一益《かずます》は敗《やぶ》れて、伊勢《いせ》(現《げん》在《ざい》の三重県《みえけん》)へにげた。

# 斎藤義龍《さいとうよしたつ》

父・道三《どうさん》を倒《たお》して美濃《みの》を手に入れる

## 父・道三《どうさん》に認《みと》められず反乱《はんらん》を起こす

斎藤義龍《さいとうよしたつ》は斎藤道三《さいとうどうさん》の長男で、28歳《さい》のときに斎藤家《さいとうけ》を受け継《つ》ぎ、美濃《みの》(現在《げんざい》の岐阜県《ぎふけん》)の稲葉山城《いなばやまじょう》の城主《じょうしゅ》になった。その頃《ころ》美濃《みの》では、強引な手段《しゅだん》で領主《りょうしゅ》となった道三《どうさん》をきらう家臣《かしん》もいて、美濃《みの》は安定していなかった。道三《どうさん》は、ほろぼした前の領主《りょうしゅ》・土岐氏《ときし》と仲《なか》のよかった義龍《よしたつ》に家をゆずることで、家臣《かしん》をまとめようとしたといわれる。

しかし、道三《どうさん》は義龍《よしたつ》の力を認《みと》めて後《あと》継《つ》ぎにしたわけではなかった。その後、義龍《よしたつ》のふたりの弟をかわいがり、義龍《よしたつ》を追い出そうとしていた。これを知った義龍《よしたつ》は、家臣《かしん》にふたりの弟を殺《ころ》させて、父・道三《どうさん》に戦《たたか》いをいどんだ。織田信長《おだのぶなが》が道三《どうさん》をたすけようとしたが、間に合わず、道三《どうさん》は戦死《せんし》した(長良川《ながらがわ》の戦《たたか》い)。このときの義龍《よしたつ》の戦《たたか》いぶりを見た道三《どうさん》は、「これなら斎藤家《さいとうけ》は安心だ」と語ったともいわれている。

義龍《よしたつ》は、家臣《かしん》との話し合いで物事を決め、土地の制度《せいど》を整えて領内《りょうない》をまとめることに努力《どりょく》した。信長《のぶなが》からの攻撃《こうげき》も防《ふせ》いだが、35歳《さい》の若《わか》さで病死した。

### 斎藤家《さいとうけ》の親類関係《しんるいかんけい》

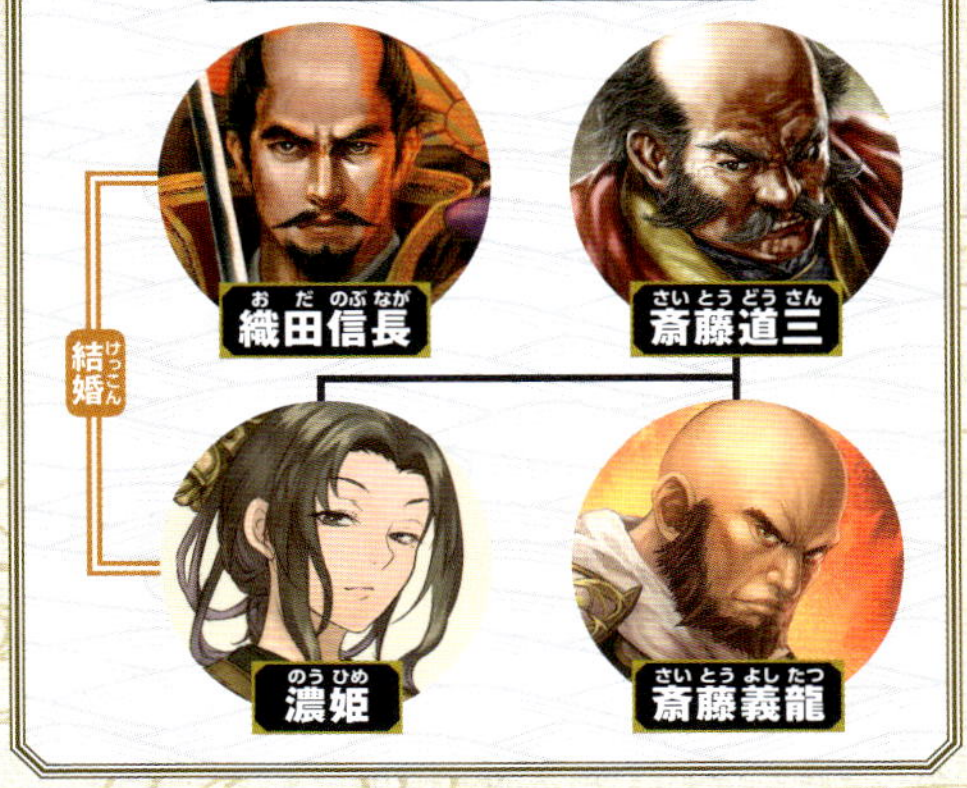


### 斎藤義龍《さいとうよしたつ》

**肖像《しょうぞう》**

**出身地《しゅっしんち》**

美濃《みの》(現在《げんざい》の岐阜県《ぎふけん》)

**生年月日《せいねんがっぴ》**

1527年(誕生日《たんじょうび》は不明《ふめい》)

**死亡年月日《しぼうねんがっぴ》**

1561年5月11日

**享年《きょうねん》**

35歳《さい》(病死)

**能力《のうりょく》**

武 3
知 4
人 2

**運命《うんめい》の戦《たたか》い**

長良川《ながらがわ》の戦《たたか》い

### 名勝負

#### 「長良川《ながらがわ》の戦《たたか》い」で、道三《どうさん》を後悔《こうかい》させた義龍《よしたつ》

道三《どうさん》は、義龍《よしたつ》には能力《のうりょく》がないと思い、後継《あとつ》ぎの座《ざ》から降《お》ろそうとした。このため、ふたりは激《はげ》しく対立し、ついに戦争《せんそう》になった。この「長良川《ながらがわ》の戦《たたか》い」で、義龍《よしたつ》が上手《じょうず》に兵《へい》を指揮《しき》する姿《すがた》を見た道三《どうさん》は、「息子は能力《のうりょく》がないと思っていたが、まちがっていた」と後悔《こうかい》したという。

信長《のぶなが》に逆《さか》らった室町《むろまち》幕府《ばくふ》最後《さいご》の将軍《しょうぐん》

# 足利義昭《あしかがよしあき》

おもな居城《きょじょう》

## 信長《のぶなが》をほろぼすために「信長《のぶなが》包囲網《ほういもう》」をつくる

戦国《せんごく》時代、室町幕府《むろまちばくふ》の将軍《しょうぐん》の立場は、ますます弱くなっていた。足利《あしかが》義昭《よしあき》は12代将軍《しょうぐん》・足利義晴《あしかがよしはる》の次男。しかし父は病死し、後を継《つ》いだ13代将軍《しょうぐん》の兄・足利義輝《あしかがよしてる》も松永久秀《まつながひさひで》(➡P52)らに殺《ころ》され、義昭《よしあき》も寺院にとじこめられてしまった。にげ出した義昭《よしあき》は、将《しょう》軍《ぐん》の地位《ちい》を取りもどそうと、越前《えちぜん》(現《げん》在《ざい》の福井県《ふくいけん》)の朝倉義景《あさくらよしかげ》(➡P78)を頼《たよ》った。しかし義景《よしかげ》は京都《きょうと》に行く気はなかった。そこで次に頼《たよ》ったのが織田《おだ》信長《のぶなが》。義昭《よしあき》は信長《のぶなが》のたすけを得《え》て、ついに京都《きょうと》へ入り、15代将軍《しょうぐん》になった。

「これで、権力《けんりょく》は自分のもの」。義昭《よしあき》は喜《よろこ》んだが、権力《けんりょく》をにぎったのは信長《のぶなが》の方だった。義昭《よしあき》は、自分が信長《のぶなが》に形だけの将軍《しょうぐん》にさせられたことに気づいた。「信長《のぶなが》をうつ!」。義昭《よしあき》は、武田《たけだ》氏《し》、浅井《あざい》氏《し》、朝倉《あさくら》氏《し》、さらに比叡《ひえい》山延暦寺《ざんえんりゃくじ》(滋賀県《しがけん》)、石山本願寺《いしやまほんがんじ》(大阪府《おおさかふ》)などに呼《よ》びかけて、信長《のぶなが》に対立する連合勢力《れんごうせいりょく》「信長包囲網《のぶながほういもう》」を築《きず》いた。

1573年、義昭《よしあき》は信長《のぶなが》に戦《たたか》いをいどむが敗北《はいぼく》(槇島城《まきしまじょう》の戦《たたか》い)。京都《きょうと》を追い出され、室町幕府《むろまちばくふ》はほろんだ。

その後、信長《のぶなが》が死ぬと、権力《けんりょく》は信長《のぶなが》の家臣《かしん》・豊臣秀吉《とよとみひでよし》にうつった。義昭《よしあき》は権力《けんりょく》をにぎることをあきらめ、秀吉《ひでよし》の相談相手となった。

### 足利義昭《あしかがよしあき》

**肖像《しょうぞう》**

**出身地《しゅっしんち》**

山城《やましろ》(現在《げんざい》の京都府《きょうとふ》)

**生年月日《せいねんがっぴ》**

1537年11月3日

**死亡年月日《しぼうねんがっぴ》**

1597年8月28日

**享年《きょうねん》**

61歳《さい》(病死)

**能力《のうりょく》**

武 1
知 2
人 2

**運命《うんめい》の戦《たたか》い**

槇島城《まきしまじょう》の戦《たたか》い

**軍旗《ぐんき》・馬印《うまじるし》**

### ウソ!ホント!? 秀吉《ひでよし》は義昭《よしあき》の養子《ようし》になりたかった!?

天下を取った豊臣秀吉《とよとみひでよし》は、征夷大将軍《せいいたいしょうぐん》になりたかったので、義昭《よしあき》に「養子《ようし》にしてほしい」と頼《たの》んだが、義昭《よしあき》はきっぱりと断《ことわ》った、という話が伝《つた》わっている。これはつくり話とされている。実際《じっさい》は義昭《よしあき》は秀《ひで》吉《よし》の側近《そっきん》として仕え、相談相手をつとめた。

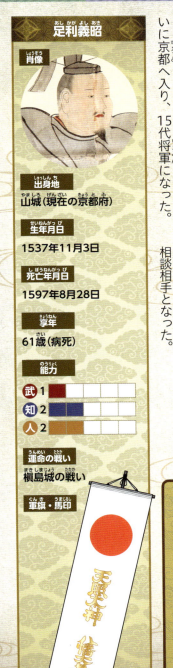

# 槍《やり》はたたいて使った!?

槍《やり》は合戦《かっせん》で突《つ》いて攻撃《こうげき》する武器《ぶき》だと思われているが、実際《じっさい》はふり下ろして戦《たたか》うことも多かった。

長柄組頭《ながえぐみがしら》

1 横一列に並《なら》び、槍《やり》をななめに立てて敵《てき》の槍《やり》が届《とど》きそうになるくらいまで待つ。

2 長柄組頭《ながえぐみがしら》が号令《ごうれい》を出すと、いっせいに槍《やり》をふり下ろし、敵《てき》の頭をたたいた。

中級武士《ぶし》

3 敵《てき》がひるんでにげ出したら、約《やく》4メートルの槍《やり》をもった中級武《ぶ》士《し》が敵《てき》を突《つ》いて攻撃《こうげき》した。

## 槍《やり》のもち方

槍《やり》は右肩《みぎかた》にかついでもった。左肩《ひだりかた》にかついでしまうと、構《かま》えるときに腰《こし》の刀にぶつかってしまうため。

## 槍《やり》の種類《しゅるい》と長さ

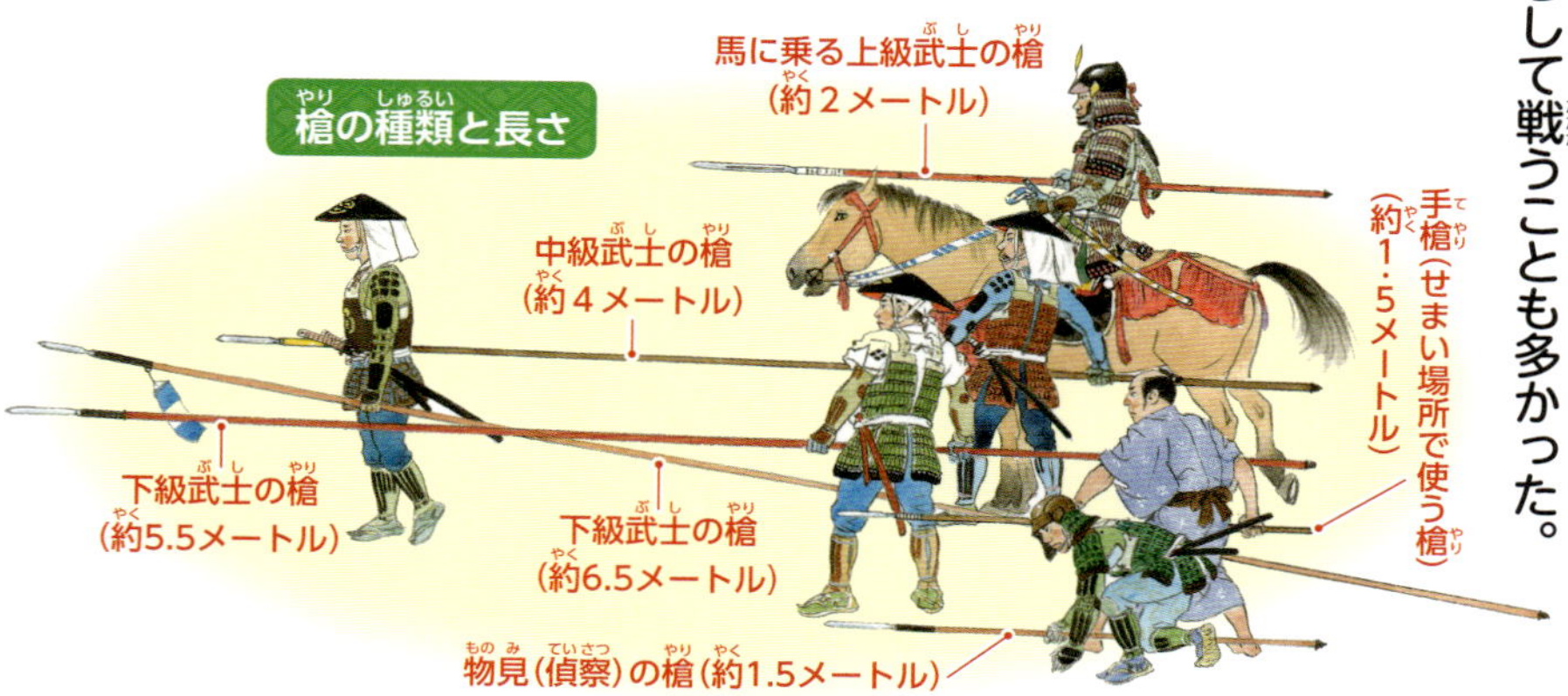
馬に乗る上級武士《ぶし》の槍《やり》(約《やく》2メートル)
手槍《てやり》(せまい場所で使う槍《やり》)(約《やく》1・5メートル)
中級武士《ぶし》の槍《やり》(約《やく》4メートル)
下級武士《ぶし》の槍《やり》(約《やく》5.5メートル)
下級武士《ぶし》の槍《やり》(約《やく》6.5メートル)
物見《ものみ》(偵察《ていさつ》)の槍《やり》(約《やく》1.5メートル)

## 槍《やり》の部分の名前

穂先《ほさき》
しのぎ
口金《くちがね》

**太刀打《たちう》ち**

太刀《たち》(長い刀)で切り落とされないように、麻《あさ》ひもを何重にも巻《ま》いて強くしてある。

**鏑巻《かぶらまき》(血だまり)**

太刀打《たちう》ちに流れてきた血が、柄《え》に流れてこないようにするための金具。

**柄《え》**

1本の長い木からつくるのではなく、木のしんに竹などをはりつけてつくる。

**水返《みずがえ》し**

川に突《つ》き立てたときなどに、石突《いしづき》に水が入るのを防《ふせ》ぐための金具。

**石突《いしづき》**

槍《やり》を地面に突《つ》き立てるための金具。

## 長柄組《ながえぐみ》の戦《たたか》い方

槍《やり》をもって戦《たたか》う足軽(下級武士《ぶし》)の隊《たい》は、長柄《ながえ》という長さ約《やく》5～6メートルの槍《やり》を使って戦《たたか》ったため、「長柄組《ながえぐみ》」と呼《よ》ばれた。

## 槍《やり》のさまざまな使い方

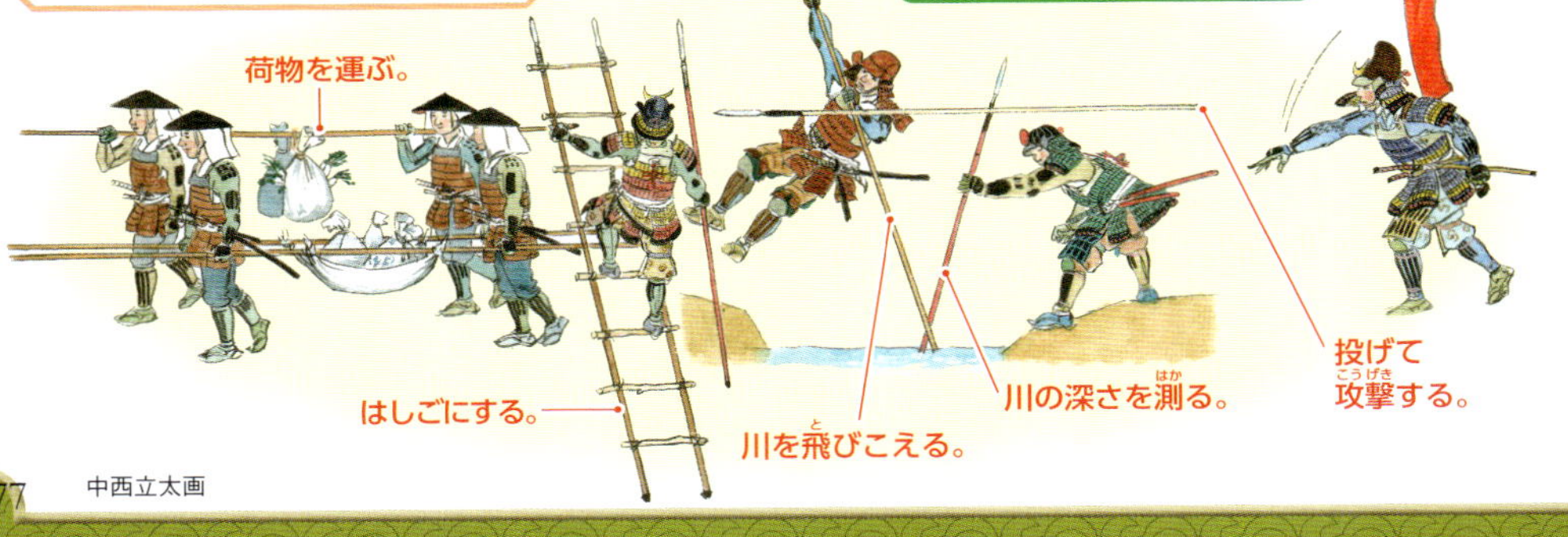
荷物を運ぶ。
はしごにする。
川を飛《と》びこえる。
川の深さを測《はか》る。
投げて攻撃《こうげき》する。

中西立太画

# 朝倉義景《あさくらよしかげ》

信長《のぶなが》に逆《さか》らい続《つづ》けた一乗谷《いちじょうだに》の武将《ぶしょう》

## 朝倉義景《あさくらよしかげ》

**肖像《しょうぞう》**

**出身地《しゅっしんち》**

越前《えちぜん》(現在《げんざい》の福井県《ふくいけん》)

**生年月日《せいねんがっぴ》**

1533年9月24日

**死亡年月日《しぼうねんがっぴ》**

1573年8月20日

**享年《きょうねん》**

41歳《さい》(自殺《じさつ》)

**能力《のうりょく》**

武 2

知 2

人 2

**運命《うんめい》の戦《たたか》い**

一乗谷城《いちじょうだにじょう》の戦《たたか》い(➡P93)

**軍旗《ぐんき》・馬印《うまじるし》**

## 信長《のぶなが》に逆《さか》らい続《つづ》けるが負《ま》け続《つづ》けてほろびる

越前《えちぜん》(現在《げんざい》の福井県《ふくいけん》)の朝倉氏《あさくらし》は古くから栄《さか》え、地元の文化を築《きず》いてきた名門で、義景《よしかげ》は朝倉家《あさくらけ》11代の当主である。

1565年、足利義昭《あしかがよしあき》が頼《たよ》ってくると、義景《よしかげ》は迎《むか》え入れた。義昭《よしあき》は将軍《しょうぐん》として京都《きょうと》へもどることを望《のぞ》んだが、地元を支配《しはい》することで満足《まんぞく》していた義景《よしかげ》は、京都《きょうと》へ軍《ぐん》を進める気はなかった。義景《よしかげ》の元を去った義昭《よしあき》は、織田信長《おだのぶなが》とともに京都《きょうと》へ行き、15代将軍《しょうぐん》となった。信長《のぶなが》は義景《よしかげ》に、自分に従《したが》うように求《もと》めたが、義景《よしかげ》はこれを無視《むし》したので、信長《のぶなが》から攻撃《こうげき》を受けた。近江《おうみ》(現《げん》在《ざい》の滋賀県《しがけん》)の浅井長政《あざいながまさ》と協力《きょうりょく》して、信長《のぶなが》を追いつめたが、姉川《あねがわ》の戦《たたか》い(➡P84)では、信長《のぶなが》に敗《やぶ》れてしまう。

その後、浅井長政《あざいながまさ》が信長《のぶなが》に攻《せ》められたときは、義景《よしかげ》は越前《えちぜん》から出撃《しゅつげき》してたすけに向かったが、信長《のぶなが》の激《はげ》しい攻撃《こうげき》にあって、越前《えちぜん》へにげ帰った。しかし、家臣《かしん》の裏切《うらぎ》りにあい、義景《よしかげ》は自殺《じさつ》した。

**一乗谷城跡《いちじょうだにじょうあと》**

織田軍《おだぐん》に火を放たれた一乗谷城《いちじょうだにじょう》は、3日間燃《も》え続《つづ》けたという(➡P93)。

### なるほどエピソード　信玄《しんげん》から怒《いか》りの手紙を送られた!?

武田信玄《たけだしんげん》は信長《のぶなが》を攻《せ》めるために甲斐《かい》(現在《げんざい》の山梨県《やまなしけん》)から京都《きょうと》に向かって軍《ぐん》を進めた。このとき、一緒《いっしょ》に戦《たたか》うはずだった義景《よしかげ》は、「雪が降《ふ》って、兵《へい》が疲《つか》れている」という理由で、越前《えちぜん》に帰ってしまった。信玄《しんげん》は、「判《はん》断《だん》をまちがえるな」という、怒《いか》りの手紙を義景《よしかげ》に送ったそうだ。

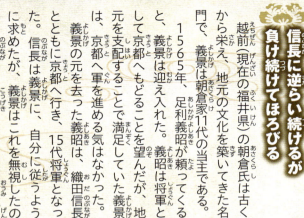

# 浅井長政《あざいながまさ》

信長《のぶなが》の妹・お市《いち》の方《かた》と結婚《けっこん》した武将《ぶしょう》

おもな居城《きょじょう》

## 朝倉氏《あさくらし》との関係《かんけい》を重視《じゅうし》し、信長《のぶなが》を裏切《うらぎ》ってほろびる

浅井家《あざいけ》は近江《おうみ》(現在《げんざい》の滋賀県《しがけん》)の大《だい》名《みょう》で、名門・六角氏《ろっかくし》に従《したが》っていた。長政《ながまさ》が15歳《さい》で家を継《つ》ぐと、六角氏《ろっかくし》から離《はな》れ、領地《りょうち》を拡大《かくだい》していった。

織田信長《おだのぶなが》は浅井氏《あざいし》と同盟《どうめい》を結《むす》ぼうとして、妹・お市《いち》の方《かた》を長政《ながまさ》と結婚《けっこん》させた。そのとき信長《のぶなが》は長政《ながまさ》と、「浅井氏《あざいし》と仲《なか》の良《よ》い朝倉義景《あさくらよしかげ》を勝手に攻《せ》めない」という約束《やくそく》を結《むす》んだ。

しかしその後、信長《のぶなが》は朝倉氏《あさくらし》を攻撃《こうげき》した。怒《おこ》った長政《ながまさ》は信長《のぶなが》との同盟《どうめい》を破《やぶ》り、義景《よしかげ》に味方して、金ケ崎《かねがさき》(福井県《ふくいけん》)で信長《のぶなが》をはさみうちにした。しかし信長《のぶなが》ににげられ、今度は姉川《あねがわ》の戦《たたか》い(➡P84)で信長《のぶなが》に敗《やぶ》れてしまう。

その後、信長《のぶなが》は朝倉氏《あさくらし》をほろぼすと、長政《ながまさ》のいる小谷城《おだにじょう》(滋賀県《しがけん》)への攻撃《こうげき》を開始した。信長《のぶなが》に降伏《こうふく》をすすめられたが、長政《ながまさ》は受け入れなかった。小谷城《おだにじょう》が落城《らくじょう》すると、長政《ながまさ》は妻《つま》と子を城《しろ》からにがし、自ら命を絶《た》った。

**小谷城跡《おだにじょうあと》**

小谷城《おだにじょう》は、強固《きょうこ》な山城《やまじろ》だったが、信長《のぶなが》の攻撃《こうげき》により落城《らくじょう》した(滋賀県《しがけん》)。

### 名勝負　信長《のぶなが》を追いつめた「志賀《しが》の陣《じん》」

姉川《あねがわ》の戦《たたか》いの後、長政《ながまさ》と朝倉義景《あさくらよしかげ》は京都《きょうと》へ向かって軍《ぐん》を進めた。信長《のぶなが》は迎《むか》えうとうとしたが、長政《ながまさ》らは比叡山《ひえいざん》(滋《し》賀《が》県《けん》)へにげた。信長《のぶなが》は比叡山《ひえいざん》を包囲《ほうい》したが、各地《かくち》で信長《のぶなが》に逆《さか》らう勢力《せいりょく》が出たため、信長《のぶなが》は追いつめられ、しかたなく長政《ながまさ》らと仲直《なかなお》りした。これを志賀《しが》の陣《じん》という。

### 浅井長政《あざいながまさ》

**肖像《しょうぞう》**

**出身地《しゅっしんち》**

近江《おうみ》(現在《げんざい》の滋賀県《しがけん》)

**生年月日《せいねんがっぴ》**

1545年(誕生日《たんじょうび》は不明《ふめい》)

**死亡年月日《しぼうねんがっぴ》**

1573年9月1日

**享年《きょうねん》**

29歳《さい》(自殺《じさつ》)

**能力《のうりょく》**

| | |
|---|---|
| 武 | 3 |
| 知 | 4 |
| 人 | 4 |

**運命《うんめい》の戦《たたか》い**

姉川《あねがわ》の戦《たたか》い(➡P84)

**軍旗《ぐんき》・馬印《うまじるし》**

金ケ崎《かねがさき》の戦《たたか》い
1570年 金《かね》ケ《が》崎城《さきじょう》（福井県《ふくいけん》）――
金《かね》ケ《が》崎城《さきじょう》が落ちたか……
次は朝倉義景《あさくらよしかげ》を倒《たお》すぞ！
信長様《のぶながさま》！ 浅井軍《あざいぐん》が攻《せ》めてきます！
ダダダダ
なにぃ！ そんなばかな!?
長政《ながまさ》はわしの妹の夫《おっと》なんだぞ!? 裏切《うらぎ》るはずがない！
殿《との》!!
朝倉軍《あさくらぐん》も動き出しました！
まずいぞ…… このままでははさみうちに……！
殿《との》！

殿《との》は急ぎ京都《きょうと》へおもどりください！
ここは猿《さる》めが敵《てき》を食い止めまする！
豊臣秀吉《とよとみひでよし》
……死ぬかもしれんぞ
死ぬもんですか！
生きてまたお会いしましょう！
わかった……
生きて帰れよ猿《さる》……！

合戦《かっせん》ファイル

6

1570年

# 姉《あね》川《がわ》の戦《たたか》い

**攻撃《こうげき》をしかける榊原康政《さかきばらやすまさ》**

康政《やすまさ》は主君である徳川家康《とくがわいえやす》の命令《めいれい》で、浅井《あざい》・朝倉軍《あさくらぐん》の横側《よこがわ》から攻撃《こうげき》をしかけた。

勝 戦力《せんりょく》 約《やく》2万5000人

織田信長《おだのぶなが》

徳川家康《とくがわいえやす》

織田《おだ》・徳川軍《とくがわぐん》

VS

浅井《あざい》・朝倉軍《あさくらぐん》

浅井長政《あざいながまさ》

負 戦力《せんりょく》 約《やく》1万3000人

## 信長《のぶなが》と家康《いえやす》が協力《きょうりょく》して浅井《あざい》・朝倉《あさくら》軍《ぐん》に勝利《しょうり》する

1570年4月、織田《おだ》信長《のぶなが》が約《やく》束《そく》を無視《むし》して朝倉義景《あさくらよしかげ》を攻《せ》めたことを知った浅井長政《あざいながまさ》は、信長《のぶなが》との同盟《どうめい》を捨《す》て、信長《のぶなが》へ攻撃《こうげき》を開始。絶体絶命《ぜったいぜつめい》の危機《きき》をのがれた信長《のぶなが》は、長政《ながまさ》の裏切《うらぎ》りを許《ゆる》さなかった。

その2か月後、信長《のぶなが》は長政《ながまさ》のいる小谷城《おだにじょう》(滋賀県《しがけん》)へ2万人の兵《へい》を率《ひき》いて向かった。そこへ信長《のぶなが》と同盟《どうめい》を結《むす》んでいる徳川家康《とくがわいえやす》の軍《ぐん》勢《ぜい》、約《やく》5000人がかけつけた。義景《よしかげ》は約《やく》8000人の兵《へい》を長政《ながまさ》の応援《おうえん》に送った。織田《おだ》・徳川軍《とくがわぐん》と浅井《あざい》・朝倉軍《あさくらぐん》は、姉川《あねがわ》(滋賀県《しがけん》)を

# 信《のぶ》長《なが》と家《いえ》康《やす》の連《れん》合《ごう》軍《ぐん》が、浅《あざ》井《い》・朝《あさ》倉《くら》軍《ぐん》を打ち破《やぶ》る！

はさんでにらみあっていたが、ついに激《はげ》しい戦《たたか》いがはじまった。浅井《あざい》・朝倉軍《あさくらぐん》が縦《たて》にのびてちらばっていることに気づいた家康《いえやす》は、家臣《かしん》の榊原康政《さかきばらやすまさ》に「敵《てき》の横側《よこがわ》から攻《せ》めろ！」と命じた。この作《さく》戦《せん》が成功《せいこう》し、浅井《あざい》・朝倉軍《あさくらぐん》は総崩《そうくず》れとなった。両軍《りょうぐん》とも優秀《ゆうしゅう》な武《ぶ》将《しょう》を多く失《うしな》い、姉川《あねがわ》は戦死者《せんししゃ》で血にそまったという。

## 姉《あね》川《がわ》の戦《たたか》いの流れ

### 1 信長《のぶなが》が小谷城《おだにじょう》へ向かう

信長《のぶなが》は２万人の兵《へい》を引き連《つ》れて岐阜城《ぎふじょう》を出発。長政《ながまさ》の居城《きょじょう》である小谷城《おだにじょう》を目指した。

### 2 徳川家康《とくがわいえやす》が参加《さんか》する

家康《いえやす》は兵《へい》を率《ひき》いて姉川《あねがわ》（滋賀県《しがけん》）の南岸に到着《とうちゃく》する。一方の長政《ながまさ》は小谷城《おだにじょう》から出撃《しゅつげき》し、朝倉義景《あさくらよしかげ》から送られた兵《へい》と一緒《いっしょ》に、姉川《あねがわ》の北岸に到着《とうちゃく》。

### 3 榊原康政《さかきばらやすまさ》が朝倉軍《あさくらぐん》を攻撃《こうげき》する

姉川《あねがわ》をはさんで両軍《りょうぐん》が激突《げきとつ》する。徳川軍《とくがわぐん》の榊原《さかきばら》康政《やすまさ》が朝倉軍《あさくらぐん》の横側《よこがわ》から攻撃《こうげき》をはじめると、朝《あさ》倉軍《くらぐん》は総崩《そうくず》れとなり、織田《おだ》・徳川軍《とくがわぐん》が勝利《しょうり》した。

# 雑賀孫一《さいかまごいち》

鉄砲《てっぽう》集団《しゅうだん》を率《ひき》いて信長《のぶなが》を苦しめた武将《ぶしょう》

## 優秀《ゆうしゅう》な鉄砲集団《てっぽうしゅうだん》を率《ひき》いて信長《のぶなが》に勝負をいどむ

1543年に種子島《たねがしま》(鹿児島県《かごしまけん》)に伝《つた》わった鉄砲《てっぽう》。合戦《かっせん》の戦《たたか》い方を変《か》えたこの武器《ぶき》を、いち早く集団《しゅうだん》で使ったのが、雑賀孫一《さいかまごいち》の率《ひき》いる雑賀衆《さいかしゅう》だった。雑賀衆《さいかしゅう》とは、紀伊《きい》(現在《げんざい》の和歌山県《わかやまけん》)を拠点《きょてん》に活動した鉄砲集団《てっぽうしゅうだん》で、鉄砲《てっぽう》を数多く備《そな》え、上手《じょうず》に鉄砲《てっぽう》を撃《う》つことができた。孫一《まごいち》は味方になった武将《ぶしょう》の戦《たたか》いに参加《さんか》し、「雑賀衆《さいかしゅう》を味方にすれば勝ち、敵《てき》にすれば負ける」といわれた。

雑賀衆《さいかしゅう》には浄土真宗《じょうどしんしゅう》(一向宗《いっこうしゅう》)の信《しん》者《じゃ》が多かった。そのため、浄土真宗《じょうどしんしゅう》の石山本願寺《いしやまほんがんじ》(大阪府《おおさかふ》)からたすけを求《もと》められ、石山本願寺《いしやまほんがんじ》の敵《てき》・織田信長《おだのぶなが》と戦《たたか》うこととなった。

雑賀衆《さいかしゅう》を相手に苦戦《くせん》した信長《のぶなが》は、10万もの大軍《たいぐん》で雑賀衆《さいかしゅう》の拠点《きょてん》・紀伊《きい》に攻《せ》めこんだ。孫一《まごいち》は川の底《そこ》に壺《つぼ》などをうめて待ちぶせし、川を渡《わた》ろうとする織田軍《おだぐん》が川底《かわぞこ》に足を取られたところをいっせいに射撃《しゃげき》し、織田軍《おだぐん》を破《やぶ》った(和歌川《わかがわ》の戦《たたか》い)。

その後、豊臣秀吉《とよとみひでよし》が10万の大軍《たいぐん》で紀《き》伊《い》に攻《せ》めこみ、孫一《まごいち》らを水攻《みずぜ》めにした。孫一《まごいち》と雑賀衆《さいかしゅう》は、ついに降伏《こうふく》した。

**和歌川《わかがわ》の戦《たたか》い**

1577年、信長《のぶなが》は雑賀衆《さいかしゅう》をほろぼすために大軍《たいぐん》を率《ひき》いて攻《せ》めてきたが、孫一《まごいち》らは鉄砲《てっぽう》を上手《じょうず》に使って織田軍《おだぐん》に勝利《しょうり》した。

### 雑賀孫一《さいかまごいち》

**肖像《しょうぞう》**

**出身地《しゅっしんち》**
紀伊《きい》(現在《げんざい》の和歌山県《わかやまけん》)

**生年月日《せいねんがっぴ》**
1534年?

**死亡年月日《しぼうねんがっぴ》**
1589年?

**享年《きょうねん》**
56歳《さい》?(病死?)

**能力《のうりょく》**
武 5
知 4
人 4

**運命《うんめい》の戦《たたか》い**
和歌川《わかがわ》の戦《たたか》い

ウソ!ホント!?

### 信長《のぶなが》は孫一《まごいち》から鉄砲《てっぽう》を学んだ!?

孫一《まごいち》の率《ひき》いる雑賀衆《さいかしゅう》が石山本願寺《いしやまほんがんじ》に味方したため、信長《のぶなが》は石山本願寺《いしやまほんがんじ》と10年以上《いじょう》も戦《たたか》うことになったという。この戦《たたか》いの最中《さいちゅう》の1575年、信長《のぶなが》は長《なが》篠《しの》の戦《たたか》い(➡P98)で大量《たいりょう》の鉄砲《てっぽう》を使って武田騎馬《たけだきば》隊《たい》に勝利《しょうり》するが、この作戦《さくせん》は孫一《まごいち》との激《はげ》しい戦《たたか》いから学んだといわれる。

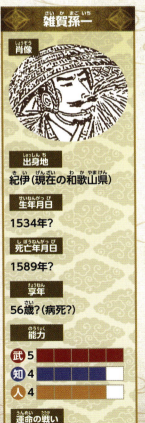

浄《じょう》土《ど》真《しん》宗《しゅう》の信《しん》者《じゃ》を率《ひき》いて信長《のぶなが》に逆《さか》らった僧《そう》

# 顕如《けんにょ》

## 顕如《けんにょ》

**肖像《しょうぞう》**

**出身地《しゅっしんち》**

摂津《せっつ》(現在《げんざい》の大阪府《おおさかふ》)

**生年月日《せいねんがっぴ》**

1543年1月6日

**死亡年月日《しぼうねんがっぴ》**

1592年11月24日

**享年《きょうねん》**

50歳《さい》(病死)

**能力《のうりょく》**

| | |
|---|---|
| 武 | 2 |
| 知 | 4 |
| 人 | 4 |

**運命《うんめい》の戦《たたか》い**

石山合戦《いしやまかっせん》(➡P90)

**軍旗《ぐんき》・馬印《うまじるし》**

石山本願寺《いしやまほんがんじ》軍《ぐん》が使用した数多くの軍旗《ぐんき》のひとつ。

## 足利義昭《あしかがよしあき》の呼《よ》びかけに応《おう》じて信長《のぶなが》に逆《さか》らう

顕如《けんにょ》は、12歳《さい》で浄土真宗《じょうどしんしゅう》(一向宗《いっこうしゅう》)の石山本願寺《いしやまほんがんじ》(大阪府《おおさかふ》)を継《つ》いだ僧《そう》。顕如《けんにょ》は武田信玄《たけだしんげん》の妻《つま》の妹と結婚《けっこん》し、また有力な公家とのつながりもあったので、強い権力《けんりょく》をにぎっていた。

仏教《ぶっきょう》で民衆《みんしゅう》を導《みちび》きたい顕如《けんにょ》にとって武力《ぶりょく》で天下を統一《とういつ》しようとする信長《のぶなが》は「仏《ほとけ》の敵《てき》」であった。信長《のぶなが》にとっても石山本願寺《いしやまほんがんじ》の宗教勢力《しゅうきょうせいりょく》はじゃまな存在《そんざい》だったので、両者の仲《なか》は悪くなり、戦《たたか》いに発展《はってん》した(石山合戦《いしやまかっせん》)。

その頃《ころ》、信長《のぶなが》との仲《なか》が悪くなっていた足利義昭《あしかがよしあき》は、まわりの大名《だいみょう》たちに信長《のぶなが》を攻《せ》めるよう呼《よ》びかけ、石山本願寺《いしやまほんがんじ》にも協力《きょうりょく》を求《もと》めた。顕如《けんにょ》はこれを受け入れ、浅井氏《あざいし》、朝倉氏《あさくらし》、毛利氏《もうりし》らと一緒《いっしょ》に信長《のぶなが》を攻《せ》めた。

しかし、信玄《しんげん》は病死し、朝倉《あさくら》・浅井《あざい》氏《し》は信長《のぶなが》に敗《やぶ》れ、義昭《よしあき》は京都《きょうと》から追い出された。ついに顕如《けんにょ》も抵抗《ていこう》をあきらめ、石山本願寺《いしやまほんがんじ》を明け渡《わた》した。

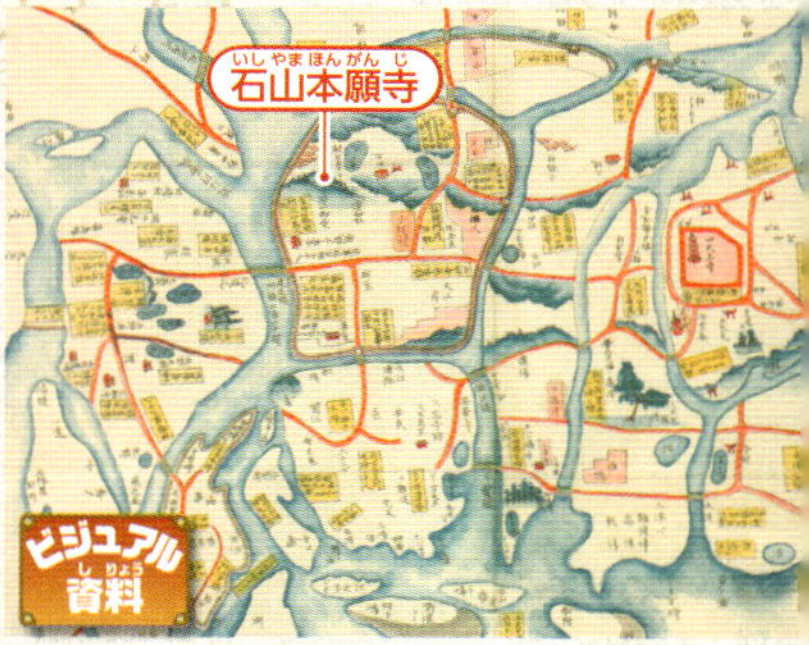


**石山本願寺《いしやまほんがんじ》**

石山本願寺《いしやまほんがんじ》は川や海に囲《かこ》まれていたので、とても攻《せ》めにくかった。

### ウソ!ホント!? 信長《のぶなが》の天下統一《とういつ》を止めたのは顕如《けんにょ》!?

10年以上《いじょう》も続《つづ》いた石山合戦《いしやまかっせん》は、信長《のぶなが》を最《もっと》も苦しめた合戦《かっせん》だった。顕如《けんにょ》は、浅井《あざい》・朝倉《あさくら》・毛利氏《もうりし》などと協力《きょうりょく》する一方、全国の浄土真宗《じょうどしんしゅう》の信者《しんじゃ》に「信長《のぶなが》を倒《たお》せ」と呼《よ》びかけたため、信長《のぶなが》の敵《てき》は増《ふ》え続《つづ》けた。もし顕如《けんにょ》がすぐに降伏《こうふく》していれば、信長《のぶなが》は天下を統一《とういつ》していたという説《せつ》がある。

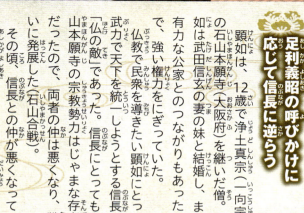

合戦《かっせん》ファイル
7
1570年

# 石《いし》山《やま》合《かっ》戦《せん》

**水堀《みずぼり》に囲《かこ》まれた石山本願寺《いしやまほんがんじ》**

石山本願寺《いしやまほんがんじ》は、川に囲《かこ》まれた場所にあり、さらに何重もの水堀《みずぼり》で囲《かこ》まれていたので、信長《のぶなが》の激《はげ》しい攻撃《こうげき》にもたえることができた。

勝 戦力《せんりょく》 約《やく》1万5000人

織田信長《おだのぶなが》

織田軍《おだぐん》

VS

石山本願寺軍《いしやまほんがんじぐん》

顕如《けんにょ》

負 戦力《せんりょく》 約《やく》1万人

## 信長《のぶなが》と宗教勢力《しゅうきょうせいりょく》が10年以上《いじょう》も争《あらそ》う

武力《ぶりょく》で天下統一《とういつ》を目指す信長《のぶなが》にとって、宗教勢力《しゅうきょうせいりょく》はじゃまな存在《そんざい》だった。1570年、信長《のぶなが》は石山本願寺《いしやまほんがんじ》（大阪府《おおさかふ》）の顕如《けんにょ》に「石山本願寺《いしやまほんがんじ》から出ろ」と求《もと》めたが、顕如《けんにょ》は怒《おこ》って、織田軍《おだぐん》への攻撃《こうげき》を開始した。「石山合戦《いしやまかっせん》」のはじまりである。

顕如《けんにょ》は浄土真宗《じょうどしんしゅう》（一向宗《いっこうしゅう》）の信者《しんじゃ》たちに、「仏《ほとけ》の敵《てき》・信長《のぶなが》を倒《たお》せ」と呼《よ》びかけたため、伊勢長島《いせながしま》（三重県《みえけん》）や越前《えちぜん》（現在《げんざい》の福井県《ふくいけん》）などで信者《しんじゃ》たちが武器《ぶき》をもって立ち上がり、一向一揆《いっこういっき》（浄土真宗《じょうどしんしゅう》の信者《しんじゃ》による反乱《はんらん》）を起こした。信長《のぶなが》

# 本《ほん》願《がん》寺《じ》軍《ぐん》は10年にわたって信《のぶ》長《なが》を苦しめる！

は一《いっ》揆《き》軍《ぐん》に苦しめられ、多くの有力な家《か》臣《しん》が戦《せん》死《し》した。信《のぶ》長《なが》は、石《いし》山《やま》本《ほん》願《がん》寺《じ》への攻《こう》撃《げき》に手こずり、鉄《てっ》砲《ぽう》で足を撃《う》たれたこともあった。しかし木《き》津《づ》川《がわ》口《ぐち》の戦《たたか》い(第二次)で勝《しょう》利《り》し、石《いし》山《やま》本《ほん》願《がん》寺《じ》に武《ぶ》器《き》や食《しょく》料《りょう》を運びこむルートをなくした。1580年、ついに顕《けん》如《にょ》は信《のぶ》長《なが》に石《いし》山《やま》本《ほん》願《がん》寺《じ》を明け渡《わた》し、10年以《い》上《じょう》続《つづ》いた戦《たたか》いが終わった。

## 石《いし》山《やま》合《かっ》戦《せん》の流れ

### 1 顕如《けんにょ》が織田軍《おだぐん》を攻撃《こうげき》

信長《のぶなが》は顕如《けんにょ》に、「石山本願寺《いしやまほんがんじ》から出ろ」と命令《めいれい》する。怒《おこ》った顕如《けんにょ》は、織田軍《おだぐん》の城《しろ》を攻撃《こうげき》する。

### 2 各地《かくち》で一向一揆《いっこういっき》が発生する

顕如《けんにょ》の呼《よ》びかけに応《おう》じて加賀《かが》(現在《げんざい》の石川県《いしかわけん》)や伊勢《いせ》(現在《げんざい》の三重県《みえけん》)などで、信長《のぶなが》に逆《さか》らう一向《いっこう》一揆《いっき》(浄土真宗《じょうどしんしゅう》の信者《しんじゃ》による反乱《はんらん》)が発生した。

### 3 天王寺《てんのうじ》の戦《たたか》い

本願寺軍《ほんがんじぐん》に包囲《ほうい》された天王寺砦《てんのうじとりで》を救《すく》うため、信長《のぶなが》は先頭に立って戦《たたか》った。雑賀孫一《さいかまごいち》の鉄砲隊《てっぽうたい》に足を撃《う》たれたが、信長《のぶなが》は攻《せ》め続《つづ》けて勝利《しょうり》した。

### 4 木津川口《きづがわぐち》の戦《たたか》い(第一次)

石山本願寺《いしやまほんがんじ》に立てこもった顕如《けんにょ》らに食料《しょくりょう》や武器《ぶき》を運ぼうとする村上水軍《むらかみすいぐん》と、織田水軍《おだすいぐん》が激突《げきとつ》したが、村上水軍《むらかみすいぐん》が勝利《しょうり》した。

### 5 木津川口《きづがわぐち》の戦《たたか》い(第二次) (➡P106)

信長《のぶなが》は巨大戦艦《きょだいせんかん》をつくり、村上水軍《むらかみすいぐん》を破《やぶ》る。2年後、食糧《しょくりょう》や武器《ぶき》が尽《つ》きた本願寺軍《ほんがんじぐん》は降伏《こうふく》した。

合戦《かっせん》ファイル

8

1573年

# 小谷城《おだにじょう》の戦《たたか》い

**城《しろ》を落ちのびるお市《いち》の方《かた》**

お市《いち》の方《かた》は、夫《おっと》・浅井長政《あざいながまさ》の小谷城《おだにじょう》が織田軍《おだぐん》の攻撃《こうげき》で落とされると、３人の娘《むすめ》たちとともに小谷城《おだにじょう》から落ちのびた。

勝 戦力《せんりょく》 約《やく》3万人

織田信長《おだのぶなが》

織田軍《おだぐん》

VS

浅井軍《あざいぐん》

浅井長政《あざいながまさ》

負 戦力《せんりょく》 約《やく》5000人

## 信長《のぶなが》に従《したが》うことを断《ことわ》り、最後《さいご》まで戦《たたか》い続《つづ》ける

1570年の姉川《あねがわ》の戦《たたか》いで敗《やぶ》れた浅井長政《あざいながまさ》は、多くの優秀《ゆうしゅう》な家臣《かしん》を失《うしな》い、勢《いきお》いが弱まった。姉川《あねがわ》の戦《たたか》いから3年後、一乗谷《いちじょうだに》(福井県《ふくいけん》)で朝倉義景《あさくらよしかげ》をほろぼした信長《のぶなが》は、長政《ながまさ》を倒《たお》すため、小谷《おだに》城《じょう》(滋賀県《しがけん》)へ向かった。

小谷城《おだにじょう》には、本丸《ほんまる》や小丸《こまる》など、数多くの曲輪《くるわ》(城《しろ》を構成《こうせい》する陣地《じんち》)があり、たいへん攻《せ》めにくい山城《やまじろ》だった。しかし豊臣秀吉《とよとみひでよし》の攻撃《こうげき》によって、曲輪《くるわ》どうしの連絡《れんらく》ができなくなると、本丸《ほんまる》を守っていた長《なが》政《まさ》は織田軍《おだぐん》に取り囲《かこ》まれた。

## 小谷城《おだにじょう》の戦《たたか》いの流れ

### 1 信長《のぶなが》が小谷城《おだにじょう》へ向かう

信長《のぶなが》が小谷城《おだにじょう》へ向かったため、朝倉義景《あさくらよしかげ》は長政《ながまさ》をたすけるため小谷城《おだにじょう》の近くに軍《ぐん》を進めたが、信長《のぶなが》に敗《やぶ》れて越前《えちぜん》(現在《げんざい》の福井県《ふくいけん》)へにげた。

### 2 信長《のぶなが》が朝倉氏《あさくらし》をほろぼす

織田軍《おだぐん》は、義景《よしかげ》を追いかけて一乗谷《いちじょうだに》に入り、一《いち》乗谷城《じょうだにじょう》と城下町《じょうかまち》を焼《や》きはらった。義景《よしかげ》は自殺《じさつ》した(一乗谷城《いちじょうだにじょう》の戦《たたか》い)。

### 3 小谷城《おだにじょう》の攻撃《こうげき》を開始

朝倉氏《あさくらし》をほろぼした信長《のぶなが》は、小谷城《おだにじょう》へもどって攻撃《こうげき》を開始。長政《ながまさ》は自殺《じさつ》し、浅井氏《あざいし》はほろんだ。

# 浅《あざ》井《い》氏《し》がほろび、お市《いち》の方《かた》と浅《あざ》井《い》三《さん》姉《し》妹《まい》が落ちのびた！

負けを覚悟《かくご》した長政《ながまさ》は妻《つま》・お市《いち》の方《かた》と3人の娘《むすめ》(浅井三姉妹《あざいさんしまい》)を信長《のぶなが》のもとへ送った。お市《いち》の方《かた》は信長《のぶなが》の妹。長政《ながまさ》は妻《つま》と娘《むすめ》たちの命をたすけようとしたのだ。お市《いち》の方《かた》の願《ねが》いで、信長《のぶなが》は「城《しろ》を明け渡《わた》して、家臣《かしん》になるなら命をたすける」と伝《つた》えたが、長政《ながまさ》はそれを断《ことわ》り、落城《らくじょう》するまで戦《たたか》って、自ら命を絶《た》った。

信玄《しんげん》の子で、武《たけ》田《だ》家《け》最後《さいご》の武将《ぶしょう》

# 武田勝頼《たけだかつより》

## 長篠《ながしの》の戦《たたか》いに敗《やぶ》れ、武田家《たけだけ》をほろぼす

武田勝頼《たけだかつより》は、武田信玄《たけだしんげん》の死後、武田《たけだ》家を継《つ》いだ。1575年、勝頼《かつより》は長篠《ながしの》城《じょう》（愛知県《あいちけん》）を攻《せ》めたが、徳川家康《とくがわいえやす》と織田信長《おだのぶなが》の大軍《たいぐん》が長篠城《ながしのじょう》をたすけるために集まった。

「武田《たけだ》の強さを見せるときだ」。勝頼《かつより》は家臣《かしん》・山県昌景《やまがたまさかげ》（⬇P96）らが止めるのも聞かず、武田騎馬隊《たけだきばたい》を突進《とっしん》させたが、信長《のぶなが》が用意していた大量《たいりょう》の鉄砲《てっぽう》により、多くの戦死者《せんししゃ》を出し、武田軍《たけだぐん》は大《たい》敗《はい》した（長篠《ながしの》の戦《たたか》い）。

この敗戦《はいせん》で力を失《うしな》った勝頼《かつより》は、家《か》臣《しん》が守っていた高天神城《たかてんじんじょう》（静岡県《しずおかけん》）が家《いえ》康《やす》に攻撃《こうげき》されたときに、応援《おうえん》にいかなかったため、信頼《しんらい》を失《うしな》った。さらに家臣《かしん》たちの反対を押《お》し切って新府城《しんぷじょう》を建《た》てたため、勝頼《かつより》に味方する人はますます減《へ》っていった。その後、織田信長《おだのぶなが》に新府城《しんぷじょう》を攻《せ》められ、にげているときに家臣《かしん》に裏切《うらぎ》られ、自殺《じさつ》した。こうして、武田家《たけだけ》はほろんだ。

**新府城跡《しんぷじょうあと》**

勝頼《かつより》が家臣《かしん》たちの反対を押《お》し切って築《きず》いた城《しろ》（山梨県《やまなしけん》）。

なるほどエピソード

### 高天神城《たかてんじんじょう》を見殺《みごろ》しにした勝頼《かつより》

長篠《ながしの》の戦《たたか》いの後、徳川家康《とくがわいえやす》は武田軍《たけだぐん》の拠点《きょてん》・高天神城《たかてんじんじょう》に攻撃《こうげき》を開始した。しかし勝頼《かつより》は高天神城《たかてんじんじょう》をたすけるために軍勢《ぐんぜい》を送らなかったので、城兵《じょうへい》はすべて殺《ころ》された。これにより武田家《たけだけ》の家《か》臣《しん》たちは、勝頼《かつより》を信用《しんよう》しなくなったといわれている。この一年後、武田家《たけだけ》はほろびた。

## 武田勝頼《たけだかつより》

**肖像《しょうぞう》**

**出身地《しゅっしんち》**

甲斐《かい》（現在《げんざい》の山梨県《やまなしけん》）？

**生年月日《せいねんがっぴ》**

1546年（誕生日《たんじょうび》は不明《ふめい》）

**死亡年月日《しぼうねんがっぴ》**

1582年3月11日

**享年《きょうねん》**

37歳《さい》（自殺《じさつ》）

**能力《のうりょく》**

武 3
知 2
人 1

**運命《うんめい》の戦《たたか》い**

長篠《ながしの》の戦《たたか》い（➡P98）

**軍旗《ぐんき》・馬印《うまじるし》**

長篠《ながしの》の戦《たたか》いで戦死《せんし》した武田家《たけだけ》の猛将《もうしょう》

# 山県昌景《やまがたまさかげ》

## 「赤備《あかぞな》え」を率《ひき》いて家康《いえやす》をふるえあがらせる

山県昌景《やまがたまさかげ》は、武田家《たけだけ》の家臣《かしん》・飯富家《おぶけ》に生まれた。兄の飯富虎昌《おぶとらまさ》は、武田信《たけだしん》玄《げん》の長男・武田義信《たけだよしのぶ》の教育係だった。1564年、義信《よしのぶ》が信玄《しんげん》の暗殺《あんさつ》を計画した。これを事前に知った昌景《まさかげ》の働《はたら》きで暗殺《あんさつ》は防《ふせ》がれたが、虎昌《とらまさ》は責任《せきにん》を取って自殺《じさつ》。昌景《まさかげ》は姓《せい》を飯富《おぶ》から山県《やまがた》に改《あらた》め、虎昌《とらまさ》が率《ひき》いた「赤備《あかぞな》え」を受け継《つ》いだ。赤備《あかぞな》えとは、甲冑《かっちゅう》や武器《ぶき》を赤色で統一《とういつ》した武田家《たけだけ》の最強部隊《さいきょうぶたい》である。

三方ケ原《みかたがはら》の戦《たたか》い(⬇P248)では、昌景《まさかげ》は敵将《てきしょう》・徳川家康《とくがわいえやす》に正面から突撃《とつげき》。あと少しでうち取れるところまで迫《せま》った。「恐《おそ》ろしや山県《やまがた》!」。こうさけんだ家康《いえやす》は恐怖《きょうふ》のあまり大便《だいべん》をもらしたとされる。

信玄《しんげん》の死後、勝頼《かつより》が武田家《たけだけ》を継《つ》いだが、昌景《まさかげ》との仲《なか》はよくなかった。長篠《ながしの》の戦《たたか》いでは、織田《おだ》・徳川軍《とくがわぐん》と戦《たたか》わずに引き上げることを勝頼《かつより》にすすめたが、勝頼《かつより》はこれを無視《むし》し、「死ぬのが恐《こわ》いのか」と昌景《まさかげ》を責《せ》めた。死を覚悟《かくご》した昌景《まさかげ》は敵軍《てきぐん》に突撃《とつげき》して戦死《せんし》した。

**馬場信春《ばばのぶはる》(1514～1575)**

昌景《まさかげ》とともに武田家《たけだけ》を支《ささ》え続《つづ》けた武将《ぶしょう》。長《なが》篠《しの》の戦《たたか》いで戦死《せんし》した。

### 山県昌景《やまがたまさかげ》

**肖像《しょうぞう》**

**出身地《しゅっしんち》**

甲斐《かい》(現在《げんざい》の山梨県《やまなしけん》)

**生年月日《せいねんがっぴ》**

1529年(誕生日《たんじょうび》は不明《ふめい》)

**死亡年月日《しぼうねんがっぴ》**

1575年5月21日

**享年《きょうねん》**

47歳《さい》(戦死《せんし》)

**能力《のうりょく》**

武 5
知 4
人 4

**運命《うんめい》の戦《たたか》い**

長篠《ながしの》の戦《たたか》い
(➡P98)

**軍旗《ぐんき》・馬印《うまじるし》**

### 戦国のきずな　井伊《いい》直政《なおまさ》に引き継《つ》がれた「赤備《あかぞな》え」

昌景《まさかげ》の死後、「赤備《あかぞな》え」は、徳川家康《とくがわいえやす》の家臣《かしん》だった井伊直政《いいなおまさ》(⬇P252)に引き継《つ》がれた。直政《なおまさ》の「井伊《いい》の赤備《あかぞな》え」は、家康《いえやす》の数かずの合戦《かっせん》で大活躍《だいかつやく》したため、敵《てき》から恐《おそ》れられ、直政《なおまさ》は「井伊《いい》の赤鬼《あかおに》」と呼《よ》ばれた。直政《なおまさ》の赤い甲冑《かっちゅう》は今も残《のこ》っている(⬇P166)。

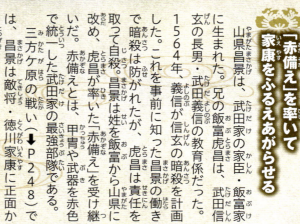

合戦《かっせん》ファイル

9

1575年

# 長篠《ながしの》の戦《たたか》い

**突撃《とつげき》する武田騎馬隊《たけだきばたい》**

武田騎馬隊《たけだきばたい》は、鉄砲《てっぽう》を構《かま》えて待ちぶせていた織田《おだ》・徳川軍《とくがわぐん》に突撃《とつげき》していった。

勝　戦力《せんりょく》　約《やく》3万8000人

織田信長《おだのぶなが》

徳川家康《とくがわいえやす》

織田《おだ》・徳川軍《とくがわぐん》

VS

武田軍《たけだぐん》

武田勝頼《たけだかつより》

負　戦力《せんりょく》　約《やく》1万5000人

## 3000丁の鉄砲《てっぽう》の前に武田騎馬隊《たけだきばたい》が敗《やぶ》れ去る

武田信玄《たけだしんげん》が病死すると、信玄《しんげん》の味方だった奥平信昌《おくだいらのぶまさ》が裏切《うらぎ》って徳川家康《とくがわいえやす》についた。これに怒《おこ》った信玄《しんげん》の子の勝頼《かつより》は、1575年、信昌《のぶまさ》がたてこもる長篠城《ながしのじょう》(愛知県《あいちけん》)を1万5000の兵《へい》で取り囲《かこ》んだ。家康《いえやす》は8000の兵《へい》を率《ひき》いて応援《おうえん》に向かった。さらに織田信長《おだのぶなが》の3万人の大軍《たいぐん》も、たすけに加《くわ》わった。

信長《のぶなが》は、当時最強《さいきょう》といわれた武田騎馬隊《たけだきばたい》への対策《たいさく》を立てていた。長さ2キロメートルにおよぶ「馬防柵《ばぼうさく》」をつくり、3000丁もの鉄砲《てっぽう》を構《かま》えた鉄砲隊《てっぽうたい》を置《お》いた。

## 長篠《ながしの》の戦《たたか》いの流れ

### 1 勝頼《かつより》が長篠城《ながしのじょう》を囲《かこ》む

勝頼《かつより》は長篠城《ながしのじょう》を取り囲《かこ》んだ。家康《いえやす》からたすけを求《もと》められた信長《のぶなが》は長篠城《ながしのじょう》へ向かう。

### 2 馬防柵《ばぼうさく》を築《きず》く

織田軍《おだぐん》と徳川軍《とくがわぐん》は、長篠城《ながしのじょう》の西側《にしがわ》の設楽原《したらがはら》に陣《じん》を構《かま》えた。信長《のぶなが》は、馬の突進《とっしん》を防《ふせ》ぐ「馬防柵《ばぼうさく》」を築《きず》き、3000丁の鉄砲《てっぽう》をもつ鉄砲隊《てっぽうたい》を配置《はいち》した。

### 3 設楽原《したらがはら》で両軍《りょうぐん》が激突《げきとつ》する

勝頼《かつより》は長篠城《ながしのじょう》から設楽原《したらがはら》に向かって突撃《とつげき》をしかけたが、鉄砲隊《てっぽうたい》の攻撃《こうげき》で敗北《はいぼく》し、甲斐《かい》へにげた。

# 大《たい》量《りょう》の鉄《てっ》砲《ぽう》を使った信《のぶ》長《なが》は、合《かっ》戦《せん》での戦《たたか》い方を変《か》えた！

さらに家康《いえやす》の家臣《かしん》である酒井忠次《さかいただつぐ》に別働隊《べつどうたい》をつくらせ、武田軍《たけだぐん》の拠《きょ》点《てん》だった砦《とりで》を攻撃《こうげき》させた。

武田氏《たけだし》の家臣《かしん》たちは引き上げることを勝頼《かつより》にすすめたが、勝頼《かつより》はこれを無視《むし》して、突撃《とつげき》を命令《めいれい》した。武田騎馬隊《たけだきばたい》は次つぎと鉄砲隊《てっぽうたい》に倒《たお》されていき、多くの優秀《ゆうしゅう》な武《ぶ》将《しょう》が戦死《せんし》した。勝頼《かつより》は命からがら甲斐《かい》（現在の山梨県《やまなしけん》）へにげ帰った。

# 知ってておどろき！戦国《せんごく》！

# これが火《ひ》縄《なわ》銃《じゅう》だ!!

信長《のぶなが》が大量《たいりょう》に使用した鉄砲《てっぽう》（火縄銃《ひなわじゅう》）は、またたくまに戦国武将《せんごくぶしょう》に広まり、戦国《せんごく》時代末期《まっき》には、大型《おおがた》の火縄銃《ひなわじゅう》もつくられた。

## 火縄銃《ひなわじゅう》のしくみ

ふつうの火縄銃《ひなわじゅう》は全長約《やく》120センチメートル、重さは3～5キログラムで、弾《たま》が飛《と》ぶ距離《きょり》は約《やく》500メートルだった。

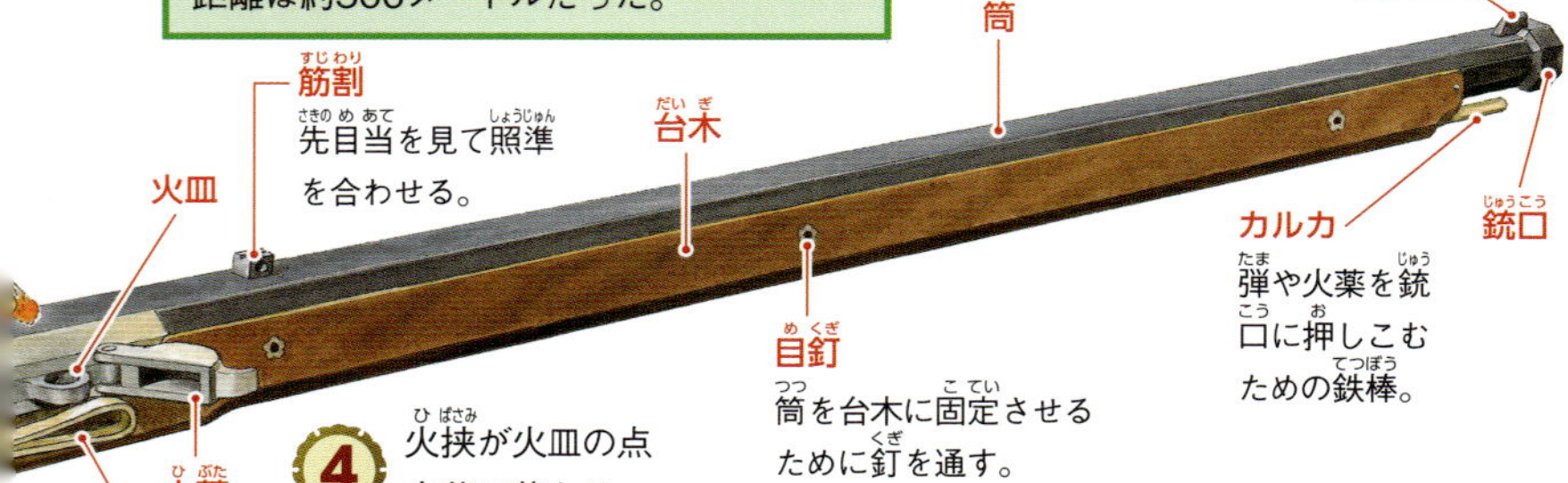

1 銃口《じゅうこう》から火薬と弾《たま》を入れる。
先目当《さきのめあて》
筒《つつ》
筋割《すじわり》
先目当《さきのめあて》を見て照準《しょうじゅん》を合わせる。
台木《だいぎ》
火皿
カルカ
弾《たま》や火薬を銃《じゅう》口《こう》に押《お》しこむための鉄棒《てつぼう》。
銃口《じゅうこう》
目釘《めくぎ》
筒《つつ》を台木に固定《こてい》させるために釘《くぎ》を通す。
4 火挟《ひばさみ》が火皿の点火薬に落ちる。
火蓋《ひぶた》
5 筒《つつ》の中の火薬に火がつき、弾《たま》が発射《はっしゃ》される。
弾金《はじきがね》
火挟《ひばさみ》を上下させるバネ。


## 城《しろ》からの射撃方法《しゃげきほうほう》

城《しろ》には、敵《てき》を火縄銃《ひなわじゅう》で攻撃《こうげき》するための窓《まど》や穴《あな》がつくられていた。

城《しろ》の内部からの射撃《しゃげき》
石落とし


石垣《いしがき》を登ってくる敵《てき》に石を落として攻撃《こうげき》するための「石落とし」からも射撃《しゃげき》をおこなった。

城門《じょうもん》のすきまからの射撃《しゃげき》


敵《てき》の攻撃《こうげき》が集中する城《じょう》門《もん》には、すきまに鉄砲《てっぽう》を差《さ》しこんで弾《たま》を撃《う》った。

鉄砲狭間《てっぽうさま》


鉄砲《てっぽう》を固定《こてい》することができる穴《あな》は「鉄砲狭間《てっぽうさま》」と呼《よ》ばれ、長い火《ひ》縄銃《なわじゅう》を差《さ》しこんで攻撃《こうげき》した。

## 長い火縄銃《ひなわじゅう》

全長約《やく》160センチメートル、重さは50キログラム近くあったと思われる。台に置《お》いて発射《はっしゃ》したと考えられる。

**口薬《くちぐすり》入れ**

火皿に乗せる点火薬が入っている。

**火打袋《ひうちぶくろ》**

火を起こす火打石や、火を燃《も》やすおがくずなどが入っている。

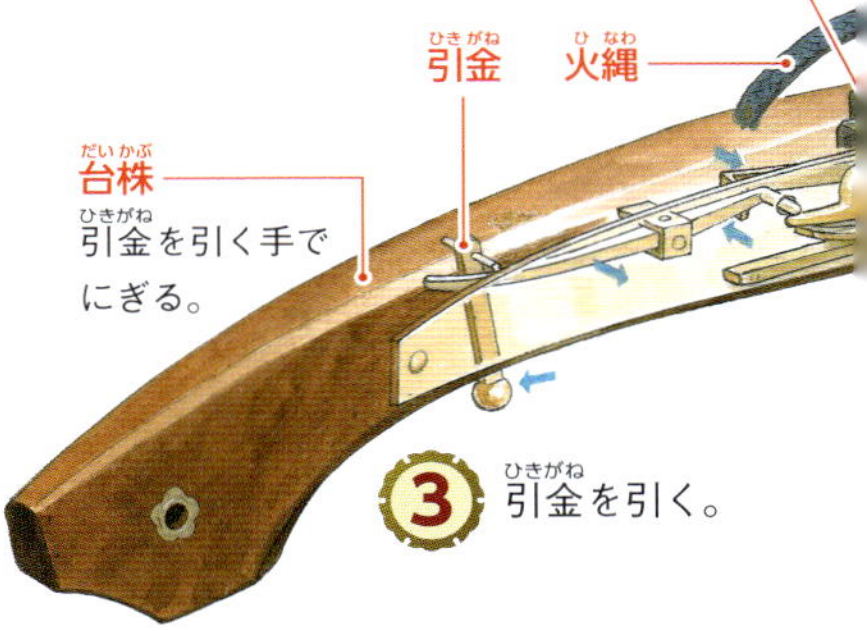


2 火皿に点火薬(口《くち》薬《ぐすり》)を入れる。

**台株《だいかぶ》**

引金《ひきがね》を引く手でにぎる。

3 引金《ひきがね》を引く。

## 太い火縄銃《ひなわじゅう》

口径《こうけい》(弾《たま》が出る穴《あな》の太さ)が、ふつうの火縄銃《ひなわじゅう》の2倍以上《いじょう》もある。破壊力《はかいりょく》は強かったが、使用する火薬の量《りょう》も多かった。

**口薬《くちぐすり》入れ**

**胴火《どうび》**

もち運びできる小さな火。中に縄《なわ》が入っていて、少しずつ燃《も》やす。

**火薬入れ**

大きな火縄銃《ひなわじゅう》は大量《たいりょう》の火薬が必要《ひつよう》になるので、火薬入れも大きかった。

**胴乱《どうらん》**

弾《たま》や火薬などを入れる箱で、腰《こし》にぶら下げて運んだ。

 中西立太画

# 九鬼嘉隆《くきよしたか》

九鬼《くき》水軍《すいぐん》を率《ひき》いて信長《のぶなが》をたすけた海賊《かいぞく》大名《だいみょう》

## 鉄甲船《てっこうせん》をつくって村上水軍《むらかみすいぐん》を破《やぶ》る

戦国《せんごく》時代、海上では海賊《かいぞく》たちが力をにぎっていた。志摩《しま》(現在《げんざい》の三重県《みえけん》)には七人衆《しちにんしゅう》と呼《よ》ばれる海賊《かいぞく》がいて、九《く》鬼《き》嘉隆《よしたか》はそのひとりだった。嘉隆《よしたか》は、織田信長《おだのぶなが》の家臣《かしん》・滝川一益《たきがわかずます》と知りあったことがきっかけで、勢《いきお》いのある信長《のぶなが》に仕えることになった。

嘉隆《よしたか》は九鬼水軍《くきすいぐん》を率《ひき》いて、伊勢《いせ》(現《げん》在《ざい》の三重県《みえけん》)の大河内城《おおかわちじょう》や長島城攻《ながしまじょうぜ》めに大活躍《だいかつやく》する。信長《のぶなが》は嘉隆《よしたか》を深く信頼《しんらい》した。

ところが、木津川口《きづがわぐち》の戦《たたか》い(第一次)で、村上水軍《むらかみすいぐん》の火矢や手投げ弾《だん》などの攻撃《こうげき》により、多くの船が焼《や》かれ、九鬼水軍《くきすいぐん》は大敗《たいはい》した。信長《のぶなが》から「燃《も》えない船をつくれ」と命じられた嘉隆《よしたか》は、大型《おおがた》の船の表面に鉄板を張《は》りつけた「鉄甲船《てっこうせん》」をつくった。

木津川口《きづがわぐち》の戦《たたか》い(第二次)では、この鉄甲船《てっこうせん》が大活躍《だいかつやく》。嘉隆《よしたか》は毛利軍《もうりぐん》の水《すい》軍《ぐん》を完全に打ち破《やぶ》った。この勝利《しょうり》により、信長《のぶなが》は大阪湾《おおさかわん》を支配《しはい》することができた。嘉隆《よしたか》は多くのほうびをもらい、「海賊大名《かいぞくだいみょう》」と呼《よ》ばれた。

本能寺《ほんのうじ》で信長《のぶなが》が死んだ後、嘉隆《よしたか》は豊《とよ》臣秀吉《とみひでよし》に仕えた。朝鮮出兵《ちょうせんしゅっぺい》にも参加《さんか》し、朝鮮水軍《ちょうせんすいぐん》と激《はげ》しく戦《たたか》った。

関ケ原《せきがはら》の戦《たたか》いでは、嘉隆《よしたか》は西軍《せいぐん》に参加《さんか》して敗《やぶ》れ、自殺《じさつ》した。

### 九鬼嘉隆《くきよしたか》

**肖像《しょうぞう》**

**出身地《しゅっしんち》**

志摩《しま》(現在《げんざい》の三重県《みえけん》)

**生年月日《せいねんがっぴ》**

1542年(誕生日《たんじょうび》は不明《ふめい》)

**死亡年月日《しぼうねんがっぴ》**

1600年10月12日

**享年《きょうねん》**

59歳《さい》(自殺《じさつ》)

**能力《のうりょく》**

| | |
|---|---|
| 武 | 4 |
| 知 | 4 |
| 人 | 3 |

**運命《うんめい》の戦《たたか》い**

木津川口《きづがわぐち》の戦《たたか》い
(第二次)
(➡P106)

**軍旗《ぐんき》・馬印《うまじるし》**

ビジュアル資料《しりょう》

**九鬼水軍《くきすいぐん》**

朝鮮出兵《ちょうせんしゅっぺい》(文禄《ぶんろく》の役《えき》)に参《さん》加《か》する九鬼水軍《くきすいぐん》。中央には安宅船《あたけぶね》と呼《よ》ばれる巨大《きょだい》な軍船《ぐんせん》が見える。

大阪城天守閣所蔵

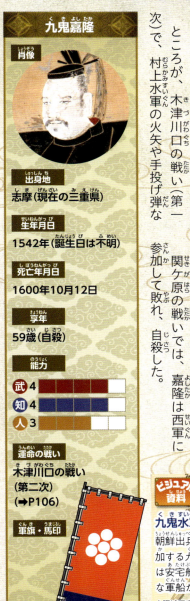

# 村上武吉《むらかみたけよし》

村《むら》上《かみ》水《すい》軍《ぐん》を率《ひき》いて信長《のぶなが》と戦《たたか》った海《かい》賊《ぞく》

## 瀬戸内海《せとないかい》を支配《しはい》した海賊《かいぞく》のリーダー

戦国《せんごく》時代、瀬戸内海《せとないかい》を行き交う船を恐《おそ》れさせていたのが、村上水軍《むらかみすいぐん》と呼《よ》ばれる海賊《かいぞく》だった。村上水軍《むらかみすいぐん》は、能島水《のしますい》軍《ぐん》、来島水軍《くるしますいぐん》、因島水軍《いんのしますいぐん》の3つのグループに分かれていた。村上武吉《むらかみたけよし》は、能島水軍《のしますいぐん》のリーダーであった。

村上水軍《むらかみすいぐん》は厳《いつく》島《しま》の戦《たたか》いで、毛《もう》利元就《りもとなり》をたすけたので毛利氏《もうりし》と仲良《なかよ》くなった。以後《いご》、毛利氏《もうりし》の水軍《すいぐん》として活躍《かつやく》し、織田信長《おだのぶなが》の水軍《すいぐん》と、木津川口《きづがわぐち》（大阪《おおさか》府《ふ》）で2回戦《たたか》った。1回目は小早《こはや》と呼《よ》ばれる小型船《こがたせん》による攻撃《こうげき》で勝利《しょうり》したが、2回目は信長《のぶなが》の鉄甲船《てっこうせん》の前に敗《やぶ》れた。

本能寺《ほんのうじ》の変後《へんご》、豊臣秀吉《とよとみひでよし》から海賊取《かいぞくとり》締令《しまりれい》が出されて、武吉《たけよし》は追放された。

**能島《のしま》**
武吉《たけよし》は能島《のしま》にある能島城《のしまじょう》を本拠地《ほんきょち》にした（愛媛県《えひめけん》）。

### 村上武吉《むらかみたけよし》

**出身地《しゅっしんち》**
伊予《いよ》（現在《げんざい》の愛媛県《えひめけん》）

**生年月日《せいねんがっぴ》**
1533年（誕生日《たんじょうび》は不明《ふめい》）

**死亡年月日《しぼうねんがっぴ》**
1604年8月22日

**享年《きょうねん》**
72歳《さい》（病死）

**能力《のうりょく》**
武 4
知 4
人 4

**運命《うんめい》の戦《たたか》い**
木津川口《きづがわぐち》の戦《たたか》い
（第二次）
（➡P106）

**軍旗《ぐんき》・馬印《うましるし》**

**快速船《かいそくせん》「小早《こはや》」**
小型《こがた》の船で防御力《ぼうぎょりょく》はなかったが、小回りがきき、速度が速かった。

### ウソ!ホント!? 村上水軍《むらかみすいぐん》は通行料《つうこうりょう》が収入源《しゅうにゅうげん》だった!?

村上水軍《むらかみすいぐん》は、瀬戸内海《せとないかい》の各所《かくしょ》に関所《せきしょ》をつくって、行き来する船から通行料《つうこうりょう》を取っていた。通行料《つうこうりょう》をはらうと村上《むらかみ》水軍《すいぐん》から「過所旗《かしょき》」をもらえた。この旗《はた》を掲《かか》げた船は村上水軍《むらかみすいぐん》に他の海賊《かいぞく》などから守ってもらえたそうだ。

「村上武吉過所旗《むらかみたけよしかしょき》」山口県文書館所蔵

合戦《かっせん》ファイル

10

1578年

# 木《き》津《づ》川《がわ》口《ぐち》の戦《たたか》い（第二次）

**村上水軍《むらかみすいぐん》を攻撃《こうげき》する鉄甲船《てっこうせん》**

船体が鉄でおおわれた鉄甲船《てっこうせん》は、村上水軍《むらかみすいぐん》の火矢や手投げ弾《だん》をはね返し、大砲《たいほう》で激《はげ》しく攻撃《こうげき》した。

勝 戦力《せんりょく》 鉄甲船《てっこうせん》6隻《せき》

九鬼嘉隆《くきよしたか》

織田軍《おだぐん》

VS

毛利軍《もうりぐん》

村上武吉《むらかみたけよし》

負 戦力《せんりょく》 約《やく》600隻《せき》

## 鉄でおおわれた鉄甲《てっこう》船が火による攻撃《こうげき》をはね返す

織田《おだ》信長《のぶなが》の武力《ぶりょく》による天下統一《とういつ》を止めようとする勢力《せいりょく》のひとつが、浄土《じょうど》真宗《しんしゅう》の石山本願《いしやまほんがん》寺《じ》（大阪《おおさか》府《ふ》）だった。信者《しんじゃ》たちは、寺に立てこもって戦《たたか》い続《つづ》けていた（石山《いしやま》合戦《かっせん》）。戦《たたか》い続《つづ》けられたのは、中《ちゅう》国《ごく》地方の毛利《もうり》氏《し》が、村上水軍《むらかみすいぐん》と協《きょう》力《りょく》して、武器《ぶき》や食料《しょくりょう》を船で寺に運びこみ、たすけていたからである。

この輸送路《ゆそうろ》を断《た》つため、信長《のぶなが》は九《く》鬼《き》嘉隆《よしたか》に村上水軍《むらかみすいぐん》を木《き》津《づ》川《がわ》口《ぐち》（大阪府《おおさかふ》）で攻撃《こうげき》させた。しかし村《むら》上水軍《かみすいぐん》の小早《こはや》（小型《こがた》の快速船《かいそくせん》）は、嘉隆《よしたか》の攻撃《こうげき》をかわして、手投げ弾《だん》

## 木津川口《きづがわぐち》の戦《たたか》いの流れ

### 1 木津川口《きづがわぐち》の戦《たたか》い（第一次）

織田水軍《おだすいぐん》は、石山本願寺《いしやまほんがんじ》に向かう村上水軍《むらかみすいぐん》を止めるため木津川口《きづがわぐち》で戦《たたか》ったが、小早《こはや》（快速船《かいそくせん》）から火矢などで攻撃《こうげき》されて敗北《はいぼく》した。

### 2 信長《のぶなが》が鉄甲船《てっこうせん》の建造《けんぞう》を命じる

信長《のぶなが》は九鬼嘉隆《くきよしたか》に命じて、船体を鉄でおおい、大砲《たいほう》を備《そな》えた「鉄甲船《てっこうせん》」を６隻《せき》つくらせた。

### 3 ふたたび木津川口《きづがわぐち》で激突《げきとつ》

鉄甲船《てっこうせん》は、木津川口《きづがわぐち》で村上水軍《むらかみすいぐん》と激突《げきとつ》。鉄甲船《てっこうせん》は火矢をはね返し、大砲《たいほう》で攻撃《こうげき》して勝利《しょうり》した。

# 信《のぶ》長《なが》は巨《きょ》大《だい》な鉄《てっ》甲《こう》船《せん》をつくって、村《むら》上《かみ》水《すい》軍《ぐん》を撃《げき》退《たい》する！

や火矢をあびせかけてきた。織田《おだ》軍《ぐん》の船は炎《ほのお》に包《つつ》まれて敗《やぶ》れた。

あきらめない信長《のぶなが》は、嘉隆《よしたか》に「鉄甲船《てっこうせん》」をつくらせた。船体を鉄でおおい、大砲《たいほう》を備《そな》えた長さ22メートルの巨大《きょだい》な戦艦《せんかん》である。鉄甲船《てっこうせん》を6隻率《せきひき》いた嘉隆《よしたか》は木津川口《きづがわぐち》で村上水軍《むらかみすいぐん》を打ち破《やぶ》った。食料《しょくりょう》と武器《ぶき》を手に入れられなくなった石山本願寺《いしやまほんがんじ》は降伏《こうふく》した。

# 柴田勝家《しばたかついえ》

織田《おだ》家《け》最高《さいこう》の家臣《かしん》として信長《のぶなが》を支《ささ》えた武将《ぶしょう》

おもな居城《きょじょう》

## 信長《のぶなが》に信頼《しんらい》されたが後継者争《こうけいしゃあらそ》いで秀吉《ひでよし》に敗北《はいぼく》

柴田勝家《しばたかついえ》は、織田信長《おだのぶなが》の家臣《かしん》の中で最《もっと》も広い領地《りょうち》を支配《しはい》した武将《ぶしょう》である。

戦《たたか》いの強さから「鬼柴田《おにしばた》」、先頭に立って突撃《とつげき》することから「かかれ柴田《しばた》」などのニックネームがつけられた。また、水が不足《ふそく》していたとき、水瓶《みずがめ》をたたき割《わ》って決死の覚悟《かくご》を見せたことから「瓶割《かめわ》り柴田《しばた》」とも呼《よ》ばれた。

勝家《かついえ》は信長《のぶなが》から、北陸《ほくりく》地方をうばうように命じられた。手取川《てどりがわ》の戦《たたか》い(⬇P110)では上杉謙信《うえすぎけんしん》に敗《やぶ》れたが、その後も上杉軍《うえすぎぐん》と戦《たたか》い続《つづ》け、少しずつ領地《りょうち》を広げていった。

信長《のぶなが》が明智光秀《あけちみつひで》(⬇P112)に倒《たお》されたとき、勝家《かついえ》は上杉景勝《うえすぎかげかつ》と戦《たたか》っていたため、すぐにかけつけられなかった。光秀《みつひで》を倒《たお》し、信長《のぶなが》の後継者《こうけいしゃ》として名乗りを上げたのは豊臣秀吉《とよとみひでよし》だった。

その後、勝家《かついえ》は秀吉《ひでよし》と対立し、賤《しず》ケ《が》岳《たけ》で戦《たたか》ったが敗《やぶ》れる。北《きた》ノ《の》庄城《しょうじょう》(福井《ふくい》県《けん》)へにげ帰った勝家《かついえ》は自殺《じさつ》した。

### 柴田勝家《しばたかついえ》

**肖像《しょうぞう》**

**出身地《しゅっしんち》**

尾張《おわり》(現在《げんざい》の愛知県《あいちけん》)

**生年月日《せいねんがっぴ》**

1522年(誕生日《たんじょうび》は不明《ふめい》)

**死亡年月日《しぼうねんがっぴ》**

1583年4月24日

**享年《きょうねん》**

62歳《さい》(自殺《じさつ》)

**能力《のうりょく》**

武 5

知 3

人 3

**運命《うんめい》の戦《たたか》い**

賤《しず》ケ《が》岳《たけ》の戦《たたか》い

(➡P160)

**軍旗《ぐんき》・馬印《うまじるし》**

**柴田勝家像《しばたかついえぞう》**

北《きた》ノ《の》庄城跡《しょうじょうあと》に立つ勝家像《かついえぞう》(福井県《ふくいけん》)。戦場《せんじょう》では勇《ゆう》かんだったが、やさしい性格《せいかく》だった。

### 戦国のきずな

#### 人質《ひとじち》だった利家《としいえ》の娘《むすめ》を送り返した!?

前田利家《まえだとしいえ》(⬇P150)は勝家《かついえ》の部下だったが、勝家《かついえ》に逆《さか》らえないように娘《むすめ》の麻阿姫《まあひめ》を人質《ひとじち》に取られていた。しかし利家《としいえ》は賤《しず》ケ《が》岳《たけ》の戦《たたか》いのとき、勝家《かついえ》を裏切《うらぎ》った。利家《としいえ》は、麻阿姫《まあひめ》が殺《ころ》されるのではと心配していたが、勝家は北《きた》ノ《の》庄城《しょうじょう》が落ちる前、麻《ま》阿姫《あひめ》を無事《ぶじ》に帰してくれたそうだ。

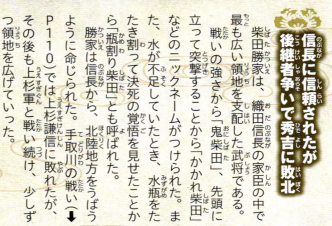

# 軍神《ぐんしん》・謙信《けんしん》が織田軍《おだぐん》を完全《かんぜん》に打ち破《やぶ》る!

合戦《かっせん》ファイル 11

1577年

# 手取川《てどりがわ》の戦《たたか》い

勝 戦力《せんりょく》 約《やく》2万人

上杉謙信《うえすぎけんしん》

上杉軍《うえすぎぐん》

VS

織田軍《おだぐん》

柴田勝家《しばたかついえ》

負 戦力《せんりょく》 約《やく》3万人

## 織田軍《おだぐん》の柴田勝家《しばたかついえ》が上杉謙信《うえすぎけんしん》に敗《やぶ》れる

1577年、越後《えちご》(現在《げんざい》の新潟《にいがた》県《けん》)の上杉謙信《うえすぎけんしん》は、約《やく》2万人の大《たい》軍《ぐん》を率《ひき》いて能登《のと》(現在《げんざい》の石川県《いしかわけん》)へ攻《せ》めこみ、七尾城《ななおじょう》(石川県《いしかわけん》)を取り囲《かこ》んだ。七尾城《ななおじょう》からたすけを求《もと》められた織田信長《おだのぶなが》は、北陸《ほくりく》地方に配置《はいち》していた家臣《かしん》・柴田勝家《しばたかついえ》の軍勢《ぐんぜい》に加《くわ》え、丹羽長秀《にわながひで》や豊臣秀吉《とよとみひでよし》らの軍勢《ぐんぜい》を新たに送りこんだ。勝《かつ》家《いえ》は、合計約《やく》3万人となった大軍《たいぐん》を率《ひき》いて、能登《のと》へ向かった。

しかし勝家軍《かついえぐん》が手取川《てどりがわ》(石川県《いしかわけん》)を渡《わた》ったとき、七尾城《ななおじょう》が謙信《けんしん》に落とされたという知らせが届《とど》いた。

## 手取川《てどりがわ》の戦《たたか》いの流れ

### 1 謙信《けんしん》が能登《のと》へ向かう

越後《えちご》の上杉謙信《うえすぎけんしん》は、能登《のと》に向かって進軍《しんぐん》を開始し、七尾城《ななおじょう》を攻《せ》めた。

### 2 織田軍《おだぐん》が能登《のと》へ向かう

柴田勝家《しばたかついえ》は、謙信《けんしん》を迎《むか》えうつため、3万人の大軍《たいぐん》を率《ひき》いて能登《のと》に向かった。

### 3 上杉軍《うえすぎぐん》が勝家《かついえ》を追撃《ついげき》する

勝家《かついえ》は手取川《てどりがわ》を渡《わた》った後、七尾城《ななおじょう》が落とされたことを知り、退却《たいきゃく》を開始。謙信《けんしん》はにげる織田軍《おだぐん》を攻撃《こうげき》。多くの織田軍《おだぐん》の兵《へい》が手取川《てどりがわ》でおぼれた。

**手取川《てどりがわ》でおそわれる織田軍《おだぐん》**

上杉軍《うえすぎぐん》は手取川《てどりがわ》を渡《わた》る織田軍《おだぐん》を激《はげ》しく攻撃《こうげき》したため、織田軍《おだぐん》の多くの兵士《へいし》がおぼれ死んだ。

不利《ふり》な状況《じょうきょう》になったことを感じた勝家《かついえ》は軍《ぐん》を引き返しはじめたが、謙信《けんしん》はそのすきをのがさず、織田《おだ》軍《ぐん》の背後《はいご》からおそいかかった。織田《おだ》軍《ぐん》は手取川《てどりがわ》を渡《わた》ってにげようとしたが、多くが川でおぼれ死んだ。謙信《けんしん》は「信長《のぶなが》は案外《あんがい》弱いものよ」と笑《わら》ったという。謙信《けんしん》は、信長《のぶなが》の天下統一《とういつ》を止めるかと思われたが、翌年《よくとし》、49歳《さい》の若《わか》さで病死した。

主君・信長《のぶなが》を倒《たお》して天下をねらった武将《ぶしょう》

# 明智光秀《あけちみつひで》

### おもな居城《きょじょう》

## 明智光秀《あけちみつひで》

**肖像《しょうぞう》**

**出身地《しゅっしんち》**

美濃《みの》（現在《げんざい》の岐阜県《ぎふけん》）

**生年月日《せいねんがっぴ》**

1528年?

**死亡年月日《しぼうねんがっぴ》**

1582年6月13日

**享年《きょうねん》**

55歳《さい》?（戦死《せんし》）

**能力《のうりょく》**

武 3

知 2

人 1

**運命《うんめい》の戦《たたか》い**

本能寺《ほんのうじ》の変《へん》

（➡P116）

**軍旗《ぐんき》・馬印《うまじるし》**

## 天下統一《とういつ》をねらうが、山崎《やまざき》の戦《たたか》いで秀吉《ひでよし》に敗《やぶ》れる

明智光秀《あけちみつひで》は、美濃《みの》（現在《げんざい》の岐阜県《ぎふけん》）の名門・土岐《とき》氏の出身で、斎藤道三《さいとうどうさん》に仕えていたという。その後、朝倉義景《あさくらよしかげ》に仕え、足利義昭《あしかがよしあき》を織田信長《おだのぶなが》に紹介《しょうかい》したとき、信長《のぶなが》の家臣《かしん》になった。

光秀《みつひで》は合戦《かっせん》でも手柄《てがら》を立て、朝廷《ちょうてい》や寺院との話し合いも上手《じょうず》にこなしたので、信長《のぶなが》にとってなくてはならない存在《そんざい》となった。

1582年、光秀《みつひで》は、「中国《ちゅうごく》地方を攻《せ》めている豊臣秀吉《とよとみひでよし》をたすけに向かえ」と、信長《のぶなが》から命令《めいれい》される。しかし光秀《みつひで》が向かったのは、信長《のぶなが》が泊《と》まっていた京都《きょうと》の本能寺《ほんのうじ》だった。

光秀《みつひで》は信長《のぶなが》をおそって自殺《じさつ》させると、自らが天下統一《とういつ》に名乗りをあげた。しかしこの知らせを聞いて、豊臣《とよとみ》秀吉《ひでよし》が中国《ちゅうごく》地方からかけつけてきた。光秀《みつひで》は山崎《やまざき》（京都府《きょうとふ》）で秀吉《ひでよし》を迎《むか》えようとしたが敗《やぶ》れる。そして、戦場《せんじょう》からにげる途中《とちゅう》、農民《のうみん》に竹やりでさされて死んだ。

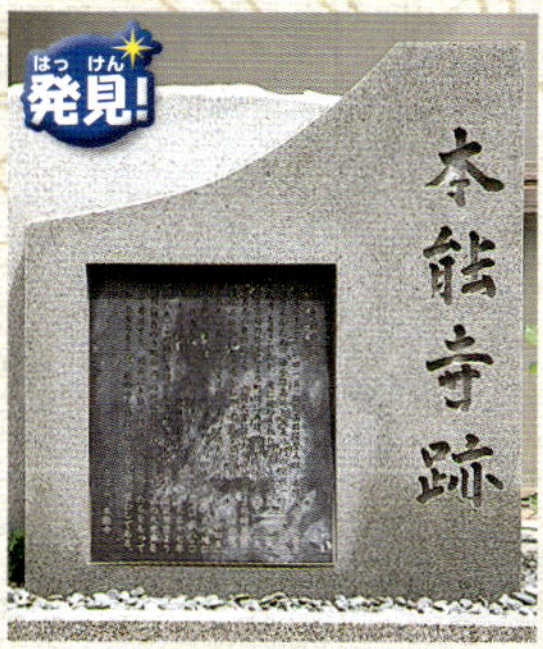


**本能寺跡《ほんのうじあと》**

現在《げんざい》、本能寺《ほんのうじ》の跡《あと》には石碑《せきひ》が立っている（京都府《きょうとふ》）。

**ウソ!ホント!?**

### 光秀《みつひで》はもともと裏切《うらぎ》りが好《す》きだった!?

光秀《みつひで》が本能寺《ほんのうじ》の変《へん》を起こした理由は、今もわかっていない。ポルトガルの宣教師《せんきょうし》ルイス・フロイス（⬇P118）は、光秀《みつひで》の性格《せいかく》を、「裏切《うらぎ》りや秘密《ひみつ》の会合を好《この》む」と書いている。

光秀《みつひで》は策略《さくりゃく》をめぐらすのが得意《とくい》で、信《のぶ》長《なが》を倒《たお》すチャンスをひそかにねらっていたのかもしれない。

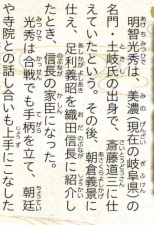

1582年
安土城《あづちじょう》（滋賀県《しがけん》）――
毛利《もうり》攻《ぜ》めをしている
秀吉《ひでよし》が苦戦《くせん》を
しておる
光秀《みつひで》、
手伝《てつだ》ってこい！
わ、わたしが
ですか!?
明智光秀《あけちみつひで》
口答えを
するな!!
ぱしっ！
わしは京都《きょうと》の
本能寺《ほんのうじ》で茶会だ！
おまえもさっさと
準備《じゅんび》しろ！
ははっ……!!
光秀《みつひで》は亀山城《かめやまじょう》（京都府《きょうとふ》）に
もどると、兵《へい》を率《ひき》いて
出陣《しゅつじん》した。
光秀様《みつひでさま》、この道だと
中国《ちゅうごく》地方ではなく
京都《きょうと》に出ますが……？
ああ……！

敵《てき》は
本能寺《ほんのうじ》にあり!!
本能寺《ほんのうじ》――
わーわー
ガカッ
うるさい…
なにごとか?
む、謀反《むほん》です! 旗印《はたじるし》は桔梗《ききょう》!!
たたたっ
光秀《みつひで》か……
是非《ぜひ》におよばず!
返りうちにしてくれるわ!
ドドン!

# 本《ほん》能《のう》寺《じ》の変《へん》

勝　戦力《せんりょく》　約《やく》1万3000人

明智光秀《あけちみつひで》

明智軍《あけちぐん》

VS

織田軍《おだぐん》

織田信長《おだのぶなが》

負　戦力《せんりょく》　約《やく》100人

**明智軍《あけちぐん》と戦《たたか》う信長《のぶなが》**

信長《のぶなが》は本能寺《ほんのうじ》に攻《せ》めこんできた明智軍《あけちぐん》に対し、弓を取って戦《たたか》った。

## 光秀《みつひで》に裏切《うらぎ》られた信長《のぶなが》は本能寺《ほんのうじ》で自ら命を絶《た》つ

　1582年、織田信長《おだのぶなが》は天下統《とう》一《いつ》を目前にひかえていた。信長《のぶなが》は明智光秀《あけちみつひで》に、中国《ちゅうごく》地方の毛利氏《もうりし》と戦《たたか》っている豊臣秀吉《とよとみひでよし》をたすけるように命じ、自らも中国《ちゅうごく》地方へ向かった。その途中《とちゅう》、信長《のぶなが》は京都《きょうと》の本能寺《ほんのうじ》に泊《と》まった。それを知った光秀《みつひで》は、約《やく》1万3000人の兵《へい》を率《ひき》いて京都《きょうと》へ向かい、「敵《てき》は本能寺《ほんのうじ》にあり！」と宣言《せんげん》した。

　明智軍《あけちぐん》は本能寺《ほんのうじ》に到着《とうちゃく》すると攻《こう》撃《げき》を開始した。ただならぬ物音に目を覚《さ》ました信長《のぶなが》は、光秀《みつひで》の裏切《うらぎ》りを知ると、「是非《ぜひ》におよばず（し

かたない)」とつぶやいたという。信長《のぶなが》は明智軍《あけちぐん》の兵士《へいし》と弓や槍《やり》で戦《たたか》ったが、ついに自ら命を絶《た》った。

## 本能寺《ほんのうじ》の変《へん》の流れ

### 1 光秀《みつひで》が本能寺《ほんのうじ》をおそう

本能寺《ほんのうじ》を大軍《たいぐん》で取り囲《かこ》んだ光秀《みつひで》は、夜明け前に攻撃《こうげき》を開始した。信長《のぶなが》は明智軍《あけちぐん》と戦《たたか》ったが、けがをすると奥《おく》の部屋に入って自ら命を絶《た》った。

### 2 信忠《のぶただ》が二条御所《にじょうごしょ》で戦《たたか》う

父・信長《のぶなが》がおそわれたことを知った信忠《のぶただ》は、二《に》条御所《じょうごしょ》で明智軍《あけちぐん》と戦《たたか》ったが、敗《やぶ》れて自殺《じさつ》した。

# 信《のぶ》長《なが》の死によって、戦《せん》国《ごく》の流れは大きく変《か》わっていく！

## 信長《のぶなが》が支配《しはい》した地域《ちいき》

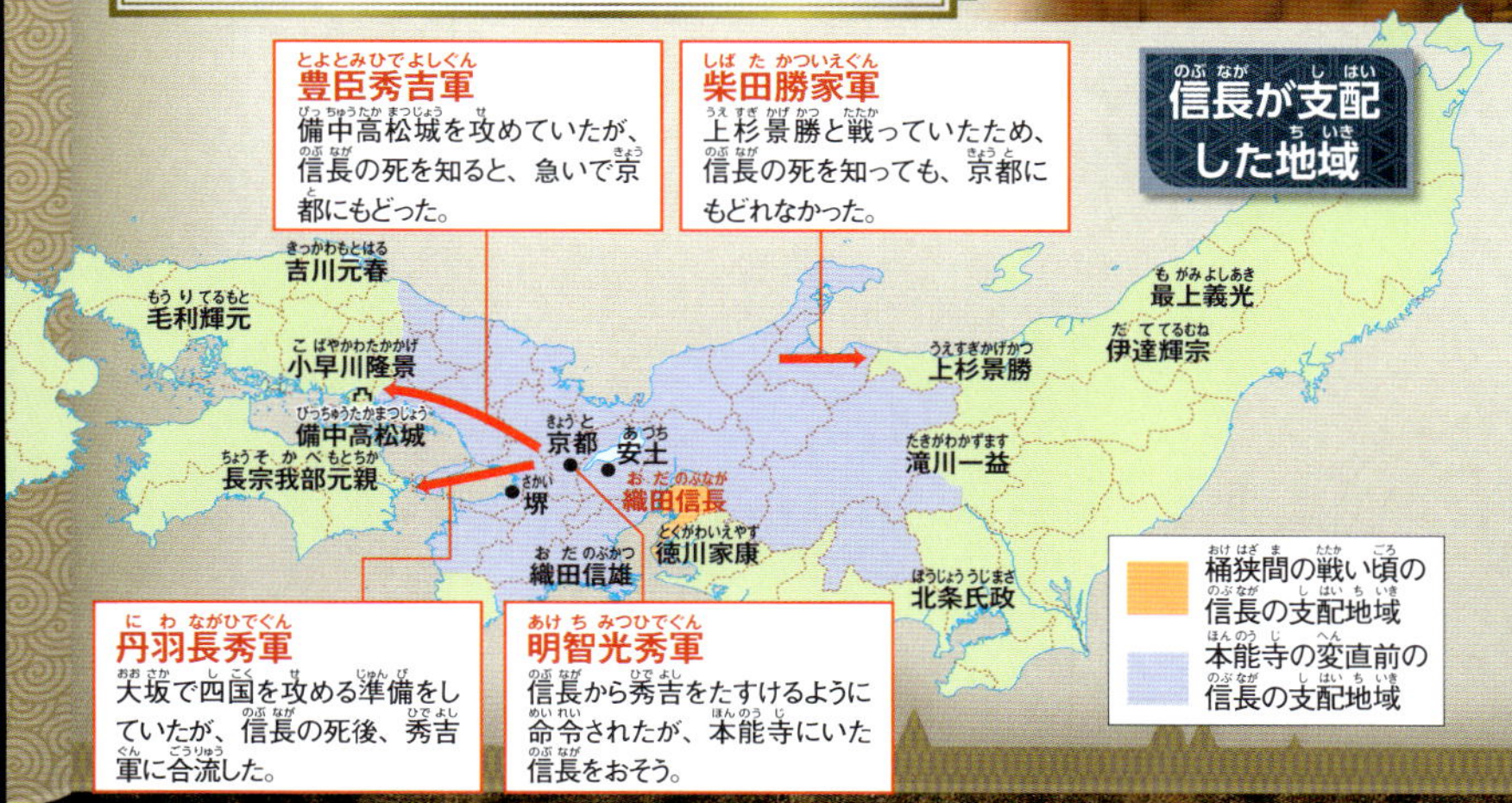
吉川元春《きっかわもとはる》
毛利輝元《もうりてるもと》
小早川隆景《こばやかわたかかげ》
備中高松城《びっちゅうたかまつじょう》
長宗我部元親《ちょうそかべもとちか》
京都《きょうと》
安土《あづち》
堺《さかい》
織田信長《おだのぶなが》
織田信雄《おだのぶかつ》
徳川家康《とくがわいえやす》
上杉景勝《うえすぎかげかつ》
最上義光《もがみよしあき》
伊達輝宗《だててるむね》
滝川一益《たきがわかずます》
北条氏政《ほうじょううじまさ》
桶狭間《おけはざま》の戦《たたか》い頃《ごろ》の信長《のぶなが》の支配地域《しはいちいき》
本能寺《ほんのうじ》の変《へん》直前の信長《のぶなが》の支配地域《しはいちいき》

**豊臣秀吉軍《とよとみひでよしぐん》**
備中高松城《びっちゅうたかまつじょう》を攻《せ》めていたが、信長《のぶなが》の死を知ると、急いで京都《きょうと》にもどった。

**柴田勝家軍《しばたかついえぐん》**
上杉景勝《うえすぎかげかつ》と戦《たたか》っていたため、信長《のぶなが》の死を知っても、京都《きょうと》にもどれなかった。

**丹羽長秀軍《にわながひでぐん》**
大坂《おおさか》で四国《しこく》を攻《せ》める準備《じゅんび》をしていたが、信長《のぶなが》の死後、秀吉《ひでよし》軍《ぐん》に合流《ごうりゅう》した。

**明智光秀軍《あけちみつひでぐん》**
信長《のぶなが》から秀吉《ひでよし》をたすけるように命令《めいれい》されたが、本能寺《ほんのうじ》にいた信長《のぶなが》をおそう。

超《ちょう》ビジュアル！
# 戦《せん》国《ごく》新聞
**第2号**
発行所：
桃山《ももやま》新聞社

# 外国人が見た信長《のぶなが》の姿《すがた》とは!?

キリスト教宣教師《せんきょうし》のルイス・フロイスが、信長《のぶなが》について書き残《のこ》した記録《きろく》には、何が書いてあるのだろう？

ルイス・フロイス像《ぞう》（長崎県《ながさきけん》）。
長崎県観光連盟

### ルイス・フロイス（1532〜1597）

ポルトガル人で、イエズス会（キリスト教の団体《だんたい》）の宣教師《せんきょうし》。1563年に日本にやってきて、信長《のぶなが》や秀吉《ひでよし》と実際《じっさい》に会話し、その経験《けいけん》を『日本史《にほんし》』という本に書いた。

## ひげは少なく声はよく通った!?

信長《のぶなが》はしっかりとした体つきで、ひげは少なく、声がよく通ったという。いつもは静《しず》かだが、たまに激《はげ》しく怒《おこ》ることがあり、家臣《かしん》の注意をまったく聞かなかったそうだ。

## 気に入ったプレゼントだけを受け取った!?

信長《のぶなが》はおくり物をされたとき、気に入ったものだけを受け取って、残《のこ》りは返したという。フロイスによると、ある宣教師《せんきょうし》がおくり物をしたとき、信長《のぶなが》はビロード（羽毛のような織物《おりもの》）の帽子《ぼうし》だけを受け取ったそうだ。

信長《のぶなが》の肖像画《しょうぞうが》。フロイスの記録《きろく》通り、ひげは薄《うす》い。

## だれでも相撲《すもう》をとらせた!?

信長《のぶなが》は相撲《すもう》が大好《だいす》きだった。毎年のように相撲《すもう》大会を開いて、優勝《ゆうしょう》した力士《りきし》は信長《のぶなが》の家臣《かしん》にして、「相撲《すもう》奉行《ぶぎょう》」に任命《にんめい》したそうだ。

フロイスによると、信長《のぶなが》は身分の高い者でも低《ひく》い者でも、裸《はだか》にして相撲《すもう》をとらせ、それを見物することが好《す》きだったそうだ。

## 信長《のぶなが》が自ら食事を運んだ!?

フロイスが岐阜城《ぎふじょう》を訪《たず》ねたとき、信長《のぶなが》は自ら城《しろ》を案内《あんない》したそうだ。さらに夕食のときには、自ら食事を運んで、もてなしたという。

フロイスは感謝《かんしゃ》の気持ちを表すために、汁物《しるもの》を頭の上にかかげたところ、「こぼすから、まっすぐもつように」と注意されたそうだ。

### 信長《のぶなが》と家臣《かしん》の関係《かんけい》

信長《のぶなが》は家臣《かしん》から恐《おそ》れられていた。
ちょっと手で合図するだけで…
家臣《かしん》たちは飛《と》ぶように消えた。
ダダダダダ
信長《のぶなが》に報告《ほうこく》する家臣《かしん》は、全速力で向かわなければならなかった。
そして、顔を見ることも許《ゆる》されなかった。
報告《ほうこく》いたします！

## 女性《じょせい》は自由に行動していた!?

戦国《せんごく》時代、日本の女性《じょせい》は夫《おっと》や父親にいちいち許可《きょか》を取らなくても、自由に好《す》きなところに出かけていたそうだ。ヨーロッパではあり得《え》ないことだったので、フロイスはおどろいたという。

戦国《せんごく》おもしろベスト3

# 男の生き様を貫《つらぬ》いた武将《ぶしょう》たち

どんなにきびしい状況《じょうきょう》であったときも、いさぎよい生き方を選《えら》んだ武将《ぶしょう》たちを紹介《しょうかい》しよう。

## 「援軍《えんぐん》は来ている!」と叫《さけ》んで殺《ころ》された

No.1

### 鳥居強右衛門《とりいすねえもん》（?～1575）

長篠《ながしの》の戦《たたか》いのとき、織田《おだ》・徳川軍《とくがわぐん》がたすけに向かっていることを長篠城《ながしのじょう》に伝《つた》えようとした武将《ぶしょう》。長篠城《ながしのじょう》を囲《かこ》む武田軍《たけだぐん》に捕《つか》まったとき、「織田《おだ》・徳川《とくがわ》の援軍《えんぐん》が近くまで来ている」とさけんだため、磔《はりつけ》にされて殺《ころ》された。

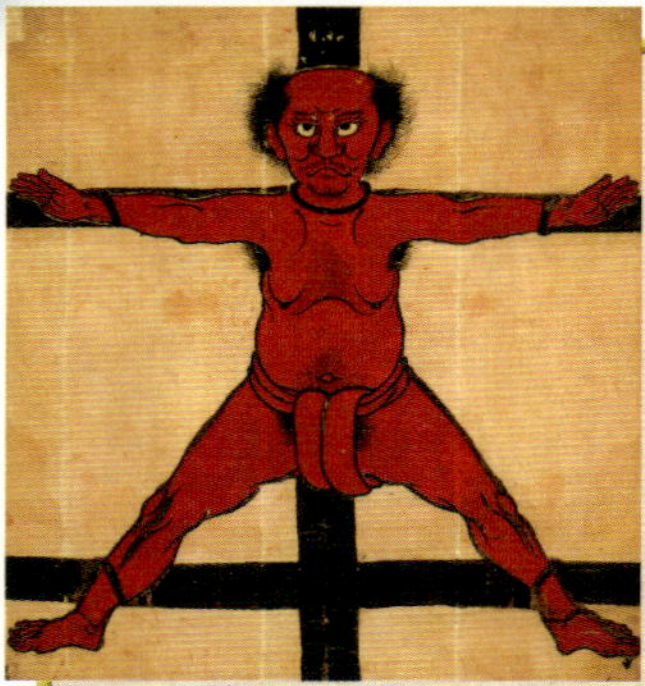

この絵は、強右衛門《すねえもん》の行動に感動した武士《ぶし》が、磔《はりつけ》にされた強右衛《すねえ》門《もん》を自分の旗《はた》にえがいたもの。

## 兜《かぶと》にお香《こう》をたいて戦場《せんじょう》に向かった

No.2

### 木村重成《きむらしげなり》（?～1615）

豊臣秀頼《とよとみひでより》（⬇P328）に仕えた武将《ぶしょう》。大坂夏《おおさかなつ》の陣《じん》のとき、死を覚悟《かくご》して、髪《かみ》をきれいに洗《あら》い、兜《かぶと》にはお香《こう》をたきこんでいた。うちとられた重成《しげなり》の首が家康《いえやす》に届《とど》けられたとき、部屋にはいい香《かお》りが立ちこめ、家康《いえやす》を感動させたという。

重成《しげなり》の像《ぞう》（大阪府《おおさかふ》）。

## 大谷吉継《おおたによしつぐ》の首のありかを教えなかった

No.3

### 藤堂高刑《とうどうたかのり》（1577～1615）

**関ケ原《せきがはら》で戦《たたか》う高刑《たかのり》**

高刑《たかのり》は罰《ばつ》を受けることを覚悟《かくご》して、五助《ごすけ》との約束《やくそく》を守った。

岐阜市歴史博物館所蔵

藤堂高虎《とうどうたかとら》（⬇P266）の親類《しんるい》。関ケ原《せきがはら》の戦《たたか》いのとき、大谷吉継《おおたによしつぐ》（⬇P288）の首をうめていた湯浅五助《ゆあさごすけ》を発見した。五助《ごすけ》は、「うめた場所を秘密《ひみつ》にしてほしい」と頼《たの》んで、高刑《たかのり》にうち取られた。家康《いえやす》は高刑《たかのり》に、吉継《よしつぐ》の首のありかをたずねたが、けっして言わなかった。

# 3章

# 豊《とよ》臣《とみ》秀《ひで》吉《よし》の時代

尾張《おわり》(現在《げんざい》の愛知県《あいちけん》)中村《なかむら》の農村——
待ちなさい日吉丸《ひよしまる》!
いやじゃ!
おらぁ侍《さむらい》になるんだぁ!
日吉丸《ひよしまる》(後の豊臣秀吉《とよとみひでよし》)
ぺとんっ
ばかたれ! お金をもたずに出て行くやつがあるかい!
ほれ、父ちゃんが残《のこ》してくれたお金だよ
ムダづかいすんじゃないよ
ぶわっ
おっかぁ……!
ありがとう、おっかぁ!
おら必《かなら》ず立派《りっぱ》な侍《さむらい》になってみせる!
——と家を出た日吉丸《ひよしまる》だったが、よい主君にめぐり会えずにいた。
おさむらいってむつかしーなー

＊実際《じっさい》には秀吉《ひでよし》は信長《のぶなが》に「猿《さる》」とは呼《よ》ばれていなかった。

1566年
小牧山城《こまきやまじょう》(愛知県《あいちけん》)——
信長《のぶなが》は美濃《みの》(現在《げんざい》の岐阜県《ぎふけん》)の斎藤氏《さいとうし》を攻《せ》めるため墨俣《すのまた》に城《しろ》を築《きず》こうとするが……
また失敗《しっぱい》かっ!!
ビリ
ビリ
ビリ
ビリ
ビリ
はぁ……
パラ
パラ
どうにか城《しろ》を築《きず》けんものか……
しかし、敵《てき》の目の前なのですぐに攻撃《こうげき》されて……
ぐぬぬ……
せめて組み立てるだけなら……
!
殿《との》! ここは猿《さる》めにお任《まか》せあれ!
?

小六殿《ころくどの》、お手伝《てつだ》いいただき感謝《かんしゃ》しますぞ！
ガはは
いや、秀吉殿《ひでよしどの》も考えられましたなぁ
川の上流で木材《もくざい》を加工《かこう》し――
それを筏《いかだ》にして川を下り――
墨俣《すのまた》に着いたら組み立てる！
これならあっというまにできますな！
敵《てき》もおどろくでしょう！
こうして、わずか数日で城《しろ》を完成《かんせい》させたのである。
でかしたぞ猿《さる》！
ははっ！

# 豊臣秀吉《とよとみひでよし》

信長《のぶなが》の後継者《こうけいしゃ》として天下を統一《とういつ》した「戦国一《せんごくいち》」の出世頭

## 貧《まず》しい農民《のうみん》だった子が信長《のぶなが》のもとで大活躍《だいかつやく》する

豊臣秀吉《とよとみひでよし》は、尾張《おわり》（現在《げんざい》の愛知県《あいちけん》）の貧《まず》しい農家に生まれた。7歳《さい》のときに父が病死し、14歳頃《さいごろ》に「武士《ぶし》になる」と宣言《せんげん》して家を出た。そして、針《はり》を売り歩く商人などをしながら、武士《ぶし》になる道を探《さが》したといわれるが、確《たし》かなことはわかっていない。この頃《ころ》、後に部下になる蜂須賀小六《はちすかころく》（⬇P130）と出会ったという伝説《でんせつ》がある。

15歳頃《さいごろ》、駿河《するが》（現在《げんざい》の静岡県《しずおかけん》）の今川《いまがわ》氏《し》の家臣《かしん》・松下加兵衛《まつしたかへえ》に仕え、才能《さいのう》を認《みと》められたが、ほかの家臣《かしん》からねたまれて、やめたという。

「天下を取れる武将《ぶしょう》のもとで武士《ぶし》になりたい」。そう願《ねが》った秀吉《ひでよし》は、織田信長《おだのぶなが》の馬の世話をする仕事についた。だれよりも早く起きて仕事をし、「信長《のぶなが》様《さま》に顔を覚《おぼ》えてもらおう」と、冬の寒い朝は、信長《のぶなが》のぞうりを着物の中に入れて温め、信長《のぶなが》を喜《よろこ》ばせたという。

信長《のぶなが》のために、けんめいに働《はたら》き続《つづ》けた秀吉《ひでよし》は、ついに武士《ぶし》になった。秀吉《ひでよし》は小六《ころく》と協力《きょうりょく》して墨俣一夜城《すのまたいちやじょう》（⬇P136）を築《きず》いたり、美濃《みの》（現在《げんざい》の岐阜県《ぎふけん》）の斎藤氏《さいとうし》の居城《きょじょう》・稲葉山城《いなばやまじょう》へ一番先に攻《せ》めこんだり、信長《のぶなが》が戦場《せんじょう》からにげるときに敵《てき》を食い止めたりと、目ざましい活躍《かつやく》を続《つづ》け、信長《のぶなが》にとってなくてはならない家臣《かしん》へと成長《せいちょう》した。

### 戦国のきずな

#### 秀吉《ひでよし》は最初《さいしょ》の主君を大名《だいみょう》にした!?

信長《のぶなが》に仕える前、秀吉《ひでよし》は今川氏《いまがわし》の家臣《かしん》だった松下加兵衛《まつしたかへえ》に仕えていた。今川氏《いまがわし》がほろびた後、加兵衛《かへえ》は生活に困《こま》っていた。そこで、出世していた秀吉《ひでよし》は加兵衛《かへえ》を家臣《かしん》にした。さらに天下を取った後は、加兵衛《かへえ》を大名《だいみょう》にまで出世させた。

### 豊臣秀吉《とよとみひでよし》

**肖像《しょうぞう》**

**出身地《しゅっしんち》**

尾張《おわり》（現在《げんざい》の愛知県《あいちけん》）

**生年月日《せいねんがっぴ》**

1537年（誕生日《たんじょうび》は不明《ふめい》）

**死亡年月日《しぼうねんがっぴ》**

1598年8月18日

**享年《きょうねん》**

62歳《さい》（病死）

**能力《のうりょく》**

武 4
知 5
人 3

**運命《うんめい》の戦《たたか》い**

山崎《やまざき》の戦《たたか》い（➡P148）

**軍旗《ぐんき》・馬印《うまじるし》**

ビジュアル資料《しりょう》

**清洲城《きよすじょう》の工事**

織田信長《おだのぶなが》から清洲城《きよすじょう》の壁《かべ》の修理《しゅうり》を命じられた秀吉《ひでよし》は、職人《しょくにん》たちに競争《きょうそう》をさせ、短期間で修理《しゅうり》を終わらせたという。

## 信長《のぶなが》の後を継《つ》いで、天下統一《とういつ》を果《は》たす

織田軍《おだぐん》として近江《おうみ》(現在《げんざい》の滋賀県《しがけん》)の浅井長政《あざいながまさ》をほろぼした後は、37歳《さい》で長《なが》浜城《はまじょう》(滋賀県《しがけん》)の城主《じょうしゅ》となった。

信長《のぶなが》に期待された秀吉《ひでよし》は、「中国《ちゅうごく》地方の毛利《もうり》氏《し》をうて」と命じられる。ところがその戦《たたか》いの最中《さいちゅう》、信長《のぶなが》は京都《きょうと》の本能寺《ほんのうじ》で、明智光秀《あけちみつひで》におそわれて死んでしまう。この情報《じょうほう》を毛利軍《もうりぐん》より早く知った秀吉《ひでよし》は、そのことをかくして急いで毛利《もうり》氏《し》と仲直《なかなお》りすると、すぐに京《きょう》都《と》に向かった。そして山崎《やまざき》(京都府《きょうとふ》)で明智軍《あけちぐん》を破《やぶ》った(⬇P148)。「信長様《のぶながさま》の後を継《つ》ぎ、天下を取る!」。

そう心に決めた秀吉《ひでよし》は、賤《しず》ケ《が》岳《たけ》の戦《たたか》いでライバルの柴田勝家《しばたかついえ》を破《やぶ》ると、近畿《きんき》、四《し》国《こく》、九州《きゅうしゅう》の有力大名《だいみょう》を次つぎと従《したが》わせた。最後《さいご》に小田原城《おだわらじょう》(神奈川県《かながわけん》)の北条《ほうじょう》氏《し》を降伏《こうふく》させ、ついに天下を統一《とういつ》した。

秀吉《ひでよし》はなるべく戦《たたか》わずに、相手を自分の味方に引きこむことを得意《とくい》とした。そのため、短期間で天下を統一《とういつ》することができたといわれる。

秀吉《ひでよし》は朝廷《ちょうてい》から関白《かんぱく》(天皇《てんのう》をたすける役職《やくしょく》)を命じられ、さらに太政大臣《だいじょうだいじん》(朝廷《ちょうてい》の最高職《さいこうしょく》)となった。権力《けんりょく》の頂点《ちょうてん》に立った秀吉《ひでよし》の心配は、後継《あとつ》ぎの秀頼《ひでより》がまだ幼《おさな》いことだった。徳川家康《とくがわいえやす》らに秀頼《ひでより》の将来《しょうらい》を頼《たの》むと、朝鮮出兵《ちょうせんしゅっぺい》(⬇P230)の最中《さいちゅう》、62歳《さい》で病死した。

ビジュアル資料《しりょう》

**秀吉《ひでよし》の甲冑《かっちゅう》**

兜《かぶと》には僧《そう》が頭を包《つつ》む「帽子《もうす》」(綿《めん》や毛でできたかぶり物)がつけられ、大袖《おおそで》には、秀吉《ひでよし》の家紋《かもん》がデザインされている。

名古屋市秀吉清正記念館所蔵

## 前日の約束《やくそく》

## 豊臣秀吉《とよとみひでよし》の家族

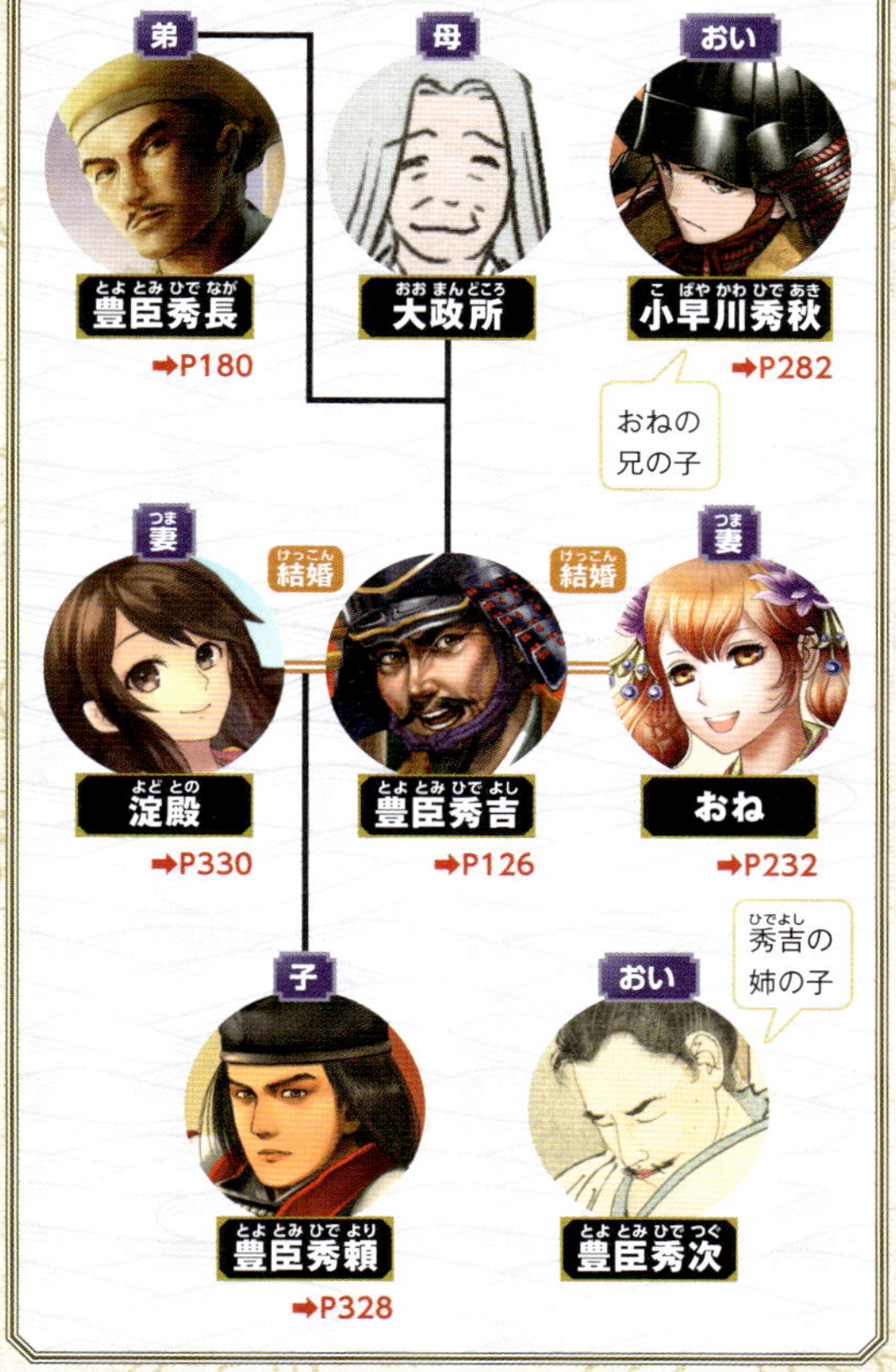


### ウソ！ホント!? 麦飯《むぎめし》がこの世で一番おいしかった!?

天下を取った秀吉《ひでよし》は、毎日ぜいたくな食事をしていたそうだ。しかし、あるとき家《か》臣《しん》に向かって、「この世で一番おいしかったのは、貧《まず》しかった時代、腹《はら》が減《へ》ったときに食べた麦飯《むぎめし》（米に麦《むぎ》を混《ま》ぜてたいた飯《めし》）だった」と語ったそうだ。

# 蜂須賀小六《はちすかころく》

「野盗《やとう》出身」という伝説《でんせつ》が残《のこ》る秀吉《ひでよし》の家臣《かしん》

## 蜂須賀小六《はちすかころく》

**肖像《しょうぞう》**

**出身地《しゅっしんち》**

尾張《おわり》(現在《げんざい》の愛知県《あいちけん》)

**生年月日《せいねんがっぴ》**

1526年(誕生日《たんじょうび》は不明《ふめい》)

**死亡年月日《しぼうねんがっぴ》**

1586年5月22日

**享年《きょうねん》**

61歳《さい》(病死)

**能力《のうりょく》**

武 3

知 3

人 4

**運命《うんめい》の戦《たたか》い**

美濃攻略戦《みのこうりゃくせん》(➡P136)

**軍旗《ぐんき》・馬印《うましるし》**

## 若《わか》い頃《ころ》から死ぬまで秀吉《ひでよし》を支《ささ》え続《つづ》ける

本名は正勝《まさかつ》だが、小六《ころく》の呼《よ》び名で知られる。尾張《おわり》(現在《げんざい》の愛知県《あいちけん》)の小さな領地《りょうち》をもつ武将《ぶしょう》の子として生まれ、木曽川《きそがわ》で舟《ふね》による運送業をする人びとのリーダーだった。

小六《ころく》は矢作橋《やはぎばし》(愛知県《あいちけん》)の上で若《わか》き日の豊臣秀吉《とよとみひでよし》に出会ったという伝説《でんせつ》が残《のこ》っている。ふたりは若《わか》い頃《ころ》から協《きょう》力関係《りょくかんけい》を築《きず》いていた。織田信長《おだのぶなが》が美濃《みの》(現在《げんざい》の岐阜県《ぎふけん》)を攻《せ》めるとき、秀吉《ひでよし》は墨俣城《すのまたじょう》(岐阜県《ぎふけん》)の建設《けんせつ》を命じられた。小六《ころく》は運送業をしている仲間《なかま》とともに、川の上流で加工《かこう》した木材《もくざい》を筏《いかだ》にして流し、短期間で城《しろ》を築《きず》いた。小六《ころく》は戦《たたか》いだけでなく、敵《てき》との話し合いや取り引きなども得意《とくい》だった。

天下を取った秀吉《ひでよし》から、小六《ころく》は阿波《あわ》(現在《げんざい》の徳島県《とくしまけん》)をあたえられた。しかし、「お側《そば》でお仕えしたい」と、秀吉《ひでよし》のいる大坂に残《のこ》り、息子に阿波《あわ》の支配《しはい》を任《まか》せた。そして、61歳《さい》で病死するまで、秀吉《ひでよし》を側《そば》で支《ささ》え続《つづ》けた。

**墨俣城《すのまたじょう》(資料館《しりょうかん》)**

小六《ころく》と秀吉《ひでよし》は、美濃攻略戦《みのこうりゃくせん》のときに協力《きょうりょく》して墨俣城《すのまたじょう》を築《きず》いたという(岐阜県《ぎふけん》)。

ウソ!ホント!?

### 小六は野盗《やとう》ではなかった!?

小六《ころく》は野盗《やとう》(山賊《さんぞく》)の親分で、若《わか》き日の秀吉《ひでよし》と矢作橋《やはぎばし》の上で出会い、子分にしたという話が信《しん》じられてきた。

しかし当時、矢作橋《やはぎばし》は存在《そんざい》しておらず、また、小六《ころく》も蜂須賀城《はちすかじょう》主《しゅ》の子として生まれている。そのため、この話はつくり話と考えられている。

秀吉《ひでよし》の参謀《さんぼう》として活躍《かつやく》した天才軍師《ぐんし》

# 竹中半兵衛《たけなかはんべえ》

## 戦《たたか》わずに敵《てき》を降伏《こうふく》させて秀吉《ひでよし》を勝利《しょうり》に導《みちび》く

竹中半兵衛《たけなかはんべえ》は、美濃《みの》(現在《げんざい》の岐阜県《ぎふけん》)の斎藤龍興《さいとうたつおき》の家臣《かしん》だった。しかし龍興《たつおき》は遊んでばかりいて、美濃《みの》の政治をまともにおこなわなかった。半兵衛《はんべえ》は怒《おこ》り、少数の兵《へい》で稲葉山城《いなばやまじょう》を乗っ取ってしまった。そして半年後に城《しろ》を返すと、龍興《たつおき》のもとを去った。

斎藤家《さいとうけ》がほろびた後、半兵衛《はんべえ》の才能《さいのう》を見こんだ織田信長《おだのぶなが》が、家臣《かしん》の豊臣秀《とよとみひで》吉《よし》に迎《むか》えに行かせたところ、半兵衛《はんべえ》は秀吉《ひでよし》の人柄《ひとがら》を気に入り、「あなたになら仕える」と、秀吉《ひでよし》の家臣《かしん》になった。

半兵衛《はんべえ》が得意《とくい》としたのは、戦《たたか》わずに敵《てき》を味方に引きこむこと。秀吉《ひでよし》の「軍《ぐん》師《し》」として、なるべく負傷者《ふしょうしゃ》を出さずに、敵《てき》を降伏《こうふく》させることに力を注いだ。そして秀吉《ひでよし》の軍師《ぐんし》・黒田官兵衛《くろだかんべえ》(➡P134)と協力《きょうりょく》して秀吉《ひでよし》をたすけたが、三木城《みきじょう》の戦《たたか》いの最中《さいちゅう》に病死した。

**半兵衛《はんべえ》を説得《せっとく》する秀吉《ひでよし》**

秀吉《ひでよし》は何度も半兵衛《はんべえ》の家を訪《おとず》れ、家臣《かしん》になってくれるように頼《たの》んだ。

**ウソ!ホント!? 半兵衛《はんべえ》はわずか16人で稲葉山城《いなばやまじょう》を落とした!?**

稲葉山城《いなばやまじょう》が信長《のぶなが》に落とされる前、竹《たけ》中半兵衛《なかはんべえ》は、わずか16人の部下とともに稲葉山城《いなばやまじょう》を乗っ取った。遊んでばかりいる龍興《たつおき》を注意するための行動だったという。半兵衛《はんべえ》は半年後に城《しろ》を龍興《たつおき》に返し、龍興《たつおき》のもとを去ったという。

### 竹中半兵衛《たけなかはんべえ》

**肖像《しょうぞう》**

**出身地《しゅっしんち》**

美濃《みの》(現在《げんざい》の岐阜県《ぎふけん》)

**生年月日《せいねんがっぴ》**

1544年(誕生日《たんじょうび》は不明《ふめい》)

**死亡年月日《しぼうねんがっぴ》**

1579年6月13日

**享年《きょうねん》**

36歳《さい》(病死)

**能力《のうりょく》**

武 3
知 5
人 4

**運命《うんめい》の戦《たたか》い**

稲葉山城《いなばやまじょう》乗っ取り

**軍旗《ぐんき》・馬印《うまじるし》**

秀吉《ひでよし》に天下を取らせた戦国《せんごく》最強《さいきょう》の軍師《ぐんし》

# 黒田官兵衛《くろだかんべえ》

おもな居城《きょじょう》

## 秀吉《ひでよし》の天下統一《とういつ》への道をつくる

黒田官兵衛《くろだかんべえ》は、播磨《はりま》（現在《げんざい》の兵庫県《ひょうごけん》）の小寺家《こでらけ》の家臣《かしん》だったが、天下を取る勢《いきお》いがあった織田信長《おだのぶなが》に仕えることを決心した。信長《のぶなが》は官兵衛《かんべえ》の能力《のうりょく》にすぐに気づき、豊臣秀吉《とよとみひでよし》の軍師《ぐんし》にさせた。

1578年、有岡城《ありおかじょう》（兵庫県《ひょうごけん》）の荒木《あらき》村重《むらしげ》が、信長《のぶなが》に反乱《はんらん》を起こしたとき、官兵衛《かんべえ》は説得《せっとく》に向かったが失敗《しっぱい》し、ろうやに閉《と》じこめられてしまった。「官《かん》兵衛《べえ》がもどらないのはおかしい。裏《うら》切《ぎ》った」。信長《のぶなが》は怒《おこ》ったというが、官《かん》兵衛《べえ》は1年後、ぼろぼろの姿《すがた》でたすけ出された。それ以来《いらい》、官兵衛《かんべえ》はまわりから信用《しんよう》されるようになったという。

1582年、本能寺《ほんのうじ》で信長《のぶなが》が倒《たお》されると、官兵衛《かんべえ》は中国《ちゅうごく》地方で毛利氏《もうりし》を攻《せ》めていた秀吉《ひでよし》に、すぐ京都《きょうと》へもどるようにすすめ、天下統一《とういつ》への道をつくった。その後も数かずの戦《たたか》いの作戦《さくせん》を立てて秀吉《ひでよし》を勝利《しょうり》に導《みちび》き、秀吉《ひでよし》が死ぬまで「軍師《ぐんし》」として側《そば》に仕えた。

**中津城《なかつじょう》**
秀吉《ひでよし》から豊前《ぶぜん》（現在《げんざい》の大分県《おおいたけん》）をあたえられた官兵衛《かんべえ》が築《きず》いた城《しろ》。

### 黒田官兵衛《くろだかんべえ》

**肖像《しょうぞう》**

**出身地《しゅっしんち》**
播磨《はりま》（現在《げんざい》の兵庫県《ひょうごけん》）

**生年月日《せいねんがっぴ》**
1546年（誕生日《たんじょうび》は不明《ふめい》）

**死亡年月日《しぼうねんがっぴ》**
1604年3月20日

**享年《きょうねん》**
59歳《さい》（病死）

**能力《のうりょく》**
武 4
知 5
人 4

**運命《うんめい》の戦《たたか》い**
備中高松城《びっちゅうたかまつじょう》の戦《たたか》い（➡P146）

**軍旗《ぐんき》・馬印《うまじるし》**

### ウソ！ホント!? 官兵衛《かんべえ》は天下統一《とういつ》をねらっていた!?

官兵衛《かんべえ》は秀吉《ひでよし》の死後、中津城《なかつじょう》にもどった。1600年、石田三成《いしだみつなり》（⬇P276）が徳川家康《とくがわいえやす》を倒《たお》すために西軍《せいぐん》をつくると、官兵衛《かんべえ》は九州《きゅうしゅう》にあった西軍《せいぐん》の城《しろ》を次つぎと攻撃《こうげき》した。九州《きゅうしゅう》全土を支配《しはい》した後、関ケ原《せきがはら》の戦《たたか》いで勝った方と天下を争《あらそ》うつもりだったという。

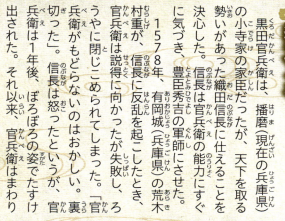

合戦《かっせん》ファイル

13

1564年

# 美《み》濃《の》攻《こう》略《りゃく》戦《せん》

## 墨俣一夜城《すのまたいちやじょう》

1566年、豊臣秀吉《とよとみひでよし》は蜂須賀小六《はちすかころく》と協力《きょうりょく》して、墨俣《すのまた》（岐阜県《ぎふけん》）に城《しろ》を築《きず》いた。川の上流から木材《もくざい》を筏《いかだ》にして流し、墨俣《すのまた》で組み立てたので、短期間で城《しろ》を築《きず》くことができた。

## 「墨俣一夜城《すのまたいちやじょう》」の伝説《でんせつ》が残《のこ》る信長《のぶなが》の美濃《みの》攻略戦《こうりゃくせん》

尾張《おわり》（現在《げんざい》の愛知県《あいちけん》）を支配《しはい》する織田信長《おだのぶなが》は、斎藤龍興《さいとうたつおき》が支配《しはい》する美濃《みの》（現在《げんざい》の岐阜県《ぎふけん》）を攻《せ》め取りたいと考えていた。1564年、龍《たつ》興《おき》の家臣《かしん》の竹中半兵衛《たけなかはんべえ》が、龍興《たつおき》の稲葉山城《いなばやまじょう》を乗っ取るという事件《じけん》を起こした。このすきをねらって、信長《のぶなが》は美濃《みの》への攻撃《こうげき》を開始した。

墨俣《すのまた》（岐阜県《ぎふけん》）に、美濃《みの》を攻撃《こうげき》する拠点《きょてん》となる城《しろ》を築《きず》こうとした信長《のぶなが》は、豊臣秀吉《とよとみひでよし》に城《しろ》づくりを任《まか》せた。秀吉《ひでよし》は上流で加工《かこう》した木材《もくざい》を筏《いかだ》にして流し、それを墨俣《すのまた》で組み立て、あっというまに城《しろ》を完成《かんせい》

勝　戦力《せんりょく》　不明《ふめい》

織田信長《おだのぶなが》

織田軍《おだぐん》

VS

斎藤軍《さいとうぐん》

斎藤龍興《さいとうたつおき》

負　戦力《せんりょく》　不明《ふめい》

## 美濃攻略戦《みのこうりゃくせん》の流れ

### 1 信長《のぶなが》が美濃《みの》を攻撃《こうげき》する

美濃《みの》を手に入れたかった信長《のぶなが》は、龍興《たつおき》が家臣《かしん》の半《はん》兵衛《べえ》に稲葉山城《いなばやまじょう》を乗っ取られたことを知ると、そのすきをねらって、美濃《みの》への攻撃《こうげき》を開始した。

### 2 墨俣一夜城《すのまたいちやじょう》を築《きず》く

信長《のぶなが》から、美濃《みの》を攻《こう》撃《げき》する拠点《きょてん》をつくるように命令《めいれい》された秀《ひで》吉《よし》は、墨俣《すのまた》に短期間で城《しろ》を築《きず》く（墨俣一《すのまたいち》夜城《やじょう》）。

### 3 龍興《たつおき》の家臣《かしん》が裏切《うらぎ》る

龍興《たつおき》の有力な家臣《かしん》たちが、龍興《たつおき》を裏切《うらぎ》ることを信長《のぶなが》に約束《やくそく》する。信長《のぶなが》は美濃《みの》へ攻撃《こうげき》を再開する。

### 4 信長《のぶなが》が稲葉山城《いなばやまじょう》を攻《せ》める

織田軍《おだぐん》は稲葉山城《いなばやまじょう》の城下町《じょうかまち》に攻《せ》めこんだ。龍興《たつおき》の家臣《かしん》たちは信長《のぶなが》に降伏《こうふく》し、龍興《たつおき》はにげた。

## 墨俣一夜城《すのまたいちやじょう》は、美濃《みの》攻略《こうりゃく》の拠点《きょてん》になった！

させたという。この伝説《でんせつ》ともいわれる「墨俣一夜城《すのまたいちやじょう》」を拠点《きょてん》に、信長《のぶなが》は美濃《みの》への攻撃《こうげき》を続《つづ》けたが、勝利《しょうり》することができなかった。そこで秀吉《ひでよし》は、龍興《たつおき》の有力家臣《かしん》を味方にしようと試《こころ》みた。

1567年、龍興《たつおき》の有力家臣《かしん》が裏切《うらぎ》ったのを知った信長《のぶなが》は、一気に美濃《みの》に攻《せ》めこんで稲葉山城《いなばやまじょう》を落とし、ようやく美濃《みの》を手に入れた。

# 秀吉《ひでよし》はなぜ出世できたのか？

農民《のうみん》出身の秀吉《ひでよし》が出世を重ねることができた理由は何だろう？

超《ちょう》ビジュアル！
# 戦《せん》国《ごく》新聞
第3号
発行所：戦国《せんごく》タイムス社

## ふところで信長《のぶなが》のぞうりを温めた!?

織《お》田《だ》信長《のぶなが》に仕えはじめた秀吉《ひでよし》は、冬の寒い日、信長《のぶなが》のぞうりを、ふところに入れて温めていたという。若《わか》い頃《ころ》から、相手が喜《よろこ》ぶことを考えていたのだ。

## 仕事をさせるのが上手《じょうず》だった!?

信長《のぶなが》から清《きよ》洲《す》城《じょう》（愛《あい》知《ち》県《けん》）の修理《しゅうり》をまかされたとき、秀吉《ひでよし》は工事の人たちを数組に分けて、一番早かった組にほうびを出すことにした。すると、どの組もがんばって工事はすぐに終わったという。

## 主人を守るために命をかけた!?

金《かね》ケ《が》崎《さき》（福《ふく》井《い》県《けん》）で信長《のぶなが》がピンチになったとき、秀吉《ひでよし》は敵《てき》を食い止める役目を自分から引き受けた。命がけの危険《きけん》な役目だったので、信長《のぶなが》は秀吉《ひでよし》を心から信頼《しんらい》するようになったそうだ。

## お金の使い方が上手《じょうず》だった!?

「中国大返《ちゅうごくおおがえ》し」（➡P146）の途中《とちゅう》、秀吉《ひでよし》は姫路城《ひめじじょう》（兵庫県《ひょうごけん》）に立ち寄《よ》った。そこで秀吉《ひでよし》は、城《しろ》にたくわえてあった金銀や米をすべて兵《へい》に分けあたえた。これにより、走り続《つづ》けて疲《つか》れていた兵《へい》は元気を取りもどし、明《あけ》智光秀《ちみつひで》との戦《たたか》いにも勝利《しょうり》できたといわれている。

## 降伏《こうふく》した敵《てき》を許《ゆる》した!?

秀吉《ひでよし》は、敵《てき》を攻撃《こうげき》するとき、まず降伏《こうふく》するように説《せっ》得《とく》した。説得《せっとく》に応《おう》じないときは、強引に攻《せ》めるのではなく、城《しろ》を水攻《みずぜ》めにしたり、兵糧攻《ひょうろうぜ》め（食料《しょくりょう》が届《とど》かないようにする攻《せ》め方）にしたりした。秀吉《ひでよし》は、降伏《こうふく》した敵《てき》を許《ゆる》すことが多かったため、安心して降伏《こうふく》する敵《てき》が多かったといわれる。

### 37歳《さい》ではじめて城《しろ》をもつ

信長《のぶなが》が浅井長政《あざいながまさ》をほろぼした後、秀吉《ひでよし》は長政《ながまさ》の領地《りょうち》をあたえられた。37歳《さい》だった秀吉《ひでよし》が、その地に人生ではじめて築《きず》いた城《しろ》が長浜城《ながはまじょう》（滋賀県《しがけん》）であった。

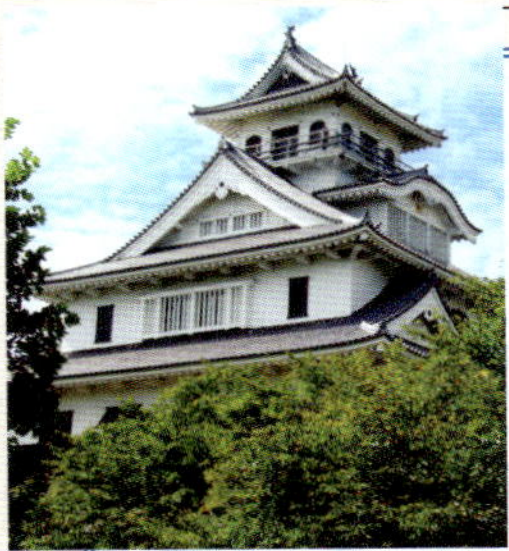

長浜城《ながはまじょう》の天守《てんしゅ》。

## 家康《いえやす》を動かした秀吉《ひでよし》の母

長浜城《ながはまじょう》を築《きず》いた秀吉《ひでよし》は、母親と一緒《いっしょ》に住むようになった。
母上！
立派《りっぱ》になって…
その後、秀吉《ひでよし》は家康《いえやす》と対立し、家康《いえやす》は秀吉《ひでよし》に会うのを断《ことわ》った。
母上、お願《ねが》いがございます
何でも聞くよ
なんと、秀吉《ひでよし》は母親を人質《ひとじち》として家康《いえやす》のもとに送ったのである。
さすがの家康《いえやす》も…
あの母親思いの秀吉《ひでよし》が…
ここまでされたら、秀吉《ひでよし》に会うしかないな…

合戦《かっせん》ファイル
14
1581年

# 鳥《とっ》取《とり》城《じょう》の戦《たたか》い

**村人を攻撃《こうげき》する秀吉《ひでよし》の軍勢《ぐんぜい》**

秀吉《ひでよし》は、村人を攻撃《こうげき》して鳥取城《とっとりじょう》へにげこむようにしむけた。村人の食事も必要《ひつよう》になったため、鳥取城内《とっとりじょうない》の食料《しょくりょう》は減《へ》り続《つづ》けた。

勝 戦力《せんりょく》 約《やく》2万人

豊臣秀吉《とよとみひでよし》

織田軍《おだぐん》

VS

毛利軍《もうりぐん》

吉川経家《きっかわつねいえ》

負 戦力《せんりょく》 約《やく》4000人

## 「兵糧攻《ひょうろうぜ》め」のために吉川経家《きっかわつねいえ》が敗《やぶ》れる

織田信長軍《おだのぶながぐん》を率《ひき》いた豊臣秀吉《とよとみひでよし》は、1580年、山陰《さんいん》地方へと攻《せ》めこんだ。鳥取城《とっとりじょう》を取り囲《かこ》まれた城主《じょうしゅ》・山名豊国《やまなとよくに》は降伏《こうふく》する。これを不満《ふまん》に思った家臣《かしん》たちは、秀吉《ひでよし》が去ると豊国《とよくに》を追い出し、毛利氏《もうりし》にたすけを求《もと》めた。「引き受けた。一緒《いっしょ》に戦《たたか》おう!」。毛利氏《もうりし》から吉川経家《きっかわつねいえ》が来て、城主《じょうしゅ》となった。

1581年、ふたたび鳥取城《とっとりじょう》を取り囲《かこ》んだ秀吉《ひでよし》は、食べ物を絶《た》つ「兵糧攻《ひょうろうぜ》め」の作戦《さくせん》をとった。軍《ぐん》師《し》・黒田官兵衛《くろだかんべえ》は、米を買い占《し》めたうえ、城《しろ》へ食べ物を運ぶ道をす

# 秀《ひで》吉《よし》が鳥《とっ》取《とり》城《じょう》を兵《ひょう》糧《ろう》攻《ぜ》めで落とす！

べてふさいだ。そして城《しろ》の周辺《しゅうへん》の村を攻撃《こうげき》して、村人たちを城《しろ》へにげこませた。城《しろ》では人が増《ふ》えたため、ますます食料《しょくりょう》が不足《ふそく》した。

開戦《かいせん》から4か月経《た》つと、飢《う》え死《じ》にする者が増《ふ》え続《つづ》けた。ついに家《か》臣《しん》たちもたえられなくなり、経家《つねいえ》は降伏《こうふく》を決意。「自分の命と引きかえに、城兵《じょうへい》をたすけてほしい」と秀吉《ひでよし》に申し出て、切腹《せっぷく》した。

## 鳥取城《とっとりじょう》の戦《たたか》いの流れ

### 1 吉川経家《きっかわつねいえ》が鳥取城《とっとりじょう》に入る

秀吉《ひでよし》の攻撃《こうげき》に対し、鳥取城主《とっとりじょうしゅ》は降伏《こうふく》したが、家《か》臣《しん》たちは秀吉《ひでよし》と戦《たたか》うことを決意。毛利氏《もうりし》に頼《たの》んで、経家《つねいえ》が新しい城主《じょうしゅ》として迎《むか》えられた。

### 2 秀吉《ひでよし》が鳥取城《とっとりじょう》への食料《しょくりょう》を絶《た》つ

秀吉《ひでよし》は鳥取城《とっとりじょう》に食料《しょくりょう》が届《とど》かないように、大軍《たいぐん》で鳥取《とっとり》城《じょう》を取り囲《かこ》んだ。

### 3 経家《つねいえ》が切腹《せっぷく》する

城内《じょうない》に食べ物がなくなり、経家《つねいえ》は「切腹《せっぷく》するので兵《へい》の命をたすけてほしい」と秀吉《ひでよし》に伝《つた》える。

# 小早川隆景《こばやかわたかかげ》

毛利氏《もうりし》を守り続《つづ》けた元就《もとなり》の三男

## 毛利《もうり》氏を支《ささ》え続《つづ》け、秀吉《ひでよし》の重要《じゅうよう》な家臣《かしん》となる

小早川隆景《こばやかわたかかげ》は毛利元就《もうりもとなり》の三男で、小早川家の養子となった。その後、小早川家《こばやかわけ》を継《つ》いで毛利《もうり》氏を支《ささ》えた。その後、1555年の厳島《いつくしま》の戦《たたか》いでは水軍《すいぐん》を率《ひき》いて毛利軍《もうりぐん》を勝利《しょうり》に導《みちび》くなど、活躍《かつやく》を続《つづ》けた。

豊臣秀吉《とよとみひでよし》が中国《ちゅうごく》地方に攻《せ》めてきたときは苦戦《くせん》したが、秀吉《ひでよし》が天下統一《とういつ》へ名乗りを上げてからは秀吉《ひでよし》に従《したが》う道を選《えら》んだ。秀吉《ひでよし》の重要《じゅうよう》な家臣《かしん》となり、「西日本は隆景《たかかげ》に任《まか》せれば安心だ」と秀吉《ひでよし》から深く信頼《しんらい》された。考え深く、おだやかな人柄《ひとがら》で、多くの人から愛《あい》された武将《ぶしょう》だった。

### 元春《もとはる》を止める隆景《たかかげ》

備中高松城《びっちゅうたかまつじょう》の戦《たたか》いで、秀吉《ひでよし》は織田信長《おだのぶなが》が死んだことをかくして毛利軍《もうりぐん》と仲直《なかなお》りした。怒《おこ》った隆景《たかかげ》の兄・吉川元春《きっかわもとはる》(➡P144)は追いかけて攻撃《こうげき》しようとしたが、隆景《たかかげ》は秀吉《ひでよし》が天下を取ることを予想し、元春《もとはる》を止めた。

### 戦国のきずな

### お互《たが》いを認《みと》め合った隆景《たかかげ》と官兵衛《かんべえ》

隆景《たかかげ》は、黒田官兵衛《くろだかんべえ》と仲《なか》がよかった。隆景《たかかげ》は官兵衛《かんべえ》に、「あなたは頭がよすぎるから、すぐに物事を決めてしまうので、後悔《こうかい》もあるでしょう」と語ったという。隆景《たかかげ》が死んだとき、官兵衛《かんべえ》は、「これで日本に賢《かしこ》い人がいなくなった」と悲しんだそうだ。

## 小早川隆景《こばやかわたかかげ》

**肖像《しょうぞう》**

**出身地《しゅっしんち》**

安芸《あき》(現在《げんざい》の広島県《ひろしまけん》)

**生年月日《せいねんがっぴ》**

1533年(誕生日《たんじょうび》は不明《ふめい》)

**死亡年月日《しぼうねんがっぴ》**

1597年6月12日

**享年《きょうねん》**

65歳《さい》(病死)

**能力《のうりょく》**

武 3
知 5
人 4

**運命《うんめい》の戦《たたか》い**

備中高松城《びっちゅうたかまつじょう》の戦《たたか》い
(➡P146)

**軍旗《ぐんき》・馬印《うまじるし》**

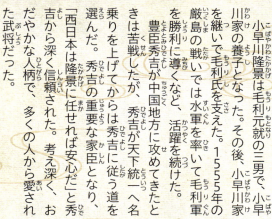

# 吉川元春《きっかわもとはる》

合戦《かっせん》で無敗《むはい》だった隆景《たかかげ》の兄

## 吉川元春《きっかわもとはる》

**肖像《しょうぞう》**

**出身地《しゅっしんち》**

安芸《あき》(現在《げんざい》の広島県《ひろしまけん》)

**生年月日《せいねんがっぴ》**

1530年(誕生日《たんじょうび》は不明《ふめい》)

**死亡年月日《しぼうねんがっぴ》**

1586年11月15日

**享年《きょうねん》**

57歳《さい》(病死)

**能力《のうりょく》**

武 5

知 3

人 3

**運命《うんめい》の戦《たたか》い**

備中高松城《びっちゅうたかまつじょう》の戦《たたか》い

(➡P146)

**軍旗《ぐんき》・馬印《うまじるし》**

## 山陰《さんいん》地方で勢力《せいりょく》を広げ、尼子氏《あまごし》をほろぼす

毛利元就《もうりもとなり》の次男・吉川元春《きっかわもとはる》は、少年の頃《ころ》から勇《いさ》ましい性格《せいかく》だった。安芸《あき》(現在《げんざい》の広島県《ひろしまけん》)の吉川家《きっかわけ》の養子《ようし》となり、吉川家《きっかわけ》を継《つ》いだ。弟の隆景《たかかげ》が小早《こばや》川家《かわけ》を継《つ》いで山陽《さんよう》地方に領地《りょうち》を広げていったのに対し、元春《もとはる》は山陰《さんいん》地方で勢《せい》力《りょく》を大きくし、尼子氏《あまごし》をほろぼした。

その後、織田信長《おだのぶなが》の家臣《かしん》・豊臣秀吉《とよとみひでよし》に攻《せ》めこまれた。秀吉《ひでよし》は備中高松城《びっちゅうたかまつじょう》(岡山県《おかやまけん》)を水攻《みずぜ》めにした後、突然《とつぜん》、仲《なか》直《なお》りを求《もと》めてきた。しかし秀吉《ひでよし》は、「本能寺《ほんのうじ》で織田信長《おだのぶなが》を倒《たお》した明智光秀《あけちみつひで》をうつため」という、本当の理由をかくしていた。後からそれを知った元春《もとはる》は、「だましたな!」と怒《おこ》り、秀吉《ひでよし》を追撃《ついげき》しようとしたが、隆景《たかかげ》に止められた。

その後、元春《もとはる》は秀吉《ひでよし》に従《したが》うことをきらい、家を息子にゆずって引退《いんたい》した。秀吉《ひでよし》が九州《きゅうしゅう》を攻《せ》めるときに、豊臣軍《とよとみぐん》に加《くわ》わり、戦《たたか》いの最中《さいちゅう》に病死した。

**ビジュアル資料《しりょう》**

**元春《もとはる》の兜《かぶと》**

元春《もとはる》が参加《さんか》した合戦《かっせん》は、64勝12分けで、負けたことはなかったという。

吉川史料館(岩国市)所蔵

**戦国のきずな**

### 不美人《ふびじん》と評判《ひょうばん》だった女性《じょせい》と結婚《けっこん》した!?

元春《もとはる》は家臣《かしん》・熊谷信直《くまがいのぶなお》の娘《むすめ》と結婚《けっこん》した。その娘《むすめ》は不美人《ふびじん》で評判《ひょうばん》だったが、元春《もとはる》は結婚《けっこん》した理由を「結婚《けっこん》相手がいないその娘《むすめ》と結婚《けっこん》すれば、信直《のぶなお》は、わしに尽《つ》くすはず」と語ったという。実際《じっさい》は、そうした目的《もくてき》とは関係《かんけい》なく、夫婦仲《ふうふなか》はとてもよかったそうだ。

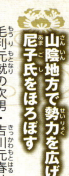

1582年3月
備中《びっちゅう》（現在《げんざい》の岡山県《おかやまけん》）——
官兵衛《かんべえ》！ 沼地《ぬまち》で囲《かこ》まれた高松城《たかまつじょう》をどう攻《せ》めるか？
城《しろ》を孤立《こりつ》させ、毛利軍《もうりぐん》がたすけに来られないようにしましょう！
黒田官兵衛《くろだかんべえ》
城《しろ》のまわりを堤防《ていぼう》で囲《かこ》んで水を流しこむのです！
よし、さっそく取りかかれ！
秀吉《ひでよし》はわずか12日で堤防《ていぼう》を築《きず》いた。
これで毛利軍《もうりぐん》は城《しろ》に近づけなくなったな！
あとは、城《しろ》の食料《しょくりょう》がなくなるのを待つばかりです！
絶景かな！
しかし時は流れて6月3日——
敵《てき》もなかなかしぶといのう……！

殿《との》！　あやしい者を捕《と》らえましたら、これを……
信長様《のぶながさま》が……
うたれた……!?
これは……
ご運が開けましたな！
なんじゃと!?
泣《な》いている場合ではありません！
これを毛利《もうり》に知られる前に仲直《なかなお》りして京都《きょうと》へ引き返し、明智光秀《あけちみつひで》をうつのです！
待ってろ、光秀《みつひで》!!
殿《との》のかたきは必《かなら》ずこのわしがうつっ！
高松城主《たかまつじょうしゅ》の清水宗治《しみずむねはる》の切腹《せっぷく》を条件《じょうけん》に、秀吉《ひでよし》は毛利《もうり》と仲直《なかなお》りした。

合戦《かっせん》ファイル 15

1582年

# 山崎《やまざき》の戦《たたか》い

## 秀吉《ひでよし》は光秀《みつひで》を倒《たお》して、信長《のぶなが》のかたきをうつ！

勝 戦力《せんりょく》 約《やく》4万人

豊臣秀吉《とよとみひでよし》

黒田官兵衛《くろだかんべえ》

豊臣軍《とよとみぐん》

VS

明智軍《あけちぐん》

明智光秀《あけちみつひで》

負 戦力《せんりょく》 約《やく》1万6000人

### 「中国大返《ちゅうごくおおがえ》し」により秀吉《ひでよし》が光秀《みつひで》に勝利《しょうり》する

1582年、織田信長《おだのぶなが》が京都《きょうと》の本能寺《ほんのうじ》で明智光秀《あけちみつひで》に倒《たお》された。毛利《もうり》方《がた》の備中高松城《びっちゅうたかまつじょう》(岡山県《おかやまけん》)を攻《せ》めていた豊臣秀吉《とよとみひでよし》に、軍師《ぐんし》・黒田《くろだ》官兵衛《かんべえ》は、「運が開けましたな」とささやいた。真っ先に信長《のぶなが》のかたきをうてば、天下統一《とういつ》を引き継《つ》げるという意味である。

秀吉《ひでよし》は大急ぎで毛利氏《もうりし》と仲直《なかなお》りすると、わずか6日間で京都《きょうと》へもどってきた(中国大返《ちゅうごくおおがえ》し)。「秀吉《ひでよし》がもう来たか！」。あわてた光秀《みつひで》は淀川《よどがわ》と天王山《てんのうざん》(京都府《きょうとふ》)にはさまれた山崎《やまざき》(京都府《きょうとふ》)で待

## 山崎《やまさき》の戦《たたか》いの流れ

### 1 官兵衛《かんべえ》が天王山《てんのうざん》を占領《せんりょう》する

官兵衛《かんべえ》は、戦場《せんじょう》を見下ろせる天王山《てんのうざん》をいち早く占領《せんりょう》。秀吉《ひでよし》は天王山《てんのうざん》のふもとに陣《じん》を構《かま》えた。

### 2 戦《たたか》いがはじまる

豊臣軍《とよとみぐん》と円明寺川《えんみょうじがわ》をはさんで陣《じん》を構《かま》えていた明智軍《あけちぐん》が攻撃《こうげき》を開始し、合戦《かっせん》がはじまった。明智軍《あけちぐん》は、豊臣軍《とよとみぐん》が横から攻撃《こうげき》してきたため総崩《そうくず》れになる。

### 3 にげた光秀《みつひで》が殺《ころ》される

戦場《せんじょう》からにげた光秀《みつひで》は、坂本城《さかもとじょう》（滋賀県《しがけん》）に向かう途中《とちゅう》、農民《のうみん》に竹槍《たけやり》で刺《さ》されて死んだ。

**山崎《やまざき》の戦《たたか》い前日の会議《かいぎ》**

備中高松城《びっちゅうたかまつじょう》を出発して6日後、山崎《やまざき》の近くに到着《とうちゃく》した秀吉《ひでよし》は、官兵衛《かんべえ》らと作戦《さくせん》を練った。

ちかまえた。官兵衛《かんべえ》は、山崎《やまざき》を見下ろせる天王山《てんのうざん》をうばい、戦《たたか》いを有利《ゆうり》な状況《じょうきょう》にもちこんだ。

小雨の降《ふ》る中、先に攻《せ》めかかったのは明智軍《あけちぐん》だったが、その横側《よこがわ》をすかさず豊臣軍《とよとみぐん》がおそいかかった。さらに正面から高山右近《たかやまうこん》（⬇P152）らが突撃《とつげき》すると、明智軍《あけちぐん》は総崩《そうくず》れとなった。敗走《はいそう》した光秀《みつひで》は、山中で農民《のうみん》に殺《ころ》された。

秀吉《ひでよし》の家臣《かしん》となり、豊臣《とよとみ》政権《せいけん》を支《ささ》える

# 前田利家《まえだとしいえ》

おもな居城《きょじょう》

## 秀吉《ひでよし》と長くつきあい、豊臣政権《とよとみせいけん》を支《ささ》える

前田利家《まえだとしいえ》は尾張《おわり》（現在《げんざい》の愛知県《あいちけん》）に生まれ、若《わか》い頃《ころ》に織田信長《おだのぶなが》に仕えた。槍《やり》の名手で、数かずの戦《たたか》いで活躍《かつやく》した。派手《はで》な身なりが好《す》きで「かぶき者」と呼《よ》ばれていたという。豊臣秀吉《とよとみひでよし》とは家がとなりどうしで、家族ぐるみのつきあいをしていた。本能寺《ほんのうじ》の変《へん》の後、秀吉《ひでよし》と柴田勝家《しばたかついえ》が対立し、賤ケ岳《しずがたけ》の戦《たたか》い（➡P160）に発展《はってん》した。そのとき利《とし》家《いえ》は勝家《かついえ》の部下だったが、秀吉《ひでよし》と争《あらそ》いたくなかったため、戦《たたか》わずに戦場《せんじょう》を離《はな》れ、最後《さいご》は秀吉《ひでよし》に味方した。

秀吉《ひでよし》に信頼《しんらい》された利家《としいえ》は、加賀《かが》（現《げん》在《ざい》の石川県《いしかわけん》）をあたえられ、北陸《ほくりく》地方の支配《しはい》を任《まか》された。豊臣政権《とよとみせいけん》では最《もっと》も重要《じゅうよう》な家臣《かしん》として、秀吉《ひでよし》と大名《だいみょう》たちとの間に入ってまとめ役にもなった。

秀吉《ひでよし》が死ぬと、徳川家康《とくがわいえやす》が権力《けんりょく》をうばう動きを見せはじめた。利家《としいえ》は、「息子の秀頼《ひでより》を頼《たの》む」と、秀吉《ひでよし》から頼《たの》まれていたが、それができないまま、翌《よく》年《とし》に病死した。

**金沢城《かなざわじょう》**
秀吉《ひでよし》から利家《としいえ》にあたえられた城《しろ》。以後《いご》、前田家《まえだけ》の居城《きょじょう》となった（石川県《いしかわけん》）。

### 前田利家《まえだとしいえ》

**肖像《しょうぞう》**

**出身地《しゅっしんち》**
尾張《おわり》（現在《げんざい》の愛知県《あいちけん》）

**生年月日《せいねんがっぴ》**
1538年（誕生日《たんじょうび》は不明《ふめい》）

**死亡年月日《しぼうねんがっぴ》**
1599年3月3日

**享年《きょうねん》**
62歳《さい》（病死）

**能力《のうりょく》**
武 4
知 4
人 4

**運命《うんめい》の戦《たたか》い**
賤ケ岳《しずがたけ》の戦《たたか》い（➡P160）

**軍旗《ぐんき》・馬印《うまじるし》**

### ウソ! ホント!? 利家《としいえ》は家康《いえやす》を刺《さ》し殺《ころ》そうとした!?

秀吉《ひでよし》の死から約《やく》半年後、病気が悪くなって寝《ね》こんでいた利家《としいえ》のもとに、徳《とく》川家康《がわいえやす》がお見舞《みま》いにきた。天下を取ろうとする家康《いえやす》から豊臣家《とよとみけ》を守るため、利家《としいえ》は布団《ふとん》の下に刀をかくして、家康《いえやす》に会ったといわれる。

利家《としいえ》は家康《いえやす》を暗殺《あんさつ》しようと考えていたといわれるが、実行はされなかった。

# 高山右近《たかやまうこん》

キリスト教を深く信《しん》じて、日本を追放される

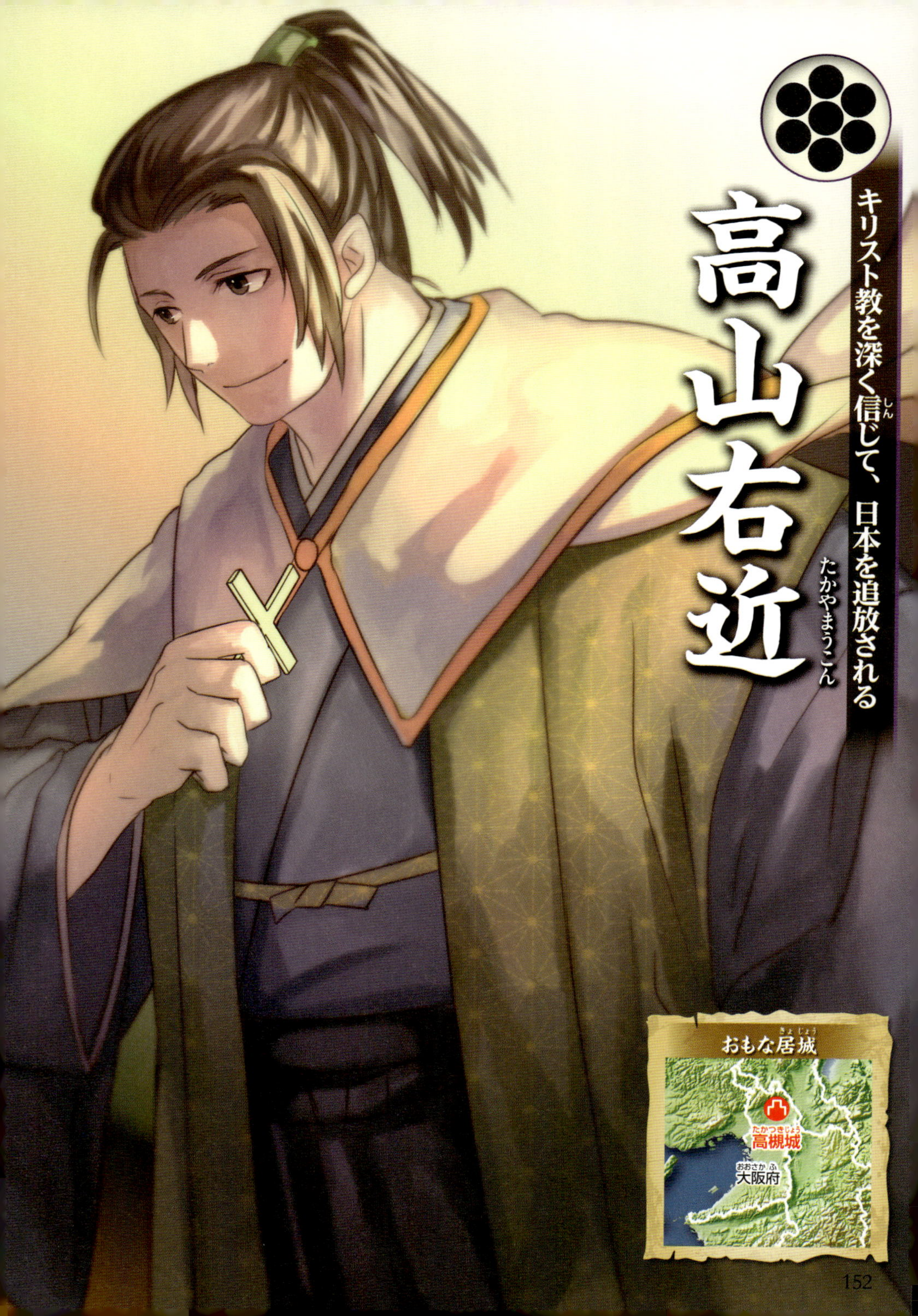

## キリスト教の信仰《しんこう》を最後《さいご》まで捨《す》てずに生きる

摂津《せっつ》(現在《げんざい》の大阪府《おおさかふ》)出身の高山右近《たかやまうこん》は、父の影響《えいきょう》で、子どもの頃《ころ》からキリスト教の信者《しんじゃ》だった。

右近《うこん》は織田信長《おだのぶなが》に仕える荒木村重《あらきむらしげ》の家臣《かしん》となったが、その後、村重《むらしげ》は信長《のぶなが》を裏切《うらぎ》り、反乱《はんらん》を起こした(有岡城《ありおかじょう》の戦《たたか》い)。右近《うこん》は村重《むらしげ》を説得《せっとく》したが失《しっ》敗《ぱい》。信長《のぶなが》は家臣《かしん》の右近《うこん》にも、「降伏《こうふく》しなければ摂津《せっつ》のキリシタン(キリストの信者《しんじゃ》)を皆殺《みなごろ》しにする」とせまったため、右近《うこん》は降伏《こうふく》した。

信長《のぶなが》の死後、右近《うこん》は豊臣秀吉《とよとみひでよし》に仕えて活躍《かつやく》した。右近《うこん》のまじめな人柄《ひとがら》は人びとから好《す》かれ、キリシタンも増《ふ》えた。しかし天下統一《とういつ》を果《は》たした秀吉《ひでよし》は、キリスト教を禁止《きんし》した。「信仰《しんこう》は捨《す》てられない」。右近《うこん》は前田利家《まえだとしいえ》のもとに身をかくす。その後、江戸幕府《えどばくふ》を開いた徳川家康《とくがわいえやす》がキリシタンを国外に追放する法律《ほうりつ》を出した。右近《うこん》は前田家《まえだけ》に迷惑《めいわく》がかかるのを恐《おそ》れてフィリピンまでにげたが、翌年《よくとし》、病死した。

「太平記英勇伝 三十八 荒木摂津守村重」東京都立中央図書館特別文庫室所蔵

### 荒木村重《あらきむらしげ》(1535～1586)

主君・信長《のぶなが》を裏切《うらぎ》った有岡《ありおか》城主《じょうしゅ》。信長《のぶなが》に敗《やぶ》れた後、家族を捨《す》ててにげた。

### 高山右近《たかやまうこん》

**肖像《しょうぞう》**

**出身地《しゅっしんち》**

摂津《せっつ》(現在《げんざい》の大阪府《おおさかふ》)

**生年月日《せいねんがっぴ》**

1552年(誕生日《たんじょうび》は不明《ふめい》)

**死亡年月日《しぼうねんがっぴ》**

1615年1月8日

**享年《きょうねん》**

64歳《さい》(病死)

**能力《のうりょく》**

武 4
知 4
人 4

**運命《うんめい》の戦《たたか》い**

有岡城《ありおかじょう》の戦《たたか》い

**軍旗《ぐんき》・馬印《うまじるし》**

### なるほどエピソード

#### 殺《ころ》される覚悟《かくご》で信長《のぶなが》に降伏《こうふく》した!?

主君の荒木村重《あらきむらしげ》が信長《のぶなが》を裏切《うらぎ》ったとき、右近《うこん》は、自分の家族を人質《ひとじち》として差《さ》し出して村重《むらしげ》を説得《せっとく》したが失敗《しっぱい》した。信長《のぶなが》は「キリシタンを殺《ころ》す」とおどしたので、右近《うこん》は悩《なや》んだ末《すえ》、居城《きょじょう》の高槻城《たかつきじょう》(大阪府《おおさかふ》)を捨《す》て、紙子《かみこ》(僧《そう》が着る粗末《そまつ》な紙の服)を着て信長《のぶなが》に降伏《こうふく》した。信長《のぶなが》は右近《うこん》を許《ゆる》し、ほうびをあたえた。

戦国《せんごく》の世を自由に生きた「かぶき者」

# 前田慶次《まえだけいじ》

## 長谷堂城《はせどうじょう》の戦《たたか》いで、敵《てき》の攻撃《こうげき》を食い止める

前田慶次《まえだけいじ》は、前田利家《まえだとしいえ》の兄・利久《としひさ》の養子《ようし》だったが、前田家《まえだけ》を離《はな》れて京都《きょうと》で気ままに暮《く》らしていた。目立つ服や行動を好《この》んだため「かぶき者」と呼《よ》ばれた。1581年頃《ごろ》、前田家《まえだけ》にもどり、利家《としいえ》に従《したが》ったが、利家《としいえ》との仲《なか》が悪くなったため、ふたたび前田家《まえだけ》を去った。

やがて慶次《けいじ》は上杉景勝《うえすぎかげかつ》(⬇P294)の家臣《かしん》、直江兼続《なおえかねつぐ》(⬇P296)と親しくなり、上杉家《うえすぎけ》に仕えた。「自由な立場にさせてくれるなら、給料《きゅうりょう》はどうでもいい」と話したという。

関ケ原《せきがはら》の戦《たたか》いのとき、石田軍《いしだぐん》(西軍《せいぐん》)の兼続《かねつぐ》は徳川軍《とくがわぐん》(東軍《とうぐん》)の武将《ぶしょう》を攻《せ》めるため、長谷堂城《はせどうじょう》の戦《たたか》い(⬇P300)を起こす。しかし関ケ原《せきがはら》(岐阜県《ぎふけん》)で西軍《せいぐん》が敗《やぶ》れたことを知った兼続《かねつぐ》は絶望《ぜつぼう》し、自殺《じさつ》しようとした。慶次《けいじ》はそれを止め、敵《てき》を食い止めながら兼続《かねつぐ》とともに戦場《せんじょう》からにげ切った。慶次《けいじ》は、その後も死ぬまで兼続《かねつぐ》を支《ささ》え続《つづ》けたという。

発見《はっけん》!

**慶次清水《けいじしみず》**

上杉景勝《うえすぎかげかつ》に仕えていた頃《ころ》、慶次《けいじ》が飲料水《いんりょうすい》として使っていたといわれる(山形県《やまがたけん》)。

### 前田慶次《まえだけいじ》

**出身地《しゅっしんち》**

尾張《おわり》(現在《げんざい》の愛知県《あいちけん》)

**生年月日《せいねんがっぴ》**

1533年?

**死亡年月日《しぼうねんがっぴ》**

1605年?

**享年《きょうねん》**

73歳《さい》?(病死)

**能力《のうりょく》**

武 3
知 4
人 5

**運命《うんめい》の戦《たたか》い**

長谷堂城《はせどうじょう》の戦《たたか》い
(➡P300)

**軍旗《ぐんき》・馬印《うまじるし》**

「大ふへんもの」とは、大武辺者《だいぶへんもの》(優《すぐ》れた武士《ぶし》)と、大不便者《だいふべん》(不便《ふべん》に生きている者)の、両方の意味があるという。

### ウソ!ホント!? 前田利家《まえだとしいえ》を水風呂《みずぶろ》に入れてにげた!?

慶次《けいじ》は、いつも自分に説教《せっきょう》をする前《まえ》田利家《だとしいえ》が苦手だった。ある日、慶次《けいじ》は利家《としいえ》を自宅《じたく》に案内《あんない》し、「お風呂《ふろ》がわいています」とすすめた。利家《としいえ》が風呂《ふろ》に入ると、冷《つめ》たい水が入っていた。利家《としいえ》は怒《おこ》ったが、すでに慶次《けいじ》は利家《としいえ》の馬に乗って、前田家《まえだけ》を去っていたという。

若《わか》いときから秀吉《ひでよし》に仕えた「城《しろ》づくりの名人」

# 加藤清正《かとうきよまさ》

## 朝鮮《ちょうせん》出兵《しゅっぺい》をきっかけに石田《いしだ》三成《みつなり》らと対立する

加藤清正《かとうきよまさ》は、豊臣秀吉《とよとみひでよし》の親類《しんるい》だったため、小さい頃《ころ》から秀吉《ひでよし》に仕えた。身長は2メートル近くあったという。賤《しず》ケ《が》岳《たけ》の戦《たたか》いでは、「賤《しず》ケ《が》岳《たけ》の七本槍《しちほんやり》」に数えられるなど、勇《いさ》ましい戦《たたか》いぶりで有名だった。朝鮮出兵《ちょうせんしゅっぺい》（⬇P230）にも参加《さんか》し、朝鮮《ちょうせん》半島の奥地《おくち》まで攻《せ》めこむなど活躍《かつやく》をした。しかし、朝鮮出兵《ちょうせんしゅっぺい》を終わらせようとする小西行長《こにしゆきなが》（⬇P284）や石田三成《いしだみつなり》らと対立した。

秀吉《ひでよし》が亡《な》くなると、清正《きよまさ》と行長《ゆきなが》、三《みつ》成《なり》との仲《なか》はさらに悪くなった。清正《きよまさ》は徳川家康《とくがわいえやす》の味方になり、関ケ原《せきがはら》の戦《たたか》いでは、徳川軍《とくがわぐん》（東軍《とうぐん》）に参加《さんか》して勝利《しょうり》した。

家康《いえやす》から肥後《ひご》（現在《げんざい》の熊本県《くまもとけん》）をあたえられた清正《きよまさ》は、熊本城《くまもとじょう》（⬇P272）を建《た》て、河川《かせん》工事などの公共《こうきょう》事業をおこない、領民《りょうみん》からしたわれた。豊臣家《とよとみけ》に恩《おん》を感じていた清正《きよまさ》は、徳川家《とくがわけ》と豊《とよ》臣家《とみけ》の仲直《なかなお》りを願《ねが》っていたが、それを果《は》たせないまま病死した。

**清正《きよまさ》の兜《かぶと》（復元《ふくげん》）**

烏帽子《えぼし》（細長い帽子《ぼうし》）の形をした兜《かぶと》で、日輪《にちりん》がえがかれている。

名古屋市秀吉清正記念館所蔵

ビジュアル資料《しりょう》

### 加藤清正《かとうきよまさ》

**肖像《しょうぞう》**

**出身地《しゅっしんち》**

尾張《おわり》（現在《げんざい》の愛知県《あいちけん》）

**生年月日《せいねんがっぴ》**

1562年6月24日

**死亡年月日《しぼうねんがっぴ》**

1611年6月24日

**享年《きょうねん》**

50歳《さい》（病死）

**能力《のうりょく》**

武 5

知 4

人 3

**運命《うんめい》の戦《たたか》い**

賤《しず》ケ《が》岳《たけ》の戦《たたか》い

（➡P160）

**軍旗《ぐんき》・馬印《うまじるし》**

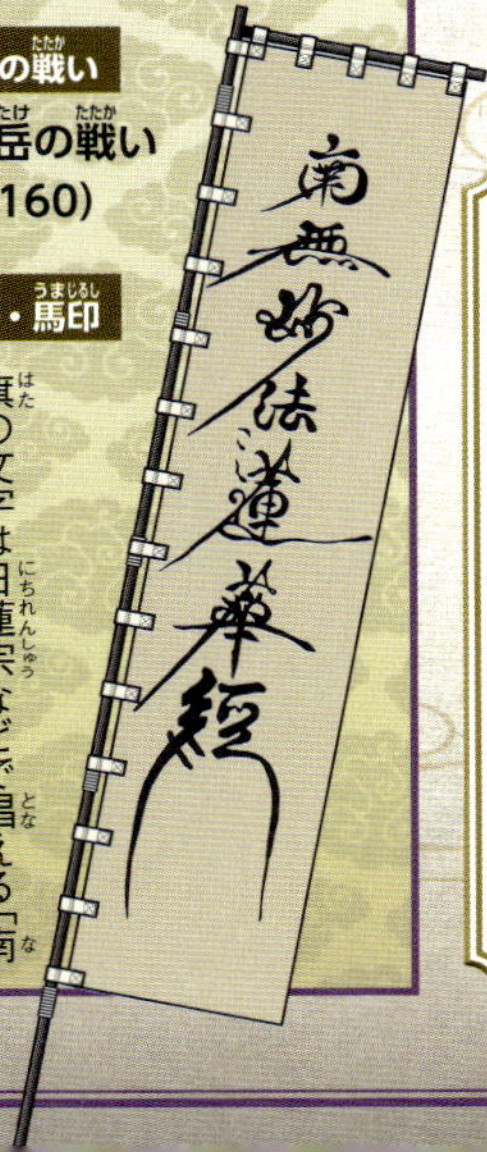


旗《はた》の文字は日蓮宗《にちれんしゅう》などで唱《とな》える「南《な》無妙法蓮華経《むみょうほうれんげきょう》」というお経《きょう》の言葉。

### なるほどエピソード　家康《いえやす》と秀頼《ひでより》の会見に出席《しゅっせき》した清正《きよまさ》

1611年、京都《きょうと》の二条城《にじょうじょう》で徳川家《とくがわいえ》康《やす》と豊臣秀頼《とよとみひでより》がはじめて会うことになった。このとき清正《きよまさ》は出席《しゅっせき》することを許《ゆる》され、秀頼《ひでより》のとなりに座《すわ》って、会見が無事《ぶじ》に終わるように見守っていたという。この会見後、清正《きよまさ》は安心して熊本《くまもと》に向かった。しかし帰る途《と》中《ちゅう》で病気になり、熊本城《くまもとじょう》で亡《な》くなった。

# 福島正則《ふくしままさのり》

賤《しず》ケ《が》岳《たけ》の戦《たたか》いで活躍《かつやく》した勇将《ゆうしょう》

## 関ケ原《せきがはら》の戦《たたか》いで井伊直政《いいなおまさ》と先陣《せんじん》を争《あらそ》う

福島正則《ふくしままさのり》は、豊臣秀吉《とよとみひでよし》の親類《しんるい》だったため、同年代の加藤清正《かとうきよまさ》とともに、幼《おさな》い頃《ころ》から秀吉《ひでよし》に仕えた。賤ケ岳《しずがたけ》の戦《たたか》いでも、清正《きよまさ》と同じく「賤ケ岳《しずがたけ》の七本槍《しちほんやり》」に数えられる活躍《かつやく》を見せ、その後も秀吉《ひでよし》の数かずの合戦《かっせん》に参加《さんか》した。

朝鮮出兵《ちょうせんしゅっぺい》では苦しい戦《たたか》いを終えてもどったが、戦《たたか》いの指示《しじ》をしていた石田《いしだ》三成《みつなり》と意見が合わず対立した。そのため、秀吉《ひでよし》に恩《おん》を感じていたが、関ケ原《せきがはら》の戦《たたか》いでは徳川軍《とくがわぐん》(東軍《とうぐん》)に味方した。正則《まさのり》が東軍《とうぐん》についたことで、石田軍《いしだぐん》(西軍《せいぐん》)の多くの武将《ぶしょう》が気落ちしたという。

「先陣《せんじん》(最初《さいしょ》に戦《たたか》う部隊《ぶたい》)で戦《たたか》う!」。正則《まさのり》はそう勇《いさ》んだが、先陣《せんじん》は井伊直政《いいなおまさ》(➡P252)に取られてしまう。それでも大活躍《だいかつやく》し、東軍《とうぐん》を勝利《しょうり》に導《みちび》いた。ほうびとして、家康《いえやす》から広島藩《ひろしまはん》50万石をあたえられたが、勝手に広島城《ひろしまじょう》を修理《しゅうり》したとして、江戸幕府《えどばくふ》によって信濃《しなの》(現在《げんざい》の長野県《ながのけん》)に移《うつ》された。

### 正則《まさのり》の兜《かぶと》

ビジュアル資料《しりょう》

もともと黒田長政《くろだながまさ》(➡P262)の兜《かぶと》で、水牛の角のような飾《かざ》りが特徴《とくちょう》。関ケ原《せきがはら》の戦《たたか》いのとき、正則《まさのり》はこの兜《かぶと》をかぶった。

福岡市博物館所蔵

## 福島正則《ふくしままさのり》

**肖像《しょうぞう》**

**出身地《しゅっしんち》**

尾張《おわり》(現在《げんざい》の愛知県《あいちけん》)

**生年月日《せいねんがっぴ》**

1561年(誕生日《たんじょうび》は不明《ふめい》)

**死亡年月日《しぼうねんがっぴ》**

1624年7月13日

**享年《きょうねん》**

64歳《さい》(病死)

**能力《のうりょく》**

武 5

知 3

人 3

**運命《うんめい》の戦《たたか》い**

賤ケ岳《しずがたけ》の戦《たたか》い
(➡P160)

**軍旗《ぐんき》・馬印《うまじるし》**

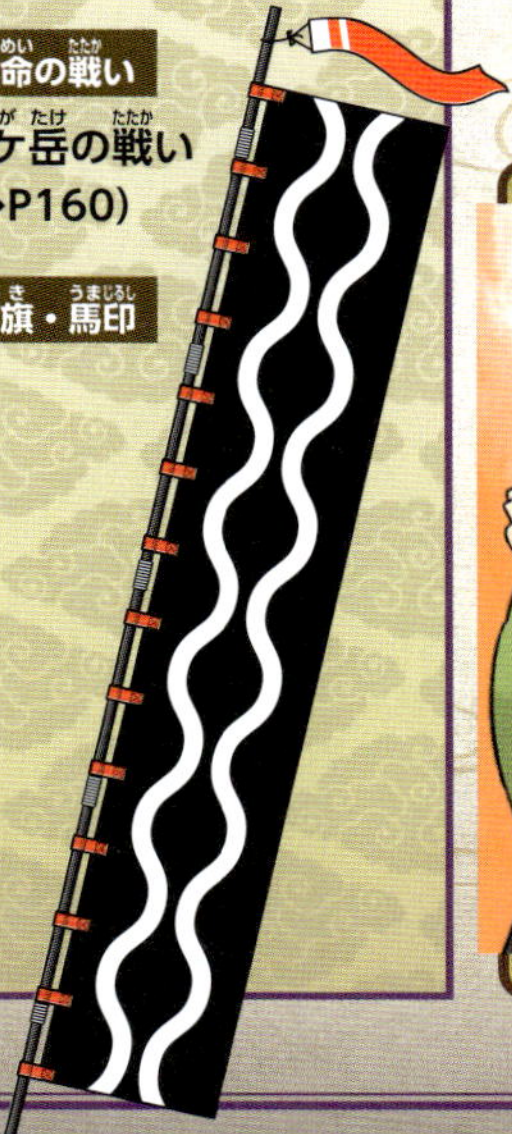

### ウソ!ホント!? 家宝《かほう》の槍《やり》をかけに負けて取られた!?

あるとき正則《まさのり》は、黒田長政《くろだながまさ》の使者・母里友信《もりとものぶ》に大盃《おおさかずき》で酒をすすめ、「飲めたら好《す》きなほうびをあたえる」と言った。友信《とものぶ》は断《ことわ》ったが、正則《まさのり》に「黒田家《くろだけ》の武士《ぶし》は酒に弱い」とからかわれたため、一気に飲みほした。正則《まさのり》はしかたなく家宝《かほう》の槍《やり》をあたえたという。

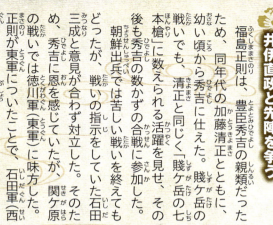

合戦《かっせん》ファイル 16

1583年

# 賤《しず》ケ《が》岳《たけ》の戦《たたか》い

## 秀吉《ひでよし》はライバル・勝家《かついえ》との戦《たたか》いに勝利《しょうり》する!

勝 戦力《せんりょく》 約《やく》5万人

豊臣秀吉《とよとみひでよし》

豊臣軍《とよとみぐん》

VS

柴田軍《しばたぐん》

柴田勝家《しばたかついえ》

前田利家《まえだとしいえ》

負 戦力《せんりょく》 約《やく》3万人

### 豊臣秀吉《とよとみひでよし》と柴田勝家《しばたかついえ》が天下をかけて戦《たたか》う

1582年、織田信長《おだのぶなが》の後継《あとつ》ぎをめぐり清洲城《きよすじょう》(愛知県《あいちけん》)で会議《かいぎ》が開かれた(清洲会議《きよすかいぎ》)。信長《のぶなが》の三男・信孝《のぶたか》をおす柴田勝家《しばたかついえ》と、信長《のぶなが》の孫《まご》・三法師《さんぼうし》をおす豊臣秀吉《とよとみひでよし》が争《あらそ》った。後継《あとつ》ぎが三法師《さんぼうし》に決まると、両者の対立は激《はげ》しくなり、秀吉《ひでよし》は信孝《のぶたか》を攻撃《こうげき》して降伏《こうふく》させた。怒《おこ》った勝家《かついえ》は、賤ケ岳《しずがたけ》(滋賀県《しがけん》)で秀吉《ひでよし》に戦《たたか》いをいどんだ。秀吉《ひでよし》は賤ケ岳《しずがたけ》の南側《みなみがわ》に陣《じん》を構《かま》えたが、降伏《こうふく》したはずの信孝《のぶたか》が岐阜城《ぎふじょう》で反乱《はんらん》を起こした。秀吉《ひでよし》が一部の軍《ぐん》を残《のこ》して岐阜《ぎふ》にもどったすきに、柴田《しばた》

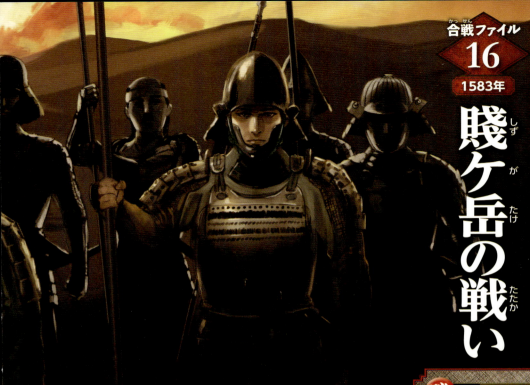

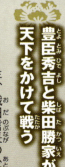

## 賤《しず》ケ《が》岳《たけ》の戦《たたか》いの流れ

### 1 豊臣軍《とよとみぐん》と柴田軍《しばたぐん》がにらみ合う

賤《しず》ケ《が》岳《たけ》（滋賀県《しがけん》）をはさんで、豊臣軍《とよとみぐん》と柴田軍《しばたぐん》が陣《じん》を置《お》き、にらみ合いを続《つづ》けた。

### 2 秀吉《ひでよし》が岐阜《ぎふ》に向かう

秀吉《ひでよし》に従《したが》っていた織田信孝《おだのぶたか》が岐阜《ぎふ》で反乱《はんらん》を起こしたため、秀吉《ひでよし》は大軍《たいぐん》を率《ひき》いて岐阜《ぎふ》に向かった。

### 3 柴田軍《しばたぐん》が豊臣軍《とよとみぐん》を攻撃《こうげき》する

秀吉《ひでよし》がいなくなったことを知った柴田軍《しばたぐん》は、豊《とよ》臣軍《とみぐん》に攻撃《こうげき》を開始した。

### 4 秀吉《ひでよし》が賤《しず》ケ《が》岳《たけ》にもどる

柴田軍《しばたぐん》が攻《せ》めてきたことを知った秀吉《ひでよし》は、岐阜《ぎふ》から戦場《せんじょう》まで、52キロメートルの道のりをわずか5時間でもどってくる。

### 5 前田利家《まえだとしいえ》が戦場《せんじょう》を離《はな》れる

柴田軍《しばたぐん》の前田利家隊《まえだとしいえたい》が、突然戦場《とつぜんせんじょう》から離《はな》れる。孤《こ》立《りつ》した柴田軍《しばたぐん》を秀吉《ひでよし》は大軍《たいぐん》で攻撃《こうげき》し、勝利《しょうり》した。

**賤《しず》ケ《が》岳《たけ》の七本槍《しちほんやり》**

加藤清正《かとうきよまさ》や福島正則《ふくしままさのり》ら、秀吉《ひでよし》の家臣《かしん》だった7人の武将《ぶしょう》は、賤《しず》ケ《が》岳《たけ》の戦《たたか》いで大活躍《だいかつやく》したので、「賤《しず》ケ《が》岳《たけ》の七本槍《しちほんやり》」と呼《よ》ばれた。

軍《ぐん》は豊臣軍《とよとみぐん》を攻《せ》めた。これを予想していた秀吉《ひでよし》は、岐阜《ぎふ》から52キロメートルの道のりを、わずか5時間で引き返し、柴田軍《しばたぐん》におそいかかった。さらに前田利家《まえだとしいえ》の軍《ぐん》が戦《せん》場《じょう》を離《はな》れると、柴田軍《しばたぐん》は総崩《そうくず》れとなり、勝家《かついえ》は北ノ庄城《きたのしょうじょう》へにげた。

賤ケ岳《しずがたけ》で戦《たたか》う佐久間盛政《さくまもりまさ》。

**ウソ！ホント!?**

**佐久間盛政《さくまもりまさ》は処刑《しょけい》を望《のぞ》んだ!?**

勇《ゆう》かんな武将《ぶしょう》として有名だった佐久間盛政《さくまもりまさ》は、賤《しず》ケ《が》岳《たけ》の戦《たたか》いで柴《しば》田軍《たぐん》として戦《たたか》ったが、豊臣軍《とよとみぐん》に負けて、捕《と》らえられた。秀吉《ひでよし》は盛政《もりまさ》の命をたすけようとしたが、盛政《もりまさ》は「処刑《しょけい》してほしい」と願《ねが》ったため、しかたなく処刑《しょけい》したという。

合戦《かっせん》ファイル
17
1583年

# 北《きた》ノ《の》庄《しょう》城《じょう》の戦《たたか》い

**浅井三姉妹《あざいさんしまい》**
お市《いち》の方《かた》と浅井長政《あざいながまさ》との間に生まれた茶々《ちゃちゃ》（淀殿《よどどの》）・初《はつ》・江《ごう》のこと。

浅井三姉妹《あざいさんしまい》を豊臣軍《とよとみぐん》に送り届《とど》ける勝家《かついえ》の家臣《かしん》。

**落城《らくじょう》する北ノ庄城《きたのしょうじょう》**
柴田勝家《しばたかついえ》は妻《つま》・お市《いち》の方《かた》とともに炎《ほのお》の中で命を絶《た》ったが、お市《いち》の方《かた》の3人の娘《むすめ》は、城《しろ》から脱出《だっしゅつ》した。

勝 戦力《せんりょく》 数万人

豊臣秀吉《とよとみひでよし》

豊臣軍《とよとみぐん》

VS

柴田軍《しばたぐん》

柴田勝家《しばたかついえ》

負 戦力《せんりょく》 約《やく》3000人

## 秀吉《ひでよし》の攻撃《こうげき》により勝家《かついえ》が敗《やぶ》れて自殺《じさつ》する

柴田勝家《しばたかついえ》が賤ケ岳《しずがたけ》（滋賀県《しがけん》）からにげもどった北ノ庄城《きたのしょうじょう》（福井県《ふくいけん》）は、勝家《かついえ》が築《きず》いた巨大《きょだい》な城《しろ》で、天守《てんしゅ》が高くそびえ立っていた。

賤ケ岳《しずがたけ》の戦《たたか》いで、勝手に柴田《しばた》軍《ぐん》から離《はな》れた前田利家《まえだとしいえ》は、豊臣秀吉《とよとみひでよし》と会って味方になった。利家《としいえ》を加《くわ》えた数万の秀吉軍《ひでよしぐん》は北ノ庄城《きたのしょうじょう》を取り囲《かこ》んだ。

秀吉《ひでよし》は、「この戦《たたか》いが終われば、日本は平和になる」と考え、多くの戦死者《せんししゃ》が出たとしても、思い切って攻撃《こうげき》することを決意した。

こうして、両軍《りょうぐん》の激《はげ》しい鉄砲《てっぽう》

# 勝《かつ》家《いえ》を倒《たお》した秀《ひで》吉《よし》は、信《のぶ》長《なが》の後《こう》継《けい》者《しゃ》となる！

のうち合いがはじまったが、勝家《かついえ》は負けることを覚悟《かくご》していたという。やがて天守《てんしゅ》に火がつくと、勝《かつ》家《いえ》は妻《つま》と娘《むすめ》たちをにがそうとした。妻《つま》は信長《のぶなが》の妹で、以前《いぜん》は浅井《あざい》長政《ながまさ》の妻《つま》だったお市《いち》の方《かた》。お市《いち》の方《かた》は、3人の娘《むすめ》をにがした後、「私《わたし》もおともいたします」と勝家《かついえ》にほほえみ、ふたりは燃《も》えさかる炎《ほのお》の中で、自ら命を絶《た》った。

## 北ノ庄城《きたのしょうじょう》の戦《たたか》いの流れ

### 1 勝家《かついえ》が北ノ庄城《きたのしょうじょう》へにげる

賤ケ岳《しずがたけ》の戦《たたか》いに敗《やぶ》れた勝家《かついえ》は、本拠地《ほんきょち》の城《しろ》である北ノ庄城《きたのしょうじょう》にもどった。

### 2 秀吉《ひでよし》が利家《としいえ》を味方につける

秀吉《ひでよし》は柴田軍《しばたぐん》を追った。その途中《とちゅう》、賤ケ岳《しずがたけ》の戦《たたか》いで、柴田軍《しばたぐん》から突然離《とつぜんはな》れた利家《としいえ》に会った。利《とし》家《いえ》は秀吉《ひでよし》に降伏《こうふく》し、秀吉《ひでよし》の味方になった。

### 3 勝家《かついえ》とお市《いち》の方《かた》が自殺《じさつ》する

豊臣軍《とよとみぐん》は北ノ庄城《きたのしょうじょう》に総攻撃《そうこうげき》をしかけ、天守《てんしゅ》は炎《ほのお》に包《つつ》まれた。勝家《かついえ》とお市《いち》の方《かた》は一緒《いっしょ》に命を絶《た》った。

# 甲冑《かっちゅう》の種類《しゅるい》は4つ!!

平安《へいあん》時代以降《いこう》の日本の甲冑《かっちゅう》（兜《かぶと》や鎧《よろい》）には、大きく分けて大鎧《おおよろい》、胴丸《どうまる》、腹巻《はらまき》、当《とう》世具足《せいぐそく》の４種類《しゅるい》がある。説明《せつめい》しよう。

## 大鎧《おおよろい》
### 平安《へいあん》時代以降《いこう》

大型《おおがた》の鎧《よろい》で、正式な鎧《よろい》とされる。草摺《くさずり》はふつう４枚《まい》。おもに上級武士《ぶし》が着た。兜《かぶと》と鎧《よろい》を合わせると、約《やく》25kgあった。戦《せん》国《ごく》時代にはあまり使われなかった。

**吹返し《ふきかえ》**
矢や刀が顔に当たらないようにする。

**大袖《おおそで》**
両肩《りょうかた》から下げて上半身を守る。

**鳩尾板《きゅうびのいた》**
左胸《ひだりむね》を守る鉄板。

**栴檀板《せんだんのいた》**
右胸《みぎむね》を守る板で、伸《の》び縮《ち》みする。

**草摺《くさずり》**
下半身を守る板。右側《みぎがわ》の草摺《くさずり》は取り外せる。

岡山県立博物館所蔵

## 胴丸《どうまる》
### 平安《へいあん》時代以降《いこう》

胴《どう》が丸い鎧《よろい》で、大鎧《おおよろい》よりも軽く、動きやすい。右《みぎ》脇《わき》に切れ目があり、そこから体を入れて着る。兜《かぶと》や大袖《おおそで》がないタイプもある。おもに中・下級武士《ぶし》が着た。

**杏葉《ぎょうよう》**
両肩《りょうかた》を守る板。

**大袖《おおそで》**

**引合緒《ひきあわせお》**
鎧《よろい》を着たあとに結《むす》ぶひも。

**草摺《くさずり》**
ふつうは８枚《まい》あり、歩きやすくなっている。

京都国立博物館所蔵

## 腹巻《はらまき》
### 鎌倉《かまくら》時代以降《いこう》

胴丸《どうまる》よりもさらに軽い鎧《よろい》。背中《せなか》に切れ目があり、そこから体を入れて着る。おもに下級武士《ぶし》が着た。

**引合緒《ひきあわせのお》**
鎧《よろい》を着たあとに結《むす》ぶひも。

**大袖《おおそで》**
上級武士《ぶし》が着る場合、大袖《おおそで》がつけられた。

**草摺《くさずり》**
ふつうは７枚《まい》あり、歩きやすくなっている。

国立歴史民俗博物館所蔵

背中《せなか》に切れ目があり、武士《ぶし》の体型《たいけい》に合わせて調整できた。しかし切れ目は弱点だったので、背中《せなか》に板をつける場合もあった。

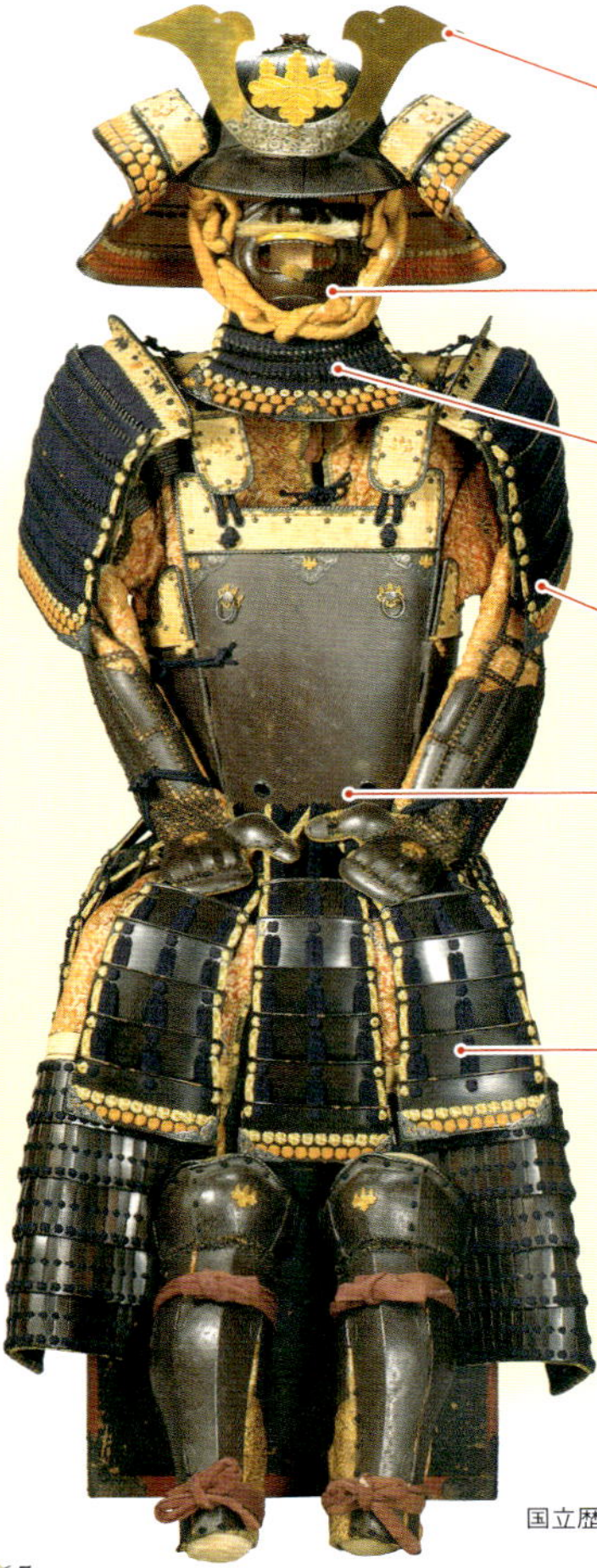

**前立《まえたて》**
兜《かぶと》の前側《まえがわ》に立てた飾《かざ》り。

**面頬《めんぼう》**
顔を守るためのマスク。

**喉輪《のどわ》**
首から下げて喉《のど》を守る板。

**大袖《おおそで》**

**胴《どう》**
胸《むね》を守る鉄板。

**草摺《くさずり》**
ふつうは７枚《まい》だが、10枚《まい》以上《いじょう》のタイプもある。

国立歴史民俗博物館所蔵

## 当世具足《とうせいぐそく》
### 戦国《せんごく》時代以降《いこう》

戦国《せんごく》時代に登場した軽くてがんじょうな鎧《よろい》。胴《どう》は鉄板をつなぎ合わせてつくるタイプが多い。戦国武将《せんごくぶしょう》の多くが、自由なデザインの当《とう》世具足《せいぐそく》を着た。

# 戦《せん》国《ごく》武《ぶ》将《しょう》の甲《かっ》冑《ちゅう》!!

戦国武将《せんごくぶしょう》たちは、とても変《か》わった形の甲冑《かっちゅう》（兜《かぶと》や鎧《よろい》）を着て、戦場《せんじょう》で自分をアピールした。特《とく》におもしろい甲冑《かっちゅう》を紹介《しょうかい》しよう。

兜《かぶと》はお椀《わん》をひっくり返したような形！

福岡市博物館所蔵

## 黒《くろ》田《だ》官《かん》兵《べ》衛《え》の甲冑《かっちゅう》

全身は赤色で塗《ぬ》られ、合子《ごうす》（ふたつきのお椀《わん》）を逆《さか》さにした形の兜《かぶと》が特徴《とくちょう》。敵《てき》からは「赤合子《あかごうす》」と呼《よ》ばれて恐《おそ》れられた。

**持ち主**

黒《くろ》田《だ》官《かん》兵《べ》衛《え》

➡P134

全身の赤色と長い脇立《わきだて》が特徴《とくちょう》！

彦根城博物館所蔵

## 井《い》伊《い》直《なお》政《まさ》の甲冑《かっちゅう》

「赤備《あかぞな》え」（➡P252）と呼《よ》ばれた全身が赤色の甲冑《かっちゅう》。兜《かぶと》には、金色の脇立《わきだて》（兜《かぶと》の左右につく飾《かざ》り）が長く突《つ》き出している。

**持ち主**

井《い》伊《い》直《なお》政《まさ》

➡P252

兜《かぶと》につく神の顔は、まるで鬼《おに》！

仙台市博物館所蔵

## 上杉《うえすぎ》謙信《けんしん》の甲冑《かっちゅう》

上杉謙信《うえすぎけんしん》が持っていたと伝《つた》えられる甲冑《かっちゅう》。兜《かぶと》には三宝荒神《さんぼうこうじん》（仏教《ぶっきょう》を守る神）の怒《おこ》った顔が3つ飾《かざ》られている。

**持ち主**

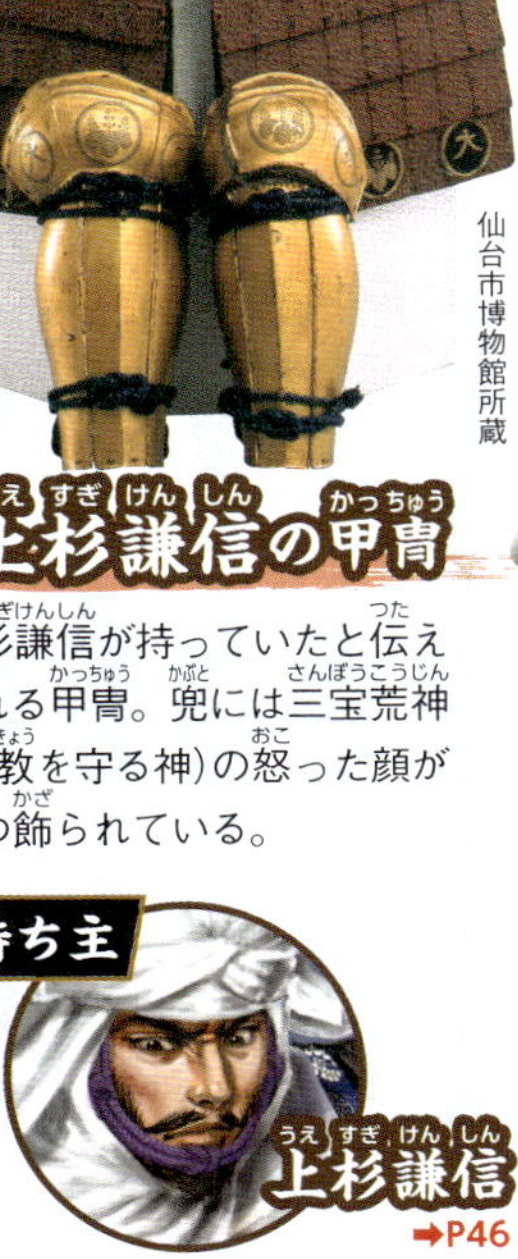

上杉《うえすぎ》謙信《けんしん》

➡P46

毛でおおわれた兜《かぶと》に軍配《ぐんぱい》をデザイン！

目立ちすぎの兜《かぶと》は高さ140センチメートル！

富山市郷土博物館所蔵

## 前田《まえ》《だ》利長《としなが》の兜《かぶと》

前田利家《まえだとしいえ》の長男で、加賀藩《かがはん》の初代藩主《しょだいはんしゅ》・前田利長《まえだとしなが》の兜《かぶと》。高さは約《やく》140センチメートル。

**持ち主**

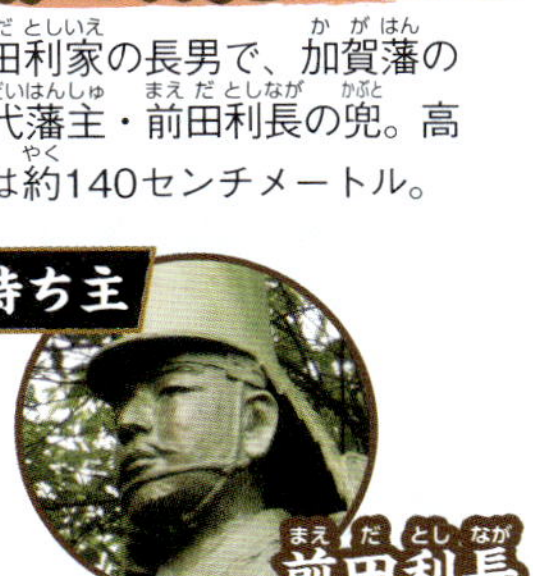

前田《まえだ》利長《としなが》

仙台市博物館所蔵

## 秀吉《ひでよし》・政宗《まさむね》の甲冑《かっちゅう》

秀吉《ひでよし》が持っていた甲冑《かっちゅう》で、伊《だ》達《て》政宗《まさむね》におくられた。兜《かぶと》は熊《くま》の毛でおおわれ、前側《まえがわ》と後ろ側《がわ》に金色の軍配《ぐんぱい》がデザインされている。

**持ち主**

豊臣《とよとみ》秀吉《ひでよし》

➡P126

**持ち主**

伊達《だて》政宗《まさむね》

➡P188

沖《おき》田《た》畷《なわて》の戦《たたか》いで戦《せん》死《し》した九州《きゅうしゅう》の武《ぶ》将《しょう》

# 龍造寺隆信《りゅうぞうじたかのぶ》

## 北九州《きたきゅうしゅう》に大勢力《だいせいりょく》を築《きず》くが沖田畷《おきたなわて》で戦死《せんし》する

龍造寺隆信《りゅうぞうじたかのぶ》は、肥前《ひぜん》(現在《げんざい》の佐賀《さが》県《けん》)の戦国大名《せんごくだいみょう》だった龍造寺氏《りゅうぞうじし》の一族に生まれた。本家の当主が急死したため、20歳《さい》で家を継《つ》いだ。これに不満《ふまん》をもつ家臣《かしん》たちを抑《おさ》えるため、隆信《たかのぶ》は当時有力だった周防《すおう》(現在《げんざい》の山口県《やまぐちけん》)の大《おお》内義隆《うちよしたか》に従《したが》うことにした。

ところが1551年、義隆《よしたか》が家臣《かしん》の陶晴賢《すえはるかた》の反乱《はんらん》に敗《やぶ》れ、自殺《じさつ》した。すると隆信《たかのぶ》は、大内氏《おおうちし》の配下にあることを不満《ふまん》に思う家臣《かしん》たちに追い出されてしまう。「力をつけて、もどってやる」。そう誓《ちか》った隆信《たかのぶ》は、3年後、肥前《ひぜん》をうばい返した。

ただ力不足《ちからぶそく》であったため、次は豊後《ぶんご》(現在《げんざい》の大分県《おおいたけん》)の大友宗麟《おおともそうりん》(⬇P200)に従《したが》った。しかし隆信《たかのぶ》が宗麟《そうりん》に断《ことわ》りなく領地《りょうち》を広げると、怒《おこ》った宗麟《そうりん》が大軍《たいぐん》で押《お》し寄《よ》せてきた。隆信《たかのぶ》は家臣《かしん》の鍋島直茂《なべしまなおしげ》(⬇P170)の作戦《さくせん》で夜襲《やしゅう》をかけて成功《せいこう》し、大勝利《だいしょうり》をおさめた(今山《いまやま》の戦《たたか》い)。

勢《いきお》いを増《ま》した隆信《たかのぶ》は、肥前《ひぜん》を統一《とういつ》。さらに宗麟《そうりん》が薩摩《さつま》(現在《げんざい》の鹿児島県《かごしまけん》)の島津氏《しまづし》に敗《やぶ》れたとき、宗麟《そうりん》の領地《りょうち》にも進出し、北九州《きたきゅうしゅう》を支配《しはい》した。

しかし1584年、島原《しまばら》(長崎県《ながさきけん》)でおこなわれた沖田畷《おきたなわて》の戦《たたか》い(⬇P172)で島津軍《しまづぐん》に敗《やぶ》れ、戦死《せんし》した。

### 隆信《たかのぶ》の兜《かぶと》 ビジュアル資料《しりょう》

まるで天狗《てんぐ》のような面頬《めんぼう》(顔を守るマスク)が特徴的《とくちょうてき》。

佐賀県立博物館所蔵

### 龍造寺隆信《りゅうぞうじたかのぶ》

肖像《しょうぞう》

出身地《しゅっしんち》

肥前《ひぜん》(現在《げんざい》の佐賀県《さがけん》)

生年月日《せいねんがっぴ》

1529年2月15日

死亡年月日《しぼうねんがっぴ》

1584年3月24日

享年《きょうねん》

56歳《さい》(戦死《せんし》)

能力《のうりょく》

| | |
|---|---|
| 武 | 4 |
| 知 | 3 |
| 人 | 2 |

運命《うんめい》の戦《たたか》い

沖田畷《おきたなわて》の戦《たたか》い

(➡P172)

軍旗《ぐんき》・馬印《うまじるし》

## 龍造寺《りゅうぞうじ》家《け》を支《ささ》え続《つづ》けた知将《ちしょう》

# 鍋島直茂《なべしまなおしげ》

## 鍋島直茂《なべしまなおしげ》

**肖像《しょうぞう》**

**出身地《しゅっしんち》**

肥前《ひぜん》（現在《げんざい》の佐賀県《さがけん》）

**生年月日《せいねんがっぴ》**

1538年3月13日

**死亡年月日《しぼうねんがっぴ》**

1618年6月3日

**享年《きょうねん》**

81歳《さい》（病死）

**能力《のうりょく》**

武 4
知 5
人 4

**運命《うんめい》の戦《たたか》い**

今山《いまやま》の戦《たたか》い

**軍旗《ぐんき》・馬印《うまじるし》**

## まわりから信頼《しんらい》を得《え》て肥前《ひぜん》を治《おさ》める

鍋島直茂《なべしまなおしげ》は、肥前《ひぜん》（現在《げんざい》の佐賀県《さがけん》）の戦《せん》国大名《ごくだいみょう》・龍造寺隆信《りゅうぞうじたかのぶ》の親類《しんるい》で、家臣《かしん》だった。今山《いまやま》の戦《たたか》いでは、わずか5000人の龍造寺軍《りゅうぞうじぐん》で、6万人の大友宗麟軍《おおともそうりんぐん》を相手に夜襲《やしゅう》を成功《せいこう》させ、大活躍《だいかつやく》を見せた。直茂《なおしげ》は隆信《たかのぶ》だけでなく、まわりの武将《ぶしょう》たちからも信頼《しんらい》された。

しかし領地《りょうち》を広げた隆信《たかのぶ》は、なまけはじめる。直茂《なおしげ》が厳《きび》しく注意すると、直茂《なおしげ》は隆信《たかのぶ》からきらわれ、遠ざけられてしまった。

その後、沖田畷《おきたなわて》の戦《たたか》い（⬇P172）で隆信《たかのぶ》が戦死《せんし》したため、直茂《なおしげ》が龍造寺家《りゅうぞうじけ》をまとめた。直茂《なおしげ》は豊臣秀吉《とよとみひでよし》からも認《みと》められ、肥前《ひぜん》を任《まか》された。

関ケ原《せきがはら》の戦《たたか》いでは徳川軍《とくがわぐん》（東軍《とうぐん》）の勝利《しょうり》を予想し、東軍《とうぐん》のために九州《きゅうしゅう》にあった石田軍《いしだぐん》（西軍《せいぐん》）の城《しろ》を攻撃《こうげき》する。この働《はたら》きで徳川家康《とくがわいえやす》からも認《みと》められた直茂《なおしげ》は、肥前《ひぜん》を引き続《つづ》き治《おさ》めた。

**佐賀城《さがじょう》 発見《はっけん》!**

龍造寺家《りゅうぞうじけ》の城《しろ》だったが、江戸《えど》時代になって直茂《なおしげ》の城《しろ》となった（佐賀県《さがけん》）。

### 名勝負

### 直茂《なおしげ》が夜襲《やしゅう》をしかけた「今山《いまやま》の戦《たたか》い」

1570年、大友宗麟《おおともそうりん》（⬇P200）は6万人の大軍《たいぐん》で龍造寺隆信《りゅうぞうじたかのぶ》の領地《りょうち》に攻《せ》めこんだ。対する龍造寺軍《りゅうぞうじぐん》は、わずか5000人。大友軍《おおともぐん》が総攻撃《そうこうげき》をしかける前日の夜、宴会《えんかい》を開くことを知った直茂《なおしげ》は、油断《ゆだん》する大友軍《おおともぐん》に突然《とつぜん》夜襲《やしゅう》をしかけて、大勝利《だいしょうり》をおさめた。

合戦《かっせん》ファイル
18
1584年

# 沖《おき》田《た》畷《なわて》の戦《たたか》い

## 隆《たか》信《のぶ》をうち取った島《しま》津《づ》家《け》は勢《いきお》いを増《ま》した！

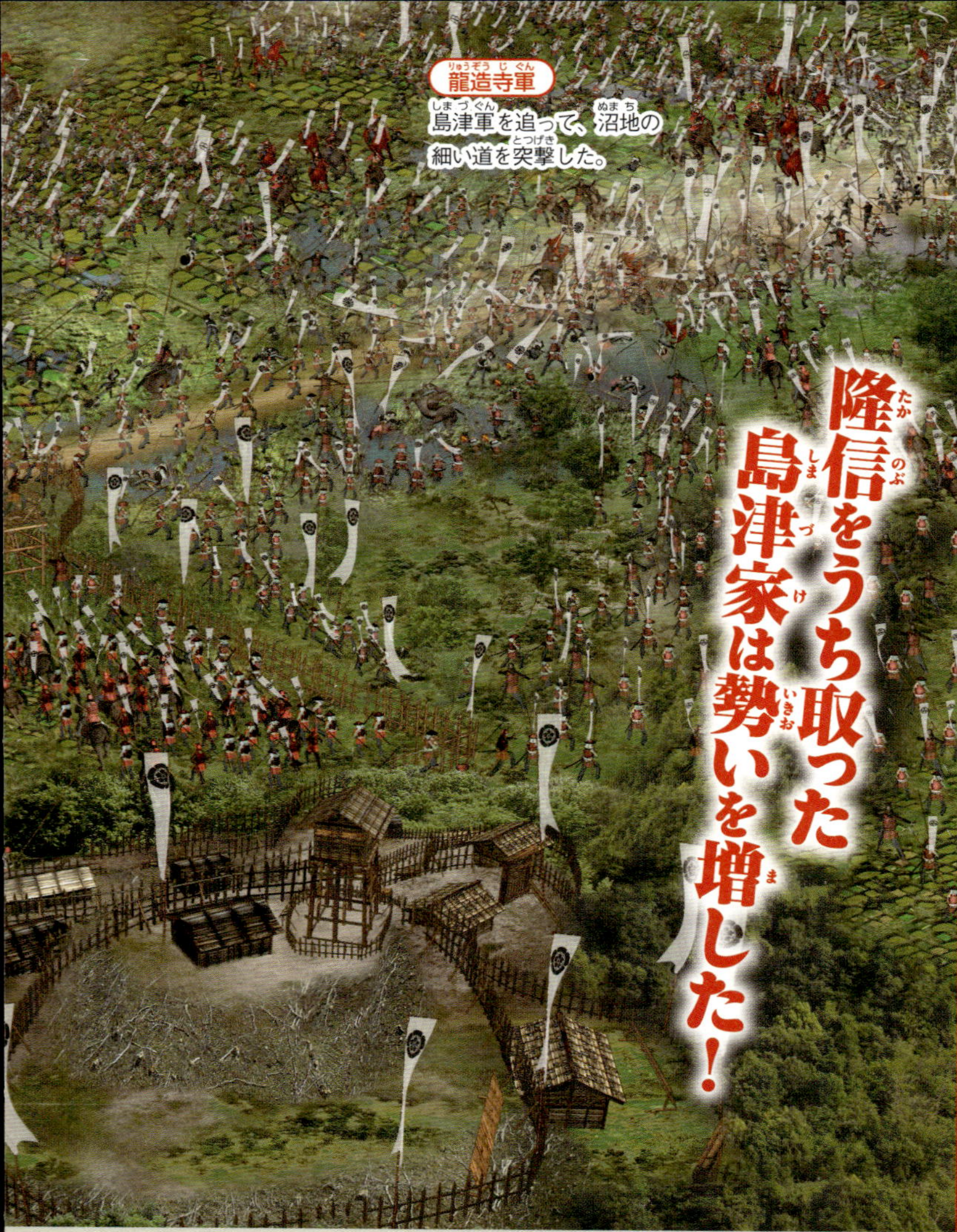


勝 戦力《せんりょく》 約《やく》8000人

島津家久《しまづいえひさ》
有馬晴信《ありまはるのぶ》

島津《しまづ》・有馬軍《ありまぐん》

VS

龍造寺軍《りゅうぞうじぐん》

龍造寺隆信《りゅうぞうじたかのぶ》

負 戦力《せんりょく》 約《やく》6万人

### 島《しま》津《づ》軍《ぐん》の作《さく》戦《せん》にはまり、隆《たか》信《のぶ》がうち取られる

龍造寺隆信《りゅうぞうじたかのぶ》は、北九州《きたきゅうしゅう》で一気に勢《せい》力《りょく》を広げたため、まわりの大名《だいみょう》と対立した。東の大友宗麟《おおともそうりん》(⬇P200)からの攻撃《こうげき》ははね返したものの、南から北へと力をのばしてきた島《しま》津《づ》氏《し》との対決が待っていた。

1584年、約《やく》6万人の龍造《りゅうぞう》寺《じ》軍《ぐん》と、約《やく》8000人の島津家久《しまづいえひさ》(⬇P212)・有馬晴信《ありまはるのぶ》らの連合《れんごう》軍《ぐん》は、島原《しまばら》(長崎県《ながさきけん》)の沖田畷《おきたなわて》で戦《たたか》うことになった。沖田畷《おきたなわて》は湿地《しっち》(じめじめした土地)で、足元がぬかるみ、龍造寺軍《りゅうぞうじぐん》は大軍《たいぐん》の力を生かせなかった。島津軍《しまづぐん》は、にげ

## 沖田畷《おきたなわて》の戦《たたか》いの流れ

### 1 隆信《たかのぶ》が沖田畷《おきたなわて》に攻《せ》めこむ

島津家《しまづけ》に味方する晴信《はるのぶ》を攻撃《こうげき》するため、龍造寺《りゅうぞうじ》隆信《たかのぶ》は沖田畷《おきたなわて》に攻《せ》めこんだ。

### 2 島津軍《しまづぐん》が敗走《はいそう》する

有馬軍《ありまぐん》に参加《さんか》した島津軍《しまづぐん》は、龍造寺軍《りゅうぞうじぐん》に攻撃《こうげき》をしかけるが、わざと負けてにげた。龍造寺軍《りゅうぞうじぐん》は島津軍《しまづぐん》を追いかけた。

### 3 島津軍《しまづぐん》が総攻撃《そうこうげき》をしかける

龍造寺軍《りゅうぞうじぐん》は、にげ道がない場所までさそいこまれ、待ちかまえていた島津軍《しまづぐん》から総攻撃《そうこうげき》を受ける。龍造寺軍《りゅうぞうじぐん》は総崩《そうくず》れとなり、隆信《たかのぶ》はうち取られた。

**島津軍《しまづぐん》のわなにかかる龍造寺軍《りゅうぞうじぐん》**

沼地《ぬまち》の細い道を突《つ》き進んだ龍造寺軍《りゅうぞうじぐん》は、待ちかまえていた島津軍《しまづぐん》に取り囲《かこ》まれて総崩《そうくず》れとなった。

ると見せかけて、身動きが取れなくなる場所に龍造寺軍《りゅうぞうじぐん》をさそいこみ、一気におそいかかった。混乱《こんらん》した龍造寺軍《りゅうぞうじぐん》は総崩《そうくず》れとなった。隆信《たかのぶ》は馬に乗れないほど太っていたといわれ、輿《こし》(人がかつぐ台)に乗って家臣《かしん》たちにかつがれていた。家臣《かしん》たちは輿《こし》を放り出してにげたため、隆信《たかのぶ》はあっけなくうち取られた。

# 織田信雄《おだのぶかつ》

秀吉《ひでよし》に逆《さか》らった信長《のぶなが》の次男

## 織田信雄《おだのぶかつ》

**肖像《しょうぞう》**

丹波市教育委員会所蔵

**出身地《しゅっしんち》**

尾張《おわり》（現在《げんざい》の愛知県《あいちけん》）

**生年月日《せいねんがっぴ》**

1558年（誕生日《たんじょうび》は不明《ふめい》）

**死亡年月日《しぼうねんがっぴ》**

1630年4月30日

**享年《きょうねん》**

73歳《さい》（病死）

**能力《のうりょく》**

武 2

知 1

人 2

**運命《うんめい》の戦《たたか》い**

小牧《こまき》・長久手《ながくて》の戦《たたか》い

（➡P178）

**軍旗《ぐんき》・馬印《うまじるし》**

## 家康《いえやす》と組んで秀吉《ひでよし》と戦《たたか》うが、最後《さいご》は秀吉《ひでよし》に従《したが》う

織田《おだ》信雄《のぶかつ》は、織田《おだ》信長《のぶなが》の次男。兄・信忠《のぶただ》のもとで石山合戦《いしやまかっせん》などで活躍《かつやく》した。しかし、信長《のぶなが》に無断《むだん》で伊賀《いが》（現在《げんざい》の三重県《みえけん》）を攻《せ》めて負けたため、「勝手なまねをするな！」と信長《のぶなが》に怒《おこ》られた。

本能寺《ほんのうじ》の変《へん》で信長《のぶなが》と信忠《のぶただ》が死亡《しぼう》すると、豊臣秀吉《とよとみひでよし》は後継《あとつ》ぎに信忠《のぶただ》の子・三《さん》法師《ぼうし》（信長《のぶなが》の孫《まご》）をおし、柴田勝家《しばたかついえ》は信長《のぶなが》の三男・信孝《のぶたか》をおした。信雄《のぶかつ》は次男でありながら、家を継《つ》ぐ候補者《こうほしゃ》とみなされていなかった。

不満《ふまん》に思った信雄《のぶかつ》は、賤ケ岳《しずがたけ》の戦《たたか》いで秀吉《ひでよし》に味方し、信孝《のぶたか》を攻《せ》めて自殺《じさつ》に追いこんだ。こうして信雄《のぶかつ》は実権《じっけん》をにぎろうとしたが、秀吉《ひでよし》がそれを許《ゆる》さなかった。怒《おこ》った信雄《のぶかつ》は秀吉《ひでよし》と手を切り、徳川家康《とくがわいえやす》を頼《たよ》った。

家康《いえやす》・信雄《のぶかつ》の連合軍《れんごうぐん》は秀吉《ひでよし》と小牧《こまき》・長久手《ながくて》（愛知県《あいちけん》）で戦《たたか》った。信雄《のぶかつ》は豊臣軍《とよとみぐん》の有力な武将《ぶしょう》たちをうち取るなど活躍《かつやく》したが、自分の領地《りょうち》の伊勢《いせ》（現在《げんざい》の三重県《みえけん》）が攻《せ》められると、家康《いえやす》にだまって秀吉《ひでよし》と仲直《なかなお》りをした。

その後は秀吉《ひでよし》に従《したが》ったが、秀吉《ひでよし》から領地《りょうち》を移《うつ》される命令《めいれい》が出ると、信雄《のぶかつ》はいやがったため、領地《りょうち》を取り上げられた。その後、許《ゆる》された。

信雄《のぶかつ》は、おじの織田有楽斎《おだうらくさい》に茶の湯を学び、茶道の名人だったという。

### ウソ！ホント!? 信長《のぶなが》に「茶筅丸《ちゃせんまる》」と名づけられた!?

信長《のぶなが》は、信雄《のぶかつ》が生まれたとき、「茶《ちゃ》筅丸《せんまる》」と名づけたそうだ。茶筅《ちゃせん》とは、お茶をたてるときに使う道具。信雄《のぶかつ》の髪《かみ》の毛が茶筅《ちゃせん》に見えたのかもしれない。ちなみに長男の信忠《のぶただ》は「奇妙丸《きみょうまる》」、四男の秀勝《ひでかつ》は「次」、九男の信貞《のぶさだ》は「人」と名づけられたそうだ。

# 森長可《もりながよし》

小牧《こまき》・長久手《ながくて》の戦《たたか》いで戦死《せんし》した「鬼武蔵《おにむさし》」

# 父や兄弟たちに続《つづ》き、戦場《せんじょう》で命を落とす

森長可《もりながよし》の父・森可成《もりよしなり》は織田信長《おだのぶなが》に仕えた武将《ぶしょう》だったが、1570年の志賀《しが》の陣《じん》で、浅井《あざい》・朝倉軍《あさくらぐん》の攻撃《こうげき》により戦《せん》死《し》した。このため長可《ながよし》はわずか13歳《さい》で森家《もりけ》を継《つ》いだ。

父と同じく信長《のぶなが》に仕えた長可《ながよし》は、長《なが》篠《しの》の戦《たたか》いなどで手柄《てがら》をあげた。武田氏《たけだし》をほろぼした1582年の戦《たたか》いでは、先陣《せんじん》(最初《さいしょ》に戦《たたか》う部隊《ぶたい》)として活躍《かつやく》。そのほうびとして、信濃《しなの》(現在《げんざい》の長野県《ながのけん》)の北部をあたえられた。

しかしその直後、本能寺《ほんのうじ》の変《へん》で信長《のぶなが》が倒《たお》される。このとき、弟の蘭丸《らんまる》も戦《せん》死《し》してしまった。長可《ながよし》は自分の城《しろ》である金山城《かねやまじょう》(岐阜県《ぎふけん》)へもどった。

その後、豊臣秀吉《とよとみひでよし》と織田信雄《おだのぶかつ》が対立すると、長可《ながよし》は秀吉《ひでよし》に味方した。

1584年、信雄《のぶかつ》が徳川家康《とくがわいえやす》を味方にして豊臣軍《とよとみぐん》に戦《たたか》いをいどんだとき、長可《ながよし》は羽黒《はぐろ》(愛知県《あいちけん》)に陣《じん》をかまえたが、徳川軍《とくがわぐん》の奇襲攻撃《きしゅうこうげき》によって敗《やぶ》れてしまう。責任《せきにん》を感じた長可《ながよし》は、豊臣軍《とよとみぐん》の別働隊《べつどうたい》に参加《さんか》して、家康《いえやす》の本拠地《ほんきょち》である三河《みかわ》(現在《げんざい》の愛知県《あいちけん》)を攻撃《こうげき》しようとしたが、徳川軍《とくがわぐん》がすばやく行動して別働隊《べつどうたい》を打ち破《やぶ》った。「鬼武蔵《おにむさし》」と恐《おそ》れられていた長可《ながよし》は、死を覚悟《かくご》してすさまじい働《はたら》きを見せたが、鉄砲《てっぽう》で撃《う》たれて戦死《せんし》した(小牧《こまき》・長久手《ながくて》の戦《たたか》い)。

「太平記英勇伝　七十六　森三左エ門可成」東京都立中央図書館特別文庫室所蔵

**弟 森蘭丸《もりらんまる》(1565～1582)**

長可《ながよし》の弟。信長《のぶなが》の側《そば》で仕えていたが、本能寺《ほんのうじ》の変《へん》で明智軍《あけちぐん》と戦《たたか》い、戦死《せんし》した。

**父 森可成《もりよしなり》(1523～1570)**

長可《ながよし》の父。信長《のぶなが》に仕えたが、浅井《あざい》・朝倉軍《あさくらぐん》の攻撃《こうげき》によって戦死《せんし》した。

## 森長可《もりながよし》

**肖像《しょうぞう》**

**出身地《しゅっしんち》**

尾張《おわり》(現在《げんざい》の愛知県《あいちけん》)

**生年月日《せいねんがっぴ》**

1558年(誕生日《たんじょうび》は不明《ふめい》)

**死亡年月日《しぼうねんがっぴ》**

1584年4月9日

**享年《きょうねん》**

27歳《さい》(戦死《せんし》)

**能力《のうりょく》**

武 5
知 3
人 3

**運命《うんめい》の戦《たたか》い**

小牧《こまき》・長久手《ながくて》の戦《たたか》い(➡P178)

**軍旗《ぐんき》・馬印《うまじるし》**

合戦《かっせん》ファイル
19
1584年

# 小《こ》牧《まき》・長《なが》久《く》手《て》の戦《たたか》い

**徳川軍《とくがわぐん》を攻撃《こうげき》する森長可《もりながよし》**
豊臣軍《とよとみぐん》の森長可《もりながよし》は、味方が不利《ふり》な状況《じょうきょう》の中、徳川軍《とくがわぐん》に突撃《とつげき》して戦死《せんし》した。

勝 戦力《せんりょく》 約《やく》3万5000人

織田《おだ》信雄《のぶかつ》
徳川《とくがわ》家康《いえやす》

**織田《おだ》・徳川軍《とくがわぐん》**
VS
**豊臣軍《とよとみぐん》**

豊臣秀吉《とよとみひでよし》
森長可《もりながよし》

負 戦力《せんりょく》 約《やく》7万人

## 合戦《かっせん》に勝利《しょうり》した家康《いえやす》が戦《たたか》う理由《りゆう》を失《うしな》う

織田《おだ》信長《のぶなが》の後継者《こうけいしゃ》として天下統《とう》一《いつ》を目指す豊臣秀吉《とよとみひでよし》と、信長《のぶなが》の次男・織田《おだ》信雄《のぶかつ》は対立を深めていた。そこで信雄《のぶかつ》は、徳川家康《とくがわいえやす》を味方につけて、秀吉《ひでよし》に攻撃《こうげき》を開始した。

豊臣軍《とよとみぐん》の森長可《もりながよし》は、羽黒《はぐろ》(愛知《あいち》県《けん》)で陣《じん》を構《かま》えていたが、徳川軍《とくがわぐん》の酒井忠次《さかいただつぐ》(➡P250)に奇襲攻《きしゅうこう》撃《げき》をうけて、敗《やぶ》れてしまった。

責任《せきにん》を感じた長可《ながよし》は、家康《いえやす》の本《ほん》拠地《きょち》・三河《みかわ》(現在《げんざい》の愛知県《あいちけん》)を攻撃《こうげき》する作戦《さくせん》を秀吉《ひでよし》に提案《ていあん》した。別働《べつどう》隊《たい》は三河《みかわ》に向けて出発したが、この動きを知った家康《いえやす》は、徳川軍《とくがわぐん》を

# 家康《いえやす》はすばやい行動で豊臣軍《とよとみぐん》に勝利《しょうり》する！

すばやく動かして、長久手《ながくて》(愛知《あいち》県《けん》)で別働隊《べつどうたい》を打ち破《やぶ》った。長可《ながよし》は、この戦《たたか》いで戦死《せんし》した。

家康《いえやす》に敗《やぶ》れた秀吉《ひでよし》だったが、その間に信雄《のぶかつ》の領地《りょうち》である伊勢《いせ》(現在《げんざい》の三重県《みえけん》)を攻《せ》めて、信雄《のぶかつ》に仲直《なかなお》りを求《もと》めた。信雄《のぶかつ》は家康《いえやす》にだまって秀吉《ひでよし》と仲直《なかなお》りしてしまったので、家康《いえやす》は戦《たたか》う理由がなくなり、秀吉《ひでよし》と仲直《なかなお》りするしかなかった。

# 小牧《こまき》・長久手《ながくて》の戦《たたか》いの流れ

## 1 羽黒《はぐろ》の戦《たたか》い

徳川軍《とくがわぐん》の酒井忠次《さかいただつぐ》が、豊臣軍《とよとみぐん》の森長可《もりながよし》に奇襲攻《きしゅうこう》撃《げき》をしかけて勝利《しょうり》する。

## 2 秀吉《ひでよし》が別働隊《べつどうたい》をつくる

長可《ながよし》は、家康《いえやす》の本拠地《ほんきょち》・三河《みかわ》を攻《せ》めたいと秀吉《ひでよし》に提案《ていあん》。秀吉《ひでよし》は別働隊《べつどうたい》をつくった。

## 3 長久手《ながくて》の戦《たたか》い

別働隊《べつどうたい》の動きを知った家康《いえやす》は、すぐに軍《ぐん》を出発させた。両軍《りょうぐん》は長久手《ながくて》で激突《げきとつ》したが、豊臣軍《とよとみぐん》は敗北《はいぼく》し、長可《ながよし》は戦死《せんし》した。

# 豊臣秀長《とよとみひでなが》

秀吉《ひでよし》の弟として豊臣《とよとみ》政権《せいけん》を支《ささ》え続《つづ》ける

## 秀吉《ひでよし》の政権《せいけん》を支《ささ》えたおだやかで優秀《ゆうしゅう》な弟

豊臣秀長《とよとみひでなが》は、豊臣秀吉《とよとみひでよし》の3歳《さい》年下の弟。25歳頃《さいごろ》から秀吉《ひでよし》の元で働《はたら》くようになった。当時、織田信長《おだのぶなが》が本格的《ほんかくてき》に天下取りに動き出していた。家臣《かしん》の秀吉《ひでよし》も、いそがしく各地《かくち》の戦《たたか》いに参加《さんか》していたが、それを秀長《ひでなが》が支《ささ》えたのだった。

京都《きょうと》へ入った信長《のぶなが》が、足利義昭《あしかがよしあき》を追い出して室町幕府《むろまちばくふ》をほろぼすと、浄土《じょうど》真宗《しんしゅう》(一向宗《いっこうしゅう》)の信者《しんじゃ》も、信長《のぶなが》に逆《さか》らいはじめた。伊勢長島《いせながしま》(三重県《みえけん》)では、激《はげ》しい一向一揆《いっこういっき》(浄土真宗《じょうどしんしゅう》の信者《しんじゃ》による反乱《はんらん》)が起こった。秀長《ひでなが》は、これをしずめる戦《たたか》いに、秀吉《ひでよし》に代わって参加《さんか》し、みごとな活躍《かつやく》を見せた。信長《のぶなが》の死後は、秀吉《ひでよし》が天下を統一《とういつ》できるように、四国《しこく》攻《ぜ》めや九州《きゅうしゅう》攻《ぜ》めなどに参加《さんか》した。

戦《たたか》いだけでなく、経済《けいざい》にも優《すぐ》れた能力《のうりょく》をもち、秀吉《ひでよし》の政権《せいけん》を支《ささ》えた。おだやかな人柄《ひとがら》で多くの人から頼《たよ》りにされたが、52歳《さい》で病死した。

**大和郡山城《やまとこおりやまじょう》**

秀吉《ひでよし》の四国《しこく》攻《ぜ》めの後、秀長《ひでなが》は大和郡山城《やまとこおりやまじょう》主《しゅ》となり、100万石を治《おさ》めた(奈良県《ならけん》)。

### 豊臣秀長《とよとみひでなが》

**肖像《しょうぞう》**

**出身地《しゅっしんち》**

尾張《おわり》(現在《げんざい》の愛知県《あいちけん》)

**生年月日《せいねんがっぴ》**

1540年(誕生日《たんじょうび》は不明《ふめい》)

**死亡年月日《しぼうねんがっぴ》**

1591年1月22日

**享年《きょうねん》**

52歳《さい》(病死)

**能力《のうりょく》**

武 4
知 4
人 5

**運命《うんめい》の戦《たたか》い**

秀吉《ひでよし》の九州《きゅうしゅう》攻《ぜ》め

**軍旗《ぐんき》・馬印《うまじるし》**

### 戦国のきずな

#### 秀長《ひでなが》は秀吉《ひでよし》に注意できたただひとりの人物!?

秀吉《ひでよし》は、弟・秀長《ひでなが》を心から信頼《しんらい》していた。秀吉《ひでよし》に強く注意できたのは秀長《ひでなが》だけだったといわれる。秀長《ひでなが》の死後、秀吉《ひでよし》は千利休《せんのりきゅう》(⬇P２２０)を切腹《せっぷく》させたり、朝鮮《ちょうせん》に出兵《しゅっぺい》したりと、無茶《むちゃ》な行動が目立つようになった。

四国《しこく》を統一《とういつ》した美男子の武将《ぶしょう》

# 長宗我部元親《ちょうそかべもとちか》

## 四国《しこく》全土を支配《しはい》するが、秀吉《ひでよし》の攻撃《こうげき》に敗《やぶ》れる

土佐《とさ》(現在《げんざい》の高知県《こうちけん》)に小さな領地《りょうち》をもつ長宗我部家《ちょうそかべけ》に生まれた元親《もとちか》は、色白の美少年だったという。22歳《さい》で家を継《つ》ぐと、まわりの武士《ぶし》たちをたばねるリーダーとなった。

1575年に土佐《とさ》一国を統一《とういつ》した元《もと》親《ちか》は、さらに讃岐《さぬき》(現在《げんざい》の香川県《かがわけん》)、阿《あ》波《わ》(現在《げんざい》の徳島県《とくしまけん》)までも支配《しはい》し、有力な戦国大名《せんごくだいみょう》にのし上がった。

その頃《ころ》、織田信長《おだのぶなが》が近畿《きんき》地方をほぼ支配《しはい》していた。信長《のぶなが》は元親《もとちか》の力がさらにのびることをおそれ、領地《りょうち》を手放すように求《もと》めてきた。しかし元親《もとちか》はこれを無視《むし》。信長《のぶなが》は四国《しこく》を攻《せ》める準備《じゅんび》を進め、戦《たたか》いをはじめようとしたが、その矢先に本能寺《ほんのうじ》で倒《たお》された。

安心した元親《もとちか》はさらに領地《りょうち》を広げ、四国《しこく》全土をほぼ治《おさ》めた。すると今度は、信長《のぶなが》の後を継《つ》いで天下統一《とういつ》を目指す豊臣秀吉《とよとみひでよし》が、讃岐《さぬき》・伊予《いよ》(現在《げんざい》の愛媛《えひめ》県《けん》)を渡《わた》すように求《もと》めてきた。

「四国《しこく》は渡《わた》さぬ！」。元親《もとちか》が断《ことわ》ったため、1585年、秀吉《ひでよし》は12万人の大軍《たいぐん》を四国《しこく》に送った。元親《もとちか》は一宮城《いちのみやじょう》などで豊臣軍《とよとみぐん》を迎《むか》えうったが、圧倒的《あっとうてき》な兵力《へいりょく》の前に敗《やぶ》れてしまう。元親《もとちか》は秀吉《ひでよし》に降《こう》伏《ふく》し、土佐《とさ》一国の大名《だいみょう》におさまった。

一宮城《いちのみやじょう》 発見《はっけん》！

豊臣秀吉《とよとみひでよし》による四国《しこく》攻《ぜ》めのとき、最《もっと》も激《はげ》しい戦《たたか》いが起き、長宗我部軍《ちょうそかべぐん》は敗《やぶ》れて、元親《もとちか》は降伏《こうふく》した(徳島県《とくしまけん》)。

### 長宗我部元親《ちょうそかべもとちか》

**肖像《しょうぞう》**

**出身地《しゅっしんち》**

土佐《とさ》(現在《げんざい》の高知県《こうちけん》)

**生年月日《せいねんがっぴ》**

1539年(誕生日《たんじょうび》は不明《ふめい》)

**死亡年月日《しぼうねんがっぴ》**

1599年5月19日

**享年《きょうねん》**

61歳《さい》(病死)

**能力《のうりょく》**

武 4
知 4
人 4

**運命《うんめい》の戦《たたか》い**

秀吉《ひでよし》の四国《しこく》攻《ぜ》め

### ウソ！ホント!? 元親《もとちか》と家康《いえやす》は一緒《いっしょ》に秀吉《ひでよし》を倒《たお》そうとした!?

小牧《こまき》・長久手《ながくて》の戦《たたか》いのとき、元親《もとちか》は徳川家康《とくがわいえやす》の味方になった。そして、豊《とよ》臣秀吉《とみひでよし》を四国側《しこくがわ》から攻撃《こうげき》しようとして軍《ぐん》を進め、秀吉《ひでよし》が送りこんできた軍《ぐん》を破《やぶ》った。しかし、家康《いえやす》と秀吉《ひでよし》が仲直《なかなお》りしたため、戦《たたか》いは終わってしまった。

徳《とく》川《がわ》軍《ぐん》を2回も破《やぶ》った天才武《ぶ》将《しょう》

# 真田昌幸《さなだまさゆき》

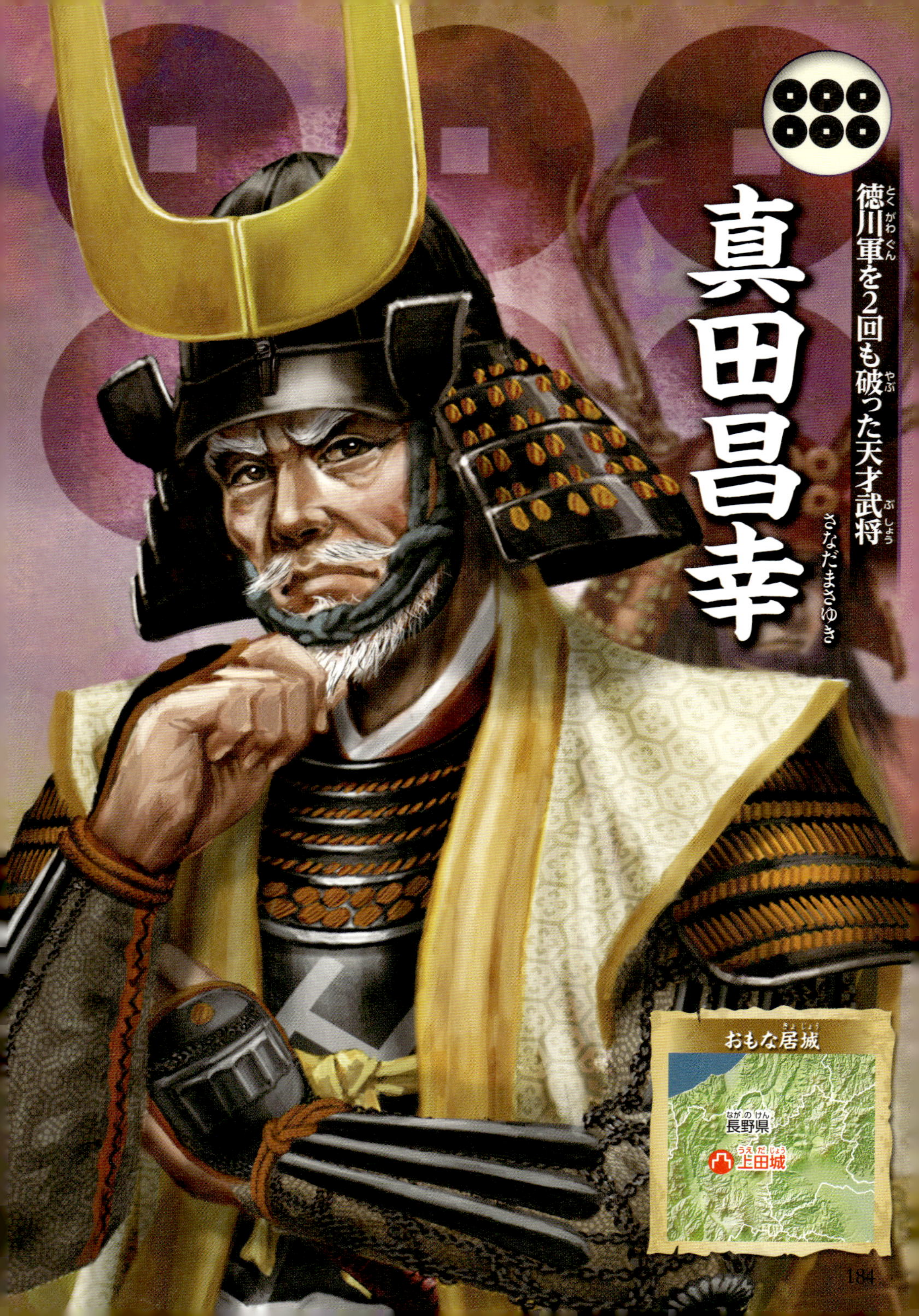

## 優《すぐ》れた作戦《さくせん》で徳川軍《とくがわぐん》を撃退《げきたい》する

真田昌幸《さなだまさゆき》は武田信玄《たけだしんげん》に仕える真田家《さなだけ》の子として生まれた。頭がよく、信玄《しんげん》からその才能《さいのう》を愛《あい》され、「わしの眼《め》のようだ」とたたえられたという。

1573年に信玄《しんげん》が病死し、織田《おだ》信長《のぶなが》に武田家《たけだけ》がほろぼされると、昌幸《まさゆき》は徳川家康《とくがわいえやす》と手を結《むす》んだ。しかし家康《いえやす》は、昌幸《まさゆき》の領地《りょうち》だった沼田《ぬまた》(群馬県《ぐんまけん》)を北条氏《ほうじょうし》に渡《わた》すように命じてきた。昌幸《まさゆき》はこれを断《ことわ》り、家康《いえやす》と手を切った。

怒《おこ》った家康《いえやす》は、1585年、上田城《うえだじょう》(長野県《ながのけん》)に大軍《たいぐん》を送ったが、昌幸《まさゆき》は数かずのわなをしかけて、徳川軍《とくがわぐん》を撃退《げきたい》した。この上田合戦《うえだかっせん》(第一次)の最中《さいちゅう》、昌幸《まさゆき》は甲冑《かっちゅう》を着ることもなく、家臣《かしん》と碁《ご》を楽しんでいたという。

関ケ原《せきがはら》の戦《たたか》いのときは、次男・幸村《ゆきむら》とともに石田軍《いしだぐん》(西軍《せいぐん》)に味方し、関ケ《せきが》原《はら》(岐阜県《ぎふけん》)に向かう徳川秀忠軍《とくがわひでただぐん》を迎《むか》えうった(上田合戦《うえだかっせん》(第二次))。

この戦《たたか》いにも大勝利《だいしょうり》したが、関ケ原《せきがはら》で西軍《せいぐん》が敗《やぶ》れたため、昌幸《まさゆき》は幸村《ゆきむら》とともに九度山《くどやま》(和歌山県《わかやまけん》)に追放され、その地で病死した。

### ウソ!ホント!? 昌幸《まさゆき》は家康《いえやす》をおびえさせた!?

徳川軍《とくがわぐん》は上田合戦《うえだかっせん》で2回とも敗《やぶ》れたので、家康《いえやす》は昌幸《まさゆき》をとても恐《おそ》れていた。大坂冬《おおさかふゆ》の陣《じん》(⬇P322)で、「真田《さなだ》が大坂城《おおさかじょう》に入った」と知らされた家康《いえやす》は、「親の方(昌幸《まさゆき》)か? 子(幸村《ゆきむら》(信繁《のぶしげ》))の方か?」と、手をふるわせながらたずねたという。

ビジュアル資料《しりょう》

### 昌幸《まさゆき》の甲冑《かっちゅう》

兜《かぶと》は三日月の前立《まえたて》で飾《かざ》られ、佩楯《はいだて》(太ももを守る板)には家紋《かもん》の「六連銭《ろくれんせん》」がえがかれている。

上田市立博物館所蔵

### 真田昌幸《さなだまさゆき》

肖像《しょうぞう》

出身地《しゅっしんち》

信濃《しなの》(現在《げんざい》の長野県《ながのけん》)

生年月日《せいねんがっぴ》

1547年(誕生日《たんじょうび》は不明《ふめい》)

死亡年月日《しぼうねんがっぴ》

1611年6月4日

享年《きょうねん》

65歳《さい》(病死)

能力《のうりょく》

武 4
知 5
人 4

運命《うんめい》の戦《たたか》い

上田合戦《うえだかっせん》(第一次)(➡P186)

合戦《かっせん》ファイル
20
1585年

# 上田合戦《うえだかっせん》（第一次）

## 優《すぐ》れた作戦《さくせん》で昌幸《まさゆき》が徳川軍《とくがわぐん》を撃退《げきたい》する！

勝 戦力《せんりょく》 約《やく》2000人

真田昌幸《さなだまさゆき》

真田軍《さなだぐん》

VS

徳川軍《とくがわぐん》

鳥居元忠《とりいもとただ》

負 戦力《せんりょく》 約《やく》7000人

### 昌幸《まさゆき》のわなにはまった徳川軍《とくがわぐん》が大敗《たいはい》する

織田信長《おだのぶなが》の死後、信濃《しなの》（現在《げんざい》の長野県《ながのけん》）北部の真田昌幸《さなだまさゆき》は沼田《ぬまた》（群馬県《ぐんまけん》）を攻《せ》め取り、徳川家康《とくがわいえやす》と手を結《むす》んだ。しかし、家康《いえやす》は昌幸《まさゆき》に沼田《ぬまた》を北条氏《ほうじょうし》に渡《わた》すように命じた。昌幸《まさゆき》は怒《おこ》り、家康《いえやす》と対立した。家康《いえやす》は昌幸《まさゆき》をほろぼそうと、家臣《かしん》の鳥居元忠《とりいもとただ》を大将《たいしょう》にして、7000人の大軍《たいぐん》を昌幸《まさゆき》の上田城《うえだじょう》に送りこんだ。真田軍《さなだぐん》の兵力《へいりょく》は、わずか2000人だった。

昌幸《まさゆき》はまず、小部隊《しょうぶたい》で徳川軍《とくがわぐん》を攻撃《こうげき》し、わざと負けて、上田城《うえだじょう》へにげこんだ。真田軍《さなだぐん》を追ってきた

## 上田合戦《うえだかっせん》(第一次)の流れ

### 1 上田城内《うえだじょうない》に徳川軍《とくがわぐん》をさそいこむ

真田軍《さなだぐん》は、徳川軍《とくがわぐん》に攻撃《こうげき》をしかけてわざと敗《やぶ》れて、上田城《うえだじょう》に向かってにげた。徳川軍《とくがわぐん》は真田軍《さなだぐん》を追いかけて上田城《うえだじょう》になだれこんだ。

### 2 かくれていた兵《へい》が攻撃《こうげき》する

上田城内《うえだじょうない》にかくれていた兵《へい》が徳川軍《とくがわぐん》に攻撃《こうげき》をしかけた。混乱《こんらん》した徳川軍《とくがわぐん》は、城《しろ》の外へにげた。城《しろ》の外では真田軍《さなだぐん》が攻撃《こうげき》をしかけた。

### 3 せき止めていた水を流す

にげる徳川軍《とくがわぐん》が川を渡《わた》るとき、上流でせき止めていた水を一気に流し、多くの兵《へい》をおぼれさせた。

**にげる徳川軍《とくがわぐん》を攻撃《こうげき》する真田軍《さなだぐん》**

上田城内《うえだじょうない》からにげ出した徳川軍《とくがわぐん》は、城《しろ》の外で待ちかまえていた真田軍《さなだぐん》から激《はげ》しい攻撃《こうげき》を受けた。

徳川軍《とくがわぐん》が上田城《うえだじょう》に突入《とつにゅう》すると、待ちかまえていた真田軍《さなだぐん》が、鉄砲《てっぽう》や大石や材木《ざいもく》などをあびせかけた。大混乱《だいこんらん》してにげる徳川軍《とくがわぐん》の兵士《へいし》が川を渡《わた》ろうとしたとき、真田軍《さなだぐん》は上流に築《きず》いていた堤防《ていぼう》をこわし、水を一気に流した。多くの徳《とく》川軍《がわぐん》の兵士《へいし》がおぼれ死に、戦死者《せんししゃ》は1300人にのぼった。真田軍《さなだぐん》の戦死者《せんししゃ》は40人だった。

東《とう》北《ほく》地方を支《し》配《はい》した「独《どく》眼《がん》竜《りゅう》」

# 伊達政宗《だてまさむね》

## 戦《たたか》いを続《つづ》けて東北《とうほく》地方の3分の1を支配《しはい》する

「独眼竜《どくがんりゅう》」と呼《よ》ばれた伊達政宗《だてまさむね》は、子どもの頃《ころ》に重い病気にかかり、右目の視力《しりょく》を失《うしな》ってしまった。そのため、母から愛《あい》されなかったという。しかし父・伊達輝宗《だててるむね》は、「この子は知恵《ちえ》と勇《ゆう》気《き》をもっている」と、かわいがった。

1584年、18歳《さい》で伊達家《だてけ》を継《つ》いだ政宗《まさむね》は、周囲《しゅうい》の大名《だいみょう》に戦《たたか》いをしかけ、領地《りょうち》を広げはじめた。しかし翌年《よくとし》、輝《てる》宗《むね》が二本松城《にほんまつじょう》(福島県《ふくしまけん》)の城主《じょうしゅ》・畠山義《はたけやまよし》継《つぐ》の人質《ひとじち》に取られ、連《つ》れ去られるという事件《じけん》が起きた。このとき政宗《まさむね》は輝宗《てるむね》もろとも義継《よしつぐ》を殺《ころ》し、さらに佐竹義重《さたけよししげ》(➡P194)らを中心とする連合軍《れんごうぐん》に戦《たたか》いをいどんだが、大敗《たいはい》した(人取橋《ひととりばし》の戦《たたか》い)。それにもめげず、政宗《まさむね》は戦《たたか》いを続《つづ》け、24歳《さい》のとき東北《とうほく》地方の3分の1を支配《しはい》する大名《だいみょう》に成長《せいちょう》した。

その頃《ころ》、西日本《にしにほん》では豊臣秀吉《とよとみひでよし》が天下統一《とういつ》まであと一歩のところまで迫《せま》っていた。秀吉《ひでよし》は大軍《たいぐん》を率《ひき》いて、関東《かんとう》地方を支配《しはい》する北条氏《ほうじょうし》の小田原城《おだわらじょう》(神奈川《かながわ》県《けん》)へ攻撃《こうげき》をはじめた。政宗《まさむね》のもとには、秀吉《ひでよし》から「豊臣軍《とよとみぐん》に参加《さんか》せよ」という命令《めいれい》が届《とど》けられた。小田原城《おだわらじょう》の戦《たたか》いに参加《さんか》することは、秀吉《ひでよし》に従《したが》うという意味だ。政宗《まさむね》はさんざん迷《まよ》ったが、秀《ひで》吉《よし》と戦《たたか》っても勝ち目はないと判断《はんだん》し、小田原《おだわら》へ向かうことを決意した。

### ウソ!ホント!? 母親から毒殺《どくさつ》されそうになった!?

政宗《まさむね》は病気で右目が見えなかったため、政宗《まさむね》の母親は政宗《まさむね》の弟をかわいがるようになった。母は弟の方に伊達家《だてけ》を継《つ》がせるため、政宗《まさむね》を毒殺《どくさつ》しようとしたそうだ。政宗《まさむね》はすぐに薬を飲んでたすかったが、伊達家《だてけ》を守るために弟を殺《ころ》したという。

### 伊達政宗《だてまさむね》

**肖像《しょうぞう》**

**出身地《しゅっしんち》**

出羽《でわ》(現在《げんざい》の山形県《やまがたけん》)

**生年月日《せいねんがっぴ》**

1567年8月3日

**死亡年月日《しぼうねんがっぴ》**

1636年5月24日

**享年《きょうねん》**

70歳《さい》(病死)

**能力《のうりょく》**

武 5

知 4

人 4

**運命《うんめい》の戦《たたか》い**

人取橋《ひととりばし》の戦《たたか》い(➡P196)

**軍旗《ぐんき》・馬印《うまじるし》**

## 派手《はで》なパフォーマンスで秀吉《ひでよし》の怒《いか》りをしずめる

政宗《まさむね》は小田原《おだわら》へ出発しようとした直前、伊達家《だてけ》を政宗《まさむね》の弟に継《つ》がせたい母親から毒殺《どくさつ》されそうになる。一命を取りとめた政宗《まさむね》は、混乱《こんらん》の原因《げんいん》となった弟を殺害《さつがい》し、伊達家内《だてけない》の争《あらそ》いを治《おさ》めたが、小田原《おだわら》への到着《とうちゃく》が大きく遅《おく》れてしまった。

怒《おこ》った秀吉《ひでよし》は政宗《まさむね》を箱根《はこね》(神奈川県《かながわけん》)の山中に閉《と》じこめた。切腹《せっぷく》させるつもりだったといわれる。

そこへやってきた前田利家《まえだとしいえ》に対し、政宗《まさむね》は、「千利休殿《せんのりきゅうどの》に茶を習いたい」と言った。利休《りきゅう》は「茶の湯(茶道)」を完成《かんせい》させた人物で、秀吉《ひでよし》に大切にされていた。これを聞いた秀吉《ひでよし》は、「政宗《まさむね》も茶に興味《きょうみ》があるのか」と、政宗《まさむね》と会う気になったという。

そこで政宗《まさむね》は、まげをばっさり切り落とし、白装束《しろしょうぞく》(死者が着る白い着物)を着て、秀吉《ひでよし》の前に現《あらわ》れた。死を覚悟《かくご》した大胆《だいたん》な姿《すがた》に、思わず秀吉《ひでよし》は政宗《まさむね》を許《ゆる》したという。

政宗《まさむね》は朝鮮出兵《ちょうせんしゅっぺい》にも参加《さんか》した。出発のとき、京都《きょうと》の町を行進する伊達軍《だてぐん》の服装《ふくそう》はみな派手《はで》で、目立つものばかりだった。人びとは、「さすが伊達者《だてもの》！」と声を上げ、おしゃれな男性《だんせい》を意味する「伊達者《だてもの》」の語源《ごげん》になったという。

秀吉《ひでよし》の死後、政宗《まさむね》は徳川家康《とくがわいえやす》に味方し、関ケ原《せきがはら》の戦《たたか》いのときは、徳川軍《とくがわぐん》(東軍《とうぐん》)として、東北《とうほく》地方で直江兼続《なおえかねつぐ》と戦《たたか》った(長谷堂城《はせどうじょう》の戦《たたか》い)。

ビジュアル資料《しりょう》

### 政宗《まさむね》の甲冑《かっちゅう》

全身が黒く塗《ぬ》られた甲冑《かっちゅう》。兜《かぶと》には三日月型《みかづきがた》の前立《まえたて》(兜《かぶと》の前側《まえがわ》の飾《かざ》り)がつけられている。

仙台市博物館所蔵

### 秀吉《ひでよし》に降伏《こうふく》する政宗《まさむね》

1590年の小田原城《おだわらじょう》の戦《たたか》いのとき、豊臣《とよとみ》軍《ぐん》に参加《さんか》するのが遅《おく》れた政宗《まさむね》は、死を覚悟《かくご》して白装束《しろしょうぞく》を着て秀吉《ひでよし》に会った。

## 政宗《まさむね》の涙《なみだ》の決断《けつだん》！

1585年、政宗《まさむね》は二本松城《にほんまつじょう》の畠山義継《はたけやまよしつぐ》を攻撃《こうげき》した。
かかれ！
義継《よしつぐ》は降伏《こうふく》した。
政宗《まさむね》の父・輝宗《てるむね》が両者を仲直《なかなお》りさせた。
輝宗殿《てるむねどの》、ありがとう！
これで安心です。
しかし、義継《よしつぐ》は急に態度《たいど》を変《か》えて、輝宗《てるむね》を連《つ》れ去った
やはり政宗《まさむね》は許《ゆる》せん！
わしとしたことが…
ふたりに追いついた政宗《まさむね》は、義継《よしつぐ》を銃《じゅう》で撃《う》ったが、輝宗《てるむね》も殺《ころ》してしまった。
父上!!
くそっ！
それでこそ我《わ》が息子…

発見《はっけん》!
仙台城《せんだいじょう》
関ケ原《せきがはら》の戦《たたか》い後に、政宗《まさむね》が青葉山《あおばやま》に築《きず》いた城《しろ》（宮城県《みやぎけん》）。防御力《ぼうぎょりょく》がとても高い城《じろ》だった。

## 仙台藩主《せんだいはんしゅ》となり仙台《せんだい》が発展《はってん》する基礎《きそ》を築《きず》く

関ケ原《せきがはら》の戦《たたか》い後、政宗《まさむね》は仙台藩《せんだいはん》（宮《みや》城《ぎ》県《けん》）の初代藩主《しょだいはんしゅ》となった。1613年、政宗《まさむね》は家臣《かしん》の支倉常長《はせくらつねなが》を、メキシコやスペイン、ローマなどへ送り、貿易《ぼうえき》できる関係《かんけい》を結《むす》ぼうとした。しかし、江戸幕府《えどばくふ》がキリスト教を禁止《きんし》したため、政宗《まさむね》の計画は実現《じつげん》しなかった。

その後、政宗《まさむね》は運河《うんが》をつくったり、新しい田を開発したりして、仙台藩《せんだいはん》の発展《はってん》に力をつくした。

### ウソ！ホント!? 政宗《まさむね》はスペインと軍事同盟《ぐんじどうめい》を結《むす》びたかった!?

1613年、仙台藩主《せんだいはんしゅ》だった政宗《まさむね》は、家臣《かしん》の支倉常長《はせくらつねなが》をリーダーとする使節《しせつ》をヨーロッパに送った。スペインと貿易《ぼうえき》できる関係《かんけい》を結《むす》ぶことが目《もく》的《てき》だったといわれるが、スペインと軍事《ぐんじ》同盟《どうめい》を結《むす》ぶ目《もく》的《てき》もあったという説《せつ》がある。

支倉常長《はせくらつねなが》（1571〜1622）

# 片倉小十郎《かたくらこじゅうろう》

政宗《まさむね》からだれよりも信頼《しんらい》された参謀《さんぼう》

## 主君・政宗《まさむね》のもとを一生離《はな》れずに支《ささ》え続《つづ》ける

出羽《でわ》(現在《げんざい》の山形県《やまがたけん》)の神主の子に生まれた片倉小十郎《かたくらこじゅうろう》は、19歳《さい》のとき、9歳《さい》の伊達政宗《だてまさむね》に仕えた。政宗《まさむね》は、右目が見えないせいで、内気な性格《せいかく》になっていた。政宗《まさむね》から「右目を取ってほしい」と頼《たの》まれた小十郎《こじゅうろう》は、迷《まよ》った末《すえ》にうなずき、右目をえぐり取った。このときから政宗《まさむね》は生まれ変《か》わったように活発になった。その後、小十郎《こじゅうろう》は政宗《まさむね》とともに数かずの合戦《かっせん》に勝利《しょうり》し、政《まさ》宗《むね》は東北一《とうほくいち》の武将《ぶしょう》に成長《せいちょう》した。

政宗《まさむね》が、豊臣秀吉《とよとみひでよし》から小田原城《おだわらじょう》の戦《たたか》いに参加《さんか》するよう命じられ、迷《まよ》っていると、小十郎《こじゅうろう》は「つらくても合戦《かっせん》に参《さん》加《か》し、伊達家《だてけ》を残《のこ》すべき」とアドバイスした。

小十郎《こじゅうろう》の能力《のうりょく》は秀吉《ひでよし》の耳にも入り、秀吉《ひでよし》から「家臣《かしん》になってほしい」と頼《たの》まれたが、小十郎《こじゅうろう》はきっぱりと断《ことわ》り、政《まさ》宗《むね》のもとを一生離《はな》れなかった。

**白石城《しろいしじょう》**

小十郎《こじゅうろう》の居城《きょじょう》で、以後《いご》、片倉氏《かたくらし》が城主《じょうしゅ》となった(宮城県《みやぎけん》)。

### 片倉小十郎《かたくらこじゅうろう》

**肖像《しょうぞう》**

仙台市博物館所蔵

**出身地《しゅっしんち》**

出羽《でわ》(現在《げんざい》の山形県《やまがたけん》)

**生年月日《せいねんがっぴ》**

1557年(誕生日《たんじょうび》は不明《ふめい》)

**死亡年月日《しぼうねんがっぴ》**

1615年10月14日

**享年《きょうねん》**

59歳《さい》(病死)

**能力《のうりょく》**

- 武 4
- 知 5
- 人 4

**運命《うんめい》の戦《たたか》い**

人取橋《ひととりばし》の戦《たたか》い(➡P196)

**軍旗《ぐんき》・馬印《うましるし》**

### 戦国のきずな

#### 「我《われ》こそ政宗《まさむね》!」と戦場《せんじょう》で叫《さけ》んだ小十郎《こじゅうろう》

人取橋《ひととりばし》の戦《たたか》い(⬇P196)のとき、伊達軍《だてぐん》は敵《てき》の激《はげ》しい攻撃《こうげき》を受け、政宗《まさむね》は敵兵《てきへい》に囲《かこ》まれてしまった。小十《こじゅう》郎《ろう》は政宗《まさむね》に「小十郎《こじゅうろう》!」と呼《よ》びかけ、「我《われ》こそが本当の政宗《まさむね》である!」と叫《さけ》んで敵兵《てきへい》を引きつけて、政宗《まさむね》を危機《きき》から救《すく》ったという。

# 佐竹義重《さたけよししげ》

北《きた》関《かん》東《とう》を支《し》配《はい》した政《まさ》宗《むね》のライバル

## 伊達政宗《だてまさむね》と激《はげ》しく争《あらそ》い、いち早く秀吉《ひでよし》に従《したが》う

「鬼義重《おによししげ》」と恐《おそ》れられた佐竹義重《さたけよししげ》は、常陸《ひたち》(現在《げんざい》の茨城県《いばらきけん》)の戦国大名《せんごくだいみょう》である。16歳《さい》で家を継《つ》ぐと、まわりの武将《ぶしょう》たちを次つぎと打ち破《やぶ》り、領地《りょうち》を広げた。

ところが、北から伊達政宗《だてまさむね》が義重《よししげ》の領地《りょうち》をねらって攻《せ》めてきた。義重《よししげ》は東《とう》北《ほく》地方南部の大名《だいみょう》たちと連合《れんごう》して、人《ひと》取橋《とりばし》(福島県《ふくしまけん》)で政宗《まさむね》を打ち破《やぶ》ったが、政宗《まさむね》ににげられてしまった。

そこで義重《よししげ》は、次男・義広《よしひろ》を会津《あいづ》(福島県《ふくしまけん》)の蘆名氏《あしなし》の養子《ようし》に出した。蘆《あし》名氏《なし》を仲間《なかま》に引きこんで、政宗《まさむね》を打ち破《やぶ》ろうとしたのだ。しかし1589年の摺上原《すりあげはら》の戦《たたか》いで、佐竹《さたけ》・蘆名軍《あしなぐん》は、伊達軍《だてぐん》に大敗《たいはい》してしまう。危機《きき》を感じた義重《よししげ》は、豊臣秀吉《とよとみひでよし》に従《したが》うことを決意した。義重《よししげ》は秀吉《ひでよし》の合戦《かっせん》に参《さん》加《か》して手柄《てがら》を立て、常陸《ひたち》54万石の支配《しはい》を認《みと》められた。

ビジュアル資料《しりょう》

### 義重《よししげ》の甲冑《かっちゅう》

兜《かぶと》の左右は羽毛で飾《かざ》られ、前立《まえたて》には毛虫がデザインされている。

秋田市立佐竹史料館所蔵

### 佐竹義重《さたけよししげ》

**出身地《しゅっしんち》**

常陸《ひたち》(現在《げんざい》の茨城県《いばらきけん》)

**生年月日《せいねんがっぴ》**

1547年2月16日

**死亡年月日《しぼうねんがっぴ》**

1612年4月19日

**享年《きょうねん》**

66歳《さい》(事故死《じこし》)

**能力《のうりょく》**

武 4

知 4

人 4

**運命《うんめい》の戦《たたか》い**

人取橋《ひととりばし》の戦《たたか》い

(➡P196)

**軍旗《ぐんき》・馬印《うましるし》**

義重《よししげ》の子・義宣《よしのぶ》の軍旗《ぐんき》。義重《よししげ》の軍旗《ぐんき》は不明《ふめい》。

### なるほどエピソード
### 厚《あつ》い布団《ふとん》だと寝《ね》られなかった!?

義重《よししげ》は、いつでもどこでも寝《ね》られるように、毎日薄《うす》い布団《ふとん》で寝《ね》ていた。佐《さ》竹家《たけけ》が秋田《あきた》に移《うつ》されたとき、子の義宣《よしのぶ》は心配になって、義重《よししげ》に厚《あつ》い布団《ふとん》をおくった。義重《よししげ》はその布団《ふとん》で寝《ね》てみたが、暑すぎて寝《ね》られず、次の日から薄《うす》い布団《ふとん》にもどしたそうだ。

合戦《かっせん》ファイル 21
1585年

# 人《ひと》取《とり》橋《ばし》の戦《たたか》い

**突撃《とつげき》する鬼庭左月斎《おににわさげつさい》**
連合軍《れんごうぐん》に大敗北《だいはいぼく》した伊達政宗《だてまさむね》を戦場《せんじょう》からにがすため、鬼庭左月斎《おににわさげつさい》は連合軍《れんごうぐん》に捨《す》て身の突撃《とつげき》をした。

**勝** 戦力《せんりょく》 約《やく》3万人

佐竹義重《さたけよししげ》

連合軍《れんごうぐん》

VS

伊達軍《だてぐん》

伊達政宗《だてまさむね》

**負** 戦力《せんりょく》 約《やく》7000人

## 東北《とうほく》地方南部の大名《だいみょう》と伊達政宗《だてまさむね》との戦《たたか》い

伊達政宗《だてまさむね》は、１５８５年、二本《にほん》松城《まつじょう》（福島県《ふくしまけん》）の畠山義継《はたけやまよしつぐ》を攻《せ》めた。義継《よしつぐ》は、政宗《まさむね》の父を人質《ひとじち》に取ったが、政宗《まさむね》は父もろとも義継《よしつぐ》を殺《ころ》してしまう。政宗《まさむね》は「父のかたき！」と、畠山氏《はたけやまし》への攻撃《こうげき》を開始した。

「政宗《まさむね》を倒《たお》そう！」。常陸《ひたち》（現在《げんざい》の茨城県《いばらきけん》）の佐竹義重《さたけよししげ》、会津《あいづ》（福島県《ふくしまけん》）の蘆名氏《あしなし》ら、東北《とうほく》地方南部の大名《だいみょう》たちは、畠山氏《はたけやまし》をたすけるため約《やく》3万人の軍《ぐん》を集めた。一方の伊達軍《だてぐん》は約《やく》７０００人だった。

両軍《りょうぐん》は瀬戸川《せとがわ》（福島県《ふくしまけん》）でぶつかったが、やがて兵力《へいりょく》が少ない伊《だ》

## 人《ひと》取《とり》橋《ばし》の戦《たたか》いの流れ

### 1 政宗《まさむね》が畠山氏《はたけやまし》を攻《せ》める

政宗《まさむね》は、父を人質《ひとじち》にとってにげた畠山義継《はたけやまよしつぐ》を殺《ころ》したが、そのとき一緒《いっしょ》に父も死んでしまった。父のかたきをうつため、政宗《まさむね》は畠山氏《はたけやまし》を攻《せ》めた。

### 2 佐竹義重《さたけよししげ》らが同盟《どうめい》する

佐竹義重《さたけよししげ》など東北《とうほく》地方南部の大名《だいみょう》は、政宗《まさむね》と戦《たたか》うために同盟《どうめい》を組んだ。両軍《りょうぐん》は人取橋《ひとどりばし》で激突《げきとつ》した。

### 3 伊達軍《だてぐん》が大敗《たいはい》する

伊達軍《だてぐん》は大敗《たいはい》し、政宗《まさむね》は命からがらにげた。翌《よく》日《じつ》、連合軍《れんごうぐん》が引きあげたため政宗《まさむね》はたすかった。

# 政《まさ》宗《むね》は絶《ぜっ》体《たい》絶《ぜつ》命《めい》の危《き》機《き》をのがれる！

達軍《てぐん》は総崩《そうくず》れとなり、政宗《まさむね》の間近に敵《てき》が迫《せま》ってきた。

政宗《まさむね》の家臣《かしん》・鬼庭左月斎《おににわさげつさい》が捨《す》て身の突撃《とつげき》をしている間に、政宗《まさむね》は命からがら戦場《せんじょう》から城《しろ》へにげた。このとき義重《よししげ》に、安房《あわ》（現在《げんざい》の千葉《ちば》県《けん》）の里見氏《さとみし》が、義重《よししげ》の領地《りょうち》をねらっている、という知らせが届《とど》いた。義重《よししげ》は政宗《まさむね》にとどめをさすことができないまま、常陸《ひたち》に帰った。

# 戦《せん》国《ごく》武《ぶ》将《しょう》の陣《じん》羽《ば》織《おり》は超《ちょう》ド派《は》手《で》!?

戦国武将《せんごくぶしょう》たちが戦場《せんじょう》で、甲冑《かっちゅう》の上から着た陣羽織《じんばおり》は、あざやかで派手《はで》なものが多かった。

大阪城天守閣所蔵

## 南蛮風《なんばんふう》の陣羽織《じんばおり》

南蛮《なんばん》（南ヨーロッパ）から伝《つた》わった布地《ぬのじ》でつくられた陣羽《じんば》織《おり》。織田信長《おだのぶなが》が持っていたが、豊臣秀吉《とよとみひでよし》にあたえられたと伝《つた》えられる。背中《せなか》には信長《のぶなが》の家紋《かもん》がデザインされている。

持ち主

織《お》田《だ》信《のぶ》長《なが》
➡P58

持ち主

豊《とよ》臣《とみ》秀《ひで》吉《よし》
➡P126

仙台市博物館所蔵

## 山形模様《やまがたもよう》の陣羽織《じんばおり》

派手好《はでず》きだった伊達政宗《だてまさむね》が持っていた陣羽織《じんばおり》。羽織《はおり》全体は金色の細長い布《ぬの》で縞模様《しまもよう》がえがかれ、すそには赤色の毛織物《けおりもの》でギザギザの山《やま》形模様《がたもよう》がデザインされている。

持ち主

伊《だ》達《て》政《まさ》宗《むね》
➡P188

## 鎌《かま》がえがかれた陣羽織《じんばおり》

関ケ原《せきがはら》の戦《たたか》いのとき、石田軍《いしだぐん》(西軍《せいぐん》)を裏《うら》切《ぎ》った小早川秀秋《こばやかわひであき》が着ていたといわれる陣羽織《じんばおり》(複製《ふくせい》)。鎌《かま》の絵は、秀秋《ひであき》の軍旗《ぐんき》にもえがかれている。

関ケ原町歴史民俗資料館所蔵

➡P282

## 富《ふ》士《じ》山《さん》をデザインした陣羽織《じんばおり》

黄色い富士山《ふじさん》が噴火《ふんか》しているデザインの陣羽織《じんばおり》。豊臣秀吉《とよとみひでよし》が持っていたと伝《つた》えられる。空は黒色で表現《ひょうげん》されている。

大阪城天守閣所蔵

➡P126

名古屋市秀吉清正記念館所蔵

## ビロードの陣羽織《じんばおり》

秀吉《ひでよし》が持っていたと伝《つた》えられる陣羽織《じんばおり》。南蛮《なんばん》から輸入《ゆにゅう》されたビロード(表面がふさふさの絹織物《きぬおりもの》)のマントを、陣羽織《じんばおり》としてつくり変《か》えたもので、表面にはハスの花などがデザインされている。

➡P126

# 大友宗麟《おおともそうりん》

北《きた》九州《きゅうしゅう》を支配《しはい》したキリシタン大名《だいみょう》

## 九州一《きゅうしゅういち》の大名《だいみょう》になるが、領地《りょうち》をうばい返される

豊後《ぶんご》(現在《げんざい》の大分県《おおいたけん》)の大名《だいみょう》・大友家《おおともけ》で1550年、後継《あとつ》ぎ争《あらそ》いが起こった。21歳《さい》の大友宗麟《おおともそうりん》が、家臣《かしん》の立花道雪《たちばなどうせつ》(↓P202)を味方につけてこの争《あらそ》いに勝ち、大友家《おおともけ》を継《つ》いだ。

宗麟《そうりん》はさっそく肥後《ひご》(現在《げんざい》の熊本県《くまもとけん》)へ攻《せ》め入り、勝利《しょうり》。さらに南へと領地《りょうち》を広げ、九州《きゅうしゅう》6か国と、四国《しこく》の伊予《いよ》(現在《げんざい》の愛媛県《えひめけん》)までも支配下《しはいか》に置《お》く大名《だいみょう》に成《な》り上がった。

しかし、広げた領地《りょうち》のまわりの大名《だいみょう》たちから次つぎと攻撃《こうげき》を受け、敗北《はいぼく》を重ねる。1578年の耳川《みみかわ》の戦《たたか》い(↓P211)では、薩摩《さつま》(現在《げんざい》の鹿児島県《かごしまけん》)の島津氏《しまづし》に大敗《たいはい》した。

その後も島津氏《しまづし》からの激《はげ》しい攻撃《こうげき》を受けた宗麟《そうりん》は、豊臣秀吉《とよとみひでよし》にたすけを求《もと》めた。秀吉《ひでよし》が九州《きゅうしゅう》攻《ぜ》めをおこなうと、島津氏《しまづし》は降伏《こうふく》したため、宗麟《そうりん》はたすかった。

**国崩《くにくずし》(複製《ふくせい》)**

宗麟《そうりん》がポルトガル人からおくられた日本最初《さいしょ》の大砲《たいほう》。臼杵城《うすきじょう》で使用された(大分県《おおいたけん》)。

### 大友宗麟《おおともそうりん》

**肖像《しょうぞう》**

**出身地《しゅっしんち》**

豊後《ぶんご》(現在《げんざい》の大分県《おおいたけん》)

**生年月日《せいねんがっぴ》**

1530年(誕生日《たんじょうび》は不明《ふめい》)

**死亡年月日《しぼうねんがっぴ》**

1587年5月23日

**享年《きょうねん》**

58歳《さい》(病死)

**能力《のうりょく》**

武 4

知 3

人 2

**運命《うんめい》の戦《たたか》い**

耳川《みみかわ》の戦《たたか》い(➡P211)

**軍旗《ぐんき》・馬印《うまじるし》**

なるほどエピソード

### 「天正遣欧少年使節《てんしょうけんおうしょうねんしせつ》」をローマに送った

1582年、九州《きゅうしゅう》でキリスト教を信仰《しんこう》していた「キリシタン大名《だいみょう》」の宗麟《そうりん》や有馬晴信《ありまはるのぶ》、大村純忠《おおむらすみただ》らは、日本人を紹介《しょうかい》するため、4人の少年たちをヨーロッパに送った。少年たちは3年後にローマに着き、喜《よろこ》んで迎《むか》えられた。しかし日本に帰ってきたとき、秀吉《ひでよし》によってキリスト教は禁止《きんし》されていた。

「雷神《らいじん》」と呼《よ》ばれた大友家《おおともけ》の家臣《かしん》

# 立花道雪《たちばなどうせつ》

## 大友家《おおともけ》を最後《さいご》まで支《ささ》え続《つづ》けた「雷神《らいじん》」

豊後《ぶんご》(現在《げんざい》の大分県《おおいたけん》)の大友家《おおともけ》の家《か》臣《しん》・立花道雪《たちばなどうせつ》は、35歳頃《さいごろ》、雷《かみなり》を受けて左足が不自由《ふじゆう》になった。それでも戦《たたか》いの強さはすさまじく、「雷神《らいじん》」と恐《おそ》れられた。

大友家《おおともけ》で後継《あとつ》ぎ争《あらそ》いが起こったとき、道雪《どうせつ》は宗麟《そうりん》の味方になった。争《あらそ》いには宗麟《そうりん》が勝利《しょうり》したので、道雪《どうせつ》は宗麟《そうりん》から重要《じゅうよう》な地位《ちい》を任《まか》された。

**宗茂《むねしげ》を養子《ようし》にする道雪《どうせつ》**

後継《あとつ》ぎがいなかった道雪《どうせつ》は、親友の高橋紹運《たかはしじょううん》(➡P204)に頼《たの》んで、紹運《じょううん》の子・宗茂《むねしげ》を養子《ようし》にした。

その後、宗麟《そうりん》は九州《きゅうしゅう》南部へ向かって領地《りょうち》を広げた。道雪《どうせつ》は宗麟《そうりん》を全力でたすけた。道雪《どうせつ》は、輿《こし》(人がかつぐ台)に乗って合戦《かっせん》を指揮《しき》し、大友軍《おおともぐん》を勝利《しょうり》に導《みちび》いた。九州《きゅうしゅう》をねらう中国《ちゅうごく》地方の毛利《もうり》氏《し》の攻撃《こうげき》も、ふせぎきった(多々良川《たたらがわ》の戦《たたか》い)。

しかし宗麟《そうりん》の勢《いきお》いはしだいにおとろえていった。1578年、力をつけてきた薩摩《さつま》(現在《げんざい》の鹿児島県《かごしまけん》)の島津氏《しまづし》と戦《たたか》うことになったとき、道雪《どうせつ》は反対した。しかし、宗麟《そうりん》はそれを無視《むし》して大敗《たいはい》してしまう(耳川《みみかわ》の戦《たたか》い ➡P211)。「武士《ぶし》は主君を変《か》えない」と考える道雪《どうせつ》は、宗麟《そうりん》の力がどんなにおとろえても、死ぬまで支《ささ》え続《つづ》けた。

### 立花道雪《たちばなどうせつ》

**肖像《しょうぞう》**

福厳寺所蔵・柳川古文書館写真提供

**出身地《しゅっしんち》**

豊後《ぶんご》(現在《げんざい》の大分県《おおいたけん》)

**生年月日《せいねんがっぴ》**

1513年3月17日

**死亡年月日《しぼうねんがっぴ》**

1585年9月11日

**享年《きょうねん》**

73歳《さい》(病死)

**能力《のうりょく》**

武 5

知 4

人 4

**運命《うんめい》の戦《たたか》い**

多々良川《たたらがわ》の戦《たたか》い

### ウソ!ホント!? 雷《かみなり》を切ってたすかった!?

道雪《どうせつ》が35歳頃《さいごろ》、雨やどりをしているとき雷《かみなり》が落ちてきたという。このとき道雪《どうせつ》は、とっさに刀を抜《ぬ》いて雷《かみなり》を切り、たすかったそうだ。道雪《どうせつ》は、この刀を「雷切《らいきり》」と呼《よ》んで、いつも持ち歩いていたそうだ。雷切《らいきり》は現在《げんざい》も残《のこ》っている。

# 高橋紹運《たかはしじょううん》

岩屋城《いわやじょう》の戦《たたか》いで戦死《せんし》した大友家《おおともけ》の猛将《もうしょう》

## 宗麟《そうりん》を支《ささ》え続《つづ》けるが、岩屋城《いわやじょう》で戦死《せんし》する

高橋紹運《たかはしじょううん》は、豊後《ぶんご》（現在《げんざい》の大分県《おおいたけん》）の大友家《おおともけ》の家臣《かしん》の子として生まれ、13歳《さい》のときに大友宗麟《おおともそうりん》の合戦《かっせん》に参加《さんか》した。大友家《おおともけ》の家臣《かしん》には、「雷神《らいじん》」と恐《おそ》れられた立花道雪《たちばなどうせつ》がいたが、紹運《じょううん》も道雪《どうせつ》と肩《かた》を並《なら》べるほど強かった。

一時は九州《きゅうしゅう》北部を広く支配《しはい》した宗麟《そうりん》だったが、やがて力はおとろえていった。1578年、耳川《みみかわ》の戦《たたか》い（⬇P211）で薩摩《さつま》（現在《げんざい》の鹿児島県《かごしまけん》）の島津軍《しまづぐん》に大敗《たいはい》したとき、多くの大友軍《おおともぐん》の武将《ぶしょう》が戦死《せんし》した。さらに1585年には、道雪《どうせつ》が病死する。大友家《おおともけ》を支《ささ》える中心人物は紹運《じょううん》だけになっていた。

1586年、九州《きゅうしゅう》北部の大友家《おおともけ》の領地《りょうち》をねらって、2～5万人もの島津《しまづ》の大軍《たいぐん》が攻《せ》めてきた。「降伏《こうふく》してなるものか」。紹運《じょううん》はわずか763人の兵《へい》とともに岩屋城《いわやじょう》（福岡県《ふくおかけん》）に立てこもって、全員が戦死《せんし》するまで戦《たたか》った（岩屋城《いわやじょう》の戦《たたか》い⬇P206）。

**岩屋城跡《いわやじょうあと》**

岩屋城《いわやじょう》の戦《たたか》いの舞台《ぶたい》となり、現在《げんざい》は城跡《しろあと》に石碑《せきひ》が立っている（福岡県《ふくおかけん》）。

### なるほどエピソード　紹運《じょううん》の言葉は島津軍《しまづぐん》を感心させた!?

岩屋城《いわやじょう》の戦《たたか》いのとき、島津軍《しまづぐん》は紹運《じょううん》に、「大友家《おおともけ》は弱くなった。降伏《こうふく》するべきだ」とすすめた。紹運《じょううん》は、「主君が弱ったときに見捨《みす》てるのは武士《ぶし》でない。あなたたちは島津家《しまづけ》が弱ったら見捨《す》てるのか？」と答え、島津軍《しまづぐん》の兵士《へいし》を感心させたそうだ。

## 高橋紹運《たかはしじょううん》

**肖像《しょうぞう》**

天叟寺所蔵・柳川古文書館写真提供

**出身地《しゅっしんち》**

豊後《ぶんご》（現在《げんざい》の大分県《おおいたけん》）

**生年月日《せいねんがっぴ》**

1548年（誕生日《たんじょうび》は不明《ふめい》）

**死亡年月日《しぼうねんがっぴ》**

1586年7月27日

**享年《きょうねん》**

39歳《さい》（自殺《じさつ》）

**能力《のうりょく》**

武 5
知 4
人 4

**運命《うんめい》の戦《たたか》い**

岩屋城《いわやじょう》の戦《たたか》い（➡P206）

**軍旗《ぐんき》・馬印《うまじるし》**

合戦《かっせん》ファイル

22

1586年

# 岩《いわ》屋《や》城《じょう》の戦《たたか》い

**落城《らくじょう》する岩屋城《いわやじょう》**

約《やく》5万人の島《しま》津《づ》軍《ぐん》による総攻撃《そうこうげき》を受け、岩屋城《いわやじょう》を守っていた城兵《じょうへい》763人全員が戦死《せんし》・自殺《じさつ》した。

勝　戦力《せんりょく》　2~5万人

島津忠長《しまづただなが》

島津軍《しまづぐん》

VS

大友軍《おおともぐん》

高橋紹運《たかはしじょううん》

負　戦力《せんりょく》　763人

## 城兵《じょうへい》全員が戦死《せんし》するまで島津軍《しまづぐん》に抵抗《ていこう》する

薩摩《さつま》(現在《げんざい》の鹿児島県《かごしまけん》)の島津氏《しまづし》は、沖田畷《おきたなわて》(長崎県《ながさきけん》)で龍造寺隆信《りゅうぞうじたかのぶ》をうち取り、九州《きゅうしゅう》の大部分を支配《しはい》した。あとは、九州《きゅうしゅう》北部の大友宗麟《おおともそうりん》を倒《たお》せば、九州《きゅうしゅう》を統一《とういつ》することができた。

島津氏《しまづし》は、島津忠長《しまづただなが》を大将《たいしょう》に、2~5万人の大軍《たいぐん》を筑前《ちくぜん》(現在《げんざい》の福岡県《ふくおかけん》)に送りこんだ。対する大友軍《おおともぐん》の高橋紹運《たかはしじょううん》は、わずか763人で岩屋城《いわやじょう》に立てこもった。忠長《ただなが》は降伏《こうふく》をすすめたが、紹運《じょううん》が断《ことわ》ったので、攻撃《こうげき》をはじめた。紹運軍《じょううんぐん》は城《しろ》へ近づく敵兵《てきへい》に鉄砲《てっぽう》

## 岩屋城《いわやじょう》の戦《たたか》いの流れ

### 1 島津軍《しまづぐん》が岩屋城《いわやじょう》を囲《かこ》む

島津義久《しまづよしひさ》は、忠長《ただなが》を大将《たいしょう》とする２～５万人の大軍《たいぐん》を、大友宗麟《おおともそうりん》が支配《しはい》する筑前《ちくぜん》に送りこみ、岩屋城《いわやじょう》を取り囲《かこ》んだ。

### 2 紹運《じょううん》が激《はげ》しく抵抗《ていこう》する

岩屋城《いわやじょう》の高橋紹運《たかはしじょううん》は、鉄砲《てっぽう》による攻撃《こうげき》や、大木や岩を落として抵抗《ていこう》し、島津軍《しまづぐん》を苦しめた。

### 3 島津軍《しまづぐん》が総攻撃《そうこうげき》を開始する

忠長《ただなが》が総攻撃《そうこうげき》を開始し、追いつめられた紹運《じょううん》は切腹《せっぷく》した。残《のこ》った城兵《じょうへい》もすべて戦死《せんし》・自殺《じさつ》した。

## 紹《じょう》運《うん》たち全員が死ぬまで戦《たたか》った！

を撃《う》ち、岩や大木を落とした。紹《じょう》運軍《うんぐん》の命がけの抵抗《ていこう》は2週間続《つづ》き、島津軍《しまづぐん》の戦死者《せんししゃ》は増《ふ》え続《つづ》けた。「これ以上《いじょう》、戦《たたか》いを長引かせるわけにはいかない！」。総攻撃《そうこうげき》を命じた忠長《ただなが》は、決死の覚悟《かくご》でつき進み、多数の戦死者《せんししゃ》を出しながらも城《しろ》への突入《とつにゅう》を成功《せいこう》させた。「もはやこれまで」。紹運《じょううん》は切腹《せっぷく》し、残《のこ》る兵《へい》もすべて戦死《せんし》した。

# 島津貴久《しまづたかひさ》

島《しま》津《づ》家《け》の領地《りょうち》を大きく広げた戦国《せんごく》大名《だいみょう》

おもな居城《きょじょう》

## 戦《せん》国《ごく》時代の初《しょ》期《き》に、南《みなみ》九《きゅう》州《しゅう》で勢《せい》力《りょく》を広げる

島《しま》津《づ》貴《たか》久《ひさ》は、薩《さつ》摩《ま》(現《げん》在《ざい》の鹿《か》児《ご》島《しま》県《けん》)を支《し》配《はい》する島《しま》津《づ》家《け》の子に生まれた。しかし当時、島《しま》津《づ》家《け》の親《しん》類《るい》どうしは仲《なか》が悪く、政《せい》治《じ》もうまくいっていなかった。

「まずは薩《さつ》摩《ま》をいい国にしよう」。14歳《さい》で島《しま》津《づ》家《け》を継《つ》いだ貴《たか》久《ひさ》は、まず島《しま》津《づ》家《け》をまとめようとした。ところが親《しん》類《るい》の島《しま》津《づ》実《さね》久《ひさ》が逆《さか》らったため、貴《たか》久《ひさ》は実《さね》久《ひさ》を倒《たお》した(紫原《むらさきばる》の戦《たたか》い)。さらに薩《さつ》摩《ま》南部へと兵《へい》を進め、薩《さつ》摩《ま》半《はん》島《とう》全体を治《おさ》めることに成《せい》功《こう》した。

貴《たか》久《ひさ》はさらに東へ進み、大《おお》隅《すみ》半島(鹿《か》児《ご》島《しま》県《けん》)にまで領《りょう》地《ち》を広げ、戦《せん》国《ごく》大《だい》名《みょう》の仲《なか》間《ま》入《い》りを果《は》たした。貴《たか》久《ひさ》は、義《よし》久《ひさ》(⬇P210)、義《よし》弘《ひろ》(⬇P286)、歳《とし》久《ひさ》、家《いえ》久《ひさ》(⬇P212)という優《すぐ》れた4人の子たちに「南《みなみ》九《きゅう》州《しゅう》を支《し》配《はい》せよ」と命じると、義《よし》久《ひさ》に島《しま》津《づ》家《け》の後を継《つ》がせて引《いん》退《たい》した。

また、キリスト教宣《せん》教《きょう》師《し》・ザビエルが薩《さつ》摩《ま》へ上《じょう》陸《りく》すると、ザビエルに会い、キリスト教を広めることを許《ゆる》した。

**ザビエル(1506～1552)**

スペインの宣《せん》教《きょう》師《し》。1549年に鹿《か》児《ご》島《しま》に上《じょう》陸《りく》して貴《たか》久《ひさ》に会い、キリスト教を広めることを許《きょ》可《か》してもらった。

### 島《しま》津《づ》貴《たか》久《ひさ》

**肖《しょう》像《ぞう》**

**出《しゅっ》身《しん》地《ち》**

薩《さつ》摩《ま》(現《げん》在《ざい》の鹿《か》児《ご》島《しま》県《けん》)

**生《せい》年《ねん》月《がっ》日《ぴ》**

1514年(誕《たん》生《じょう》日《び》は不《ふ》明《めい》)

**死《し》亡《ぼう》年《ねん》月《がっ》日《ぴ》**

1571年6月23日

**享《きょう》年《ねん》**

58歳《さい》(病死)

**能《のう》力《りょく》**

武 4
知 4
人 4

**運《うん》命《めい》の戦《たたか》い**

紫原《むらさきばる》の戦《たたか》い

**軍《ぐん》旗《き》・馬《うま》印《じるし》**

### なるほどエピソード

**貴《たか》久《ひさ》は日本ではじめて鉄《てっ》砲《ぽう》を合《かっ》戦《せん》で使った!?**

1543年、ポルトガル人によって種《た》子《ね》島《がしま》(鹿《か》児《ご》島《しま》県《けん》)に鉄《てっ》砲《ぽう》が伝《つた》えられた。そしてすぐ、貴《たか》久《ひさ》にも鉄《てっ》砲《ぽう》が伝《つた》えられたという。1554年、貴《たか》久《ひさ》は岩《いわ》剣《つるぎ》城《じょう》(鹿《か》児《ご》島《しま》県《けん》)を攻《せ》めるときに、日本ではじめて鉄《てっ》砲《ぽう》を合《かっ》戦《せん》で使ったといわれる。

# 島津義久《しまづよしひさ》

九州《きゅうしゅう》の大部分を支配《しはい》するが秀吉《ひでよし》に降伏《こうふく》

## 九州統一《きゅうしゅうとういつ》を目前にして豊臣秀吉《とよとみひでよし》に降伏《こうふく》する

島津義久《しまづよしひさ》は、薩摩《さつま》(現在《げんざい》の鹿児島県《かごしまけん》)の戦国大名《せんごくだいみょう》・島津貴久《しまづたかひさ》の長男。3人の弟たちとともに父に従《したが》って戦《たたか》い、薩摩《さつま》・大隅《おおすみ》(現在《げんざい》の鹿児島県《かごしまけん》)を支配《しはい》した。父・貴久《たかひさ》の死後は、日向《ひゅうが》(現在《げんざい》の宮崎県《みやざきけん》)も手に入れた。

波に乗りはじめた義久《よしひさ》は、1578年、豊後《ぶんご》(現在《げんざい》の大分県《おおいたけん》)の大友宗麟《おおともそうりん》を耳川《みみかわ》(宮崎県《みやざきけん》)で破《やぶ》り、1584年には龍造寺隆信《りゅうぞうじたかのぶ》を沖田畷《おきたなわて》(長崎県《ながさきけん》)でうち取った。島津氏《しまづし》は九州一《きゅうしゅういち》の勢力《せいりょく》となった。そして筑前《ちくぜん》(現在《げんざい》の福岡県《ふくおかけん》)の高橋紹運《たかはしじょううん》をほろぼし、九州統一《きゅうしゅうとういつ》が目前に迫《せま》ったとき、宗麟《そうりん》が豊臣秀吉《とよとみひでよし》にたすけを求《もと》めた。

秀吉《ひでよし》は、約《やく》20万人の兵《へい》を従《したが》えて九州《きゅうしゅう》に上陸《じょうりく》すると、島津氏《しまづし》への攻撃《こうげき》を開始した。勝ち目がないと考えた義久《よしひさ》は降《こう》伏《ふく》した。島津家《しまづけ》は薩摩《さつま》だけの支配《しはい》を許《ゆる》され、秀吉《ひでよし》に従《したが》うことになった。

ビジュアル資料《しりょう》

**舞鶴城《まいづるじょう》**

国分城《こくぶじょう》とも呼ばれ、義久《よしひさ》が72歳頃《さいごろ》から亡《な》くなるまで住んだ。

### 島津義久《しまづよしひさ》

肖像《しょうぞう》

出身地《しゅっしんち》
薩摩《さつま》(現在《げんざい》の鹿児島県《かごしまけん》)

生年月日《せいねんがっぴ》
1533年2月9日

死亡年月日《しぼうねんがっぴ》
1611年1月21日

享年《きょうねん》
79歳《さい》(病死)

能力《のうりょく》
武 4
知 4
人 4

運命《うんめい》の戦《たたか》い
耳川《みみかわ》の戦《たたか》い

軍旗《ぐんき》・馬印《うまじるし》

名勝負

### 義久《よしひさ》が大友軍《おおともぐん》を破《やぶ》った「耳川《みみかわ》の戦《たたか》い」

1578年、九州《きゅうしゅう》北部を支配《しはい》する大《おお》友宗麟《ともそうりん》と、鹿児島《かごしま》を支配《しはい》する義久《よしひさ》が、日向《ひゅうが》の耳川《みみかわ》で激突《げきとつ》した。戦《たたか》いは、島《しま》津軍《づぐん》が大友軍《おおともぐん》の横側《よこがわ》から攻撃《こうげき》して大勝《だいしょう》利《り》した。耳川《みみかわ》を流れる水は、大友軍《おおともぐん》の戦死者《せんししゃ》であふれたといわれる。

# 島津家久《しまづいえひさ》

沖《おき》田《た》畷《なわて》で龍《りゅう》造《ぞう》寺《じ》隆信《たかのぶ》を破《やぶ》った知《ち》将《しょう》

## 龍造寺隆信《りゅうぞうじたかのぶ》をうち取り、九州《きゅうしゅう》で豊臣軍《とよとみぐん》を破《やぶ》る

島津家久《しまづいえひさ》は、薩摩《さつま》(現在《げんざい》の鹿児島県《かごしまけん》)の戦国大名《せんごくだいみょう》・島津貴久《しまづたかひさ》の四男。15歳《さい》で父の戦《たたか》いに加《くわ》わり、手柄《てがら》を立てるなど、優《すぐ》れた戦《たたか》いの能力《のうりょく》をもっていた。作戦《さくせん》を立てる能力《のうりょく》も優《すぐ》れ、沖田畷《おきたなわて》の戦《たたか》いでは、わなをしかけて龍造寺隆信《りゅうぞうじたかのぶ》をうち取った。その後も兄の義久《よしひさ》、義弘《よしひろ》らとともに九州各地《きゅうしゅうかくち》の合戦《かっせん》に勝利《しょうり》した。

九州統一《きゅうしゅうとういつ》が目前に迫《せま》ったとき、豊臣《とよとみ》秀吉《ひでよし》が九州《きゅうしゅう》に兵《へい》を送ってきた。「秀吉《ひでよし》に九州《きゅうしゅう》を渡《わた》すものか！」。1586年、豊臣軍《とよとみぐん》の先発隊《せんぱつたい》が九州《きゅうしゅう》に上陸《じょうりく》してくると、家久《いえひさ》は豊後《ぶんご》(現在《げんざい》の大分県《おおいたけん》)の戸次川《へつぎがわ》で迎《むか》えうった。敵味方《てきみかた》合わせて約《やく》4000人の兵《へい》が戦死《せんし》する激《はげ》しい戦《たたか》いとなったが、家久《いえひさ》が勝利《しょうり》した。

しかしその後、秀吉《ひでよし》が大軍《たいぐん》を率《ひき》いて九州《きゅうしゅう》に上陸《じょうりく》すると、家久《いえひさ》はあきらめて降伏《こうふく》し、その年のうちに病死した。

### 島津家《しまづけ》の四兄弟

父
島津貴久《しまづたかひさ》
➡P208
四男
島津家久《しまづいえひさ》
三男
島津歳久《しまづとしひさ》
次男
島津義弘《しまづよしひろ》
⬇P286
長男
島津義久《しまづよしひさ》
⬇P210


### 名勝負
### 家久《いえひさ》が豊臣軍《とよとみぐん》を破《やぶ》った「戸次川《へつぎがわ》の戦《たたか》い」

島津軍《しまづぐん》にほろぼされそうになった大《おお》友宗麟《ともそうりん》は、豊臣秀吉《とよとみひでよし》にたすけを求《もと》めた。1586年、秀吉《ひでよし》は豊後《ぶんご》に軍勢《ぐんぜい》を送りこむ。家久《いえひさ》は豊臣《とよとみ》軍《ぐん》を、島津軍《しまづぐん》の兵《へい》が待ちかまえている戸次川《へつぎがわ》(大分県《おおいたけん》)におびき出して攻撃《こうげき》し、大勝利《だいしょうり》をおさめた。

## 島津家久《しまづいえひさ》

**肖像《しょうぞう》**

**出身地《しゅっしんち》**

薩摩《さつま》(現在《げんざい》の鹿児島県《かごしまけん》)

**生年月日《せいねんがっぴ》**

1547年(誕生日《たんじょうび》は不明《ふめい》)

**死亡年月日《しぼうねんがっぴ》**

1587年6月5日

**享年《きょうねん》**

41歳《さい》(病死)

**能力《のうりょく》**

武 4
知 5
人 3

**運命《うんめい》の戦《たたか》い**

沖田畷《おきたなわて》の戦《たたか》い
(➡P172)

**軍旗《ぐんき》・馬印《うましるし》**

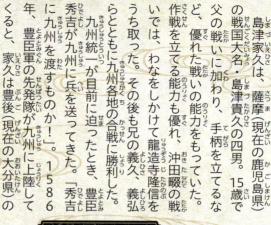

秀吉《ひでよし》に最後《さいご》まで逆《さか》らった関東《かんとう》の武将《ぶしょう》

# 北条氏政《ほうじょううじまさ》

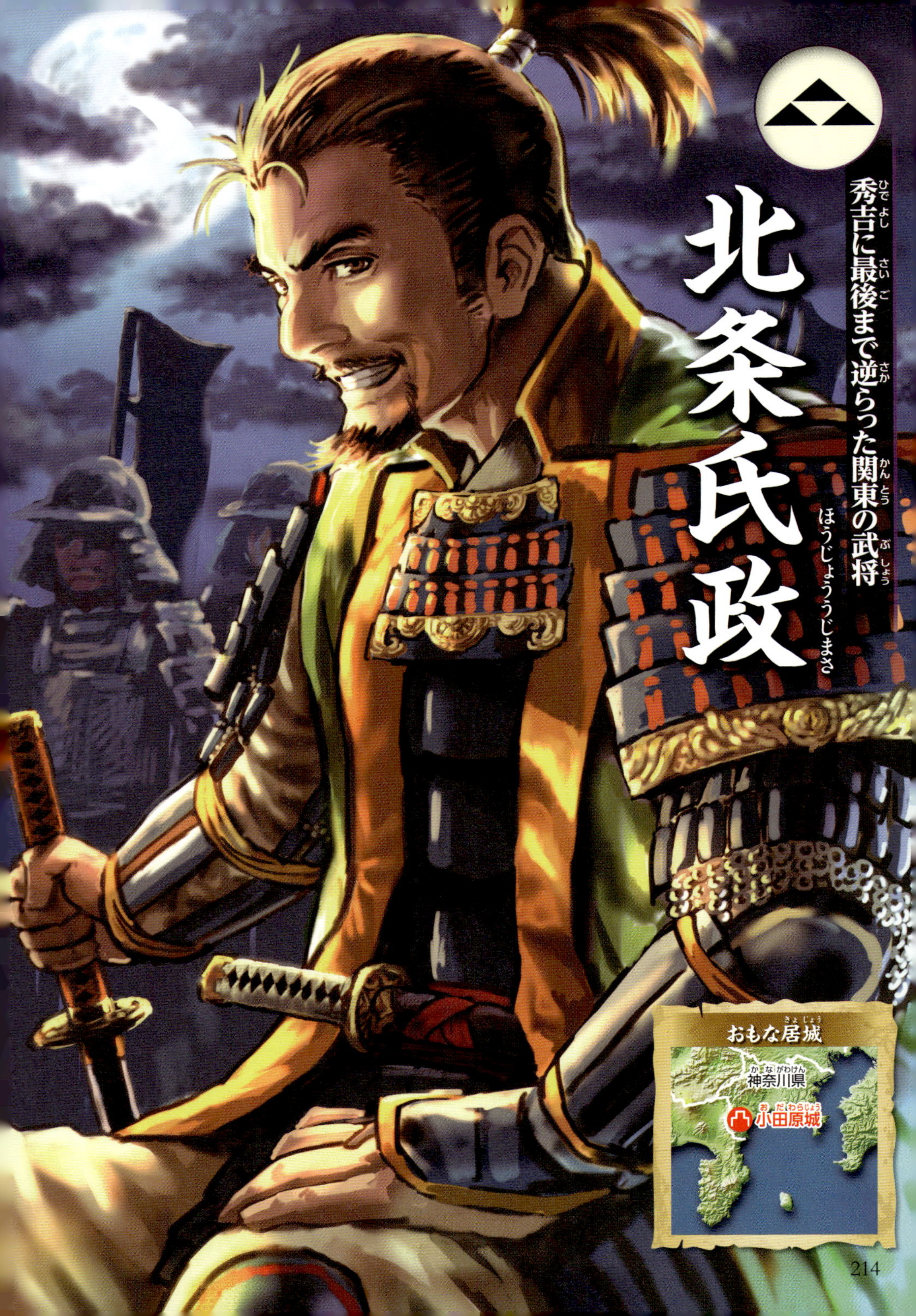

## 豊臣秀吉《とよとみひでよし》に小田原城《おだわらじょう》を攻《せ》められて降伏《こうふく》する

北条早雲《ほうじょうそううん》の子・氏綱《うじつな》は小田原城《おだわらじょう》を拠《きょ》点《てん》に勢力《せいりょく》を広げ、氏綱《うじつな》の子・氏康《うじやす》は、関東《かんとう》地方全体を支配《しはい》した。氏康《うじやす》の子・氏政《うじまさ》が北条家《ほうじょうけ》を継《つ》いだとき、北には上《うえ》杉《すぎ》氏《し》、北西には武田《たけだ》氏《し》、西には今川《いまがわ》氏《し》ら、強大な戦国大名《せんごくだいみょう》が関東《かんとう》地方をねらっていた。

氏政《うじまさ》は、武田《たけだ》氏《し》と手を結《むす》んで、上杉《うえすぎ》氏《し》から関東《かんとう》地方を守った。その後は、今川《いまがわ》氏《し》と手を結《むす》んで武田《たけだ》氏《し》を攻《せ》めるなどして、領地《りょうち》をこれまでの北条《ほうじょう》氏《し》の中で最大《さいだい》にまで広げた。

ところが、氏政《うじまさ》を恐《おそ》れた豊臣秀吉《とよとみひでよし》が、自分に従《したが》うように命令《めいれい》してきた。氏政《うじまさ》がこれをはねつけると、1590年、秀吉《ひでよし》は小田原城《おだわらじょう》を攻《せ》めはじめた。

小田原城《おだわらじょう》にこもった氏政《うじまさ》は、自信《じしん》をもって戦《たたか》ったが、14万人の大軍《たいぐん》の前に力つき、降伏《こうふく》した。氏政《うじまさ》は切腹《せっぷく》し、約《やく》100年間続《つづ》いた北条《ほうじょう》氏《し》はほろびた。

**北条氏直《ほうじょううじなお》（1562〜1591）**

氏政《うじまさ》の長男。小田原城《おだわらじょう》の落城《らくじょう》の翌《よく》年《とし》、秀吉《ひでよし》から許《ゆる》されたが、病死した。

### なるほどエピソード

### 「小田原評定《おだわらひょうじょう》」の由来《ゆらい》になった⁉

小田原城《おだわらじょう》を包囲《ほうい》された北条《ほうじょう》氏《し》は、今後どうするべきかを家臣《かしん》たちと一緒《いっしょ》に評定《ひょうじょう》（会議《かいぎ》）をおこなった。いろいろな意見が出されたが、結論《けつろん》は出なかった。このため、「小田原評定《おだわらひょうじょう》（いつまでたっても結論《けつろん》が出ない会議《かいぎ》）」という言葉が生まれた。

## 北条氏政《ほうじょううじまさ》

**肖像《しょうぞう》**

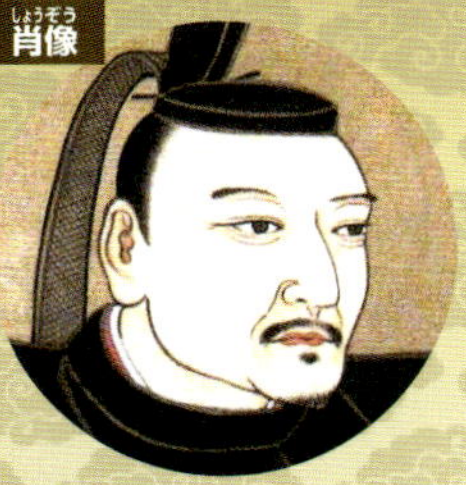

**出身地《しゅっしんち》**

相模《さがみ》（現在《げんざい》の神奈川県《かながわけん》）

**生年月日《せいねんがっぴ》**

1538年（誕生日《たんじょうび》は不明《ふめい》）

**死亡年月日《しぼうねんがっぴ》**

1590年7月11日

**享年《きょうねん》**

53歳《さい》（切腹《せっぷく》）

**能力《のうりょく》**

武 3
知 3
人 3

**運命《うんめい》の戦《たたか》い**

小田原城《おだわらじょう》の戦《たたか》い

（➡P218）

**軍旗《ぐんき》・馬印《うまじるし》**

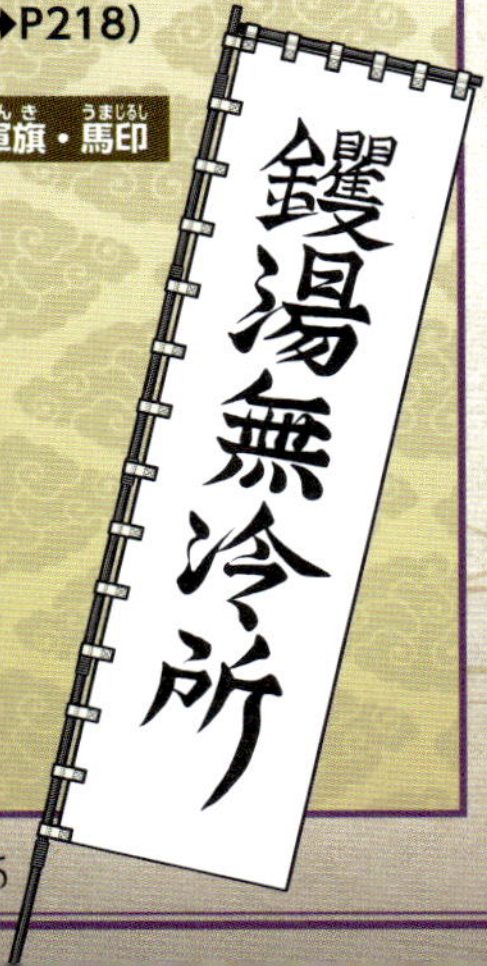

1590年
小田原《おだわら》（神奈川県《かながわけん》）――
秀吉《ひでよし》は大軍《たいぐん》で北条氏《ほうじょうし》が立てこもる小田原城《おだわらじょう》を包囲《ほうい》していた。
わしに逆《さか》らうやつは許《ゆる》さん！
伊達政宗《だてまさむね》は秀吉軍《ひでよしぐん》への参加《さんか》がおくれていた。
ポク
ポク
秀吉殿《ひでよしどの》は怒《おこ》っているだろうな……
殺《ころ》されるかもしれんな……
政宗殿《まさむねどの》をお連《つ》れしました
おそくなりました 伊達政宗《だてまさむね》
ただ今、参上《さんじょう》いたしました

し
白装束《しろしょうぞく》だと！
ざわっ
……
ぎっ
トッ……
……もう少しおそかったら
おぬしの首は飛《と》んでおったぞ！
立て、政宗《まさむね》！
天下統一《とういつ》はもうすぐじゃ！
ちゃっ
刀をわしに預《あず》けるとは……
この男の度量《どりょう》にはかなわんな……
＼さー次じゃー！／

合戦《かっせん》ファイル 23

1590年

# 小《お》田《だ》原《わら》城《じょう》の戦《たたか》い

## 北条氏《ほうじょうし》が降伏《こうふく》し、秀吉《ひでよし》は天下を統一《とういつ》した！

小田原城《おだわらじょう》
北条氏《ほうじょうし》の城《しろ》で、城《しろ》を囲《かこ》む塀《へい》の長さは
9キロメートルにもおよんだ。
石垣山一夜城《いしがきやまいちやじょう》
秀吉《ひでよし》が約《やく》80日で完成《かんせい》させた城《しろ》。完成《かんせい》
と同時に、周囲《しゅうい》の木を切り倒《たお》したの
で、一夜で城《しろ》が現《あらわ》れたように見えた。

勝 戦力《せんりょく》 約《やく》20万人

豊臣秀吉《とよとみひでよし》

豊臣軍《とよとみぐん》

VS

北条軍《ほうじょうぐん》

北条氏政《ほうじょううじまさ》

負 戦力《せんりょく》 約《やく》5万6000人

### 石垣山一夜城《いしがきやまいちやじょう》を見て戦《たたか》う気力を失《うしな》う

1590年、天下統一《とういつ》を目前にした豊臣秀吉《とよとみひでよし》に、北条氏政《ほうじょううじまさ》・氏直《うじなお》父子は従《したが》おうとしなかった。

「放っておくわけにはいかない」。秀吉《ひでよし》は、徳川家康《とくがわいえやす》をはじめ、全国の大名《だいみょう》たちを集め、約《やく》20万人の大《たい》軍《ぐん》で小田原城《おだわらじょう》を取り囲《かこ》んだ。

小田原城《おだわらじょう》はこれまで、上杉謙信《うえすぎけんしん》や武田信玄《たけだしんげん》の攻撃《こうげき》も防《ふせ》いだ名城《めいじょう》。氏政《うじまさ》は大量《たいりょう》の食料《しょくりょう》と武器《ぶき》を用意して立てこもった。しかし、小田原《おだわら》城《じょう》のまわりの城《しろ》がひとつずつ落とされ、苦しくなってきたところに、突然《とつぜん》、豊臣軍《とよとみぐん》の城《しろ》が現《あらわ》れた。

## 小田原城《おだわらじょう》の戦《たたか》いの流れ

### 1 豊臣軍《とよとみぐん》が小田原城《おだわらじょう》を囲《かこ》む

秀吉《ひでよし》は、全国の大名《だいみょう》に命令《めいれい》して、約《やく》20万人の大《たい》軍《ぐん》で北条氏《ほうじょうし》の本拠地《ほんきょち》・小田原城《おだわらじょう》を取り囲《かこ》んだ。

### 2 北条方《ほうじょうがた》の城《しろ》を落とす

豊臣軍《とよとみぐん》は、関東《かんとう》にある北条方《ほうじょうがた》の城《しろ》を次つぎと攻《こう》撃《げき》して落としていった。

### 3 石垣山一夜城《いしがきやまいちやじょう》を築《きず》く

秀吉《ひでよし》は、小田原城《おだわらじょう》を見下ろせる石垣山《いしがきやま》に約《やく》80日間で城《しろ》を築《きず》いた。完成《かんせい》と同時に周囲《しゅうい》の木を切り倒《たお》したので、一夜で城《しろ》が完成《かんせい》したように見えた。

**小田原城《おだわらじょう》を包囲《ほうい》する豊臣軍《とよとみぐん》**

秀吉《ひでよし》は約《やく》20万人の大軍《たいぐん》で小田原城《おだわらじょう》を取り囲《かこ》んだ。さらに石垣山《いしがきやま》の上に城《しろ》を築《きず》いた。

秀吉《ひでよし》は、小田原城《おだわらじょう》を見下ろす石《いし》垣山《がきやま》にひそかに城《しろ》を築《きず》かせていた。完成《かんせい》と同時に城《しろ》のまわりの木を一気に切り倒《たお》したため、一晩《ひとばん》で城《しろ》が築《きず》かれたように見えたのだ。この「石垣山一夜城《いしがきやまいちやじょう》」を見た北条軍《ほうじょうぐん》の兵士《へいし》たちは、豊臣軍《とよとみぐん》と戦《たたか》う気力がなくなってしまった。

このため氏直《うじなお》は、小田原城《おだわらじょう》を出て降伏《こうふく》。氏政《うじまさ》は切腹《せっぷく》を命じられた。

# 戦《せん》国《ごく》武《ぶ》将《しょう》は茶《ちゃ》道《どう》が好《す》きだった!?

**「美」のあり方を変《か》えた利休《りきゅう》**

利休《りきゅう》は、ぜいたくな物の中にではなく、質素《しっそ》な茶室や茶碗《ちゃわん》、野の花などに美しさを見出した。

**千《せんの》利《り》休《きゅう》(1522～1591)**

「わび茶」と呼《よ》ばれる茶道(茶の湯)を完成《かんせい》させた。豊臣秀吉《とよとみひでよし》の相談役となるが、秀《ひで》吉《よし》を怒《おこ》らせて切腹《せっぷく》を命じられた。

**茶室**

茶道で、客を招《まね》いて茶を出すための部屋。広さは4畳半《じょうはん》が基本《きほん》。写真は高台寺《こうだいじ》(京都《きょうと》府《ふ》)の茶室「傘亭《からかさてい》」。

## 信長《のぶなが》はほうびとして家臣《かしん》に茶器《ちゃき》をあたえた

戦国武将《せんごくぶしょう》たちの間で茶道(茶の湯)が大流行した。流行をつくったのは織田信長《おだのぶなが》だったという。合戦《かっせん》のほうびには、領地《りょうち》をあたえていたが、しだいにあたえる土地がなくなってしまった。そこで茶道を好《この》んだ信長《のぶなが》は、手柄《てがら》を立てた武士《ぶし》に、ほうびとして茶器《ちゃき》(茶碗《ちゃわん》や茶釜《ちゃがま》など)をあたえた。その後、豊臣秀吉《とよとみひでよし》も茶道を好《この》んだので、茶道が流行し、数多くの武《ぶ》将《しょう》が千利休《せんのりきゅう》の弟子になった。

茶室がせまい部屋であることも流行した理由である。当時、身分がちがう武将《ぶしょう》どうしが気楽に話をすることはできなかったが、茶室の中では自由に会話を楽しめた。

## 茶室では会話がはずんだ!?

戦国《せんごく》時代、身分がちがうと会話がしにくかった。
ご苦労《くろう》であった
ははっ
武将《ぶしょう》どうしも、会話できなかった。
しかし、茶室の中では身分は関係《かんけい》ないとされた。
本音《ほんね》で話しましょう
いいですな
茶室の中でだけ、武将《ぶしょう》たちは「友人」になれたのかもしれない。
次に会うときは戦場《せんじょう》かもしれませんな


## 利休《りきゅう》の弟子になった戦国《せんごく》武将《ぶしょう》

### 古田織部《ふるたおりべ》(1544~1615)

戦国《せんごく》武将《ぶしょう》らしい、自由で大胆《だいたん》な茶道を完成《かんせい》させた。

### 蒲生氏郷《がもううじさと》(1556~1595)

利休《りきゅう》の切腹後《せっぷくご》、利休《りきゅう》の子を会津《あいづ》(福島県《ふくしまけん》)にかくまう。➡P224

### 細川忠興《ほそかわただおき》(1563~1645)

利休《りきゅう》の死後、三斎流《さんさいりゅう》という新しい茶道の流《りゅう》派《は》を開いた。➡P260

### 高山右近《たかやまうこん》(1552~1615)

キリスト教の信者《しんじゃ》で、茶室で神に祈《いの》っていたという。➡P152

**ウソ!ホント!?**

### 命よりも茶釜《ちゃがま》の方が大切だった!?

松永久秀《まつながひさひで》は、信長《のぶなが》を裏切《うらぎ》って戦《たたか》い、信貴山城《しぎさんじょう》(奈良県《ならけん》)を包囲《ほうい》されたとき、信長《のぶなが》から「平蜘蛛《ひらぐも》という茶釜《ちゃがま》(茶に使う湯をわかす釜《かま》)を渡《わた》せば命はたすける」と伝《つた》えられた。しかし久秀《ひさひで》はこれを断《ことわ》り、平蜘蛛《ひらぐも》に火薬を入れて爆発《ばくはつ》させた後、自殺《じさつ》したという。

平蜘蛛《ひらぐも》を爆発《ばくはつ》させる久秀《ひさひで》。

秀吉《ひでよし》の政治《せいじ》を実行する仕事で活躍《かつやく》する

# 浅野長政《あさのながまさ》

おもな居城《きょじょう》

## 秀吉《ひでよし》に信頼《しんらい》されたが最後《さいご》は家康《いえやす》に味方する

浅野長政《あさのながまさ》の妻《つま》は、豊臣秀吉《とよとみひでよし》の妻《つま》・おねの妹であった。秀吉《ひでよし》の親類《しんるい》になった長政《ながまさ》は、若《わか》い頃《ころ》から秀吉《ひでよし》に仕えた。

長政《ながまさ》は、賤ケ岳《しずがたけ》の戦《たたか》いで手柄《てがら》を立てたため、秀吉《ひでよし》から近江《おうみ》(現在《げんざい》の滋賀《しが》県《けん》)に領地《りょうち》をもらい、大名《だいみょう》となった。九州《きゅうしゅう》攻《ぜ》めでも活躍《かつやく》するが、強いばかりでなく、政治《せいじ》にも腕《うで》をふるい、東北《とうほく》地方の大名《だいみょう》たちのまとめ役にもなった。農民《のうみん》から年貢《ねんぐ》(税金《ぜいきん》)を集めたり、金山・銀山を管理《かんり》したりした。

秀吉《ひでよし》が朝鮮出兵《ちょうせんしゅっぺい》の際《さい》、「自分も大軍《たいぐん》を率《ひき》いて朝鮮《ちょうせん》に向かう」と言い出したとき、長政《ながまさ》は「日本の政治《せいじ》を大事にしてください」と、反対したという。長政《ながまさ》は石田三成《いしだみつなり》との仲《なか》が悪かったので、関ケ原《せきがはら》の戦《たたか》いでは家康《いえやす》に味方した。長政《ながまさ》は囲碁《いご》が好《す》きで家康《いえやす》とよく対局したという。長政《ながまさ》が死ぬと、家康《いえやす》は落ちこんで、しばらく囲碁《いご》をやらなかったそうだ。

**浅野幸長《あさのよしなが》(1576~1613)**
長政《ながまさ》の長男。石田三成《いしだみつなり》と対立し、関ケ原《せきがはら》の戦《たたか》いでは徳川家康《とくがわいえやす》に味方した。

### なるほどエピソード 囲碁《いご》に夢中《むちゅう》になり三成《みつなり》を無視《むし》した!?

朝鮮出兵《ちょうせんしゅっぺい》のとき、長政《ながまさ》と黒田官兵衛《くろだかんべえ》は囲碁《いご》をしていた。そのとき、石田三成《いしだみつなり》がやってきたが、ふたりは囲碁《いご》に夢中《むちゅう》で、三成《みつなり》を無視《むし》してしまう。怒《おこ》った三成《みつなり》が秀吉《ひでよし》に告《つ》げ口したので、長政《ながまさ》は三成《みつなり》を嫌《きら》うようになり、関ケ原《せきがはら》の戦《たたか》いでも徳川《とくがわ》軍《ぐん》の味方をしたそうだ。

## 浅野長政《あさのながまさ》

**肖像《しょうぞう》**

**出身地《しゅっしんち》**
尾張《おわり》(現在《げんざい》の愛知県《あいちけん》)

**生年月日《せいねんがっぴ》**
1547年(誕生日《たんじょうび》は不明《ふめい》)

**死亡年月日《しぼうねんがっぴ》**
1611年4月7日

**享年《きょうねん》**
65歳《さい》(病死)

**能力《のうりょく》**

| | |
|---|---|
| 武 | 3 |
| 知 | 4 |
| 人 | 4 |

**運命《うんめい》の戦《たたか》い**
関ケ原《せきがはら》の戦《たたか》い(➡P310)

**軍旗《ぐんき》・馬印《うまじるし》**

子・幸長《よしなが》の軍旗《ぐんき》。長政《ながまさ》の軍旗《ぐんき》は不明《ふめい》。

# 蒲生氏郷《がもううじさと》

会津《あいづ》が発展《はってん》する基礎《きそ》を築《きず》いた武将《ぶしょう》

## 蒲生氏郷《がもううじさと》

**肖像《しょうぞう》**

**出身地《しゅっしんち》**

近江《おうみ》（現在《げんざい》の滋賀県《しがけん》）

**生年月日《せいねんがっぴ》**

1556年（誕生日《たんじょうび》は不明《ふめい》）

**死亡年月日《しぼうねんがっぴ》**

1595年2月7日

**享年《きょうねん》**

40歳《さい》（病死）

**能力《のうりょく》**

| | |
|---|---|
| 武 | 4 |
| 知 | 4 |
| 人 | 4 |

**運命《うんめい》の戦《たたか》い**

本能寺《ほんのうじ》の変《へん》（➡P116）

**軍旗《ぐんき》・馬印《うまじるし》**

## 信長《のぶなが》と秀吉《ひでよし》から才能《さいのう》を認《みと》められる

蒲生氏郷《がもううじさと》の父は、織田信長《おだのぶなが》に降伏《こうふく》した武将《ぶしょう》だった。13歳《さい》のとき、氏郷《うじさと》は信長《のぶなが》の人質《ひとじち》になった。信長《のぶなが》は氏郷《うじさと》が武《ぶ》力《りょく》も頭脳《ずのう》も優《すぐ》れていることをたちまち見抜《みぬ》き、自分の娘《むすめ》・冬姫《ふゆひめ》と結婚《けっこん》させた。

1582年、信長《のぶなが》が本能寺《ほんのうじ》で倒《たお》れたとき、氏郷《うじさと》は安土城《あづちじょう》（滋賀県《しがけん》）にいた信長《のぶなが》の妻《つま》や子どもたちを守った。その後、明智光秀《あけちみつひで》から仲間《なかま》になろうとさそわれたが、断《ことわ》った。光秀《みつひで》が山崎《やまざき》（京都《きょうと》府《ふ》）で豊臣秀吉《とよとみひでよし》に倒《たお》されると、氏郷《うじさと》は秀《ひで》吉《よし》に従《したが》った。

その後は、小牧《こまき》・長久手《ながくて》の戦《たたか》いや九《きゅう》州《しゅう》攻《ぜ》め、小田原城《おだわらじょう》の戦《たたか》いなどに参《さん》加《か》して活躍《かつやく》した。氏郷《うじさと》は秀吉《ひでよし》から「100万の大軍《たいぐん》を指揮《しき》させてみたい」と、高く評価《ひょうか》された。

秀吉《ひでよし》が天下統一《とういつ》を果《は》たすと、氏《うじ》郷《さと》は、会津《あいづ》（福島県《ふくしまけん》）に領地《りょうち》を移《うつ》され、92万石の大名《だいみょう》になった。奥州《おうしゅう》（現在《げんざい》の東北《とうほく》地方東部）の伊達政《だてまさ》宗《むね》が反乱《はんらん》を起こさないように見張《みは》るためだった。

会津《あいづ》に入った氏郷《うじさと》は、城《じょう》鶴ケ城《つるがじょう》を修理《しゅうり》すると、城《じょう》下町《かまち》を整えて会津《あいづ》が発展《はってん》する土台を築《きず》いた。しかし40歳《さい》で病死した。

**氏郷《うじさと》の兜《かぶと》**

氏郷《うじさと》が合戦《かっせん》のときにかぶっていた兜《かぶと》。ツバメの尾《お》のような形が印象的《いんしょうてき》である。

ビジュアル資料《しりょう》

岩手県立博物館所蔵

**鶴ケ城《つるがじょう》**

もとは黒川城《くろかわじょう》と呼《よ》ばれていたが、氏郷《うじさと》が修理《しゅうり》して巨大《きょだい》な城《しろ》に変《か》え、蒲生家《がもうけ》の家紋《かもん》にちなんで、鶴ケ城《つるがじょう》と名づけた（福島県《ふくしまけん》）。

# 堀尾吉晴《ほりおよしはる》

若《わか》いときから秀吉《ひでよし》に仕え、松江城《まつえじょう》を築《きず》く

## 秀吉《ひでよし》の出世をたすけて深く信頼《しんらい》される

堀尾家《ほりおけ》は、織田信長《おだのぶなが》の親類《しんるい》・織田信《おだのぶ》安《やす》の家臣《かしん》だった。織田家《おだけ》の後継《あとつ》ぎ争《あらそ》いで、信安《のぶやす》が信長《のぶなが》にほろぼされると、堀尾吉晴《ほりおよしはる》は、信長《のぶなが》の家臣《かしん》だった豊臣秀《とよとみひで》吉《よし》に仕えた。

1567年に信長《のぶなが》が美濃《みの》(現在《げんざい》の岐《ぎ》阜県《ふけん》)の斎藤氏《さいとうし》を攻《せ》めたとき、稲葉山《いなばやま》城《じょう》に通じる山道を秀吉《ひでよし》に案内《あんない》して、勝利《しょうり》に導《みちび》いたという。その後も吉晴《よしはる》は秀吉《ひでよし》の大事な戦《たたか》いに参加《さんか》し、活躍《かつやく》した。このため秀吉《ひでよし》から深く信頼《しんらい》され、浜松《はままつ》(静岡県《しずおかけん》)12万石を治《おさ》める大名《だいみょう》に任《にん》じられた。

秀吉《ひでよし》の死後は、徳川家康《とくがわいえやす》に従《したが》った。ところが、新しい領地《りょうち》である越前《えちぜん》(現《げん》在《ざい》の福井県《ふくいけん》)に向かう途中《とちゅう》で三河《みかわ》(現在《げんざい》の愛知県《あいちけん》)に立ち寄《よ》ったとき、石田軍《いしだぐん》(西軍《せいぐん》)の武将《ぶしょう》・加賀井重望《かがのいしげもち》に突然《とつぜん》切りかかられた。吉晴《よしはる》は重望《しげもち》をうち取ったが、重傷《じゅうしょう》を負ってしまい、関ケ原《せきがはら》の戦《たたか》いに参加《さんか》できなかった。

しかし子の忠氏《ただうじ》が代わりに関ケ原《せきがはら》の戦《たたか》いに参加《さんか》して手柄《てがら》を立てたため、堀尾家《ほりおけ》は出雲《いずも》(現在《げんざい》の島根県《しまねけん》)をあたえられ、吉晴《よしはる》は松江城《まつえじょう》を築《きず》いた。

**松江城《まつえじょう》**
吉晴《よしはる》が築《きず》いた城《しろ》。1611年に完成《かんせい》した天守《てんしゅ》は、当時のままの姿《すがた》で現在《げんざい》も残《のこ》っている(島根県《しまねけん》)。

### 堀尾吉晴《ほりおよしはる》

**肖像《しょうぞう》**

**出身地《しゅっしんち》**
尾張《おわり》(現在《げんざい》の愛知県《あいちけん》)

**生年月日《せいねんがっぴ》**
1543年(誕生日《たんじょうび》は不明《ふめい》)

**死亡年月日《しぼうねんがっぴ》**
1611年6月17日

**享年《きょうねん》**
69歳《さい》(病死)

**能力《のうりょく》**
武 3
知 3
人 3

**運命《うんめい》の戦《たたか》い**
美濃攻略戦《みのこうりゃくせん》(➡P136)

**ウソ!ホント!?**
### 信長《のぶなが》の前で巨大《きょだい》なイノシシをうち取る!?

信長《のぶなが》が尾張《おわり》(現在《げんざい》の愛知県《あいちけん》)を統一《とういつ》した頃《ころ》、山に狩《か》りに出かけた。そのとき突然《とつぜん》現《あらわ》れた吉晴《よしはる》が、信長《のぶなが》の前で巨大《きょだい》なイノシシと取っ組み合いをして倒《たお》したという。感心した信長《のぶなが》は吉晴《よしはる》を足軽《あしがる》(下級武士《ぶし》)の大将《たいしょう》に取り立てたそうだ。

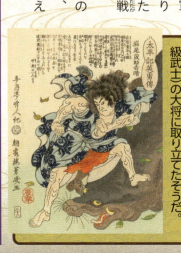

# 宇喜多秀家《うきたひでいえ》

関《せき》ケ《が》原《はら》の戦《たたか》いで西軍《せいぐん》の主力として戦《たたか》う

## 最後《さいご》まで豊臣家《とよとみけ》の家臣《かしん》として生きる

宇喜多秀家《うきたひでいえ》の父・直家《なおいえ》(⬇P52)は織《お》田信長《だのぶなが》の家臣《かしん》だった。父の死後、秀家《ひでいえ》は11歳《さい》で家を継《つ》ぎ、豊臣秀吉《とよとみひでよし》に仕えた。秀吉《ひでよし》から信頼《しんらい》された秀家《ひでいえ》は、秀吉《ひでよし》の養《よう》女《じょ》・豪姫《ごうひめ》(前田利家《まえだとしいえ》の娘《むすめ》)と結婚《けっこん》した。

秀家《ひでいえ》は1582年に秀吉《ひでよし》が毛利氏《もうりし》を攻《せ》めたときも活躍《かつやく》した。本能寺《ほんのうじ》の変《へん》の後、秀吉《ひでよし》が京都《きょうと》へ引き返してからは、中国《ちゅうごく》地方の備中《びっちゅう》(現在《げんざい》の岡山県《おかやまけん》)に残《のこ》って、毛利氏《もうりし》の動きを見張《みは》り続《つづ》けた。

その後も秀吉《ひでよし》の重要《じゅうよう》な戦《たたか》いに参加《さんか》し、朝鮮出兵《ちょうせんしゅっぺい》では総大将《そうだいしょう》に任命《にんめい》された。秀吉《ひでよし》の死後も、秀家《ひでいえ》は豊臣家《とよとみけ》に仕え、関ケ原《せきがはら》の戦《たたか》いでは、石田軍《いしだぐん》(西軍《せいぐん》)の副大将《ふくたいしょう》となった。秀家《ひでいえ》は、すさまじい戦《たたか》いを見せるが敗北《はいぼく》した。秀家《ひでいえ》は薩《さつ》摩《ま》(現在《げんざい》の鹿児島県《かごしまけん》)までにげたが、その後、家康《いえやす》のもとに送られた。死刑《しけい》はまぬがれたが、八丈島《はちじょうじま》へ流され、84歳《さい》まで長生きした。

発見《はっけん》!

**岡山城《おかやまじょう》**

秀家《ひでいえ》が秀吉《ひでよし》の指導《しどう》を受けながら、8年をかけて完成《かんせい》させた城《しろ》(岡山県《おかやまけん》)。

### 戦国のきずな

### 大坂《おおさか》で豪姫《ごうひめ》と最後《さいご》の別《わか》れをした!?

関ケ原《せきがはら》の戦《たたか》いで石田軍《いしだぐん》(西軍《せいぐん》)が敗《やぶ》れた後、秀家《ひでいえ》はにげる途中《とちゅう》、大坂《おおさか》で妻《つま》・豪姫《ごうひめ》と会った。ふたりはとても仲《なか》がよかったが、これが最後《さいご》の別《わか》れとなった。その後、秀家《ひでいえ》は八丈島《はちじょうじま》に追放されたが、豪姫《ごうひめ》は秀家《ひでいえ》に生活費《せいかつひ》を送り続《つづ》けたそうだ。

## 宇喜多秀家《うきたひでいえ》

**肖像《しょうぞう》**

**出身地《しゅっしんち》**

備前《びぜん》(現在《げんざい》の岡山県《おかやまけん》)

**生年月日《せいねんがっぴ》**

1572年(誕生日《たんじょうび》は不明《ふめい》)

**死亡年月日《しぼうねんがっぴ》**

1655年11月20日

**享年《きょうねん》**

84歳《さい》(病死)

**能力《のうりょく》**

武 3

知 3

人 3

**運命《うんめい》の戦《たたか》い**

関ケ原《せきがはら》の戦《たたか》い

(➡P310)

**軍旗《ぐんき》・馬印《うましるし》**

合戦《かっせん》ファイル
24
1592・1597年

# 文禄《ぶんろく》・慶長《けいちょう》の役《えき》（朝鮮出兵《ちょうせんしゅっぺい》）


安宅船《あたけぶね》
豊臣軍《とよとみぐん》の軍船《ぐんせん》。矢や鉄砲《てっぽう》で敵《てき》の船を攻撃《こうげき》した。
朝鮮出兵《ちょうせんしゅっぺい》の拠点《きょてん》・名護屋城《なごやじょう》
1591年、秀吉《ひでよし》は肥前《ひぜん》（現在《げんざい》の佐賀県《さがけん》）に名護屋城《なごやじょう》を築《きず》き、朝鮮出兵《ちょうせんしゅっぺい》のための拠点《きょてん》にした。


## 朝鮮《ちょうせん》半島で起こした秀吉《ひでよし》の無謀《むぼう》な戦《たたか》い

天下統一《とういつ》を果《は》たした秀吉《ひでよし》は、さらに明《みん》(中国《ちゅうごく》)まで支配《しはい》しようと考えた。肥前《ひぜん》(現在《げんざい》の佐賀県《さがけん》)に、当時の日本で最大規模《さいだいきぼ》の城《しろ》・名護屋《なごや》城《じょう》を建《た》て、約《やく》15万人の大軍《たいぐん》を朝鮮《ちょうせん》半島へ送り出した。

1592年4月、小西行長《こにしゆきなが》、加《か》藤清正《とうきよまさ》らが上陸《じょうりく》し、5月には首都・漢城《かんじょう》(ソウル)をうばった。しかし、朝鮮水軍《ちょうせんすいぐん》が激《はげ》しく反撃《はんげき》し、明軍《みんぐん》も戦《たたか》いに加《くわ》わり、さらに朝鮮《ちょうせん》の民衆《みんしゅう》も反抗《はんこう》したため、豊臣軍《とよとみぐん》は苦戦《くせん》におちいった。日本からの食《しょく》料《りょう》の道はとざされ、戦《たたか》いを続《つづ》ける

分
戦力《せんりょく》
約《やく》15万人
（文禄《ぶんろく》の役）
約《やく》14万人
（慶長《けいちょう》の役《えき》）

宇喜多秀家《うきたひでいえ》

豊臣軍《とよとみぐん》

VS

明《みん》・朝鮮軍《ちょうせんぐん》

李舜臣《りしゅんしん》

分
戦力《せんりょく》
約《やく》25万人
（文禄《ぶんろく》の役《えき》）
数十万人
（慶長《けいちょう》の役《えき》）

# 秀吉《ひでよし》の野望《やぼう》が朝鮮《ちょうせん》半島を戦乱《せんらん》に巻《ま》きこむ！

ことができなくなり、全軍《ぜんぐん》がいったん引き上げた(文禄《ぶんろく》の役《えき》)。

1596年、明《みん》から仲直《なかなお》りの使者が来たが、秀吉《ひでよし》を「日本国王」と認《みと》めるだけの内容《ないよう》だった。秀吉《ひでよし》は激《はげ》しく怒《おこ》り、翌年《よくとし》、ふたたび朝鮮《ちょうせん》へ兵《へい》を送った(慶長《けいちょう》の役《えき》)。しかし、その1年後に秀吉《ひでよし》は病死。兵《へい》はすべて引き上げ、朝鮮出兵《ちょうせんしゅっぺい》は、何の成果《せいか》もなく終わった。

## 朝鮮出兵《ちょうせんしゅっぺい》でのおもな戦《たたか》い

### 碧蹄館《へきていかん》の戦《たたか》い(文禄《ぶんろく》の役《えき》)

漢城《かんじょう》(現在《げんざい》のソウル)付近《ふきん》の碧蹄館《へきていかん》で、小早川隆景《こばやかわたかかげ》・立花宗茂《たちばなむねしげ》らが率《ひき》いる豊臣軍《とよとみぐん》が明《みん》・朝鮮軍《ちょうせんぐん》を破《やぶ》った。この戦《たたか》いの後、両軍《りょうぐん》は仲直《なかなお》りをした。

### 蔚山城《うるさんじょう》の戦《たたか》い(慶長《けいちょう》の役《えき》)

加藤清正《かとうきよまさ》が築《きず》いた蔚山城《うるさんじょう》が、約《やく》7万人の明《みん》・朝鮮軍《ちょうせんぐん》に囲《かこ》まれた。蔚山城内《うるさんじょうない》では食料《しょくりょう》や水がなくなりかけたが、黒田長政軍《くろだながまさぐん》によってたすけられた。

### 露梁海戦《ろりょうかいせん》(慶長《けいちょう》の役《えき》)

豊臣軍《とよとみぐん》と明《みん》・朝鮮軍《ちょうせんぐん》が露梁津《ろりょうしん》(朝鮮《ちょうせん》半島南部にある海峡《かいきょう》)で戦《たたか》った海戦《かいせん》。この戦《たたか》いで、豊臣軍《とよとみぐん》を苦しめてきた朝鮮軍《ちょうせんぐん》の武将《ぶしょう》・李舜臣《りしゅんしん》が戦死《せんし》した。

# 戦《せん》国《ごく》武《ぶ》将《しょう》の妻《つま》たち!!

戦国時代《せんごく》には、武将《ぶしょう》の夫《おっと》を支《ささ》えながら活躍《かつやく》した、才能《さいのう》豊《ゆた》かな女性《じょせい》たちがたくさんいた。

## 濃《のう》姫《ひめ》(1535～1612?)

本名は帰蝶《きちょう》。美濃《みの》(現在《げんざい》の岐阜県《ぎふけん》)の斎藤道三《さいとうどうさん》の娘《むすめ》で、織田信長《おだのぶなが》と結婚《けっこん》し、濃姫《のうひめ》と呼《よ》ばれた。結婚《けっこん》するとき道三《どうさん》から刀を渡《わた》され、「信長《のぶなが》がおろか者ならこれで刺《さ》せ」と命じられた。しかし「これは父上を刺《さ》す刀になるかもしれません」と答えたという。

➡P58

結《けっ》婚《こん》生活
14歳《さい》⇨48歳《さい》
34年間

濃姫像《のうひめぞう》

清洲城跡《きよすじょうあと》につくられた清洲《きよす》公園には濃姫《のうひめ》の銅像《どうぞう》が立っている(愛知県《あいちけん》)。

## おね(1549～1624)

肖像《しょうぞう》

13歳《さい》で豊臣秀吉《とよとみひでよし》と恋愛結《れんあいけっ》婚《こん》した。秀吉《ひでよし》が合戦《かっせん》に出て留守《るす》のときは城主《じょうしゅ》の代理として家臣《かしん》をまとめた。子どもがいなかったので、加《か》藤清正《とうきよまさ》や福島正則《ふくしままさのり》などを幼《おさな》いときから育てた。

➡P126

結《けっ》婚《こん》生活
13歳《さい》⇨50歳《さい》
37年間

# お市《いち》の方《かた》
## （1547?～1583）

織田信長《おだのぶなが》の妹で、とても美人だった。浅井長政《あざいながまさ》と結婚《けっこん》し、茶々《ちゃちゃ》（淀殿《よどどの》）・初《はつ》・江《ごう》の「浅井三姉妹《あざいさんしまい》」を生む。長政《ながまさ》は信長《のぶなが》と対立したためほろぼされた。その後、柴田勝家《しばたかついえ》と再婚《さいこん》したが、勝家《かついえ》が秀吉《ひでよし》と戦《たたか》って敗《やぶ》れたため、娘《むすめ》たちをにがした後、勝家《かついえ》とともに自殺《じさつ》した。

肖像《しょうぞう》

最初《さいしょ》の夫《おっと》
浅井長政《あざいながまさ》
➡P80

2番目の夫《おっと》
柴田勝家《しばたかついえ》
➡P108

**結婚《けっこん》生活**

22歳《さい》?→27歳《さい》?（長政《ながまさ》）
36歳《さい》?→37歳《さい》?（勝家《かついえ》）

通算6年間

## 浅井三姉妹《あざいさんしまい》

### 江《ごう》（1573～1626）

浅井三姉妹《あざいさんしまい》の三女。徳川秀忠《とくがわひでただ》と結婚《けっこん》し、江戸幕府《えどばくふ》２代将軍《しょうぐん》となった秀忠《ひでただ》を支《ささ》え続《つづ》けた。３代将軍《しょうぐん》・家光《いえみつ》の母。

夫《おっと》
徳川秀忠《とくがわひでただ》
➡P302

**結婚《けっこん》生活**

23歳《さい》⇨54歳《さい》

31年間

### 初《はつ》（1570?～1633）

浅井三姉妹《あざいさんしまい》の次女。秀吉《ひでよし》のすすめで京極高次《きょうごくたかつぐ》と結婚《けっこん》した。豊臣家《とよとみけ》と徳川家《とくがわけ》が仲《なか》よくできるように努力《どりょく》した。

夫《おっと》
京極高次《きょうごくたかつぐ》

**結婚《けっこん》生活**

18歳《さい》?⇨40歳《さい》?

22年間

### 茶々《ちゃちゃ》（淀殿《よどどの》）（1569?～1615）

浅井三姉妹《あざいさんしまい》の長女。秀吉《ひでよし》と結婚《けっこん》して、秀頼《ひでより》を生んだ。秀吉《ひでよし》の死後は、秀頼《ひでより》を支《ささ》え続《つづ》けた。

➡P330

夫《おっと》
豊臣秀吉《とよとみひでよし》
➡P126

**結婚《けっこん》生活**

20歳《さい》?→30歳《さい》?

10年間

➡P.264

結婚《けっこん》生活
17歳《さい》？⇨49歳《さい》
32年間？

## 千代《ちよ》(1557～1617)

山内一豊《やまうちかずとよ》と結婚《けっこん》し、貯《た》めていたお金で一豊《かずとよ》のために名馬を買った。そのおかげで一豊《かずとよ》は、主君の織田信長《おだのぶなが》の目にとまり、出世できたそうだ。関ケ原《せきがはら》の戦《たたか》いの直前、石田三成《いしだみつなり》が攻撃《こうげき》を開始したことを、いち早く家康《いえやす》に知らせた。

肖像《しょうぞう》

**千代《ちよ》からの手紙を読む一豊《かずとよ》**

関ケ原《せきがはら》の戦《たたか》い前、千代《ちよ》は石田軍《いしだぐん》(西軍《せいぐん》)の情報《じょうほう》が書かれた手紙などを入れた文箱《ふばこ》と、別《べつ》の手紙を一豊《かずとよ》に送った。別《べつ》の手紙には、「文箱《ふばこ》の封《ふう》を開けずに徳川家康様《とくがわいえやすさま》に届《とど》けるように」と書かれていた。

## 細川《ほそかわ》ガラシャ(1563～1600)

本名は「珠《たま》」。明智光秀《あけちみつひで》の娘《むすめ》で、細川忠興《ほそかわただおき》と結婚《けっこん》した。その後、キリスト教の信者《しんじゃ》となった。関ケ原《せきがはら》の戦《たたか》いの直前、石田三成《いしだみつなり》の人質《ひとじち》に取られそうになったとき、家臣《かしん》に槍《やり》で胸《むね》を突《つ》かせて自殺《じさつ》した。

肖像《しょうぞう》

➡P.260

結婚《けっこん》生活
16歳《さい》⇨38歳《さい》
22年間

## まつ（1547～1617）

12歳《さい》のとき、21歳《さい》の前田利家《まえだとしいえ》と結婚《けっこん》した。秀吉《ひでよし》の妻《つま》・おねと仲《なか》よしだった。賤ケ岳《しずがたけ》の戦《たたか》いで、利家《としいえ》の主君・柴田勝家《しばたかついえ》が秀吉《ひでよし》に敗《やぶ》れたとき、秀吉《ひでよし》のもとを訪《おとず》れて、利家《としいえ》を許《ゆる》してもらったという。利家《としいえ》の死後は、前田家《まえだけ》を守るため、自分から徳川家《とくがわけ》の人質《ひとじち》となった。

夫《おっと》
前田利家《まえだとしいえ》
➡P.150
結婚生活《けっこんせいかつ》
12歳《さい》⇨53歳《さい》
41年間

小松姫《こまつひめ》
真田昌幸《さなだまさゆき》
信之《のぶゆき》の父。小松《こまつ》姫《ひめ》に城《しろ》に入るのを断《ことわ》られた。
夫《おっと》
真田信之《さなだのぶゆき》
結婚生活《けっこんせいかつ》
14歳《さい》⇨48歳《さい》
34年間

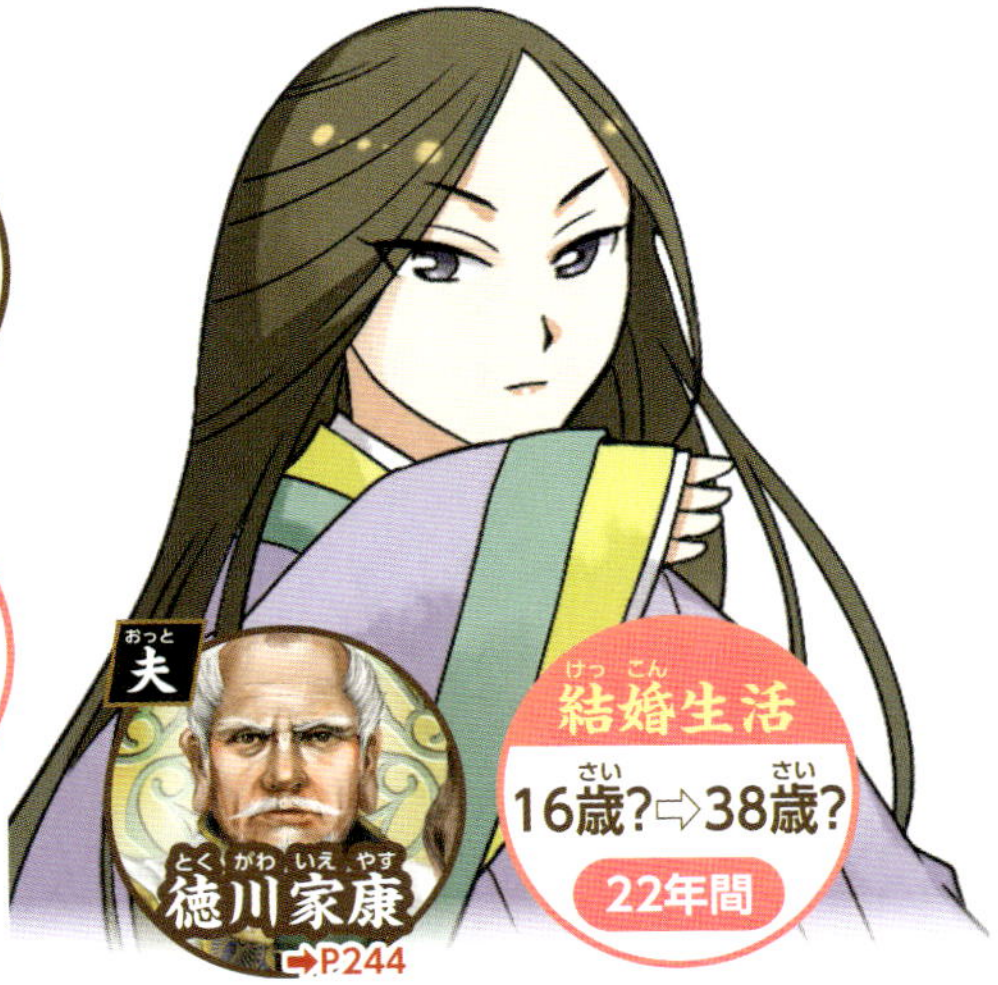
夫《おっと》
徳川家康《とくがわいえやす》
➡P.244
結婚生活《けっこんせいかつ》
16歳《さい》?⇨38歳《さい》?
22年間

## 小松姫《こまつひめ》（1573～1620）

関ケ原《せきがはら》の戦《たたか》いの前、夫《おっと》の真田信之《さなだのぶゆき》は徳川軍《とくがわぐん》（東軍《とうぐん》）に味方したため、西軍《せいぐん》についた夫《おっと》の父・真田《さなだ》昌幸《まさゆき》と敵対《てきたい》することになった。昌幸《まさゆき》が信之《のぶゆき》の城《しろ》に立ち寄《よ》ったとき、留守《るす》を守っていた小松姫《こまつひめ》は「敵《てき》なので城《しろ》には入れられない」と断《ことわ》ったという。

## 築山殿《つきやまどの》（1542?～1579）

徳川家康《とくがわいえやす》が今川家《いまがわけ》の人質《ひとじち》だったときに結婚《けっこん》した。家康《いえやす》の長男・信康《のぶやす》を生んだ。その後、信長《のぶなが》を裏切《うらぎ》ったとして、信康《のぶやす》の切腹《せっぷく》の前に殺された。

# 陣形《じんけい》は役に立たなかった!?

兵《へい》をうまく並《なら》べて、攻撃力《こうげきりょく》を高める「陣形《じんけい》」は、実際《じっさい》の合戦《かっせん》ではどう使われていたのだろう？

超《ちょう》ビジュアル！
# 戦《せん》国《ごく》新聞
**第４号**
発行所：桃山《ももやま》新聞社

## 陣形《じんけい》は中国《ちゅうごく》で考え出された!?

陣形《じんけい》は、もともと古代の中国《ちゅうごく》で考え出されたものである。平安《へいあん》時代に日本に伝《つた》えられ、学者の大江匡房《おおえのまさふさ》が、源義家《みなもとのよしいえ》に伝《つた》えたといわれる。しかし、日本の合戦《かっせん》で使えるものだったかどうか、わかっていない。

**大江匡房《おおえのまさふさ》(1041～1111)**
平安《へいあん》時代の学者で、日本最初《さいしょ》の兵法書《へいほうしょ》『闘戦経《とうせんきょう》』を書いたという。

## 陣形《じんけい》は合戦《かっせん》で使われなかった!?

陣形《じんけい》は10種類《しゅるい》くらいがよく知られているが、正確《せいかく》な数はわからない。三方ケ原《みかたがはら》の戦《たたか》い(➡P248)では、徳川家康《とくがわいえやす》が鶴翼《かくよく》の陣《じん》、武田《たけだ》信玄《しんげん》が魚鱗《ぎょりん》の陣《じん》で戦《たたか》ったといわれる。

しかし、陣形《じんけい》を組んで戦《たたか》うには訓練《くんれん》が必要《ひつよう》なので、実際《じっさい》にどの程度《ていど》使われたか、わかっていない。

**関ケ原《せきがはら》の戦《たたか》いでの徳川軍《とくがわぐん》の陣形《じんけい》**
徳川家康《とくがわいえやす》は、関ケ原《せきがはら》の戦《たたか》いのとき、魚鱗《ぎょりん》の陣《じん》で戦《たたか》ったといわれる。この絵には、きちんと並《なら》んで陣形《じんけい》を組む鉄砲隊《てっぽうたい》や騎馬隊《きばたい》がえがかれている。
福岡市博物館所蔵

# イラストで再《さい》現《げん》!

# 代表的な陣《じん》形《けい》

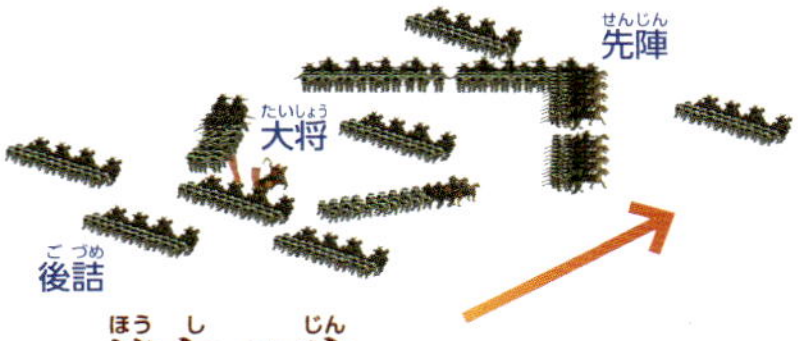


## 鋒《ほう》矢《し》の陣《じん》

矢の先のような陣形《じんけい》で、攻撃力《こうげきりょく》があるが、敵《てき》に取り囲《かこ》まれると弱い。

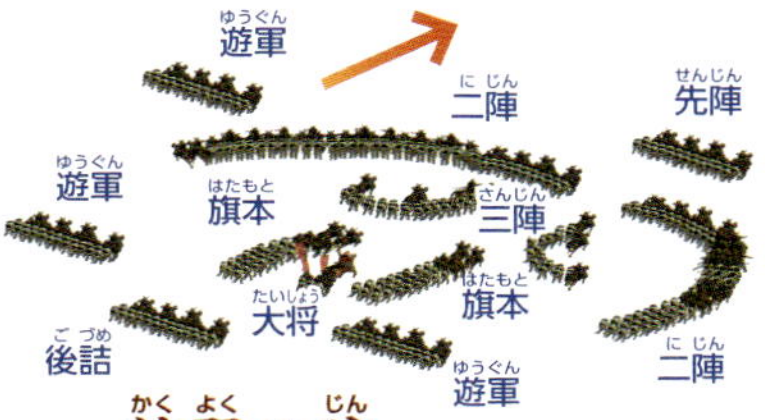


## 鶴《かく》翼《よく》の陣《じん》

鶴《つる》が翼《つばさ》を広げたような陣形《じんけい》で、敵《てき》を取り囲《かこ》んで攻撃《こうげき》する。

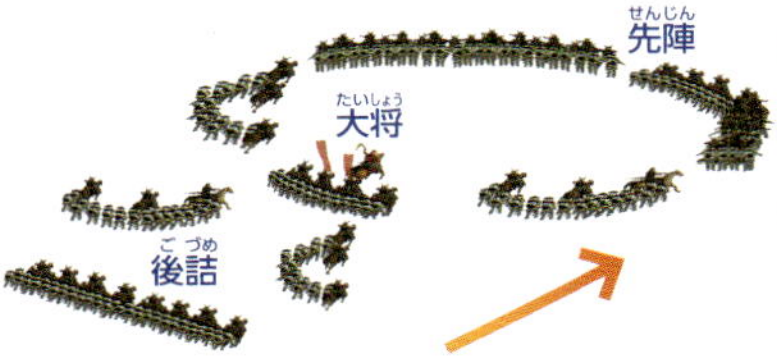


## 方《ほう》円《えん》の陣《じん》

円形の陣形《じんけい》で、大将《たいしょう》が中心に位置《いち》する。あらゆる方向からの攻撃《こうげき》に対応《たいおう》できる。

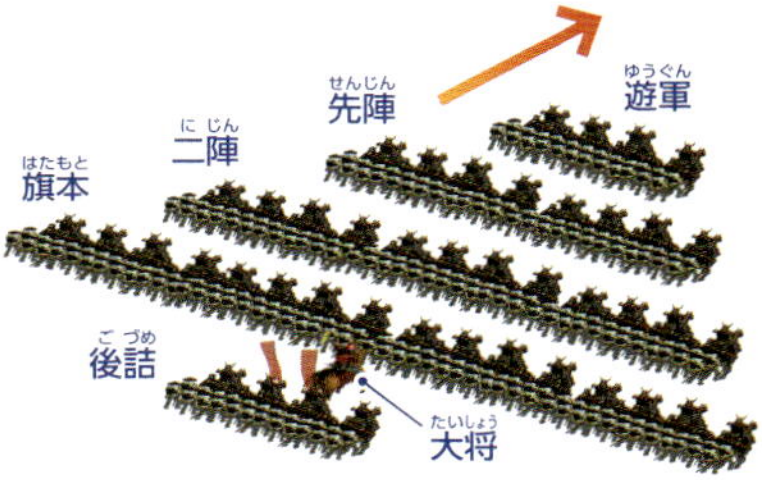


## 魚《ぎょ》鱗《りん》の陣《じん》

魚の鱗《うろこ》のような陣形《じんけい》。中央に兵力《へいりょく》を集中させて、敵《てき》を中央から攻撃《こうげき》する。

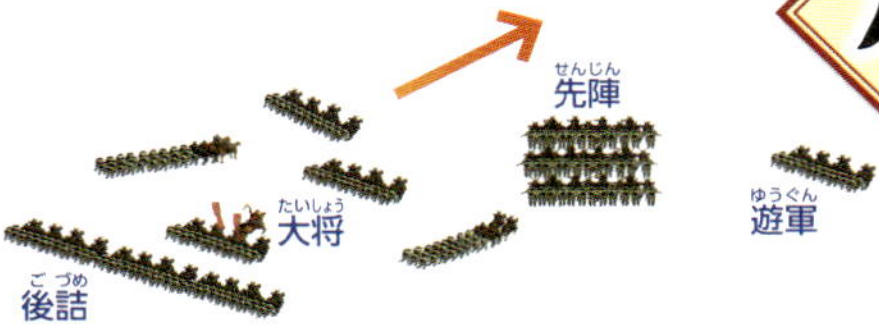


## 長《ちょう》蛇《だ》の陣《じん》

蛇《へび》のような陣形《じんけい》で、前の敵《てき》とも後ろの敵《てき》とも戦《たたか》えるが、部隊《ぶたい》どうしの連絡《れんらく》が難《むずか》しい。

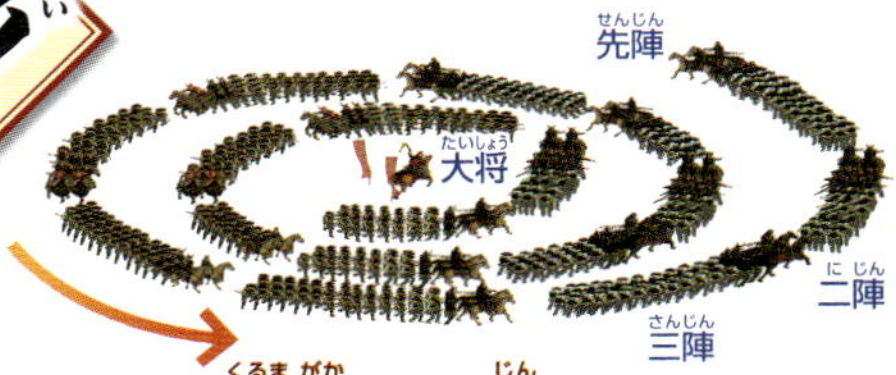


## 車《くるま》懸《がか》りの陣《じん》

車輪《しゃりん》が回転するような陣形《じんけい》で、部隊《ぶたい》が次から次へと敵《てき》に攻撃《こうげき》する。川中島《かわなかじま》の戦《たたか》いで、上杉謙信《うえすぎけんしん》が使ったという。

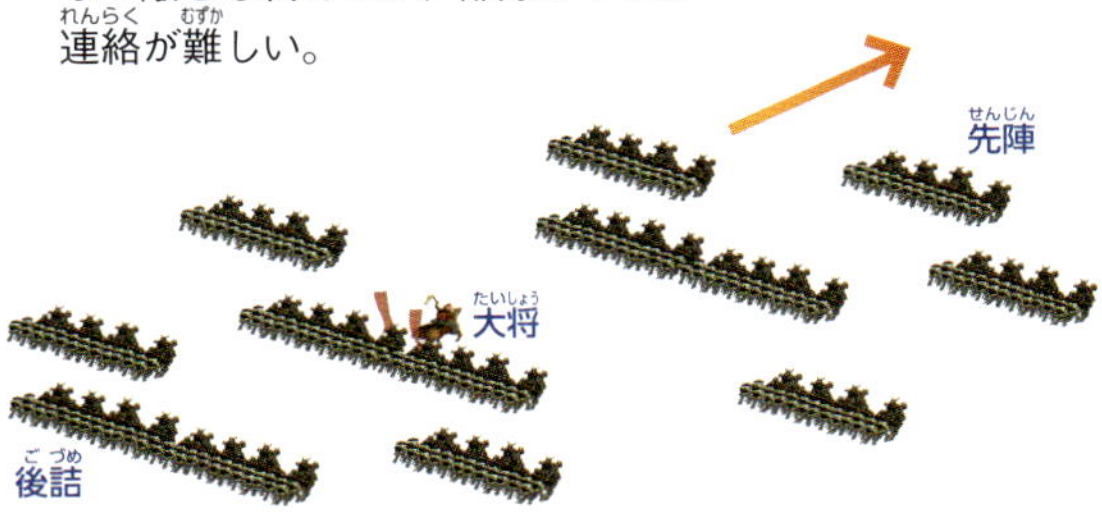


## 雁《がん》行《こう》の陣《じん》

雁《かり》が群《む》れて飛《と》ぶような陣形《じんけい》で、戦《たたか》いの状況《じょうきょう》によって自由に陣形《じんけい》を変《か》えられる。

### 用語解説

先陣《せんじん》…最初《さいしょ》に攻撃《こうげき》する部隊《ぶたい》
二陣《にじん》…２番目に攻撃《こうげき》する部隊《ぶたい》
三陣《さんじん》…３番目に攻撃《こうげき》する部隊《ぶたい》
旗本《はたもと》…大将《たいしょう》を守る部隊《ぶたい》
遊軍《ゆうぐん》…自由に攻撃《こうげき》する部隊《ぶたい》
後詰《ごづめ》…予備《よび》の部隊《ぶたい》

戦国《せんごく》おもしろベスト3

# 戦国《せんごく》の女武将《おんなぶしょう》たち

女性《じょせい》でありながら、男性《だんせい》の武将《ぶしょう》以上《いじょう》に活躍《かつやく》した女武将《おんなぶしょう》たちを紹介《しょうかい》しよう。

## No.1 井伊直虎《いいなおとら》（?〜1582）

**井伊家《いいけ》を継《つ》いで、直政《なおまさ》を育てる**

井伊直虎《いいなおとら》は遠江《とおとうみ》（現在《げんざい》の静岡県《しずおかけん》）の武将《ぶしょう》・井伊直盛《いいなおもり》の娘《むすめ》。婚約者《こんやくしゃ》がいたが、主君に殺《ころ》されそうになり、にげてしまう。父・直盛《なおもり》が戦死《せんし》すると、直虎《なおとら》は井伊家《いいけ》を継《つ》いで、領地《りょうち》を治《おさ》めた。にげた婚約者《こんやくしゃ》が死んだ後、残《のこ》された子・直政《なおまさ》（⬇P252）を引き取り、立派《りっぱ》な武士《ぶし》に育てた。

## No.2 ゆき（生没年不明《せいぼつねんふめい》）

**敵《てき》に囲《かこ》まれた夫《おっと》を救《すく》い出した妻《つま》**

関ケ原《せきがはら》の戦《たたか》いの前、安濃津城《あのつじょう》（三重《みえ》県《けん》）を守っていた富田信高《とみたのぶたか》は、城《しろ》の外で石田軍《いしだぐん》（西軍《せいぐん》）に攻撃《こうげき》を受けて苦戦《くせん》していた。それを見た妻《つま》のゆきは、甲冑《かっちゅう》を着て城《しろ》から出撃《しゅつげき》し、信高《のぶたか》をたすけ出した。

たすけ出した夫《おっと》と一緒《いっしょ》に城《しろ》に帰るゆき。
「教導立志基 三十二」東京都立中央図書館特別文庫室所蔵

## No.3 甲斐姫《かいひめ》（1572〜?）

**忍城《おしじょう》の戦《たたか》いで石田軍《いしだぐん》と戦《たたか》った女将軍《おんなしょうぐん》**

忍城《おしじょう》（埼玉県《さいたまけん》）の城主《じょうしゅ》・成田氏長《なりたうじなが》の娘《むすめ》だった甲斐姫《かいひめ》は美人として有名だった。1590年、石田三成《いしだみつなり》が忍城《おしじょう》を攻撃《こうげき》してきたとき、「女将軍《おんなしょうぐん》よ、わしの妻《つま》にしてやる」と攻《せ》めてきた武将《ぶしょう》を、弓でうち取ったそうだ。

# 4章

# 徳《とく》川《がわ》家《いえ》康《やす》の時代

1547年
岡崎城《おかざきじょう》（愛知県《あいちけん》）――
この頃《ころ》、駿河《するが》（現在《げんざい》の静岡県《しずおかけん》）の今川義元《いまがわよしもと》が東海《とうかい》地方を牛耳《ぎゅうじ》っていた。
許《ゆる》せ、竹千代《たけちよ》……
義元様《よしもとさま》には逆《さか》らえんのだ…
父上……
松平広忠《まつだいらひろただ》
竹千代《たけちよ》（後の徳川家康《とくがわいえやす》）
わたしが今川家《いまがわけ》の人質《ひとじち》になれば松平家《まつだいらけ》は平和でいられる……
ぽこ
ぽか
ねぇ、どうして尾張《おわり》（現在《げんざい》の愛知県《あいちけん》）に向かっているの？
ぽか
ぽこ
ぽこ
それは……！
あなたが今川家《いまがわけ》の敵《てき》、織田家《おだけ》の人質《ひとじち》になるからです！
あばれんでくださいね
ガシッ!!
なっ……裏切《うらぎ》るのかっ!!
こうして竹千代《たけちよ》は織田家《おだけ》の人質《ひとじち》になってしまった。
ちちうえ

だん
だん
だん
お？ だれだ、おまえは？
松平広忠《まつだいらひろただ》の子、竹千代《たけちよ》でございます
びくっ
そうか、おまえが！
どかっ
そしたら、わしとともに戦《たたか》おう！
わしは信長《のぶなが》！
竹千代《たけちよ》、生きて故郷《こきょう》へ帰れよ！
……はい！
しかしこの2年後、竹千代《たけちよ》は今川《いまがわ》家の人質《ひとじち》になるのだった。

1560年
尾張《おわり》──
ワァァァァ
義元《よしもと》は信長《のぶなが》が支配《しはい》する尾張《おわり》に攻《せ》めこんだ。
信長殿《のぶながどの》とは戦《たたか》いたくないが、今は今川家《いまがわけ》の家臣《かしん》……
全力でぶつかろう!
徳川家康《とくがわいえやす》
桶狭間《おけはざま》──
家康《いえやす》も活躍《かつやく》しているな!
我《わ》が軍《ぐん》の勝利《しょうり》は確実《かくじつ》だな!
はっはっは
今川義元《いまがわよしもと》
わッ!!
なっ……いつのまにっ!?
今川義元《いまがわよしもと》、覚悟《かくご》ぉ!!
うぉぉぉぉ
おぉ
ぐっ……大うつけにやられるとはっ……!!

義元《よしもと》がうたれたので今川氏《いまがわし》の勢力《せいりょく》は弱まり、家康《いえやす》は岡崎城《おかざきじょう》へ帰ることができた。

人質《ひとじち》になって13年後のことだった。

それから2年後、清洲城《きよすじょう》（愛知県《あいちけん》）――

お久《ひさ》しぶりです、信長様《のぶながさま》！

わざわざ清洲《きよす》まで来てもらってすまんな…！

あの日の言葉を覚《おぼ》えておるか？

にっ
家康殿《いえやすどの》、わしとともに戦《たたか》おうぞ！

もちろんです！信長様《のぶながさま》！

この「清洲同盟《きよすどうめい》」で結《むす》ばれたふたりのきずなは、信長《のぶなが》が死ぬまでゆらぐことはなかった。

# 徳川家康《とくがわいえやす》

関《せき》ケ《が》原《はら》の戦《たたか》いに勝利《しょうり》し、江戸幕府《えどばくふ》を開く

## 今川氏《いまがわし》の人質《ひとじち》を経《へ》て、織田信長《おだのぶなが》と組む

徳川家康《とくがわいえやす》は、三河《みかわ》(現在《げんざい》の愛知県《あいちけん》)の岡崎城城主《おかざきじょうじょうしゅ》の松平広忠《まつだいらひろただ》の長男として生まれた。広忠《ひろただ》は、駿河《するが》(現在《げんざい》の静岡県《しずおかけん》)の今川氏《いまがわし》、尾張《おわり》(現在《げんざい》の愛知県《あいちけん》)の織田《おだ》氏《し》にはさまれ、弱い立場だった。そのため家康《いえやす》は、広忠《ひろただ》が今川氏《いまがわし》に従《したが》うあかしとして、6歳《さい》で人質《ひとじち》に出されたが、家臣《かしん》の裏切《うらぎ》りによって、織田氏《おだし》の人質《ひとじち》となった。その2年後、織田氏《おだし》と今川氏《いまがわし》との間で人質《ひとじち》を交換《こうかん》することになり、家康《いえやす》は今川氏《いまがわし》の人質《ひとじち》となった。

今川家《いまがわけ》では、家庭教師《きょうし》に学問を教わるなど大事にされる一方、「三河《みかわ》のやっかい者」と悪口も言われた。

19歳《さい》のとき、今川義元《いまがわよしもと》が桶狭間《おけはざま》(愛知県《あいちけん》)で織田信長《おだのぶなが》にうたれ、家康《いえやす》は自由の身となった。信長《のぶなが》はさっそく家康《いえやす》と協力関係《きょうりょくかんけい》(清洲同盟《きよすどうめい》)を結《むす》んだが、実際《じっさい》は、家康《いえやす》が信長《のぶなが》に従《したが》う関係《かんけい》だった。この関係《かんけい》は信長《のぶなが》が死ぬまで、約《やく》20年間も続《つづ》いた。

発見《はっけん》!

**岡崎城《おかざきじょう》**

家康《いえやす》が生まれた城《しろ》。その当時、天《てん》守《しゅ》は建《た》っていなかった(愛知県《あいちけん》)。

### 徳川家康《とくがわいえやす》

**肖像《しょうぞう》**

**出身地《しゅっしんち》**

三河《みかわ》(現在《げんざい》の愛知県《あいちけん》)

**生年月日《せいねんがっぴ》**

1542年12月26日

**死亡年月日《しぼうねんがっぴ》**

1616年4月17日

**享年《きょうねん》**

75歳《さい》(病死)

**能力《のうりょく》**

武 4
知 5
人 5

**運命《うんめい》の戦《たたか》い**

関ケ原《せきがはら》の戦《たたか》い(➡P310)

**軍旗《ぐんき》・馬印《うまじるし》**

ウソ!ホント!?

### 家康《いえやす》は石合戦《いしがっせん》の勝敗《しょうはい》を当てた!?

家康《いえやす》が9歳《さい》の頃《ころ》、今川家《いまがわけ》の人質《ひとじち》だったとき、子どもたちが二組に分かれて石合戦《いしがっせん》(石の投げ合い)をしていた。家康《いえやす》は、「人数が少ない方が、多い方より真剣《しんけん》に戦《たたか》っているから勝つだろう」と予想し、その通りの結果《けっか》になったそうだ。

石合戦《いしがっせん》を見守る家康《いえやす》。

「教導立志基 卅一」東京都立中央図書館特別文庫室所蔵

**姉川《あねがわ》の戦《たたか》いでの家康本陣《いえやすほんじん》**　福井県立博物館所蔵

織田信長《おだのぶなが》と協力《きょうりょく》して、浅井《あざい》・朝倉連合軍《あさくられんごうぐん》を倒《たお》した家康《いえやす》がえがかれている。家康《いえやす》の馬印《うまじるし》である金色の扇《おうぎ》も見える。

## 力をため続《つづ》けて、最後《さいご》に天下を取る

家康《いえやす》は、何度も信長《のぶなが》と協力《きょうりょく》して合戦《かっせん》にのぞんだ。姉川《あねがわ》の戦《たたか》いでは浅井《あざい》・朝倉連合軍《あさくられんごうぐん》を破《やぶ》り、長篠《ながしの》の戦《たたか》いでは武田勝頼《たけだかつより》を破《やぶ》った。三方ケ原《みかたがはら》の戦《たたか》い（➡P248）で大敗《たいはい》したこともあったが、家康《いえやす》は、領地《りょうち》をだんだん広げていった。

家康《いえやす》の長男・信康《のぶやす》は、信長《のぶなが》から裏切《うらぎ》り者とされ、切腹《せっぷく》を命じられた。家康《いえやす》はそれでも信長《のぶなが》に従《したが》い続《つづ》けた。

信長《のぶなが》が本能寺《ほんのうじ》で倒《たお》されたとき、家康《いえやす》は東海《とうかい》地方を中心に甲斐《かい》（現在《げんざい》の山梨県《やまなしけん》）や信濃《しなの》（現在《げんざい》の長野県《ながのけん》）までを治《おさ》める大名《だいみょう》に成長《せいちょう》していた。

信長《のぶなが》の後を継《つ》いだ豊臣《とよとみ》秀吉《ひでよし》が天下統一《とういつ》に名乗りを上げると、これに不満《ふまん》をもった信長《のぶなが》の次男・信雄《のぶかつ》が、家康《いえやす》を頼《たよ》ってきた。「秀吉《ひでよし》を倒《たお》せば天下を取れる」と考えた家康《いえやす》は信雄《のぶかつ》に協力《きょうりょく》し、小牧《こまき》・長久手《ながくて》で秀吉《ひでよし》と戦《たたか》った。家康《いえやす》は豊臣軍《とよとみぐん》に勝っていたが、途中《とちゅう》で信雄《のぶかつ》が勝手に秀吉《ひでよし》と仲直《なかなお》りしてしまった。家康《いえやす》は、しかたなく秀吉《ひでよし》と仲直《なかなお》りし、以後《いご》は秀吉《ひでよし》に従《したが》うことにした。

1590年、秀吉《ひでよし》が天下統一《とういつ》を果《は》たすと、家康《いえやす》は関東《かんとう》地方を治《おさ》めるよう命じられた。都である京都《きょうと》からは遠ざけられたが、広い領地《りょうち》を治《おさ》めることで力を養《やしな》った。

その後、病気になった秀吉《ひでよし》は、家康《いえやす》にまだ6歳《さい》だった息子の秀頼《ひでより》をたすけてくれるように頼《たの》んで死んだ。このとき57歳《さい》になっていた家康《いえやす》は、ようやく天下取りに動きはじめた。石田三成《いしだみつなり》（➡P276）に反発する大名《だいみょう》たちを自

**家康《いえやす》が黒田長政《くろだながまさ》におくった兜《かぶと》**

シダの葉の形をした前立《まえたて》で飾《かざ》られた兜《かぶと》で、関ケ原《せきがはら》の戦《たたか》いの前に、家康《いえやす》から黒田長政《くろだながまさ》（➡P262）におくられた。

福岡市博物館所蔵

発見《はっけん》!
江戸城《えどじょう》
秀吉《ひでよし》の命令《めいれい》で、家康《いえやす》が関東《かんとう》に移《うつ》ったときに入った城《じろ》。後に江戸幕府《ばくふ》が置《お》かれ、現在《げんざい》は皇居《こうきょ》になっている(東京都《とうきょうと》)。

分の仲間《なかま》に引きこみ、大きな勢力《せいりょく》をつくっていった。そして1600年の関《せき》ケ《が》原《はら》の戦《たたか》い(➡P310)で、三成《みつなり》が中心となった西軍《せいぐん》に勝利《しょうり》すると、3年後に家康《いえやす》は征夷大将軍《せいいたいしょうぐん》(将軍《しょうぐん》)となり、江《え》戸《ど》(東京都《とうきょうと》)に幕府《ばくふ》を開いた。

その2年後、息子の秀忠《ひでただ》に将軍職《しょうぐんしょく》をゆずったが、家康《いえやす》は、豊臣家《とよとみけ》が存在《そんざい》していることが心配だった。1614年、家康《いえやす》は豊臣秀頼《とよとみひでより》に戦《たたか》いをしかけると、翌年《よくとし》の大坂夏《おおさかなつ》の陣《じん》(➡P332)で豊臣家《とよとみけ》をほろぼした。こうして、すべての敵《てき》を倒《たお》した後、家康《いえやす》は病死した。

### 戦国のきずな 家康《いえやす》には16人もの子どもがいた!?

家康《いえやす》には11人の男と5人の女の、合計16人の子がいた。長男の信康《のぶやす》は信長《のぶなが》に切腹《せっぷく》を命じられ、次男の秀康《ひでやす》は秀吉《ひでよし》の養子《ようし》となったため、家康《いえやす》の後を継《つ》いだのは、三男の秀忠《ひでただ》だった。

六男の忠輝《ただてる》は家康《いえやす》に逆《さか》らったので追放されたそうだ。

## 情《なさ》けない姿《すがた》を残《のこ》す!?

三方ケ原《みかたがはら》の戦《たたか》いで、家康《いえやす》は武田信玄《たけだしんげん》に無茶《むちゃ》な勝負をいどむが…
信玄《しんげん》を倒《たお》す!
こてんぱんにやられてしまう。
殿《との》、にげてください!
わ、わかった!
このとき家康《いえやす》は、恐怖《きょうふ》のあまり、大便《だいべん》をもらしたと伝《つた》えられる。
ひい〜!
城《しろ》ににげ帰った家康《いえやす》は、自分の情《なさ》けない姿《すがた》をえがかせた。
カッとなったら、この絵を見て自分をおさえよう

合戦《かっせん》ファイル
25
1572年

# 三《み》方《かた》ケ《が》原《はら》の戦《たたか》い

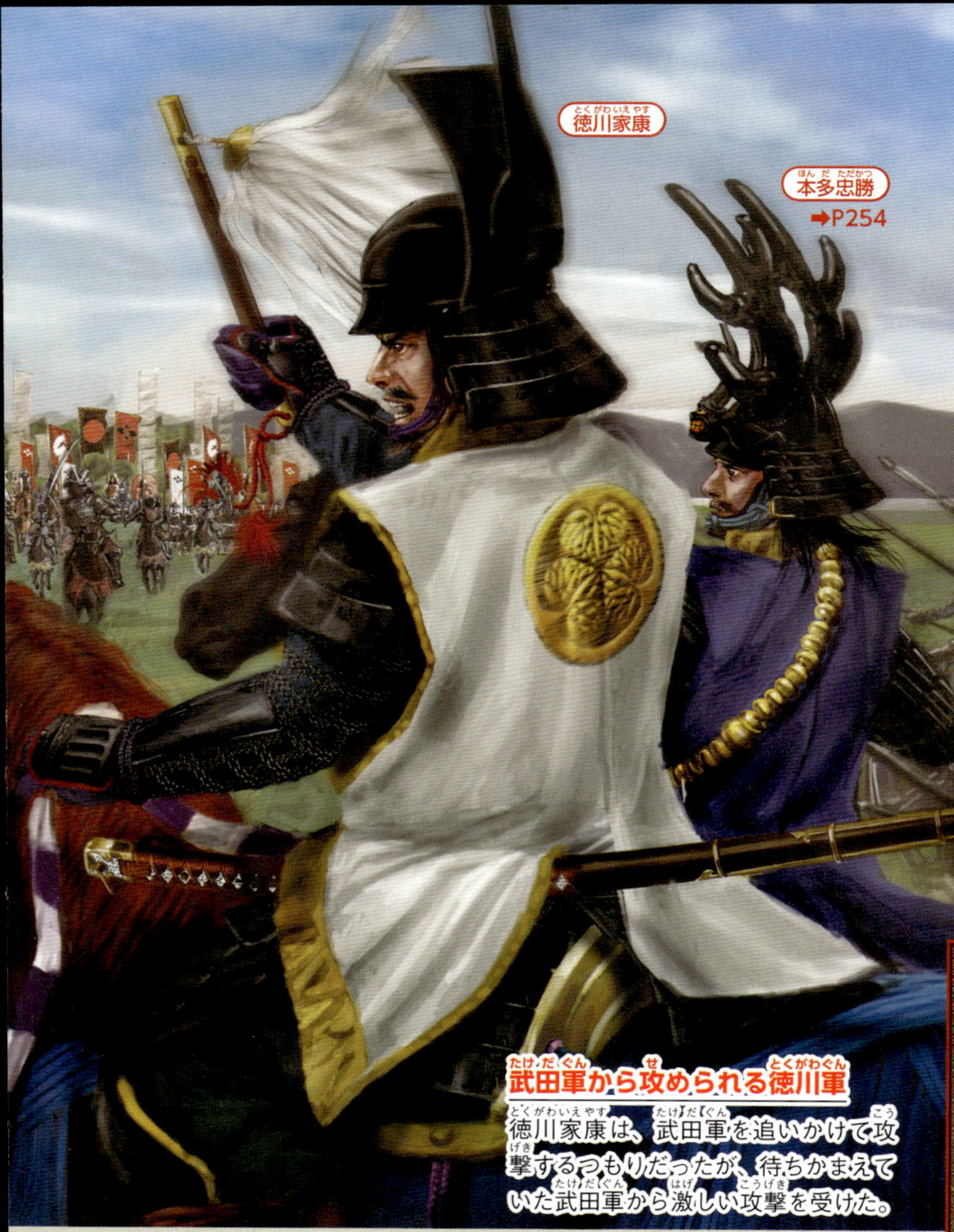


**武田軍《たけだぐん》から攻《せ》められる徳川軍《とくがわぐん》**
徳川家康《とくがわいえやす》は、武田軍《たけだぐん》を追いかけて攻撃《こうげき》するつもりだったが、待ちかまえていた武田軍《たけだぐん》から激《はげ》しい攻撃《こうげき》を受けた。

**勝** 戦力《せんりょく》 約《やく》2万7000人

武田信玄《たけだしんげん》

武田軍《たけだぐん》

VS

徳川軍《とくがわぐん》

徳川家康《とくがわいえやす》

**負** 戦力《せんりょく》 約《やく》1万1000人

## 無理《むり》に攻《せ》めた家康《いえやす》が武田信玄《たけだしんげん》に大敗《たいはい》する

1572年、天下統一《とういつ》をねらう甲斐《かい》(現在《げんざい》の山梨県《やまなしけん》)の武田信玄《たけだしんげん》は、約《やく》2万7000人の大軍《たいぐん》で、京都《きょうと》へ向かった。そして徳川家康《とくがわいえやす》の領地《りょうち》・遠江《とおとうみ》(現在《げんざい》の静岡県《しずおかけん》)に入ってきた。家康《いえやす》は、同盟《どうめい》を結《むす》んでいた織田信長《おだのぶなが》にたすけを求《もと》めたが、応援《おうえん》はなかなか来なかった。翌年《よくとし》、信玄《しんげん》は三方ケ原《みかたがはら》まで進軍《しんぐん》した。「だまっていては武士《ぶし》としてはずかしい」。家康《いえやす》は約《やく》1万1000人の兵《へい》を集めて武田軍《たけだぐん》を追いかけた。この動きを予想していた信玄《しんげん》は、引き返して待ちかまえていた。

# 信玄《しんげん》の作戦《さくせん》にはまった家康《いえやす》が大敗《たいはい》する！

徳川軍《とくがわぐん》が現《あらわ》れると、山県昌景《やまがたまさかげ》に猛攻撃《もうこうげき》させた。たちまち徳川軍《とくがわぐん》は総崩《そうくず》れとなり、家康《いえやす》は恐怖《きょうふ》で大便《だいべん》をもらしながら浜松城《はままつじょう》へにげもどったという。

家康《いえやす》は帰るなり、城《しろ》を開け放ち、門の前で火をたき、太鼓《たいこ》を鳴りひびかせた。追ってきた昌景《まさかげ》らは、「何かわながあるのでは」と考え、引き返していった。

## 三方ケ原《みかたがはら》の戦《たたか》いの流れ

### 1 徳川軍《とくがわぐん》が武田軍《たけだぐん》を追う

武田信玄《たけだしんげん》は軍《ぐん》を率《ひき》いて、家康《いえやす》の領地《りょうち》を進軍《しんぐん》した。怒《おこ》った家康《いえやす》は、軍《ぐん》を率《ひき》いて武田軍《たけだぐん》を追いかけた。

### 2 武田軍《たけだぐん》が引き返す

家康《いえやす》が追いかけてくることを予想していた信玄《しんげん》は、引き返して徳川軍《とくがわぐん》を待ちかまえていた。そして徳川軍《とくがわぐん》が現《あらわ》れると、すぐに攻撃《こうげき》をしかけた。

### 3 家康《いえやす》が戦場《せんじょう》からにげる

武田軍《たけだぐん》の激《はげ》しい攻撃《こうげき》で徳川軍《とくがわぐん》は総崩《そうくず》れになり、家康《いえやす》は命からがら浜松城《はままつじょう》（静岡県《しずおかけん》）へにげ帰った。

# 酒井忠次《さかいただつぐ》

家康《いえやす》が幼《おさな》いときから仕えた「徳川《とくがわ》四天王《してんのう》」の筆頭

## 家康《いえやす》の大事な戦《たたか》いにすべて参加《さんか》した名将《めいしょう》

徳川家康《とくがわいえやす》には「徳川四天王《とくがわしてんのう》」と呼《よ》ばれる4人の実力ある武将《ぶしょう》がいた。その筆頭が酒井忠次《さかいただつぐ》である。

忠次《ただつぐ》はもともと、家康《いえやす》の父・松平広《まつだいらひろ》忠《ただ》に仕えていた。8歳《さい》の家康《いえやす》が、駿河《するが》(現在《げんざい》の静岡県《しずおかけん》)の今川家《いまがわけ》へ人質《ひとじち》として送られたとき、23歳《さい》だった忠次《ただつぐ》は、家《か》臣《しん》として家康《いえやす》につきそった。

家康《いえやす》が人質《ひとじち》を解《と》かれて、戦国大名《せんごくだいみょう》として独立《どくりつ》すると、忠次《ただつぐ》は家康《いえやす》の大事な戦《たたか》いすべてに、参加《さんか》した。特《とく》に1575年の長篠《ながしの》の戦《たたか》いでは、別働《べつどう》隊《たい》を率《ひき》いて武田軍《たけだぐん》の砦《とりで》を次つぎと落とし、長篠城《ながしのじょう》(愛知県《あいちけん》)にいた味方を救《すく》い出すなど、大活躍《だいかつやく》した。家康《いえやす》が同《どう》盟《めい》を組んでいた織田信長《おだのぶなが》からは、「忠《ただ》次《つぐ》の背中《せなか》には目があるようだ」と、たたえられたという。

その後、家康《いえやす》の長男の信康《のぶやす》が、信長《のぶなが》を裏切《うらぎ》ろうとしているといううわさが持ち上がった。忠次《ただつぐ》は家康《いえやす》の使者として信長《のぶなが》の元に説明《せつめい》に行った。しかし、信長《のぶなが》からきびしい質問《しつもん》を受け、忠次《ただつぐ》は信康《のぶやす》をかばうことができなかった。このため信康《のぶやす》は切腹《せっぷく》することになってしまった。

この事件《じけん》以後《いご》も、忠次《ただつぐ》は家康《いえやす》の最《もっと》も大事な家臣《かしん》としてあり続《つづ》けた。そして関《せき》ケ《が》原《はら》の戦《たたか》いの4年前に、70歳《さい》で病死した。

### 酒井忠次《さかいただつぐ》

**肖像《しょうぞう》**

**出身地《しゅっしんち》**

三河《みかわ》(現在《げんざい》の愛知県《あいちけん》)

**生年月日《せいねんがっぴ》**

1527年(誕生日《たんじょうび》は不明《ふめい》)

**死亡年月日《しぼうねんがっぴ》**

1596年10月28日

**享年《きょうねん》**

70歳《さい》(病死)

**能力《のうりょく》**

武 4

知 4

人 4

**運命《うんめい》の戦《たたか》い**

長篠《ながしの》の戦《たたか》い

(➡P98)

**軍旗《ぐんき》・馬印《うまじるし》**

### ウソ!ホント!? 武田軍《たけだぐん》を引き返させた「酒井《さかい》の太鼓《たいこ》」!?

三方ケ原《みかたがはら》の戦《たたか》いで家康《いえやす》が武田軍《たけだぐん》に敗《やぶ》れて浜松城《はままつじょう》(静岡県《しずおかけん》)ににげ帰ると、家康《いえやす》を追って武田軍《たけだぐん》が浜松城《はままつじょう》にやってきた。

このとき忠次《ただつぐ》は、太鼓《たいこ》を大きく打ち鳴らした。おどろいた武田軍《たけだぐん》は、「何か策《さく》があるにちがいない」と考えて、引き返したという。

「井伊《いい》の赤《あか》備《ぞな》え」を率《ひき》いた徳川軍《とくがわぐん》の猛将《もうしょう》

# 井伊直政《いいなおまさ》

## 武田《たけだ》家から受け継《つ》いだ「赤備《あかぞな》え」を率《ひき》いて戦《たたか》う

井伊直政《いいなおまさ》は「徳川四天王《とくがわしてんのう》」のひとり。女武将《ぶしょう》の井伊直虎《いいなおとら》（⬇P238）に育てられた。15歳《さい》のとき、鷹狩《たかが》りに出ていた34歳《さい》の徳川家康《とくがわいえやす》と出会い、家臣《かしん》にしてもらったという。家康《いえやす》の寝《ね》ているところへしのびこんだスパイをうち取るなど、数かずの手柄《てがら》を立て、家康《いえやす》に深く信頼《しんらい》される家臣《かしん》に成長《せいちょう》した。

武田家《たけだけ》がほろびた後、家康《いえやす》の命令《めいれい》で、武田家《たけだけ》の「赤備《あかぞな》え」を引き継《つ》いだ。赤備《あかぞな》えとは、甲冑《かっちゅう》や武器《ぶき》を赤色でそろえていた武田家《たけだけ》の最強部隊《さいきょうぶたい》。直政《なおまさ》が率《ひき》いてからは「井伊《いい》の赤備《あかぞな》え」と呼《よ》ばれ、家康《いえやす》の合戦《かっせん》ではいつも大活躍《だいかつやく》した。直政《なおまさ》は、「井伊《いい》の赤鬼《あかおに》」と呼《よ》ばれて恐《おそ》れられた。

関ケ原《せきがはら》の戦《たたか》いでは、先陣《せんじん》（最初《さいしょ》に攻《こう》撃《げき》する部隊《ぶたい》）は福島正則《ふくしままさのり》に決まっていたが、手柄《てがら》を立てたかった直政《なおまさ》は、「偵察中《ていさつちゅう》」とうそをついて福島隊《ふくしまたい》の前に進み、最初《さいしょ》に鉄砲《てっぽう》を発砲《はっぽう》して戦《たたか》いを開始した。そして、徳川軍《とくがわぐん》（東軍《とうぐん》）を勝利《しょうり》に導《みちび》いた。

直政《なおまさ》は、戦《たたか》いに優《すぐ》れていただけでなく、政治《せいじ》をおこなう能力《のうりょく》も高かった。江戸幕府《えどばくふ》の組織《そしき》づくりなどにも加《くわ》わり、家康《いえやす》をたすけ続《つづ》けた。しかし、関ケ原《せきがはら》の戦《たたか》いで受けた傷《きず》がもとで病気になって亡《な》くなった。

### 井伊直政《いいなおまさ》

**肖像《しょうぞう》**

**出身地《しゅっしんち》**

遠江《とおとうみ》（現在《げんざい》の静岡県《しずおかけん》）

**生年月日《せいねんがっぴ》**

1561年2月19日

**死亡年月日《しぼうねんがっぴ》**

1602年2月1日

**享年《きょうねん》**

42歳《さい》（病死）

**能力《のうりょく》**

武 5
知 3
人 3

**運命《うんめい》の戦《たたか》い**

関ケ原《せきがはら》の戦《たたか》い（➡P310）

**軍旗《ぐんき》・馬印《うまじるし》**

ビジュアル資料《しりょう》

**関ケ原《せきがはら》の戦《たたか》いでの直政《なおまさ》**

直政《なおまさ》は、「赤備《あかぞな》え」を率《ひき》いて、先陣《せんじん》として戦《たたか》った。

岐阜市歴史博物館所蔵

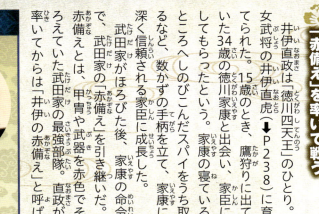

# 本多忠勝《ほんだただかつ》

## 57回の合戦《かっせん》でかすり傷《きず》ひとつ負わなかった

## 「家康《いえやす》にはもったいない」とたたえられた最強《さいきょう》の武将《ぶしょう》

「徳川《とくがわ》四天王《してんのう》」のひとり、本多忠勝《ほんだただかつ》は、徳川家康《とくがわいえやす》より6歳《さい》年下で、少年の頃《ころ》から家康《いえやす》に仕えていた。戦《たたか》いでの強さは、四天王《してんのう》の中でもずばぬけていて、合戦《かっせん》に57回も参加《さんか》したのに、かすり傷《きず》ひとつ負わなかったという。

忠勝《ただかつ》は、長さ6メートル以上《いじょう》ある槍《やり》を使った。切れ味が鋭《するど》く、槍《やり》の先にとまったトンボがまっぷたつになったことから「蜻蛉切《とんぼきり》」と呼《よ》ばれた。

武田信玄《たけだしんげん》が家康《いえやす》を攻《せ》めてきたとき、忠勝《ただかつ》は、にげる徳川軍《とくがわぐん》の、最後《さいご》の部隊《ぶたい》の大将《たいしょう》を務《つと》め、激《はげ》しく追撃《ついげき》してくる武田軍《たけだぐん》をなんとかふりきった。これを見た武田軍《たけだぐん》の武将《ぶしょう》は、忠勝《ただかつ》のことを「家康《いえやす》にはもったいない武将《ぶしょう》だ」とたたえたという。

関ケ原《せきがはら》の戦《たたか》いでは、合戦《かっせん》はもちろん、大名《だいみょう》たちを家康《いえやす》の味方に引き入れることでも活躍《かつやく》し、徳川軍《とくがわぐん》の勝利《しょうり》に力をつくした。江戸《えど》時代には、桑名藩《くわなはん》（現在《げんざい》の三重県《みえけん》）の初代藩主《しょだいはんしゅ》となった。

### 本多忠勝《ほんだただかつ》

**肖像《しょうぞう》**

**出身地《しゅっしんち》**

三河《みかわ》（現在《げんざい》の愛知県《あいちけん》）

**生年月日《せいねんがっぴ》**

1548年2月8日

**死亡年月日《しぼうねんがっぴ》**

1610年10月18日

**享年《きょうねん》**

63歳《さい》（病死）

**能力《のうりょく》**

武 5

知 4

人 3

**運命《うんめい》の戦《たたか》い**

関ケ原《せきがはら》の戦《たたか》い（➡P310）

**軍旗《ぐんき》・馬印《うまじるし》**

ビジュアル資料《しりょう》

**忠勝《ただかつ》の甲冑《かっちゅう》（複元《ふくげん》）**

兜《かぶと》の脇立《わきたて》（兜《かぶと》の左右につける飾《かざ》り）は、大きな鹿《しか》の角の形をしたもので、和紙を何枚《なんまい》も張《は》り合わせてつくられている。また、肩《かた》から大きな数珠《じゅず》をたすきがけしている。

関ケ原町歴史民俗資料館所蔵

家康《いえやす》にもきびしく注意するまじめな家臣《かしん》

# 榊原康政《さかきばらやすまさ》

## おもな居城《きょじょう》

# 家康《いえやす》の天下取りをかげで支《ささ》えた武将《ぶしょう》

榊原康政《さかきばらやすまさ》は、「徳川四天王《とくがわしてんのう》」のひとりである。本多忠勝《ほんだただかつ》と同い年で、少年期より徳川家康《とくがわいえやす》に仕えていた。戦《たたか》いにすぐれ、家康《いえやす》からたたえられて、名に「康《やす》」の字をもらっている。

姉川《あねがわ》の戦《たたか》いでは、浅井《あざい》・朝倉連合軍《あさくられんごうぐん》を横側《よこがわ》から攻《せ》めて崩《くず》し、小牧《こまき》・長久手《ながくて》の戦《たたか》いでは、豊臣秀次《とよとみひでつぐ》(秀吉《ひでよし》のおい)の軍勢《ぐんぜい》を、別働隊《べつどうたい》を率《ひき》いて奇襲攻撃《きしゅうこうげき》するなど、合戦《かっせん》で数かずの手柄《てがら》を上げた。

家康《いえやす》の息子・秀忠《ひでただ》が関ケ原《せきがはら》の戦《たたか》いに間に合わなかったとき、家康《いえやす》は怒《おこ》って秀忠《ひでただ》に会おうとしなかった。このとき、康政《やすまさ》は「我《わ》が子を待たずに戦《たたか》っておいて、遅《おく》れたと責《せ》めるのですか!」と、家康《いえやす》をきびしく注意した。

江戸《えど》時代、幕府《ばくふ》の政治《せいじ》にも参加《さんか》したが、「年老《としお》いた家臣《かしん》が権力《けんりょく》をにぎれば国はほろびる」と言って、すぐに居城《きょじょう》の館林城《たてばやしじょう》(群馬県《ぐんまけん》)に帰った。

**館林城《たてばやしじょう》**
家康《いえやす》が関東《かんとう》に移《うつ》ったとき、康政《やすまさ》が入った城《しろ》(群馬県《ぐんまけん》)。

## 榊原康政《さかきばらやすまさ》

**肖像《しょうぞう》**

**出身地《しゅっしんち》**
三河《みかわ》(現在《げんざい》の愛知県《あいちけん》)

**生年月日《せいねんがっぴ》**
1548年(誕生日《たんじょうび》は不明《ふめい》)

**死亡年月日《しぼうねんがっぴ》**
1606年5月14日

**享年《きょうねん》**
59歳《さい》(病死)

**能力《のうりょく》**
武 4
知 3
人 3

**運命《うんめい》の戦《たたか》い**
姉川《あねがわ》の戦《たたか》い
(➡P84)

**軍旗《ぐんき》・馬印《うまじるし》**

### ウソ!ホント!? 秀吉《ひでよし》は康政《やすまさ》の首に10万石をかけた!?

小牧《こまき》・長久手《ながくて》の戦《たたか》いのとき、康政《やすまさ》は、豊臣軍《とよとみぐん》に向けて「織田信長《おだのぶなが》の家臣《かしん》だった秀吉《ひでよし》は、その恩《おん》を忘《わす》れて織田家《おだけ》を乗っ取ろうとしている」という文章を書いた。それを読んだ秀吉《ひでよし》は激《はげ》しく怒《おこ》って、康政《やすまさ》を殺《ころ》した者に10万石のほうびを出すことにしたという。

伊賀《いが》忍者《にんじゃ》を率《ひき》いた家康《いえやす》の家臣《かしん》

# 服部半蔵《はっとりはんぞう》

## 服部半蔵《はっとりはんぞう》

**肖像《しょうぞう》**

**出身地《しゅっしんち》**

三河《みかわ》（現在《げんざい》の愛知県《あいちけん》）

**生年月日《せいねんがっぴ》**

1542年（誕生日《たんじょうび》は不明《ふめい》）

**死亡年月日《しぼうねんがっぴ》**

1596年11月4日

**享年《きょうねん》**

55歳《さい》（病死）

**能力《のうりょく》**

武 3

知 4

人 4

**運命《うんめい》の戦《たたか》い**

本能寺《ほんのうじ》の変《へん》

（➡P116）

**軍旗《ぐんき》・馬印《うまじるし》**

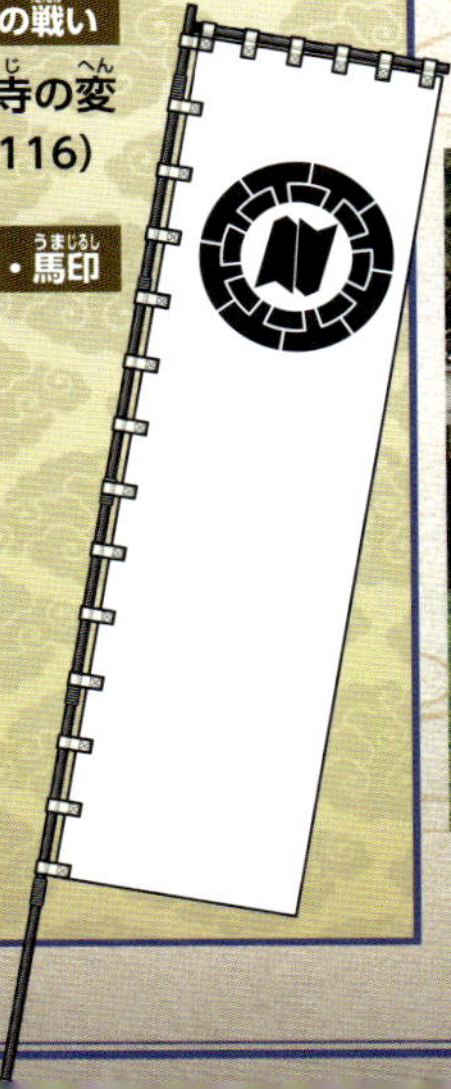

## 本能寺《ほんのうじ》の変《へん》の後、「伊賀《いが》越《ご》え」で家康《いえやす》を守る

「忍者《にんじゃ》・服部半蔵《はっとりはんぞう》」という名で知られるが、本名は正成《まさしげ》。三河《みかわ》（現在《げんざい》の愛知《あいち》県《けん》）の武将《ぶしょう》の家に生まれ、16歳頃《さいごろ》、同い年の徳川家康《とくがわいえやす》に仕えたという。

当時、伊賀《いが》（現在《げんざい》の三重県《みえけん》）には忍者《にんじゃ》が多くいて、半蔵《はんぞう》は彼《かれ》らのリーダーだった。半蔵《はんぞう》は伊賀忍者《いがにんじゃ》を率《ひき》いて、あちこちの戦《たたか》いに参加《さんか》した。

1582年、織田信長《おだのぶなが》が本能寺《ほんのうじ》で明《あけ》智光秀《ちみつひで》に倒《たお》された。このとき家康《いえやす》は30人ほどの家臣《かしん》を連《つ》れて河内《かわち》（現在《げんざい》の大《おお》阪府《さかふ》）にいた。明智軍《あけちぐん》の兵士《へいし》や、ほうびを得《え》ようとする地元の武士《ぶし》たちは、信長《のぶなが》と同盟《どうめい》を結《むす》んでいる家康《いえやす》を探《さが》し回っていた。

「自分もやられる」と思った家康《いえやす》は半《はん》蔵《ぞう》を頼《たよ》った。半蔵《はんぞう》は忍者《にんじゃ》たちに家康《いえやす》を守らせ、忍者《にんじゃ》しか知らない山道を通って伊賀《いが》を抜《ぬ》け、家康《いえやす》を無事《ぶじ》、岡崎城《おかざきじょう》（愛知県《あいちけん》）まで送り届《とど》けた。

**伊《い》賀《が》越《ご》え**

本能寺《ほんのうじ》の変《へん》の後、半蔵《はんぞう》は河内《かわち》にいた家康《いえやす》を守って伊賀《いが》を越《こ》えた。

**ウソ！ホント!?**

### 「半蔵門《はんぞうもん》」には半蔵《はんぞう》の屋敷《やしき》があった!?

半蔵《はんぞう》の屋敷《やしき》は、江戸城《えどじょう》（現在《げんざい》の皇居《こうきょ》）の西側《にしがわ》の門の近くにあり、江戸城《えどじょう》の西《にし》側《がわ》を守っていたそうだ。このことから、半蔵《はんぞう》の屋敷《やしき》のそばの門が「半蔵門《はんぞうもん》」と名づけられたといわれる。

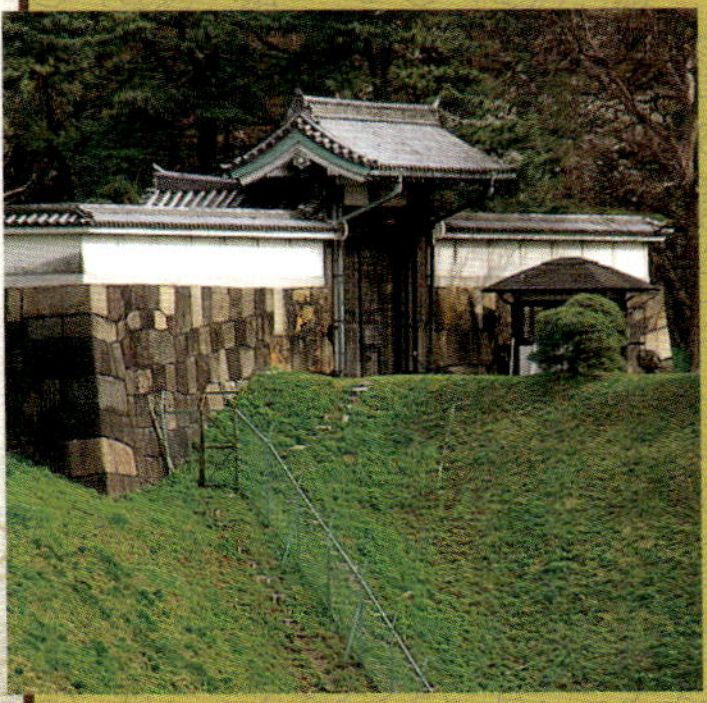

皇居《こうきょ》の半蔵門《はんぞうもん》（東京都《とうきょうと》）。

細川《ほそかわ》ガラシャの夫《おっと》で、気が短い武将《ぶしょう》

# 細川忠興《ほそかわただおき》

## 細《ほそ》川《かわ》忠《ただ》興《おき》

**肖像《しょうぞう》**

**出身地《しゅっしんち》**

山城《やましろ》(現在《げんざい》の京都府《きょうとふ》)

**生年月日《せいねんがっぴ》**

1563年11月13日

**死亡年月日《しぼうねんがっぴ》**

1645年12月2日

**享年《きょうねん》**

83歳《さい》(病死)

**能力《のうりょく》**

武 4

知 3

人 3

**運命《うんめい》の戦《たたか》い**

関ケ原《せきがはら》の戦《たたか》い

(➡P310)

**軍旗《ぐんき》・馬印《うまじるし》**

## 妻《つま》・珠《たま》の父だった明智《あけち》光秀《みつひで》の誘《さそ》いを断《ことわ》る

細川忠興《ほそかわただおき》は、室町幕府《むろまちばくふ》に仕えた細川《ほそかわ》幽斎《ゆうさい》の長男。忠興《ただおき》も15代将軍《しょうぐん》・足利《あしかが》義昭《よしあき》に仕えていたが、義昭《よしあき》が織田信長《おだのぶなが》と対立したことをきっかけに、信長《のぶなが》の家臣《かしん》となった。とても気が短く、迷《まよ》うことなく敵《てき》を殺《ころ》したという。

忠興《ただおき》は、明智光秀《あけちみつひで》の娘《むすめ》で、美人として知られた珠《たま》(後の細川《ほそかわ》ガラシャ)と結婚《けっこん》した。その後、本能寺《ほんのうじ》の変《へん》を起こした光秀《みつひで》から協力《きょうりょく》を求《もと》められたが、光秀《みつひで》がほろぼされると感じた忠興《ただおき》は、この誘《さそ》いを断《ことわ》った。その後の忠興《ただおき》は、光秀《みつひで》を倒《たお》した豊臣秀吉《とよとみひでよし》の家臣《かしん》となったが、秀吉《ひでよし》の死後は、徳川家康《とくがわいえやす》に近づいた。秀吉《ひでよし》に仕えていた石田三成《いしだみつなり》(⬇P276)と仲《なか》が悪かったからである。関ケ原《せきがはら》の戦《たたか》いでは、徳川軍《とくがわぐん》(東軍《とうぐん》)に参《さん》加《か》し、勝利《しょうり》した。江戸《えど》時代には、豊前《ぶぜん》藩《はん》(現在《げんざい》の福岡県《ふくおかけん》)の藩主《はんしゅ》となった。

忠興《ただおき》は父とともに、和歌、絵画などを楽しむ文化人であった。千利休《せんのりきゅう》の弟子で、茶道の名人としても知られた。

**細川幽斎《ほそかわゆうさい》(1534〜1610)**

忠興《ただおき》の父。信長《のぶなが》や秀吉《ひでよし》、家《いえ》康《やす》に仕えた。和歌の名手で、戦国武将《せんごくぶしょう》の中で最高《さいこう》の文化人だった。

### 戦国のきずな

### 細川《ほそかわ》ガラシャを山奥《やまおく》に閉《と》じこめた!?

1582年、明智光秀《あけちみつひで》が本能寺《ほんのうじ》の変《へん》を起こしたとき、忠興《ただおき》は光秀《みつひで》の味方をしないことを示《しめ》すため、丹後《たんご》(現在《げんざい》の京都府《きょうとふ》)の山奥《やまおく》に屋敷《やしき》をつくって、約《やく》2年間、珠《たま》を閉《と》じこめた。これは、珠《たま》を守るためだったといわれる。

小《こ》早《ばや》川《かわ》秀《ひで》秋《あき》を説《せっ》得《とく》して西《せい》軍《ぐん》を裏《うら》切《ぎ》らせる

# 黒田長政《くろだながまさ》

## 秀吉《ひでよし》の死後に家康《いえやす》に味方し、関《せき》ケ《が》原《はら》の戦《たたか》いで大活躍《だいかつやく》する

黒田長政《くろだながまさ》は、豊臣秀吉《とよとみひでよし》の軍師《ぐんし》・黒田《くろだ》官兵衛《かんべえ》の長男。父とともに、織田信長《おだのぶなが》に仕えたが、本能寺《ほんのうじ》の変後《へんご》は、秀吉《ひでよし》の家臣《かしん》となった。賤《しず》ケ《が》岳《たけ》の戦《たたか》いや九州《きゅうしゅう》攻《ぜ》め、朝鮮出兵《ちょうせんしゅっぺい》などで手柄《てがら》を立てた。

しかし、石田三成《いしだみつなり》と仲《なか》が悪かったため、秀吉《ひでよし》の死後は、徳川家康《とくがわいえやす》に味方した。

関《せき》ケ《が》原《はら》の戦《たたか》いでは、長政《ながまさ》は、小《こ》早川秀秋《ばやかわひであき》（➡P282）や吉川広家《きっかわひろいえ》らを徳川軍《とくがわぐん》（東軍《とうぐん》）に引きこむなど、武力《ぶりょく》だけではなく、頭を使った作戦《さくせん》でも力を示《しめ》した。しかし天下を取ろうという野望《やぼう》をもっていたわけではなく、その点で、天下をめざしていた父・官兵衛《かんべえ》を残念《ざんねん》がらせたといわれる。

### 黒田長政《くろだながまさ》

肖像《しょうぞう》

**出身地《しゅっしんち》**
播磨《はりま》（現在《げんざい》の兵庫県《ひょうごけん》）

**生年月日《せいねんがっぴ》**
1568年12月3日

**死亡年月日《しぼうねんがっぴ》**
1623年8月4日

**享年《きょうねん》**
56歳《さい》（病死）

**能力《のうりょく》**
武 4
知 4
人 3

**運命《うんめい》の戦《たたか》い**
関《せき》ケ《が》原《はら》の戦《たたか》い
（➡P310）

**軍旗《ぐんき》・馬印《うまじるし》**

ビジュアル資料《しりょう》

**長政《ながまさ》の甲冑《かっちゅう》**

鉄板がついた兜《かぶと》は、福島正則《ふくしままさのり》のものだったが、長政《ながまさ》は自分の兜《かぶと》（➡P159）と交換《こうかん》し、この兜《かぶと》をかぶって関《せき》ケ《が》原《はら》の戦《たたか》いに参加《さんか》した。

なるほどエピソード

### 家康《いえやす》の使者の前で言い訳《わけ》せずにキレた!?

関《せき》ケ《が》原《はら》の戦《たたか》いのとき、長政《ながまさ》は小早川《こばやかわ》秀秋《ひであき》に裏切《うらぎ》ることを約束《やくそく》させていた。しかし秀秋《ひであき》が動かないため、家康《いえやす》の使者が「本当に裏切《うらぎ》るのか」と長政《ながまさ》に質問《しつもん》した。秀秋《ひであき》にだまされたと思った長政《ながまさ》は声を荒《あら》げて、「こうなったらわたしが戦《たたか》って示《しめ》すまで！」と叫《さけ》んだという。

# 山内一豊《やまうちかずとよ》

妻《つま》・千代《ちよ》のたすけを借《か》りて出世した武将《ぶしょう》

### おもな居城《きょじょう》

## 山内一豊《やまうちかずとよ》

**肖像《しょうぞう》**

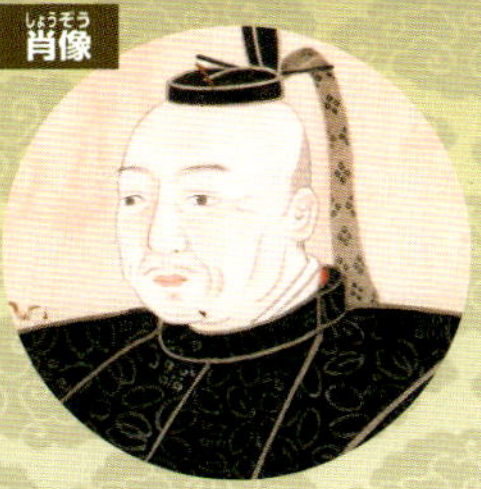

**出身地《しゅっしんち》**
尾張《おわり》(現在《げんざい》の愛知県《あいちけん》)

**生年月日《せいねんがっぴ》**
1546年(誕生日《たんじょうび》は不明《ふめい》)

**死亡年月日《しぼうねんがっぴ》**
1605年9月20日

**享年《きょうねん》**
60歳《さい》(病死)

**能力《のうりょく》**
武 3
知 3
人 4

**運命《うんめい》の戦《たたか》い**
関ケ原《せきがはら》の戦《たたか》い
(➡P310)

**軍旗《ぐんき》・馬印《うまじるし》**

## 妻《つま》に買ってもらった名馬が出世のきっかけとなる

山内一豊《やまうちかずとよ》は、若《わか》い頃《ころ》に織田信長《おだのぶなが》に仕え、28歳頃《さいごろ》に千代《ちよ》(⬇P234)と結婚《けっこん》した。千代はためていたお金で、一豊《かずとよ》がほしがっていた名馬を買ってあげた。織田軍《おだぐん》の馬ぞろえ(軍馬《ぐんば》の行列)に参加《さんか》した一豊《かずとよ》は、信長《のぶなが》から注目され、出世するきっかけをつかんだという。

槍《やり》の得意《とくい》な一豊《かずとよ》は、織田軍《おだぐん》の武将《ぶしょう》・豊臣秀吉《とよとみひでよし》の家臣《かしん》になると、おもな戦《たたか》いにはすべて参加《さんか》し、手柄《てがら》を立てた。

秀吉《ひでよし》の死後、一豊《かずとよ》は徳川家康《とくがわいえやす》に味方した。関ケ原《せきがはら》の戦《たたか》いのとき、石田三成《いしだみつなり》が徳川軍《とくがわぐん》への攻撃《こうげき》をはじめたことをいち早く知った千代《ちよ》は、それを一豊《かずとよ》に伝《つた》え、一豊《かずとよ》は家康《いえやす》にすぐに伝《つた》えた。そして一豊《かずとよ》は家康《いえやす》の味方になることを示《しめ》すために、自分の城《しろ》を差《さ》し出した。関《せき》ケ原《がはら》での勝利《しょうり》につくした一豊《かずとよ》は、家《いえ》康《やす》から感謝《かんしゃ》され、土佐《とさ》(現在《げんざい》の高知県《こうちけん》)をあたえられた。

**掛川城《かけがわじょう》**
関ケ原《せきがはら》の戦《たたか》いの前、一豊《かずとよ》が家康《いえやす》に差《さ》し出した城《しろ》(静岡県《しずおかけん》)。

ウソ!ホント!?

### 「カツオのタタキ」は一豊《かずとよ》がつくった!?

江戸《えど》時代、土佐《とさ》では庶民《しょみん》たちがカツオの刺身《さしみ》をよく食べていたが、食中毒《しょくちゅうどく》が広まることを恐《おそ》れた一豊《かずとよ》はカツオの刺身《さしみ》を禁止《きんし》したという。そこで庶民《しょみん》はカツオの表面だけを焼《や》いて、「焼《や》き魚《ざかな》」として食べた。これが、カツオのタタキのはじまりという。

# 藤堂高虎《とうどうたかとら》

10人以上《いじょう》の主君に仕えた武将《ぶしょう》

## 10人以上《いじょう》も主君を変《か》えたが、どの主君にもまじめにつくす

藤堂高虎《とうどうたかとら》は、近江《おうみ》(現在《げんざい》の滋賀県《しがけん》)の有力武士《ぶし》の子として生まれた。「七度、主君を変《か》えてこそ武士《ぶし》」。高虎《たかとら》はそう言っていたが、実際《じっさい》に高虎《たかとら》は、10回以上《いじょう》も主君を変《か》えた。

6度目の主君・豊臣秀保《とよとみひでやす》(秀吉《ひでよし》の親《しん》類《るい》)が死ぬと、「もう武将《ぶしょう》はやめよう」と僧《そう》になる。しかし、秀吉《ひでよし》に「家臣《かしん》になってくれ」と頼《たの》まれ、高虎《たかとら》はふたたび武将《ぶしょう》となった。秀吉《ひでよし》の家臣《かしん》だったとき、高虎《たかとら》は徳川家康《とくがわいえやす》と親しくなり、おたがい実力を認《みと》め合う仲《なか》となる。秀吉《ひでよし》の死後、高虎《たかとら》は家康《いえやす》の家臣《かしん》となった。

高虎《たかとら》は何度も主君を変《か》えたが、それぞれの主君のもとで、けんめいに、まじめに働《はたら》いた。高虎《たかとら》をきらっていた家臣《かしん》が、「高虎《たかとら》が家康《いえやす》を裏切《うらぎ》ろうとしている」とのうわさを流したが、家康《いえやす》は、「高虎《たかとら》がそんなことをするはずはない」と取りあわなかったという。

**伊賀上野城《いがうえのじょう》**

城《しろ》づくりの名人だった高虎《たかとら》が築《きず》いた城《しろ》。天守《てんしゅ》は復元《ふくげん》されたものだが、高さ30メートルの石垣《いしがき》は、当時のもの(三重県《みえけん》)。

ビジュアル資料《しりょう》

**高虎《たかとら》の兜《かぶと》**

唐《とう》(中国《ちゅうごく》)の役人がかぶる冠《かんむり》の形をデザインした兜《かぶと》。冠《かんむり》の後ろにあるリボン状《じょう》の部分を強調している。秀《ひで》吉《よし》から高虎《たかとら》におくられたものと伝《つた》えられる。

伊賀市所蔵

### 藤堂高虎《とうどうたかとら》

**肖像《しょうぞう》**

**出身地《しゅっしんち》**

近江《おうみ》(現在《げんざい》の滋賀県《しがけん》)

**生年月日《せいねんがっぴ》**

1556年1月6日

**死亡年月日《しぼうねんがっぴ》**

1630年10月5日

**享年《きょうねん》**

75歳《さい》(病死)

**能力《のうりょく》**

武 3
知 4
人 5

**運命《うんめい》の戦《たたか》い**

関ケ原《せきがはら》の戦《たたか》い
(➡P310)

**軍旗《ぐんき》・馬印《うましるし》**

# 加藤嘉明《かとうよしあき》

秀吉《ひでよし》と家康《いえやす》に仕えて43万石の大名《だいみょう》になる

## 合戦《かっせん》で勇《ゆう》かんに戦《たたか》った責任感《せきにんかん》に満《み》ちた武将《ぶしょう》

加藤嘉明《かとうよしあき》は、少年の頃《ころ》から豊臣秀吉《とよとみひでよし》に仕え、勇《ゆう》かんな武将《ぶしょう》へと成長《せいちょう》した。賤《しず》ケ《が》岳《たけ》の戦《たたか》いでも大活躍《だいかつやく》し、「賤《しず》ケ《が》岳《たけ》の七本槍《しちほんやり》」のひとりに数えられた。朝鮮出兵《ちょうせんしゅっぺい》でも、朝鮮水軍《ちょうせんすいぐん》の船を乗っ取る活躍《かつやく》を見せている。

嘉明《よしあき》は勇気《ゆうき》のある武将《ぶしょう》だったが、「本当の勇者《ゆうしゃ》とは、責任感《せきにんかん》があって、まじめな人物のことだ」と語っている。

秀吉《ひでよし》の死後は、徳川家康《とくがわいえやす》の味方になり、関ケ原《せきがはら》の戦《たたか》いでは徳川軍《とくがわぐん》（東軍《とうぐん》）として活躍《かつやく》した。そのほうびとして家康《いえやす》から伊予《いよ》（現在《げんざい》の愛媛県《えひめけん》）をあたえられ20万石の大名《だいみょう》になる。その後、会津《あいづ》（福島県《ふくしまけん》）に領地《りょうち》を移《うつ》され、43万石の大名《だいみょう》となった。

### 加藤嘉明《かとうよしあき》

**肖像《しょうぞう》**

**出身地《しゅっしんち》**

三河《みかわ》（現在《げんざい》の愛知県《あいちけん》）

**生年月日《せいねんがっぴ》**

1563年（誕生日《たんじょうび》は不明《ふめい》）

**死亡年月日《しぼうねんがっぴ》**

1631年9月12日

**享年《きょうねん》**

69歳《さい》（病死）

**能力《のうりょく》**

武 4
知 3
人 3

**運命《うんめい》の戦《たたか》い**

賤《しず》ケ《が》岳《たけ》の戦《たたか》い
（➡P160）

**軍旗《ぐんき》・馬印《うまじるし》**

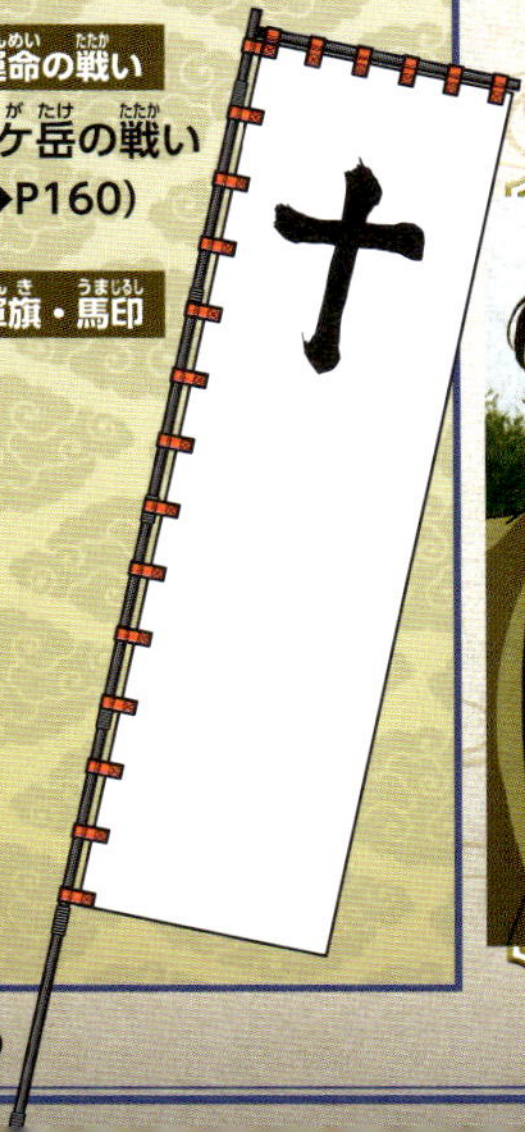

ビジュアル資料《しりょう》

**嘉明《よしあき》の兜《かぶと》（復元《ふくげん》）**

富士山《ふじさん》の形をした部分は、鉄ではなく、皮でできているためとても軽い。それを知らない武士《ぶし》が、この兜《かぶと》をもち上げたとき、力が入りすぎて転んだそうだ。

関ケ原町歴史民俗資料館所蔵

なるほどエピソード

### 松山城完成《まつやまじょうかんせい》の直前に会津《あいづ》に移《うつ》された!?

関ケ原《せきがはら》の戦《たたか》いの後、伊予《いよ》に移《うつ》った嘉明《よしあき》は、松山城《まつやまじょう》（➡P274）の建設《けんせつ》を開始した。嘉明《よしあき》は、20年以上《いじょう》の年月をかけて、松山城《まつやまじょう》をりっぱな城《しろ》にするために努力《どりょく》した。しかし、完成《かんせい》直前に江戸幕府《えどばくふ》の命令《めいれい》で会津《あいづ》に領地《りょうち》を移《うつ》されてしまった。

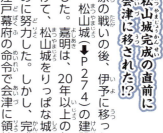

超《ちょう》ビジュアル！
# 戦《せん》国《ごく》新聞
第5号
発行所：
戦国《せんごく》タイムス社

## 戦国武将《せんごくぶしょう》は手紙が好《す》きだった!?

戦国武将《せんごくぶしょう》たちの手紙には、
どんなことが書かれていたのだろう？

信長《のぶなが》の手紙に押《お》された印《いん》。

### 家康《いえやす》を激怒《げきど》させた手紙がある!?

豊臣秀吉《とよとみひでよし》の死後、徳川家康《とくがわいえやす》は、反乱《はんらん》がうわさされていた上杉景勝《うえすぎかげかつ》を問いつめる手紙を送った。景勝《かげかつ》の家臣《かしん》・直江兼続《なおえかねつぐ》は、家康《いえやす》をおちょくった返事を送って、家康《いえやす》を激怒《げきど》させたという。

### 最上義光《もがみよしあき》の手紙は鮭《さけ》のことばかり!?

最上義光《もがみよしあき》（⬇P298）は、大の鮭好《さけず》きで、鮭《さけ》のおくり物に対する礼状《れいじょう》が数多く残《のこ》っていて、「鮭様《さけさま》」とも呼《よ》ばれていたそうだ。義光《よしあき》は鮭《さけ》がほしくて領地《りょうち》を広げたともいわれている。

### 日本一短い手紙を書いた武将《ぶしょう》!?

徳川家康《とくがわいえやす》の家臣《かしん》・本多重次《ほんだしげつぐ》は、戦場《せんじょう》から妻《つま》に、「一筆啓上《いっぴつけいじょう》　火の用心　お仙泣《せんな》かすな　馬肥《こ》やせ」という手紙を送った。これは、日本一短い武将《ぶしょう》の手紙といわれている。意味は、「簡単《かんたん》に申し上げます。火事に気をつけて。お仙《せん》（息子の仙千代《せんちよ》）を大切にしなさい。馬の世話をしなさい」というもので、仙千代《せんちよ》は、後に丸岡城《まるおかじょう》（⬇P275）の城主《じょうしゅ》となった。

一筆啓上　火の用心
お仙泣かすな
馬肥せ
丸岡城《まるおかじょう》に立つ「一筆啓上《いっぴつけいじょう》」の碑《ひ》（福井県《ふくいけん》）。

## 信長《のぶなが》はおねを手紙でなぐさめた!?

浮気《うわき》をする夫《おっと》・秀吉《ひでよし》に悩《なや》むおねに対し、信長《のぶなが》が送った手紙が残《のこ》っている。その手紙で信長《のぶなが》は、「以前《いぜん》よりあなた（おね）は何倍も美しくなった。あなたほどの女性《じょせい》を妻《つま》に迎《むか》えることは、はげネズミ（秀吉《ひでよし》のこと）には二度とできないだろう」とおねをなぐさめ、「でも、やきもちを焼《や》いてはいけません」と、アドバイスしている。

## 息子のことを頼《たの》んだ秀吉《ひでよし》の遺言状《ゆいごんじょう》!?

病気になった秀吉《ひでよし》は、死が近づくと、徳川家康《とくがわいえやす》、前《まえ》田利家《だとしいえ》、宇喜多秀家《うきたひでいえ》、毛利《もうり》輝元《てるもと》、上杉景勝《うえすぎかげかつ》の5人の有力大名《だいみょう》を呼《よ》んで、「息子の秀頼《ひでより》のこと、くれぐれも頼《たの》みます」という遺言状《ゆいごんじょう》を残《のこ》した。このとき秀頼《ひでより》はまだ6歳《さい》。秀吉《ひでよし》は秀頼《ひでより》を心配しながら亡《な》くなった。

妻《つま》へのラブレター!?
秀吉《ひでよし》は妻《つま》のおねにたくさんの手紙を書いた。
今度は勝てそうです…
体を気づかったり、「会いたい」というラブレターも送っている。
おねに会いたいなぁ…
おねは秀吉《ひでよし》から愛情《あいじょう》のこもった手紙をたくさん受け取ったが…
まあ…
秀吉《ひでよし》が浮気《うわき》をしていることも知っていた。
女の勘《かん》はするどいのよ！

## 手紙は他人に書かせていた!?

戦国武将《せんごくぶしょう》は、手紙を右《ゆう》筆《ひつ》（手紙を書く専門《せんもん》の役《やく》職《しょく》）に書かせて、最後《さいご》に自分の名前と花押《かおう》（サイン）だけを書くことが多かった。

秀吉《ひでよし》の花押《かおう》。

# 戦《せん》国《ごく》武《ぶ》将《しょう》が建《た》てた名《めい》城《じょう》!!

戦国武将《せんごくぶしょう》が築《きず》いた美しい城《しろ》の中には、現在《げんざい》も当時のままの姿《すがた》をとどめている城《しろ》もある。

## 姫路城《ひめじじょう》

白く巨大《きょだい》な天守《てんしゅ》は、1609年に完《かん》成《せい》したもので、当時の姿《すがた》をそのまま残《のこ》している（兵庫県《ひょうごけん》）。

築城者《ちくじょうしゃ》

**池田輝政《いけだてるまさ》（1564～1613）**

織田信長《おだのぶなが》や豊臣秀吉《とよとみひでよし》に仕えた武《ぶ》将《しょう》。関ケ原《せきがはら》の戦《たたか》いで徳川家康《とくがわいえやす》に味方して播磨《はりま》（現在《げんざい》の兵庫県《ひょうごけん》）をあたえられた。

## 犬山城《いぬやまじょう》

1537年に築《きず》かれた城《しろ》。天守《てんしゅ》は、現在残《げんざいのこ》っている天守《てんしゅ》の中で、最《もっと》も古いといわれている（愛知県《あいちけん》）。

築城者《ちくじょうしゃ》

**織田信康《おだのぶやす》（？～1544）**

信長《のぶなが》のおじで、犬山城《いぬやまじょう》を築《きず》いた。斎藤道三《さいとうどうさん》との戦《たたか》いで戦死《せんし》した。

## 熊本城《くまもとじょう》

1607年に加藤清正《かとうきよまさ》が完成《かんせい》させた城《しろ》。天守《てんしゅ》は再建《さいけん》されたものだが、高さ約《やく》20メートルの石垣《いしがき》の上に建《た》つ宇土櫓《うとやぐら》は、築城《ちくじょう》当時のもの（熊本県《くまもとけん》）。

築城者《ちくじょうしゃ》

**加藤清正《かとうきよまさ》（1562～1611）**

秀吉《ひでよし》に仕えた家臣《かしん》。城《しろ》づくりの名人といわれた。

➡P156

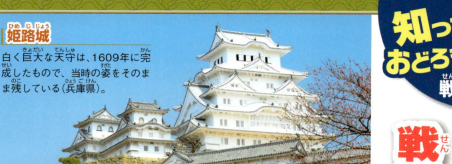

## 彦根城《ひこねじょう》

1603年に井伊直継《いいなおつぐ》（直政《なおまさ》の長男）が築《きず》きはじめ、20年後に井伊直孝《いいなおたか》（直政《なおまさ》の次男）が完成《かんせい》させた（滋賀県《しがけん》）。

築城者《ちくじょうしゃ》

**井伊直孝《いいなおたか》（1590～1659）**

病気がちな兄・直継《なおつぐ》に代わって、彦根藩《ひこねはん》（滋賀県《しがけん》）の藩主《はんしゅ》となる。

## 松本城《まつもとじょう》

天守《てんしゅ》は1594年頃《ごろ》に完成《かんせい》したといわれ、外側《そとがわ》のほとんどが黒く塗《ぬ》られている（長野県《ながのけん》）。

築城者《ちくじょうしゃ》

**石川数正《いしかわかずまさ》（?～1593?）**

家康《いえやす》の家臣《かしん》だったが、突然《とつぜん》、秀吉《ひでよし》の家臣《かしん》となった。子の康長《やすなが》と松本城《まつもとじょう》を築《きず》いた。

## 城《しろ》の種類《しゅるい》

城《しろ》は建《た》てる場所によって、平城《ひらじろ》と平山城《ひらやまじろ》と山城《やまじろ》に分けられる。

### 平城《ひらじろ》

平地に築《きず》いた城《しろ》。面積《めんせき》が広く、水堀《みずぼり》が何重にもつくられた。

### 平山城《ひらやまじろ》

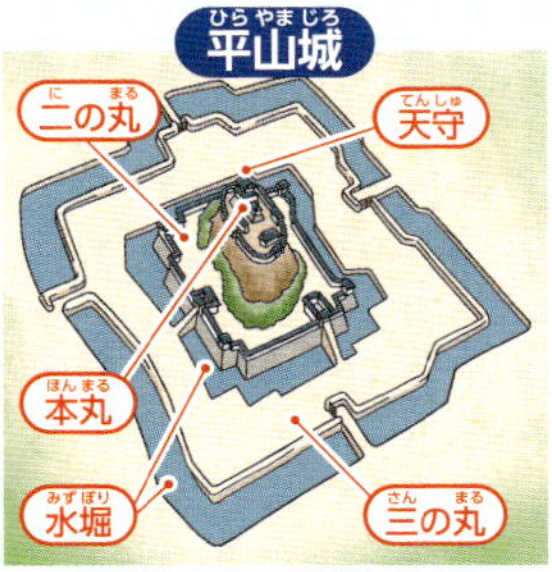


小高い丘《おか》の上に本丸《ほんまる》（天守《てんしゅ》などがある）を築《きず》いた城《しろ》。

### 山城《やまじろ》

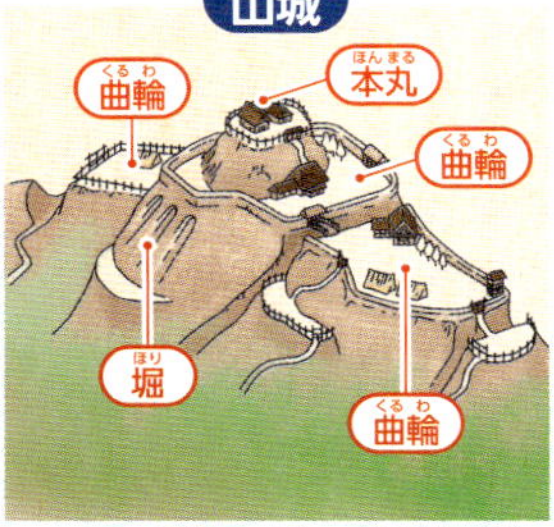


山の上に築《きず》いた城《しろ》で、石垣《いしがき》や柵《さく》で囲《かこ》んだ曲輪《くるわ》がたくさんある。

## 松山城《まつやまじょう》

1602年、加藤嘉明《かとうよしあき》が築《きず》きはじめた城《しろ》で、25年後に完成《かんせい》した(愛媛県《えひめけん》)。

築城者《ちくじょうしゃ》

**加藤嘉明《かとうよしあき》(1563〜1631)**

秀吉《ひでよし》の家臣《かしん》で、関ケ原《せきがはら》の戦《たたか》いでは家康《いえやす》に味方した。松山《まつやま》城《じょう》の完成《かんせい》直前に会津《あいづ》(福島《ふくしま》県《けん》)に移《うつ》された。➡P268

## 丸亀城《まるがめじょう》

1602年に生駒親正《いこまちかまさ》が完成《かんせい》させた城《しろ》で、石垣《いしがき》の高さは約《やく》60メートルあり、日本一高い(香《か》川県《がわけん》)。

築城者《ちくじょうしゃ》

**生駒親正《いこまちかまさ》(1526〜1603)**

信長《のぶなが》、秀吉《ひでよし》に仕えた戦国大《せんごくだい》名《みょう》で、讃岐《さぬき》(現在《げんざい》の香川県《かがわけん》)を支配《しはい》した。

## 高知城《こうちじょう》

山内一豊《やまうちかずとよ》が1601年から築《きず》きはじめた城《しろ》。その後、天守《てんしゅ》は火事で燃《も》えたが、1749年にふたたび建《た》てられた(高知《こうち》県《けん》)。

築城者《ちくじょうしゃ》

**山内一豊《やまうちかずとよ》(1546〜1605)**

信長《のぶなが》、秀吉《ひでよし》に仕えた武将《ぶしょう》。関ケ原《せきがはら》の戦《たたか》いで家康《いえやす》に味方し、土佐《とさ》(現在《げんざい》の高知県《こうちけん》)をあたえられた。➡P264

## 丸岡城《まるおかじょう》

1576年に柴田勝豊《しばたかつとよ》が築《きず》いた城《しろ》。天守《てんしゅ》の形式は最《もっと》も古く、瓦《かわら》は石でできている(福井県《ふくいけん》)。

**築城者《ちくじょうしゃ》**

**柴田勝豊《しばたかつとよ》(?〜1583)**

柴田勝家《しばたかついえ》のおい。一向一揆《いっこういっき》(浄土真宗《じょうどしんしゅう》の信者《しんじゃ》による反乱《はんらん》)に備《そな》えるため、信長《のぶなが》の命令《めいれい》で丸岡城《まるおかじょう》を築《きず》いた。

## 今治城《いまばりじょう》

1608年頃《ごろ》、藤堂高虎《とうどうたかとら》が完成《かんせい》させた城《しろ》。幅《はば》60メートルの水堀《みずぼり》は海とつながっていて、船が入れた。天守《てんしゅ》などの建物《たてもの》は1980年に復元《ふくげん》されたもの(愛《え》媛県《ひめけん》)。

**築城者《ちくじょうしゃ》**

**藤堂高虎《とうどうたかとら》(1556〜1630)**

家康《いえやす》などに仕えた武将《ぶしょう》。今治城《いまばりじょう》のほかに、伊賀上野城《いがうえのじょう》(三重県《みえけん》)、江戸城《えどじょう》(東《とう》京都《きょうと》)など、数多くの城《しろ》をつくった。

➡P266

## 石垣《いしがき》の種類《しゅるい》

城《しろ》の石垣《いしがき》の積《つ》み方は、切込接《きりこみは》ぎと打込接《うちこみは》ぎと野面積《のづらづ》みに分けられる。

### 切込接《きりこみは》ぎ

すきまがなくなるようにけずった石を積《つ》み上げる。写真は江《え》戸城《どじょう》の天守《てんしゅ》の石垣《いしがき》。

### 打込接《うちこみは》ぎ

割《わ》った石を並《なら》べて積《つ》み上げる。すきまには小石を入れる。写真は松山城《まつやまじょう》二《に》の丸《まる》の石垣《いしがき》。

### 野面積《のづらづ》み

自然《しぜん》の石をそのまま積《つ》み上げる。写真は浜松城《はままつじょう》(静岡県《しずおかけん》)の天守《てんしゅ》の石垣《いしがき》。

# 石田三成《いしだみつなり》

関《せき》ケ《が》原《はら》の戦《たたか》いで西軍《せいぐん》の中心となった武将《ぶしょう》

## 豊臣《とよとみ》家《け》を守るために関《せき》ケ《が》原《はら》で家康《いえやす》と戦《たたか》う

豊臣秀吉《とよとみひでよし》の家臣《かしん》・石田三成《いしだみつなり》は、合戦《かっせん》で戦《たたか》うことは苦手だった。しかし、武《ぶ》器《き》や食料《しょくりょう》を用意して戦場《せんじょう》に運ぶなど、合戦《かっせん》の準備《じゅんび》を整える仕事をうまくこなしたので、秀吉《ひでよし》から認《みと》められた。また、全国の田畑の面積《めんせき》や収穫《しゅうかく》量《りょう》を調べる仕事などでも活躍《かつやく》したが、戦場《せんじょう》で戦《たたか》う武将《ぶしょう》たちからきらわれた。

秀吉《ひでよし》が死ぬと、多くの武将《ぶしょう》たちは三成《みつなり》のもとを離《はな》れ、徳《とく》川《がわ》家康《いえやす》に味方した。「家康《いえやす》は天下を取ろうとしている。豊臣《とよとみ》家《け》を守るには、倒《たお》すしかない」。そう決心した三成《みつなり》は、毛利《もうり》輝元《てるもと》（➡P280）を大《たい》将《しょう》にして、石田《いしだ》軍《ぐん》（西軍《せいぐん》）をまとめあげた。そして関《せき》ケ《が》原《はら》で徳川《とくがわ》軍《ぐん》（東軍《とうぐん》）にいどんだが、敗北《はいぼく》する。捕《と》らえられた三成《みつなり》は家康《いえやす》により処刑《しょけい》された。

### 石田三成《いしだみつなり》

**肖像《しょうぞう》**

**出身地《しゅっしんち》**
近江《おうみ》（現在《げんざい》の滋賀県《しがけん》）

**生年月日《せいねんがっぴ》**
1560年（誕生日《たんじょうび》は不明《ふめい》）

**死亡年月日《しぼうねんがっぴ》**
1600年10月1日

**享年《きょうねん》**
41歳《さい》（刑死《けいし》）

**能力《のうりょく》**
- 武 3
- 知 4
- 人 1

**運命《うんめい》の戦《たたか》い**
関《せき》ケ《が》原《はら》の戦《たたか》い
（➡P310）

**軍旗《ぐんき》・馬印《うまじるし》**

ビジュアル資料《しりょう》

**三成《みつなり》の兜《かぶと》（複元《ふくげん》）**

兜《かぶと》全体が髪《かみ》の毛で飾《かざ》られ、金色の脇立《わきたて》（兜《かぶと》の左右につく飾《かざ》り）が長く突《つ》き出している。
関ケ原町歴史民俗資料館所蔵

### 戦国のきずな
### 茶会で結《むす》ばれた三成《みつなり》と吉継《よしつぐ》の友情《ゆうじょう》

治《なお》らない病気にかかっていた大谷吉継《おおたによしつぐ》は茶会の席《せき》で、回し飲みする茶の中に鼻水を落としてしまった。他の者は病気がうつることを恐《おそ》れて茶を飲まずに回したが、三成《みつなり》はその茶を全部飲んだ。これがきっかけで、ふたりは友人になったという。

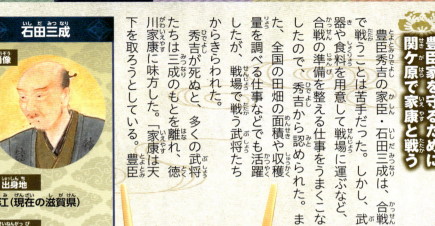

# 島左近《しまさこん》

石田《いしだ》三成《みつなり》の参謀《さんぼう》として関ケ原《せきがはら》で戦《たたか》う

## 石田三成《いしだみつなり》の家臣《かしん》となり関ケ原《せきがはら》で戦死《せんし》する

島左近《しまさこん》の本名は島清興《しまきよおき》。大和《やまと》（現在《げんざい》の奈良県《ならけん》）出身で、合戦《かっせん》に優《すぐ》れた能力《のうりょく》をもつ武将《ぶしょう》だったが、だれにも仕えないことで有名だった。

石田三成《いしだみつなり》は左近《さこん》に、「わたしは合戦《かっせん》が下手だから、たすけてほしい」と、正直な気持ちを伝《つた》え、家臣《かしん》になってほしいと必死《ひっし》で頼《たの》んだ。その熱意《ねつい》に感動した左近《さこん》は、三成《みつなり》の家臣《かしん》になった。

関ケ原《せきがはら》の戦《たたか》いでは、家康《いえやす》の本陣《ほんじん》をめがけ、すさまじい攻撃《こうげき》をしかけて戦死《せんし》する。徳川軍《とくがわぐん》の兵士《へいし》は、恐怖《きょうふ》のため左《さ》近《こん》をまともに見られなかったそうだ。

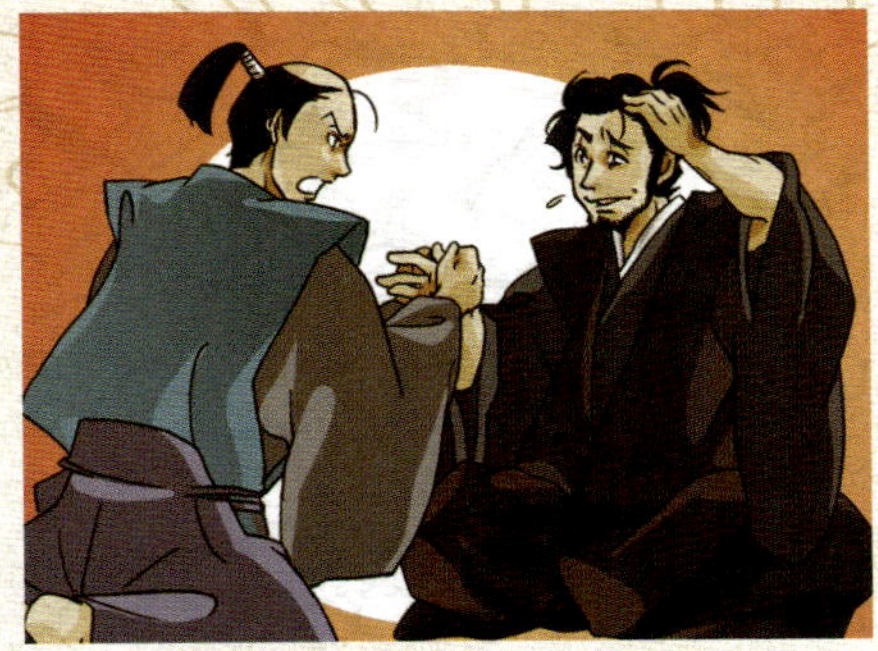

**三成《みつなり》の家臣《かしん》になる左近《さこん》**

三成《みつなり》は、左近《さこん》に「自分の収入《しゅうにゅう》の半分をあたえるから家臣《かしん》になってほしい」と頼《たの》んだという。

ビジュアル資料《しりょう》

**戦死《せんし》する左近《さこん》**

関ケ原《せきがはら》の戦《たたか》いでの勇《いさ》ましい戦《たたか》いぶりは、伝説《でんせつ》となっている。

**左近《さこん》の甲冑《かっちゅう》（復元《ふくげん》）**

ビジュアル資料《しりょう》

関ケ原《せきがはら》の戦《たたか》いをえがいた絵などを参《さん》考《こう》にして再現《さいげん》された左近《さこん》の甲冑《かっちゅう》。長く突《つ》き出した赤い前立《まえたて》が特徴的《とくちょうてき》。

関ケ原町歴史民俗資料館所蔵

### 島左近《しまさこん》

**肖像《しょうぞう》**

**出身地《しゅっしんち》**

大和《やまと》（現在《げんざい》の奈良県《ならけん》）

**生年月日《せいねんがっぴ》**

1540年（誕生日《たんじょうび》は不明《ふめい》）

**死亡年月日《しぼうねんがっぴ》**

1600年9月15日

**享年《きょうねん》**

61歳《さい》（戦死《せんし》）

**能力《のうりょく》**

武 5

知 4

人 4

**運命《うんめい》の戦《たたか》い**

関ケ原《せきがはら》の戦《たたか》い

（➡P310）

**軍旗《ぐんき》・馬印《うまじるし》**

関《せき》ケ《が》原《はら》の戦《たたか》いでの西《せい》軍《ぐん》の総《そう》大《だい》将《しょう》

# 毛利輝元《もうりてるもと》

## 毛利《もうり》輝元《てるもと》

**肖像《しょうぞう》**

**出身地《しゅっしんち》**

安芸《あき》(現在《げんざい》の広島県《ひろしまけん》)

**生年月日《せいねんがっぴ》**

1553年1月22日

**死亡年月日《しぼうねんがっぴ》**

1625年4月27日

**享年《きょうねん》**

73歳《さい》(病死)

**能力《のうりょく》**

武 3

知 2

人 3

**運命《うんめい》の戦《たたか》い**

関ケ原《せきがはら》の戦《たたか》い

(➡P310)

**軍旗《ぐんき》・馬印《うまじるし》**

## 吉川家《きっかわけ》、小早川家《こばやかわけ》に支《ささ》えられた元就《もとなり》の孫《まご》

毛利《もうり》輝元《てるもと》は、中国《ちゅうごく》地方の大名《だいみょう》・毛利《もうり》元就《もとなり》の孫《まご》として生まれた。父・隆元《たかもと》の急死により、11歳《さい》で家を継《つ》いだ。輝元《てるもと》が19歳《さい》のとき、偉大《いだい》な祖父《そふ》・元就《もとなり》が死んだ。輝元《てるもと》は不安《ふあん》に思ったが、おじの吉川元春《きっかわもとはる》と小早川隆景《こばやかわたかかげ》のたすけを得《え》ながら、広大な領地《りょうち》を治《おさ》めた。

1582年、豊臣秀吉《とよとみひでよし》が中国《ちゅうごく》地方に攻《せ》めこんできた。輝元《てるもと》を中心とした毛利家《もうりけ》は秀吉《ひでよし》を迎《むか》えうったが、秀吉《ひでよし》が仲直《なかなお》りを求《もと》めてきたので、これを受け入れ、以後《いご》、秀吉《ひでよし》に従《したが》った。

そして関ケ原《せきがはら》の戦《たたか》いで、輝元《てるもと》は石田《いしだ》軍《ぐん》(西軍《せいぐん》)の総大将《そうだいしょう》になる。戦《たたか》いには参《さん》加《か》しなかったが、西軍《せいぐん》が敗《やぶ》れたため、輝元《てるもと》は領地《りょうち》を取り上げられそうになった。しかし、徳川軍《とくがわぐん》(東軍《とうぐん》)に味方した吉川広家《きっかわひろいえ》(元春《もとはる》の子)が、徳川家康《とくがわいえやす》に「自分の領地《りょうち》を輝元《てるもと》にゆずりたい」と願《ねが》い出た。これが受け入れられ、毛利家《もうりけ》は取りつぶされずにすんだ。

ビジュアル資料《しりょう》

**輝元《てるもと》の軍旗《ぐんき》**

毛利家《もうりけ》の家紋《かもん》がえがかれている。

### 戦国のきずな

### いとこの吉川広家《きっかわひろいえ》にだまされていた!?

関ケ原《せきがはら》の戦《たたか》いのとき、輝元《てるもと》は石田軍《いしだぐん》(西軍《せいぐん》)の総大将《そうだいしょう》にされたが、いとこの吉川広家《きっかわひろいえ》は、西軍《せいぐん》が負けると考えていた。広家《ひろいえ》は、輝元《てるもと》にだまって、敵《てき》の徳《とく》川家康《がわいえやす》と連絡《れんらく》を取り、ひそかに「西軍《せいぐん》を裏切《うらぎ》れば、毛利家《もうりけ》の領地《りょうち》は減《へ》らさない」という約束《やくそく》をしてもらったという。

関《せき》ケ《が》原《はら》の戦《たたか》いで西軍《せいぐん》を裏切《うらぎ》る

# 小早川秀秋《こばやかわひであき》

## 小早川秀秋《こばやかわひであき》

**肖像《しょうぞう》**

**出身地《しゅっしんち》**

近江《おうみ》(現在《げんざい》の滋賀県《しがけん》)

**生年月日《せいねんがっぴ》**

1582年(誕生日《たんじょうび》は不明《ふめい》)

**死亡年月日《しぼうねんがっぴ》**

1602年10月18日

**享年《きょうねん》**

21歳《さい》(病死)

**能力《のうりょく》**

武 3

知 3

人 1

**運命《うんめい》の戦《たたか》い**

関ケ原《せきがはら》の戦《たたか》い

(➡P310)

**軍旗《ぐんき》・馬印《うまじるし》**

## 小早川家《こばやかわけ》の養子《ようし》になった豊臣秀吉《とよとみひでよし》のおい

豊臣秀吉《とよとみひでよし》のおいの秀秋《ひであき》は、幼《おさな》いときに秀吉《ひでよし》の養子《ようし》となった。しかし、秀吉《ひでよし》に息子の秀頼《ひでより》が生まれたため、秀秋《ひであき》は毛《もう》利《り》家《け》の養子《ようし》に出されることになった。毛《もう》利元就《りもとなり》の三男・小早川隆景《こばやかわたかかげ》は、毛利家《もうりけ》が豊臣家《とよとみけ》に乗っ取られることを恐《おそ》れ、小《こ》早川家《ばやかわけ》の養子《ようし》として引き取った。

秀吉《ひでよし》の死後、関ケ原《せきがはら》の戦《たたか》いでは、秀《ひで》秋《あき》は石田軍《いしだぐん》(西軍《せいぐん》)として参加《さんか》したが、その裏《うら》で徳川家康《とくがわいえやす》に味方することを約《やく》束《そく》していた。戦《たたか》いの最初《さいしょ》は西軍《せいぐん》が有利《ゆうり》だった。「どうしたらいいものか…」。秀秋《ひであき》はなかなか動かなかったが、ついに決断《けつだん》し、西軍《せいぐん》の大谷吉継《おおたによしつぐ》(⬇P288)におそいかかった。この裏切《うらぎ》りがきっかけで、西軍《せいぐん》の武将《ぶしょう》が次つぎと裏切《うらぎ》り、西軍《せいぐん》は総崩《そうくず》れとなった。

そのほうびに秀秋《ひであき》は岡山藩《おかやまはん》(現在《げんざい》の岡《おか》山県《やまけん》)57万石をあたえられたが、2年後に21歳《さい》の若《わか》さで病死した。

**関ケ原古戦場《せきがはらこせんじょう》**

石田三成《いしだみつなり》の陣《じん》が置《お》かれた場所から見ると、右側《みぎがわ》に秀秋《ひであき》が陣《じん》を置《お》いた松尾山《まつおやま》、左側《ひだりがわ》に家《いえ》康《やす》が陣《じん》を置《お》いた桃配山《ももくばりやま》が見える(岐阜県《ぎふけん》)。

### ウソ!ホント!? 大谷吉継《おおたによしつぐ》にのろい殺《ころ》された!?

関ケ原《せきがはら》の戦《たたか》いで、西軍《せいぐん》を裏切《うらぎ》った秀秋《ひであき》は、大谷吉継《おおたによしつぐ》の軍《ぐん》に攻《せ》めこんだ。このとき吉継《よしつぐ》は、「人面獣心《じんめんじゅうしん》(人間の顔をしているが、心は動物)なり！　3年の間にたたりをなさん」と叫《さけ》んで切《せっ》腹《ぷく》したという。その言葉通り、2年後に秀秋《ひであき》は病死した。

関《せき》ケ《が》原《はら》の戦《たたか》いに敗《やぶ》れたキリシタン大名《だいみょう》

# 小西行長《こにしゆきなが》

## 朝鮮出兵《ちょうせんしゅっぺい》を終わらせるため、秀吉《ひでよし》が降伏《こうふく》したことにする

小西《こにし》行長《ゆきなが》は、堺《さかい》(大阪府《おおさかふ》)の大商人の子に生まれた。23歳頃《さいごろ》、豊臣秀吉《とよとみひでよし》の家臣《かしん》となった。行長《ゆきなが》は水軍《すいぐん》を率《ひき》いて、秀吉《ひでよし》の九州攻《きゅうしゅうぜ》めで大活躍《だいかつやく》し、肥後《ひご》(現在《げんざい》の熊本県《くまもとけん》)の南半分をあたえられた。

朝鮮出兵《ちょうせんしゅっぺい》では先陣《せんじん》(最初《さいしょ》に戦《たたか》う部隊《ぶたい》)を任《まか》された。しかし勝敗《しょうはい》がつかないまま戦《たたか》いが長引き、豊臣軍《とよとみぐん》は食料不足《しょくりょうぶそく》で苦しんでいた。行長《ゆきなが》は早く戦《たたか》いを終わらせるために、明《みん》(中国《ちゅうごく》)の使者と話し合って、「秀吉《ひでよし》が降伏《こうふく》した」という文書を勝手につくった。しかし秀吉《ひでよし》は、「明《みん》が降伏《こうふく》した」と考えていたので、「話がちがう!」と怒《おこ》り、行長《ゆきなが》はふたたび朝鮮《ちょうせん》に出兵《しゅっぺい》。きびしい戦《たたか》いを続《つづ》けた。

関ケ原《せきがはら》の戦《たたか》いでは、石田軍《いしだぐん》(西軍《せいぐん》)として戦《たたか》ったが敗《やぶ》れ、処刑《しょけい》された。行長《ゆきなが》は、キリスト教を深く信仰《しんこう》したキリシタン大名《だいみょう》としても知られている。

**行長《ゆきなが》の陣所跡《じんしょあと》**

関ケ原《せきがはら》の戦《たたか》いで、行長《ゆきなが》は4000人の兵《へい》を率《ひき》いて西軍《せいぐん》として戦《たたか》った(岐阜県《ぎふけん》)。

### 小西行長《こにしゆきなが》

**肖像《しょうぞう》**

**出身地《しゅっしんち》**

和泉《いずみ》(現在《げんざい》の大阪府《おおさかふ》)

**生年月日《せいねんがっぴ》**

1558年?

**死亡年月日《しぼうねんがっぴ》**

1600年10月1日

**享年《きょうねん》**

43歳《さい》?(刑死《けいし》)

**能力《のうりょく》**

武 4

知 3

人 4

**運命《うんめい》の戦《たたか》い**

関ケ原《せきがはら》の戦《たたか》い

(➡P310)

**軍旗《ぐんき》・馬印《うましるし》**

**なるほどエピソード**

### 加藤清正《かとうきよまさ》とたいへん仲《なか》が悪かった!?

考えることが好《す》きな行長《ゆきなが》と、戦《たたか》うことが好《す》きな加藤清正《かとうきよまさ》は、性格《せいかく》がちがいすぎて、対立することが多かった。豊臣秀吉《とよとみひでよし》は、肥後《ひご》の南半分を行長《ゆきなが》に、北半分を清正《きよまさ》にあたえたため、境界線《きょうかいせん》をめぐっていつも争《あらそ》っていたという。

東軍《とうぐん》の中央を突破《とっぱ》して薩摩《さつま》へのがれる

# 島津義弘《しまづよしひろ》

## 島津義弘《しまづよしひろ》

**肖像《しょうぞう》**

**出身地《しゅっしんち》**

薩摩《さつま》(現在《げんざい》の鹿児島県《かごしまけん》)

**生年月日《せいねんがっぴ》**

1535年7月23日

**死亡年月日《しぼうねんがっぴ》**

1619年7月21日

**享年《きょうねん》**

85歳《さい》(病死)

**能力《のうりょく》**

武 5

知 3

人 3

**運命《うんめい》の戦《たたか》い**

関ケ原《せきがはら》の戦《たたか》い

(➡P310)

**軍旗《ぐんき》・馬印《うまじるし》**

# 東軍《とうぐん》の中央を突破《とっぱ》して関ケ原《せきがはら》から薩摩《さつま》に帰る

島津義弘《しまづよしひろ》は、薩摩《さつま》(現在《げんざい》の鹿児島県《かごしまけん》)の戦国大名《せんごくだいみょう》・島津貴久《しまづたかひさ》の次男。兄・義久《よしひさ》をたすけながら、九州《きゅうしゅう》全土を支配しようとしていた。1587年、豊臣秀吉《とよとみひでよし》が、九州《きゅうしゅう》へ攻《せ》めてきた。義弘《よしひろ》は先頭に立って戦《たたか》ったが、義久《よしひさ》が降伏《こうふく》したため、義弘《よしひろ》もいさぎよく秀吉《ひでよし》に従《したが》った。以後《いご》、義弘《よしひろ》は秀吉《ひでよし》のために働《はたら》き、朝鮮《ちょうせん》出兵《しゅっぺい》では大活躍《だいかつやく》した。

関ケ原《せきがはら》の戦《たたか》いでは、徳川軍《とくがわぐん》(東軍《とうぐん》)への参加《さんか》を断《ことわ》られたため、しかたなく石田軍《いしだぐん》(西軍《せいぐん》)に加《くわ》わった。しかし西軍《せいぐん》はたちまち総崩《そうくず》れになった。

「もはや、これまで」。義弘《よしひろ》が切腹《せっぷく》しようとしたとき、おいの島津豊久《しまづとよひさ》が叫《さけ》んだ。「薩摩《さつま》では殿《との》のお帰りを待っています！」。ふるい立った義弘《よしひろ》は東軍《とうぐん》の中央に突撃《とつげき》して戦場《せんじょう》を脱出《だっしゅつ》。追っ手を振《ふ》り切り、みごとに帰国した。家康《いえやす》は義弘《よしひろ》の力を恐《おそ》れ、島津氏《しまづし》の領地《りょうち》を減《へ》らさなかった。

ビジュアル資料《しりょう》

### 義弘《よしひろ》の甲冑《かっちゅう》(復元《ふくげん》)

関ケ原《せきがはら》の戦《たたか》いで義弘《よしひろ》が着たといわれる甲冑《かっちゅう》。資料《しりょう》に残《のこ》されている絵を参考《さんこう》にしてつくられたもので、大鎧《おおよろい》(➡P164)と呼《よ》ばれる形式の甲冑《かっちゅう》である。

関ケ原町歴史民俗資料館所蔵

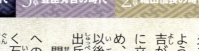

友情《ゆうじょう》で結《むす》ばれた三成《みつなり》と運命をともにする

# 大谷吉継《おおたによしつぐ》

## 病気のからだをおして関ケ原《せきがはら》の戦《たたか》いで活躍《かつやく》する

少年時代から豊臣秀吉《とよとみひでよし》に仕えた大谷《おおたに》吉継《よしつぐ》は、石田三成《いしだみつなり》と同じく、事務《じむ》や戦《たたか》いの準備《じゅんび》などを得意《とくい》とした。

吉継《よしつぐ》は三成《みつなり》と深い友情《ゆうじょう》で結《むす》ばれていた。関ケ原《せきがはら》の戦《たたか》いでは、徳川家康《とくがわいえやす》に勝てないことを知りつつ、三成《みつなり》とともに戦《たたか》う道を選《えら》んだ。吉継《よしつぐ》は、病気にかかって歩けなかったため、輿《こし》に乗って軍《ぐん》を指揮《しき》した。

小早川秀秋《こばやかわひであき》の裏切《うらぎ》りも予想していたが、秀秋《ひであき》のほかにも石田軍《いしだぐん》(西軍《せいぐん》)を裏《うら》切《ぎ》る武将《ぶしょう》が続《ぞく》ぞくと出たため総崩《そうくず》れとなり、自ら命を絶《た》った。

ビジュアル資料《しりょう》

### 吉継《よしつぐ》の甲冑《かっちゅう》(復元《ふくげん》)

病気のため、顔の皮膚《ひふ》が弱っていた吉継《よしつぐ》は、白い頭巾《ずきん》で顔を隠《かく》して指揮《しき》を取ったという。

関ケ原町歴史民俗資料館所蔵

### 大谷吉継《おおたによしつぐ》

**出身地《しゅっしんち》**
近江《おうみ》(現在《げんざい》の滋賀県《しがけん》)

**生年月日《せいねんがっぴ》**
1559年(誕生日《たんじょうび》は不明《ふめい》)

**死亡年月日《しぼうねんがっぴ》**
1600年9月15日

**享年《きょうねん》**
42歳《さい》(自殺《じさつ》)

**能力《のうりょく》**
武 4
知 4
人 4

**運命《うんめい》の戦《たたか》い**
関ケ原《せきがはら》の戦《たたか》い
(➡P310)

**軍旗《ぐんき》・馬印《うまじるし》**

戦国のきずな

### 三成《みつなり》に「戦《たたか》うな」とアドバイスした!?

三成《みつなり》の親友だった吉継《よしつぐ》は、徳川家康《とくがわいえやす》と戦《たたか》おうとする三成《みつなり》に対して、「無茶《むちゃ》な行動で勝ち目はない。戦《たたか》いをやめろ」と何度も説得《せっとく》したという。しかし、三成《みつなり》の決意が固《かた》いことを知ると、負けることを覚悟《かくご》して、一族を率《ひき》いて、三《みつ》成《なり》に味方したという。

# 立花宗茂《たちばなむねしげ》

「天下無敵《てんかむてき》」と恐《おそ》れられた猛将《もうしょう》

## 立花宗茂《たちばなむねしげ》

**肖像《しょうぞう》**

**出身地《しゅっしんち》**

豊後《ぶんご》(現在《げんざい》の大分県《おおいたけん》)

**生年月日《せいねんがっぴ》**

1567年8月18日

**死亡年月日《しぼうねんがっぴ》**

1642年11月25日

**享年《きょうねん》**

76歳《さい》(病死)

**能力《のうりょく》**

武 4
知 3
人 4

**運命《うんめい》の戦《たたか》い**

大津城《おおつじょう》の戦《たたか》い
(➡P292)

**軍旗《ぐんき》・馬印《うまじるし》**

## おとろえた大友《おおとも》家《け》を守るため豊臣《とよとみ》秀吉《ひでよし》の家臣《かしん》となる

立花宗茂《たちばなむねしげ》は、北九州《きたきゅうしゅう》を支配《しはい》した大友《おおとも》宗麟《そうりん》の家臣《かしん》・高橋紹運《たかはしじょううん》の子として生まれた。15歳《さい》のとき、大友家《おおともけ》の重要《じゅうよう》な家臣《かしん》・立花道雪《たちばなどうせつ》の養子《ようし》となった。

その頃《ころ》、九州《きゅうしゅう》では薩摩《さつま》(現在《げんざい》の鹿児島《かごしま》県《けん》)の島津氏《しまづし》が勢《いき》いをつけてきて、宗麟《そうりん》の勢力《せいりょく》は弱っていた。宗茂《むねしげ》が20歳《さい》のときには、島津軍《しまづぐん》が5万の大軍《たいぐん》で北九州《きたきゅうしゅう》を攻《せ》めてきた。島津軍《しまづぐん》は、紹運《じょううん》の守る岩屋城《いわやじょう》を落とすと、宗茂《むねしげ》のいる立花山《たちばなやま》城《じょう》(福岡県《ふくおかけん》)をおそうが、宗茂《むねしげ》はみごとな作戦《さくせん》で激《はげ》しい攻撃《こうげき》をしのぎきった。

宗茂《むねしげ》の活躍《かつやく》を知った豊臣秀吉《とよとみひでよし》は、「わしのもとで働《はたら》かぬか」と、申し入れてきた。宗茂《むねしげ》は、「それで大友家《おおともけ》が守られるのであれば」と思い、受け入れた。その後、九州攻《きゅうしゅうぜ》めや朝鮮出兵《ちょうせんしゅっぺい》で活躍《かつやく》し、「天下無双《てんかむそう》(天下無敵《てんかむてき》)」とたたえられた。

秀吉《ひでよし》の死後は、徳川家康《とくがわいえやす》がさそってきた。だが宗茂《むねしげ》は、秀吉《ひでよし》に恩《おん》を感じていたので、家康《いえやす》の家臣《かしん》にはならなかった。関ケ原《せきがはら》の戦《たたか》いのときには石田軍《いしだぐん》(西軍《せいぐん》)に参加《さんか》したが、大津城《おおつじょう》を攻《せ》め落とすのに時間がかかり、関ケ原《せきがはら》(岐阜県《ぎふけん》)での決戦《けっせん》に間に合わなかった。

それでも宗茂《むねしげ》はあきらめず、九州《きゅうしゅう》にもどって徳川軍《とくがわぐん》(東軍《とうぐん》)の大名《だいみょう》と戦《たたか》い続《つづ》けたが、加藤清正《かとうきよまさ》のすすめで、ついに降伏《こうふく》した。

### 戦国のきずな

### 父のかたきをうたずに友情《ゆうじょう》を結《むす》んだ!?

関ケ原《せきがはら》の戦《たたか》い後、宗茂《むねしげ》は大坂城《おおさかじょう》から柳川城《やながわじょう》(福岡県《ふくおかけん》)まで帰るとき、関ケ原《せきがはら》からにげてきた島津義弘《しまづよしひろ》と一緒《いっしょ》になった。島津家《しまづけ》は父・高橋紹運《たかはしじょううん》を殺《ころ》した相手だったが、宗茂《むねしげ》は島津軍《しまづぐん》を守りながら帰った。義弘《よしひろ》は感謝《かんしゃ》し、ふたりは親友になったという。

# 大《おお》津《つ》城《じょう》の戦《たたか》い

**砲撃《ほうげき》を受ける大津城《おおつじょう》**

西軍《せいぐん》は、激《はげ》しい抵抗《ていこう》を続《つづ》ける大津城《おおつじょう》に向けて大砲《たいほう》を撃《う》ちこんだ。天守《てんしゅ》に命中して、城内《じょうない》が混乱《こんらん》したとき、立花宗茂《たちばなむねしげ》が突入《とつにゅう》した。

**勝** 戦力《せんりょく》 約《やく》1万5000人

立花宗茂《たちばなむねしげ》

石田軍《いしだぐん》(西軍《せいぐん》)

VS

徳川軍《とくがわぐん》(東軍《とうぐん》)

京極高次《きょうごくたかつぐ》

**負** 戦力《せんりょく》 約《やく》3000人

## 京極高次《きょうごくたかつぐ》が西軍《せいぐん》を裏切《うらぎ》り 大津城《おおつじょう》で激《はげ》しく抵抗《ていこう》する

１６００年、石田三成《いしだみつなり》は徳川家《とくがわいえ》康《やす》に反発する大名《だいみょう》たちを集め、石《いし》田軍《だぐん》(西軍《せいぐん》)を組織《そしき》した。そして、伏見城《ふしみじょう》の戦《たたか》い、田辺城《たなべじょう》の戦《たたか》いと、次つぎと戦《たたか》いを起こした。さらに三成《みつなり》は、裏切《うらぎ》って家康側《いえやすがわ》についた京極高次《きょうごくたかつぐ》が立てこもる大津城《おおつじょう》(滋《し》賀県《がけん》)へ、立花宗茂《たちばなむねしげ》ら１万５０００人の兵《へい》を送りこんだ。

しかし高次《たかつぐ》は、城下町《じょうかまち》を自ら焼《や》きはらって、西軍《せいぐん》がかくれる場所をなくすと、城《しろ》に立てこもって激《はげ》しく抵抗《ていこう》をはじめた。西軍《せいぐん》が大《たい》砲《ほう》による攻撃《こうげき》を成功《せいこう》させて、よう

# 猛将《もうしょう》・立花宗茂《たちばなむねしげ》は大津城《おおつじょう》で足止めされる！

やく大津城《おおつじょう》を落としたのは開戦《かいせん》から9日目。その日、関ケ原《せきがはら》（岐阜県《ぎふけん》）では徳川軍《とくがわぐん》（東軍《とうぐん》）と西軍《せいぐん》の決戦《けっせん》がおこなわれていた。家康《いえやす》が最《もっと》も恐《おそ》れていた猛将《もうしょう》・宗茂《むねしげ》が関《せき》ケ原《がはら》の戦《たたか》いに間に合わなかったことは、西軍《せいぐん》が負けた大きな原因《げんいん》のひとつといわれている。

## 関ケ原《せきがはら》の戦《たたか》い前の合戦《かっせん》

### 伏見城《ふしみじょう》の戦《たたか》い

徳川家康《とくがわいえやす》の家《か》臣《しん》・鳥居元忠《とりいもとただ》が守る伏見城《ふしみじょう》を西《せい》軍《ぐん》が攻撃《こうげき》して落《らく》城《じょう》させた。

### 田辺城《たなべじょう》の戦《たたか》い

細川忠興《ほそかわただおき》の父・幽斎《ゆうさい》が守る田辺《たなべ》城《じょう》を、西軍《せいぐん》が攻《こう》撃《げき》した。幽斎《ゆうさい》は救《すく》い出され、西《せい》軍《ぐん》が勝った。写真は田辺城《たなべじょう》（京《きょう》都府《とふ》）。

## 関ケ原《せきがはら》の戦《たたか》いの前の動き

9月7日～15日
❺大津城《おおつじょう》の戦《たたか》い
7月19日～9月12日
❸田辺城《たなべじょう》の戦《たたか》い
8月10日
❹石田三成《いしだみつなり》が佐和山城《さわやまじょう》を出て大垣城《おおがきじょう》に入る
美濃《みの》
若狭《わかさ》
関《せき》ケ《が》原《はら》
田辺城《たなべじょう》
大垣城《おおがきじょう》
佐和山城《さわやまじょう》
福知山城《ふくちやまじょう》
松尾新城《まつおしんじょう》
清洲城《きよすじょう》
丹波《たんば》
近江《おうみ》
大津城《おおつじょう》
長島城《ながしまじょう》
尾《お》張《わり》
山城《やましろ》
伏見城《ふしみじょう》
伊賀《いが》
岡崎城《おかざきじょう》
摂津《せっつ》
大坂城《おおさかじょう》
7月16日
❶毛利輝元《もうりてるもと》が大坂《おおさか》城《じょう》に入る
7月18日～8月1日
❷伏見城《ふしみじょう》の戦い
東軍《とうぐん》の城《しろ》
西軍《せいぐん》の城《しろ》
東軍《とうぐん》の進路《しんろ》
西軍《せいぐん》の進路《しんろ》

# 上杉景勝《うえすぎかげかつ》

家康《いえやす》に逆《さか》らった上杉謙信《うえすぎけんしん》の後継者《こうけいしゃ》

おもな居城《きょじょう》

## 上杉景勝《うえすぎかげかつ》

**肖像《しょうぞう》**

**出身地《しゅっしんち》**

越後《えちご》（現在《げんざい》の新潟県《にいがたけん》）

**生年月日《せいねんがっぴ》**

1555年11月27日

**死亡年月日《しぼうねんがっぴ》**

1623年3月20日

**享年《きょうねん》**

69歳《さい》（病死）

**能力《のうりょく》**

武 4

知 3

人 3

**運命《うんめい》の戦《たたか》い**

長谷堂城《はせどうじょう》の戦《たたか》い（➡P300）

**軍旗《ぐんき》・馬印《うまじるし》**

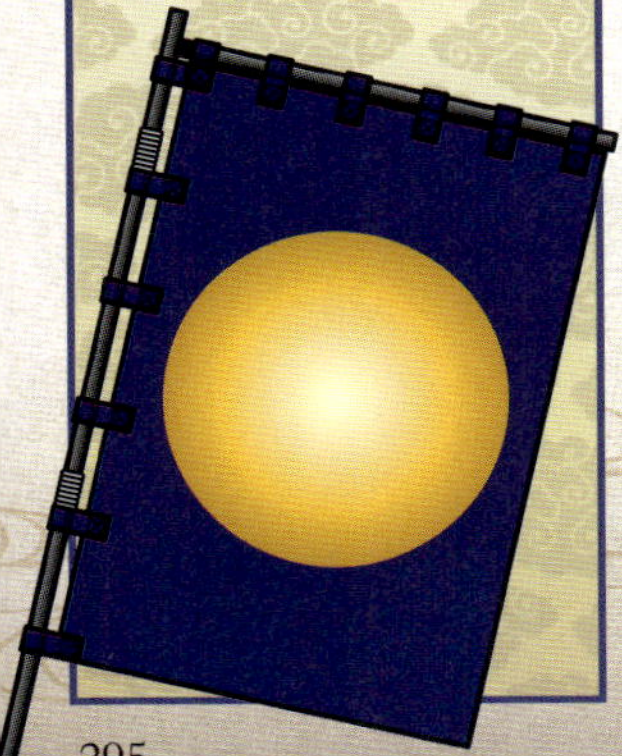

## 関《せき》ケ《が》原《はら》の戦《たたか》いがはじまるきっかけをつくった武将《ぶしょう》

上杉景勝《うえすぎかげかつ》は、10歳《さい》で上杉謙信《うえすぎけんしん》の養子《ようし》になった。謙信《けんしん》の死後、激《はげ》しい後継《あとつ》ぎ争《あらそ》いに勝ち、上杉家《うえすぎけ》を継《つ》いだ。その後、豊臣秀吉《とよとみひでよし》に従《したが》った。朝鮮出兵《ちょうせんしゅっぺい》に参加《さんか》して活躍《かつやく》し、秀吉《ひでよし》から会津《あいづ》（福島県《ふくしまけん》）をあたえられた。政治《せいじ》は信頼《しんらい》していた直江兼続《なおえかねつぐ》（➡P296）に任《まか》せていた。秀吉《ひでよし》の死後、兼続《かねつぐ》が徳《とく》川家康《がわいえやす》と対立したため、家康《いえやす》は「景勝《かげかつ》をうつ」として会津《あいづ》に向かった。これが、関《せき》ケ《が》原《はら》の戦《たたか》いのはじまりとなった。景《かげ》勝《かつ》は、家康方《いえやすがた》の最上義光《もがみよしあき》（➡P298）などと戦《たたか》ったが、関《せき》ケ《が》原《はら》で石田《いしだ》軍《ぐん》（西《せい》軍《ぐん》）が負けたため、家康《いえやす》に降伏《こうふく》し、米沢《よねざわ》（山形県《やまがたけん》）に移《うつ》された。

ビジュアル資料《しりょう》

**景勝《かげかつ》の甲冑《かっちゅう》**

景勝《かげかつ》が着たと伝《つた》えられる甲冑《かっちゅう》で、兜《かぶと》には幸運を意味する卍《まんじ》がえがかれている。

新潟県立歴史博物館所蔵

### ウソ！ホント!?

### 戦場《せんじょう》でいびきをかいて寝《ね》ていた!?

景勝《かげかつ》はめったに感情《かんじょう》を顔に出すことがなく、生涯《しょうがい》に笑《わら》ったのは、猿《さる》が景勝《かげかつ》のまねをしたのを見たときの一度だけだったといわれる。戦場《せんじょう》で恐《こわ》がることもなく、鉄砲《てっぽう》の弾《たま》や矢が飛《と》び交う中で、いびきをかいて寝《ね》ていたそうだ。

家康《いえやす》を怒《おこ》らせた上杉《うえすぎ》景勝《かげかつ》の参謀《さんぼう》

# 直江兼続《なおえかねつぐ》

## 徳川家康《とくがわいえやす》の命令《めいれい》に逆《さか》らい、「直江状《なおえじょう》」を送りつける

越後《えちご》（現在《げんざい》の新潟県《にいがたけん》）の上杉家《うえすぎけ》の家臣《かしん》の子として生まれた直江兼続《なおえかねつぐ》は、6歳《さい》のとき、5歳《さい》年上の上杉景勝《うえすぎかげかつ》に仕え、優《すぐ》れた武将《ぶしょう》に成長《せいちょう》した。

そんな兼続《かねつぐ》を、豊臣秀吉《とよとみひでよし》は「家臣《かしん》にならないか」としきりにさそったが、兼続《かねつぐ》は「仕えるのは景勝《かげかつ》だけ」ときっぱり断《ことわ》った。秀吉《ひでよし》の死後は、徳川家康《とくがわいえやす》が従《したが》うように命令《めいれい》してきた。石田三成《いしだみつなり》と仲《なか》がよかった兼続《かねつぐ》は、家康《いえやす》に正面から歯向かう挑戦状《ちょうせんじょう》「直江状《なおえじょう》」をつきつけた。これを見た家康《いえやす》ははげしく怒《おこ》り、兼続《かねつぐ》と景勝《かげかつ》を攻《せ》めるために大坂城《おおさかじょう》を出発した。これが関ケ原《せきがはら》の戦《たたか》いの引き金となった。

関ケ原《せきがはら》の戦《たたか》い後、景勝《かげかつ》とともに会津《あいづ》（福島県《ふくしまけん》）から米沢《よねざわ》（山形県《やまがたけん》）に移《うつ》されたが、優《すぐ》れた政治《せいじ》をおこなった。

**直江軍《なおえぐん》の軍旗《ぐんき》**

兼続《かねつぐ》の部隊《ぶたい》が使っていたといわれる軍旗《ぐんき》。一羽の雁《かり》がえがかれている。

最上義光歴史館所蔵

### 直江兼続《なおえかねつぐ》

**肖像《しょうぞう》**

**出身地《しゅっしんち》**

越後《えちご》（現在《げんざい》の新潟県《にいがたけん》）

**生年月日《せいねんがっぴ》**

1560年（誕生日《たんじょうび》は不明《ふめい》）

**死亡年月日《しぼうねんがっぴ》**

1619年12月19日

**享年《きょうねん》**

60歳《さい》（病死）

**能力《のうりょく》**

武 4
知 5
人 4

**運命《うんめい》の戦《たたか》い**

長谷堂城《はせどうじょう》の戦《たたか》い

（➡P300）

**軍旗《ぐんき》・馬印《うましるし》**

**ウソ！ホント!?**

**政宗《まさむね》とすれちがっても無視《むし》をした!?**

江戸《えど》時代、兼続《かねつぐ》は江戸城《えどじょう》の廊下《ろうか》で伊達政宗《だてまさむね》とすれちがった。しかし兼続《かねつぐ》は政宗《まさむね》を無視《むし》して通りすぎたので、政宗《まさむね》は「無礼《ぶれい》だ」と怒《おこ》った。すると兼続《かねつぐ》は、「戦場《せんじょう》では政宗殿《まさむねどの》がにげていく後ろ姿《すがた》しか見ていないので、気づきませんでした」と答えたそうだ。

上杉軍《うえすぎぐん》と戦《たたか》い、山形藩主《やまがたはんしゅ》となる

# 最上義光《もがみよしあき》

### おもな居城《きょじょう》

## 徳《とく》川《がわ》家《いえ》康《やす》に味方したため直《なお》江《え》兼《かね》続《つぐ》と激《はげ》しく戦《たたか》う

最上義光《もがみよしあき》は、出羽《でわ》(現在《げんざい》の山形県《やまがたけん》)の戦国大名《せんごくだいみょう》。山形城《やまがたじょう》(山形県《やまがたけん》)を本拠地《ほんきょち》として周辺《しゅうへん》に攻《せ》めこみ、庄内《しょうない》地方まで領《りょう》地《ち》を広げた。

陸奥《むつ》(現在《げんざい》の東北《とうほく》地方東部)を支配《しはい》する伊達輝宗《だててるむね》の勢《いきお》いは強かったが、義光《よしあき》は、妹・義姫《よしひめ》と輝宗《てるむね》を結婚《けっこん》させ、対立が深まらないように気を配った。豊臣《とよとみ》秀《ひで》吉《よし》が九州《きゅうしゅう》を支配《しはい》すると、義光《よしあき》は秀吉《ひでよし》に従《したが》い、小田原城《おだわらじょう》の戦《たたか》いにも参加《さんか》した。

ビジュアル資料《しりょう》

**義光《よしあき》の兜《かぶと》**

上杉軍《うえすぎぐん》の銃弾《じゅうだん》が当たったため、兜《かぶと》の中央左側《ひだりがわ》の金色の筋《すじ》が壊《こわ》れている。

最上義光歴史館所蔵

秀吉《ひでよし》の死後、徳川家康《とくがわいえやす》の味方になり、関ケ原《せきがはら》の戦《たたか》いのときは徳川軍《とくがわぐん》(東軍《とうぐん》)について、直江兼続《なおえかねつぐ》と戦《たたか》った(長谷堂城《はせどうじょう》の戦《たたか》い)。大苦戦《だいくせん》だったが、石田三成《いしだみつなり》が関《せき》ケ《が》原《はら》で敗《やぶ》れたため、義光《よしあき》はたすかった。家康《いえやす》からほうびとして、領地《りょうち》をあたえられ、57万石の大名《だいみょう》となった。

### 名勝負

### 直江《なおえ》軍《ぐん》の銃弾《じゅうだん》が兜《かぶと》に直撃《ちょくげき》した!?

長谷堂城《はせどうじょう》の戦《たたか》いのとき、関ケ原《せきがはら》の戦《たたか》いで石田軍《いしだぐん》(西軍《せいぐん》)が敗《やぶ》れたことを知った直江兼続《なおえかねつぐ》は戦場《せんじょう》からにげることを決めた。義光《よしあき》は、にげる兼続《かねつぐ》を追いかけたが、兼続《かねつぐ》はかくしていた鉄砲《てっぽう》隊《たい》で攻撃《こうげき》し、その銃弾《じゅうだん》が義光《よしあき》の兜《かぶと》(上の写真)に命中したという。

## 最上義光《もがみよしあき》

**肖像《しょうぞう》**

**出身地《しゅっしんち》**

出羽《でわ》(現在《げんざい》の山形県《やまがたけん》)

**生年月日《せいねんがっぴ》**

1546年(誕生日《たんじょうび》は不明《ふめい》)

**死亡年月日《しぼうねんがっぴ》**

1614年1月18日

**享年《きょうねん》**

69歳《さい》(病死)

**能力《のうりょく》**

武 4
知 4
人 3

**運命《うんめい》の戦《たたか》い**

長谷堂城《はせどうじょう》の戦《たたか》い(➡P300)

**軍旗《ぐんき》・馬印《うまじるし》**

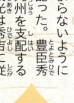

**上杉軍《うえすぎぐん》を追撃《ついげき》する最上軍《もがみぐん》**

直江兼続《なおえかねつぐ》は、鉄砲隊《てっぽうたい》で最上軍《もがみぐん》・伊達軍《だてぐん》からの攻撃《こうげき》を防《ふせ》ぎながら、2万人の兵《へい》を米沢城《よねざわじょう》へ無事《ぶじ》に連《つ》れ帰った。

合戦《かっせん》ファイル 27

1600年

# 長谷堂城《はせどうじょう》の戦《たたか》い

勝 戦力《せんりょく》 約《やく》1万人

最上義光《もがみよしあき》

伊達政宗《だてまさむね》

**最上《もがみ》・伊達軍《だてぐん》**

VS

**上杉軍《うえすぎぐん》**

直江兼続《なおえかねつぐ》

負 戦力《せんりょく》 約《やく》2万人

## 最上義光《もがみよしあき》と直江兼続《なおえかねつぐ》が激《はげ》しく争《あらそ》う

1600年、徳川家康《とくがわいえやす》が自分に従《したが》わない会津《あいづ》(福島県《ふくしまけん》)の上杉景勝《うえすぎかげかつ》をうとうとすると、出羽《でわ》(現在《げんざい》の山形県《やまがたけん》)の最上義光《もがみよしあき》は、家康《いえやす》に味方した。これに対し景勝《かげかつ》は、「東《とう》北《ほく》地方で家康《いえやす》に味方する大名《だいみょう》をうとう」と、家臣《かしん》の直江兼続《なおえかねつぐ》に、義光《よしあき》と戦《たたか》うように命じた。

上杉軍《うえすぎぐん》は、義光《よしあき》の領地《りょうち》に入って軍《ぐん》を進めたが、最上軍《もがみぐん》が立てこもる長谷堂城《はせどうじょう》(山形県《やまがたけん》)を、なかなか落とせなかった。そこへ義光《よしあき》をたすけるため、陸奥《むつ》(現在《げんざい》の東北《とうほく》地方東部)の伊達政宗《だてまさむね》が加《くわ》わった。

# 関《せき》ケ《が》原《はら》で家《いえ》康《やす》が勝《しょう》利《り》し、上《うえ》杉《すぎ》軍《ぐん》は戦《せん》場《じょう》からにげはじめる！

激《はげ》しい戦《たたか》いが続《つづ》くなか、関《せき》ケ《が》原《はら》（岐《ぎ》阜《ふ》県《けん》）で徳川軍《とくがわぐん》（東軍《とうぐん》）が勝利《しょうり》したという知らせが届《とど》いた。「米沢城《よねざわじょう》に帰るしかない」。兼続《かねつぐ》は軍《ぐん》を引きあげようとしたが、義《よし》光《あき》が伊《だ》達《て》軍《ぐん》とともに上杉軍《うえすぎぐん》を追撃《ついげき》してきた。

兼続《かねつぐ》は鉄砲隊《てっぽうたい》で迎《むか》えうちながら2万人の兵《へい》を無事《ぶじ》、米沢城《よねざわじょう》（山形《やまがた》県《けん》）に帰らせることに成功《せいこう》した。

## 長谷堂城《はせどうじょう》の戦《たたか》いの流れ

### 1 上杉軍《うえすぎぐん》が長谷堂城《はせどうじょう》を攻撃《こうげき》

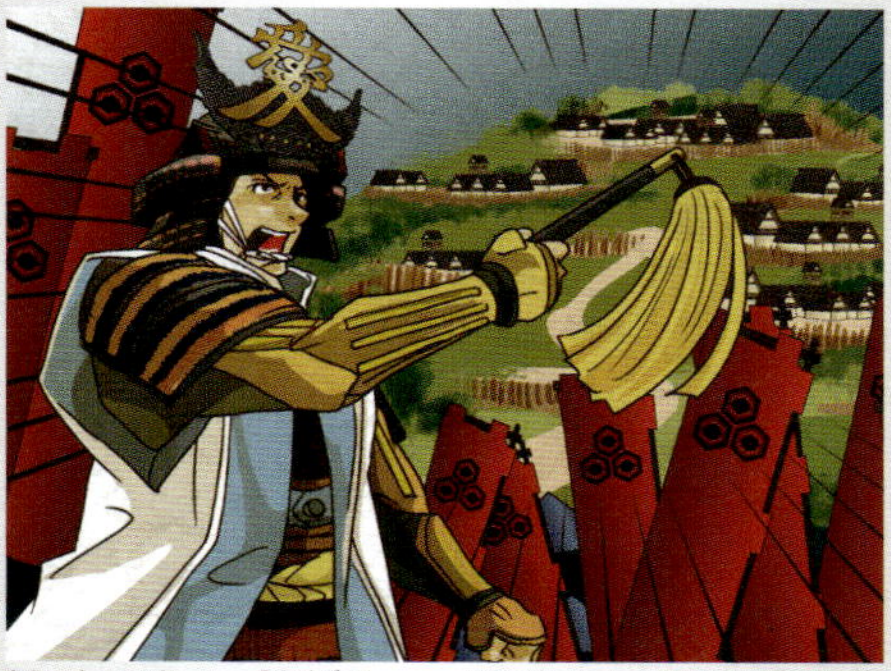

兼続《かねつぐ》が率《ひき》いる上杉軍《うえすぎぐん》は、家康《いえやす》に味方する義光《よしあき》の軍勢《ぐんぜい》が立てこもる長谷堂城《はせどうじょう》の攻撃《こうげき》を開始した。

### 2 「家康勝利《いえやすしょうり》」の知らせが届《とど》く

関ケ原《せきがはら》で家康《いえやす》が三成《みつなり》に勝ったことを知った兼続《かねつぐ》は、戦場《せんじょう》からにげることを決める。

### 3 上杉軍《うえすぎぐん》が米沢城《よねざわじょう》へにげる

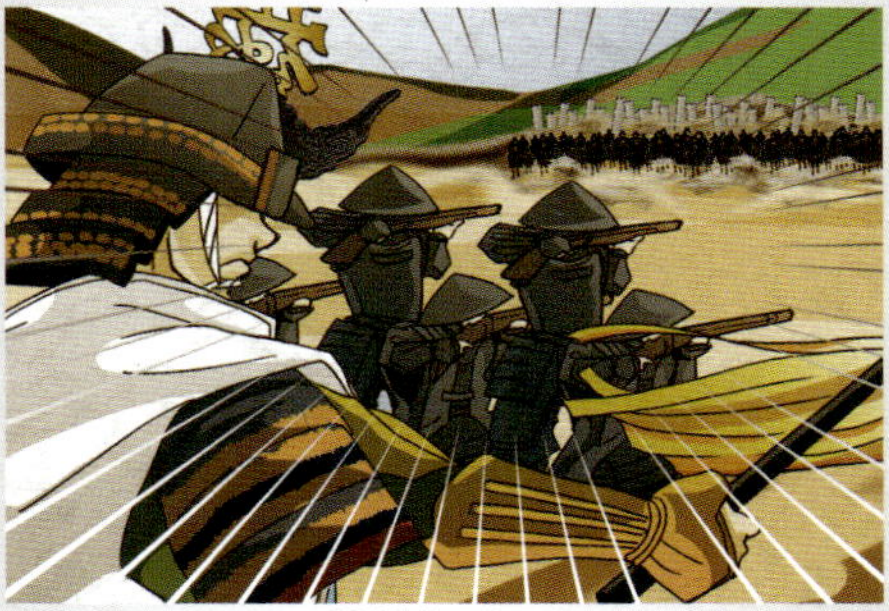

最上軍《もがみぐん》は、にげる上杉軍《うえすぎぐん》を追いかけて激《はげ》しく攻撃《こうげき》した。兼続《かねつぐ》は鉄砲隊《てっぽうたい》を使って最上軍《もがみぐん》を食い止めながら、ほとんどの兵《へい》とともに米沢城《よねざわじょう》にもどった。

# 徳川秀忠《とくがわひでただ》

## 合戦《かっせん》が苦手だった江戸《えど》幕府《ばくふ》2代将軍《しょうぐん》

## まじめな性格《せいかく》が父・家康《いえやす》に認《みと》められる

徳川秀忠《とくがわひでただ》は徳川家康《とくがわいえやす》の三男。1600年、秀忠《ひでただ》は上田合戦《うえだかっせん》（第二次）で真田軍《さなだぐん》に敗《やぶ》れたため、「天下分け目の戦《たたか》い」といわれた関ケ原《せきがはら》の戦いに、遅《おく》れてしまった。家康《いえやす》ははげしく怒《おこ》り、秀忠《ひでただ》と会おうともしなかったが、徳川四天《とくがわしてん》王《のう》のひとり、榊原康政《さかきばらやすまさ》が必死《ひっし》に秀忠《ひでただ》をかばったので許《ゆる》された。このとき家《いえ》康《やす》は、秀忠《ひでただ》は家臣《かしん》に人気があることに気づき、見直したという。

秀忠《ひでただ》は、とてもまじめな性格《せいかく》だった。器用《きよう》ではなく、合戦《かっせん》も下手だったが、物事をきちんとこなそうとする努《ど》力家《りょくか》だった。「平和な世をつくっていくには、この男が必要《ひつよう》なのだ」。家康《いえやす》はそう考え、後継《あとつ》ぎは秀忠《ひでただ》と決めた。江戸幕府《えどばくふ》の2代将軍《しょうぐん》となった秀忠《ひでただ》は家康《いえやす》の期待通り、幕府《ばくふ》の基礎《きそ》をしっかりと固《かた》めた。

秀忠《ひでただ》の妻《つま》は、浅井三姉妹《あざいさんしまい》の末《すえ》っ子・江《ごう》だった。秀忠《ひでただ》は、年上で気の強い江《ごう》に、逆《さか》らえなかったそうだ。

**江《ごう》（1573～1626）**

秀忠《ひでただ》の妻《つま》。母はお市《いち》の方《かた》。３代将軍《しょうぐん》・徳《とく》川家光《がわいえみつ》を産《う》んだ。

### 徳川秀忠《とくがわひでただ》

**肖像《しょうぞう》**

**出身地《しゅっしんち》**

遠江《とおとうみ》（現在《げんざい》の静岡県《しずおかけん》）

**生年月日《せいねんがっぴ》**

1579年4月7日

**死亡年月日《しぼうねんがっぴ》**

1632年1月24日

**享年《きょうねん》**

54歳《さい》（病死）

**能力《のうりょく》**

武 2
知 3
人 4

**運命の戦《うんめいのたたか》い**

上田合戦《うえだかっせん》（第二次）
（➡P304）

**軍旗《ぐんき》・馬印《うまじるし》**

**なるほどエピソード**

### 父・家康《いえやす》が死ぬと性格《せいかく》が変《か》わった!?

家康《いえやす》が権力《けんりょく》をにぎっている間、秀《ひで》忠《ただ》はまじめで正直な性格《せいかく》だと思われていた。しかし家康《いえやす》が死ぬと、秀忠《ひでただ》の性《せい》格《かく》は突然《とつぜん》きびしくなった。家康《いえやす》と親しかった大名《だいみょう》たちでも、江戸幕府《えどばくふ》に少しでも逆《さか》らったら、次つぎと取りつぶしていった。

合戦《かっせん》ファイル
28
1600年

# 上《うえ》田《だ》合《かっ》戦《せん》（第二次）

**徳川軍《とくがわぐん》を攻撃《こうげき》する真田軍《さなだぐん》**

上田城内《うえだじょうない》に徳川軍《とくがわぐん》をさそいこんだ昌幸《まさゆき》は、城内《じょうない》にかくしていた兵《へい》に鉄砲《てっぽう》などでいっせいに攻撃《こうげき》させた。

勝　戦力《せんりょく》　約《やく》3500人

真田昌幸《さなだまさゆき》

真田軍《さなだぐん》

VS

徳川軍《とくがわぐん》

徳川秀忠《とくがわひでただ》

負　戦力《せんりょく》　約《やく》3万8000人

## 昌幸《まさゆき》のわなにかかった徳川軍《とくがわぐん》が大敗北《だいはいぼく》する

1600年、全国の大名《だいみょう》が石田《いしだ》三成《みつなり》の石田軍《いしだぐん》（西軍《せいぐん》）と、徳川家康《とくがわいえやす》の徳川軍《とくがわぐん》（東軍《とうぐん》）に分かれて戦《たたか》うことになった。真田昌幸《さなだまさゆき》は、長男の信之《のぶゆき》を東軍《とうぐん》につかせ、自分は次男・幸村《ゆきむら》と西軍《せいぐん》につき上田城《うえだじょう》（長《なが》野《の》県《けん》）に入った。

関ケ原《せきがはら》（岐阜県《ぎふけん》）へ向かうため、徳川秀忠《とくがわひでただ》の大軍《たいぐん》が上田城《うえだじょう》の近くまでやってきた。昌幸《まさゆき》は秀忠《ひでただ》に戦《たたか》いをしかけると、にげるふりをして、徳川軍《とくがわぐん》を上田城《うえだじょう》へさそいこんだ。城内《じょうない》へなだれこんだ徳川軍《とくがわぐん》は、待ちかまえていた昌幸《まさゆき》の鉄砲《てっぽう》

# 敗《やぶ》れた秀《ひで》忠《ただ》は、関《せき》ケ《が》原《はら》の戦《たたか》いに間に合わなくなる!

隊《たい》の攻撃《こうげき》をあびて、大混乱《だいこんらん》となった。徳川軍《とくがわぐん》があわてて城《しろ》から出て、川を渡《わた》ってにげようとしたところ、上流で水をせき止めていた堤防《ていぼう》をこわした。激《はげ》しい流れに、多くの兵《へい》がおぼれ死に、秀忠《ひでただ》は関《せき》ケ《が》原《はら》の戦《たたか》いに間に合わなかった。

## 上田合戦《うえだかっせん》(第二次)の流れ

### 1 わざとにげて城《しろ》へさそいこむ

徳川軍《とくがわぐん》と戦《たたか》った真田軍《さなだぐん》は、わざと負けて上田城内《うえだじょうない》へさそいこんだ。

### 2 かくれていた兵《へい》が攻撃《こうげき》する

城内《じょうない》にかくれていた兵《へい》が、城《しろ》に攻《せ》めこんできた徳川軍《とくがわぐん》を銃《じゅう》でいっせいに攻撃《こうげき》。徳川軍《とくがわぐん》はにげ出した。

### 3 せき止めていた川の水を流す

徳川軍《とくがわぐん》が川を渡《わた》ろうとしたとき、上流で水をせき止めていた堤防《ていぼう》をこわし、大量《たいりょう》の水で兵《へい》をおぼれさせた。

なるほどエピソード

### 信之《のぶゆき》の命ごいで九度山《くどやま》へ追放に

関《せき》ケ《が》原《はら》の戦《たたか》いの後、真田昌幸《さなだまさゆき》と幸村《ゆきむら》は家康《いえやす》に領地《りょうち》を取り上げられ、処刑《しょけい》されることになった。しかし、東軍《とうぐん》に味方した昌幸《まさゆき》の長男・信之《のぶゆき》が必死《ひっし》に命ごいをしたため、命は助けられ、ふたりとも九《く》度山《どやま》(和歌山県《わかやまけん》)に追放されることになった。

1600年6月
大坂城《おおさかじょう》（大阪府《おおさかふ》）――
徳川家康《とくがわいえやす》は天下統一《とういつ》をじゃまする石田三成《いしだみつなり》を倒《たお》そうと考えていた。
合戦《かっせん》にもちこめる理由がほしいな……
むぅ…
そんなとき、会津《あいづ》（福島県《ふくしまけん》）の上杉景勝《うえすぎかげかつ》に反乱《はんらん》の動きがあった。
上杉景勝《うえすぎかげかつ》
直江兼続《なおえかねつぐ》
家康《いえやす》の命令《めいれい》など聞くことはありません！
これは使える！
ほう
わしが大坂城《おおさかじょう》を離《はな》れたら、三成《みつなり》は挙兵《きょへい》するにちがいない！
家康《いえやす》は兵《へい》を連《つ》れて大坂城《おおさかじょう》を出発した。
小山《おやま》（栃木県《とちぎけん》）――
殿《との》!!
三成《みつなり》が伏見城《ふしみじょう》に攻撃《こうげき》をしかけてきました！
きたか！
ねらい通り！
これで三成《みつなり》と戦《たたか》う理由ができたぞ！

家康《いえやす》は小山《おやま》から引き返して西へ軍《ぐん》を進めた。
急げ！
小山《おやま》
江戸《えど》
関ケ原《せきがはら》
大坂城《おおさかじょう》
家康《いえやす》め、引き返してきたな！
一方の三成《みつなり》は、東へ軍《ぐん》を進めた。
9月15日 関ケ原《せきがはら》（岐阜県《ぎふけん》）——
家康《いえやす》と三成《みつなり》の総勢《そうぜい》約《やく》20万人の軍勢《ぐんぜい》は、
関ケ原《せきがはら》で向かい合った。
ヒュオォ…!
家康《いえやす》は天下をねらっている！豊臣《とよとみ》の世を守るのだ!!
徳川《とくがわ》が天下を取る！時代は新しくなるのだ!!

戦《たたか》いは、家康《いえやす》の家臣《かしん》の井伊《いい》直政《なおまさ》の攻撃《こうげき》ではじまった。
かかれぇ!!
その後、しばらくは石田軍《いしだぐん》（西軍《せいぐん》）が有利《ゆうり》に戦《たたか》いを進めた。
家康《いえやす》の本陣《ほんじん》——
ううむ、戦《たたか》いは互角《ごかく》か……
小早川《こばやかわ》の小僧《こぞう》はまだ動かんのか!?
まだ動きはありません!
やつめ……、このわしを裏切《うらぎ》るつもりか!?
ガリ…
三成《みつなり》の本陣《ほんじん》——
よし、総攻撃《そうこうげき》ののろしを上げろ!

くそっ、どうしたっ、秀秋《ひであき》め、……!
なぜ動かん!?
松尾山《まつおやま》の小早川秀秋《こばやかわひであき》の本陣《ほんじん》――
殿《との》、石田軍《いしだぐん》の合図《あいず》です!
うぅ～ん、どうしたものか……
家康殿《いえやすどの》との約束《やくそく》もあるし
ゔ～ー……
はたしてどちらに味方するのが吉《きち》か……
ええいっ! 山をおりて大谷軍《おおたにぐん》をたたく!!
家康殿《いえやすどの》につくぞ!!
この裏切《うらぎ》りによって徳川軍《とくがわぐん》(東軍《とうぐん》)は圧倒的《あっとうてき》に有利《ゆうり》になる――

合戦《かっせん》ファイル

29

1600年

# 関《せき》ケ《が》原《はら》の戦《たたか》い

石田三成《いしだみつなり》の軍《ぐん》
小西行長《こにしゆきなが》の軍《ぐん》
宇喜多秀家《うきたひでいえ》の軍《ぐん》
大谷吉継《おおたによしつぐ》の軍《ぐん》
福島正則《ふくしままさのり》の軍《ぐん》
小早川秀秋《こばやかわひであき》

勝　戦力《せんりょく》　約《やく》7万人

徳川家康《とくがわいえやす》

徳川軍《とくがわぐん》（東軍《とうぐん》）

VS

石田軍《いしだぐん》（西軍《せいぐん》）

石田三成《いしだみつなり》

負　戦力《せんりょく》　約《やく》8万人

## 裏切《うらぎ》る武将《ぶしょう》が多数出て、西軍《せいぐん》は総崩《そうくず》れとなる

1600年9月15日、徳川家康《とくがわいえやす》が率《ひき》いる徳川軍《とくがわぐん》（東軍《とうぐん》）と、石田《いしだ》三成《みつなり》を中心とした石田軍《いしだぐん》（西軍《せいぐん》）が、関ケ原《せきがはら》（岐阜県《ぎふけん》）で激突《げきとつ》した。

戦《たたか》いは早朝にはじまり、午前中は西軍《せいぐん》が有利《ゆうり》に戦《たたか》いを進めていた。西軍《せいぐん》として参加《さんか》した小早川《こばやかわ》秀秋軍《ひであきぐん》、約《やく》1万5000人は、関《せき》ケ原《がはら》を見下ろせる松尾山《まつおやま》（岐阜県《ぎふけん》）に陣《じん》を構《かま》えていた。秀秋《ひであき》は「西軍《せいぐん》を裏切《うらぎ》る」と家康《いえやす》に約束《やくそく》していたが、動きを見せなかった。

しかし12時頃《ごろ》、秀秋《ひであき》は突然《とつぜん》、松《まつ》尾山《おやま》をかけおり、西軍《せいぐん》への攻撃《こうげき》を

# 小《こ》早《ばや》川《かわ》秀《ひで》秋《あき》の裏《うら》切《ぎ》りにより、家《いえ》康《やす》が勝《しょう》利《り》する！

## 関ケ原《せきがはら》の戦《たたか》いの流れ

### 1 戦《たたか》いの開始（早朝）

東軍《とうぐん》の井伊直政軍《いいなおまさぐん》が鉄砲《てっぽう》を撃《う》って戦《たたか》いがはじまった。午前中は西軍《せいぐん》（石田軍《いしだぐん》）が少し勝っていた。

### 2 小早川軍《こばやかわぐん》の裏切《うらぎ》り（正午過《す》ぎ）

西軍《せいぐん》の小早川軍《こばやかわぐん》が裏切《うらぎ》って、西軍《せいぐん》の大谷吉継軍《おおたによしつぐぐん》を攻撃《こうげき》すると、次つぎと西軍《せいぐん》の武将《ぶしょう》が裏切《うらぎ》った。

### 3 西軍《せいぐん》の敗北《はいぼく》（午後２時）

宇喜多秀家軍《うきたひでいえぐん》などが負けはじめると、西軍《せいぐん》の武将《ぶしょう》たちはにげはじめた。

**戦場《せんじょう》をながめる小早川秀秋《こばやかわひであき》**

戦《たたか》いがはじまって約《やく》４時間、秀秋《ひであき》は動かずに戦場《せんじょう》をながめていた。裏切《うらぎ》るタイミングを考えていたという。

## 東軍《とうぐん》と西軍《せいぐん》の陣地《じんち》の位置《いち》

東軍《とうぐん》
西軍《せいぐん》
西軍《せいぐん》（様子見《ようすみ》）
西軍《せいぐん》（裏切《うらぎ》り）
石田三成《いしだみつなり》
島津義弘《しまづよしひろ》
黒田長政《くろだながまさ》
細川忠興《ほそかわただおき》
織田有楽斎《おだうらくさい》
小西行長《こにしゆきなが》
宇喜多秀家《うきたひでいえ》
井伊直政《いいなおまさ》
徳川家康《とくがわいえやす》
本多忠勝《ほんだただかつ》
大谷吉継《おおたによしつぐ》
藤堂高虎《とうどうたかとら》
京極高知《きょうごくたかとも》
福島正則《ふくしままさのり》
小早川秀秋《こばやかわひであき》
松尾山《まつおやま》
有馬則頼《ありまのりより》
山内一豊《やまうちかずとよ》
浅野幸長《あさのよしなが》
池田輝政《いけだてるまさ》
吉川広家《きっかわひろいえ》
長束正家《なつかまさいえ》
南宮山《なんぐうさん》
安国寺恵瓊《あんこくじえけい》
毛利秀元《もうりひでもと》
長宗我部盛親《ちょうそかべもりちか》

はじめた。これを見た西軍《せいぐん》の武将《ぶしょう》たちも、次つぎと裏切《うらぎ》ったため、西軍《せいぐん》は総崩《そうくず》れとなった。三成《みつなり》は戦場《せんじょう》からにげたが、捕《と》らえられて処刑《しょけい》された。この勝利《しょうり》で、家康《いえやす》は天下を取った。

# 日本中の大名《だいみょう》が参加《さんか》した「関ケ原《せきがはら》の戦《たたか》い」

「天下分け目の戦《たたか》い」と呼《よ》ばれる関ケ原《せきがはら》の戦《たたか》いには、ほぼ日本中の大名《だいみょう》たちが徳川軍《とくがわぐん》（東軍《とうぐん》）と石田軍《いしだぐん》（西軍《せいぐん》）のどちらかに参加《さんか》して戦《たたか》った。

## 関ケ原《せきがはら》の戦《たたか》いでの東軍《とうぐん》と西軍《せいぐん》の勢力図《せいりょくず》

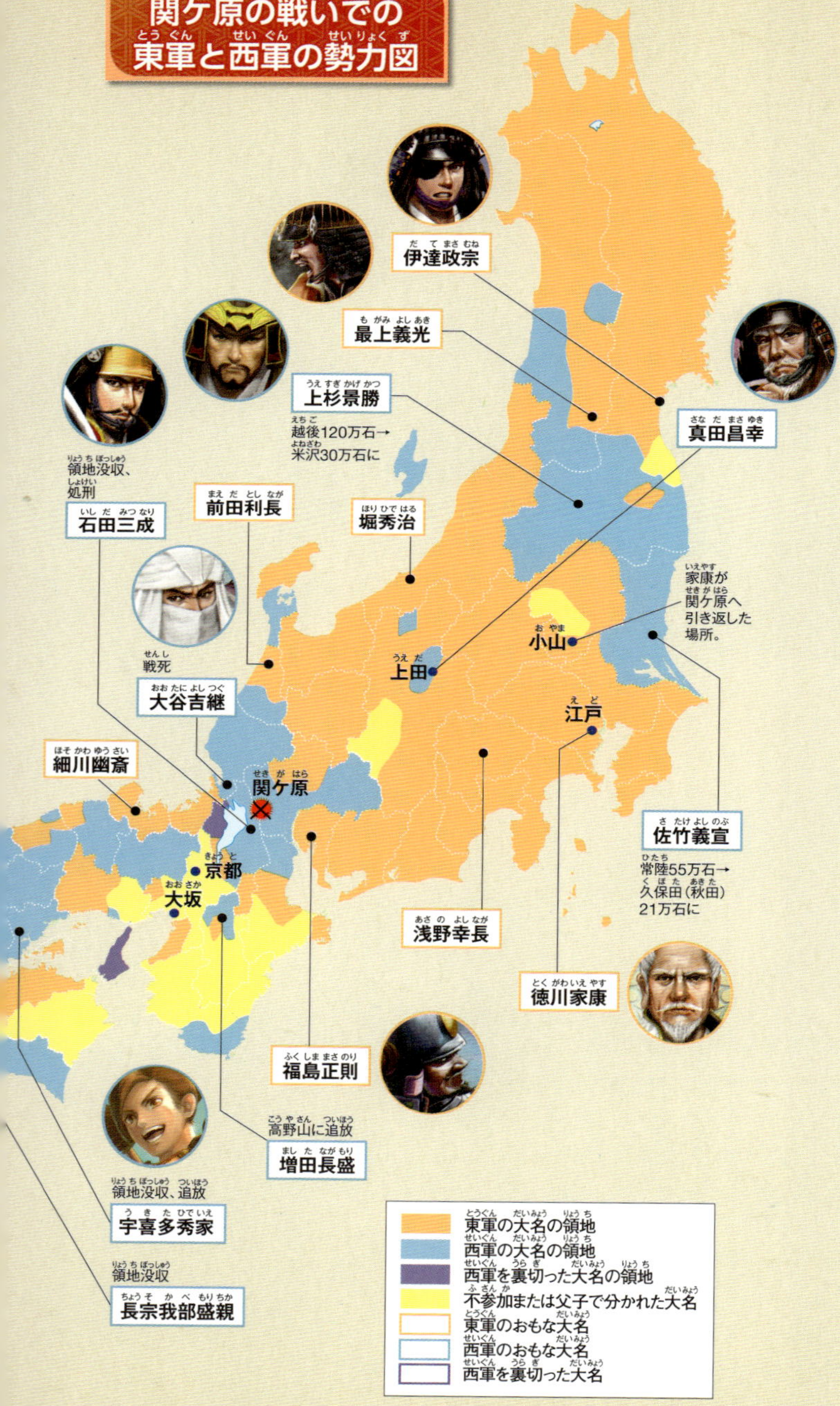
伊達政宗《だてまさむね》
最上義光《もがみよしあき》
上杉景勝《うえすぎかげかつ》
越後《えちご》120万石→
米沢《よねざわ》30万石に
真田昌幸《さなだまさゆき》
領地没収《りょうちぼっしゅう》、
処刑《しょけい》
石田三成《いしだみつなり》
前田利長《まえだとしなが》
堀秀治《ほりひではる》
家康《いえやす》が
関ケ原《せきがはら》へ
引き返した
場所。
小山《おやま》
上田《うえだ》
戦死《せんし》
大谷吉継《おおたによしつぐ》
江戸《えど》
細川幽斎《ほそかわゆうさい》
関ケ原《せきがはら》
京都《きょうと》
大坂《おおさか》
佐竹義宣《さたけよしのぶ》
常陸《ひたち》55万石→
久保田《くぼた》（秋田《あきた》）
21万石に
浅野幸長《あさのよしなが》
徳川家康《とくがわいえやす》
福島正則《ふくしままさのり》
高野山《こうやさん》に追放《ついほう》
増田長盛《ましたながもり》
領地没収《りょうちぼっしゅう》、追放《ついほう》
宇喜多秀家《うきたひでいえ》
領地没収《りょうちぼっしゅう》
長宗我部盛親《ちょうそかべもりちか》
東軍《とうぐん》の大名《だいみょう》の領地《りょうち》
西軍《せいぐん》の大名《だいみょう》の領地《りょうち》
西軍《せいぐん》を裏切《うらぎ》った大名《だいみょう》の領地《りょうち》
不参加《ふさんか》または父子で分かれた大名《だいみょう》
東軍《とうぐん》のおもな大名《だいみょう》
西軍《せいぐん》のおもな大名《だいみょう》
西軍《せいぐん》を裏切《うらぎ》った大名《だいみょう》

## 関ケ原《せきがはら》の戦《たたか》い後の毛利家《もうりけ》

毛利輝元《もうりてるもと》のいとこ・吉川広家《きっかわひろいえ》は、ひそかに家康《いえやす》の味方をしていた。
三成殿《みつなりどの》に家康様《いえやすさま》が勝つだろう
関ケ原《せきがはら》では石田軍《いしだぐん》として参加《さんか》したが、全然戦《ぜんぜんたたか》わなかった。
家康様《いえやすさま》は毛利家《もうりけ》を残《のこ》すと約束《やくそく》してくれたし…
しかし、家康《いえやす》は毛利家《もうりけ》を許《ゆる》さなかった。
毛利家《もうりけ》はつぶす！
そなたに領地《りょうち》をあたえよう！
えっ！
領地《りょうち》はいりません。そのかわり毛利家《もうりけ》を残《のこ》してください
しかたない
しかし領地《りょうち》は大きく減《へ》らすぞ！

徳川家康公


### 征夷大将軍《せいいたいしょうぐん》になった徳川家康《とくがわいえやす》

関ケ原《せきがはら》の戦《たたか》いから3年後、家康《いえやす》は征夷大《せいいたい》将軍《しょうぐん》に任命《にんめい》され、江戸《えど》に幕府《ばくふ》を開いた。

吉川広家《きっかわひろいえ》
毛利輝元《もうりてるもと》
121万石→37万石に
黒田長政《くろだながまさ》
小早川秀秋《こばやかわひであき》
鍋島直茂《なべしまなおしげ》
加藤清正《かとうきよまさ》
島津義弘《しまづよしひろ》
領地没収《りょうちぼっしゅう》、処刑《しょけい》
小西行長《こにしゆきなが》

知っておどろき！戦国《せんごく》！

# 戦《せん》国《ごく》時代のアーティスト!!

戦国《せんごく》時代から安土桃山《あづちももやま》時代に活躍《かつやく》した画家たちは、大《だい》胆《たん》で力強い絵をえがいた。

**「松島図屏風《まつしまずびょうぶ》」**

あざやかな緑色と青色の島に、金色の波が激《はげ》しくぶつかっている。

**作者　俵屋宗達《たわらやそうたつ》(生没年不明《せいぼつねんふめい》)**

安土桃山《あづちももやま》時代から江戸《えど》時代初期《しょき》に活躍《かつやく》した絵師《えし》。デザインのような絵の様式を完成《かんせい》させた。代表作は「風神雷神図屏風《ふうじんらいじんずびょうぶ》」など。

京都国立博物館所蔵

**「恵比寿《えびす》・大黒《だいこく》」**

神である恵比寿《えびす》(左)が、同じく神の大黒《だいこく》(右)のひげを引っ張《ぱ》っている絵。背景《はいけい》の花は細かく美しくえがかれている。

**作者　長谷川等伯《はせがわとうはく》(1539~1610)**

日本独特《どくとく》の水墨画《すいぼくが》(墨《すみ》だけでえがく絵)の様式を完成《かんせい》させた絵師《えし》。金箔《きんぱく》の上にあざやかな色で描《えが》く「金碧障壁画《きんぺきしょうへきが》」もえがいた。代表作は「松林図屏風《しょうりんずびょうぶ》」など。

東京藝術大学所蔵

## 「松鷹図屏風《まつたかずびょうぶ》」

雪が残《のこ》る松《まつ》の枝《えだ》に、するどい眼《め》をした鷹《たか》が止まっている。戦国武将《せんごくぶしょう》が喜《よろこ》びそうな、勇《いさ》ましい絵である。

### 狩野永徳《かのうえいとく》(1543～1590) 作者

織田信長《おだのぶなが》や豊臣秀吉《とよとみひでよし》に仕えた絵《え》師《し》。安土城《あづちじょう》や大坂城《おおさかじょう》などに障壁画《しょうへきが》（ふすまなどにかく絵）をえがいた。力強い作風が人気だった。

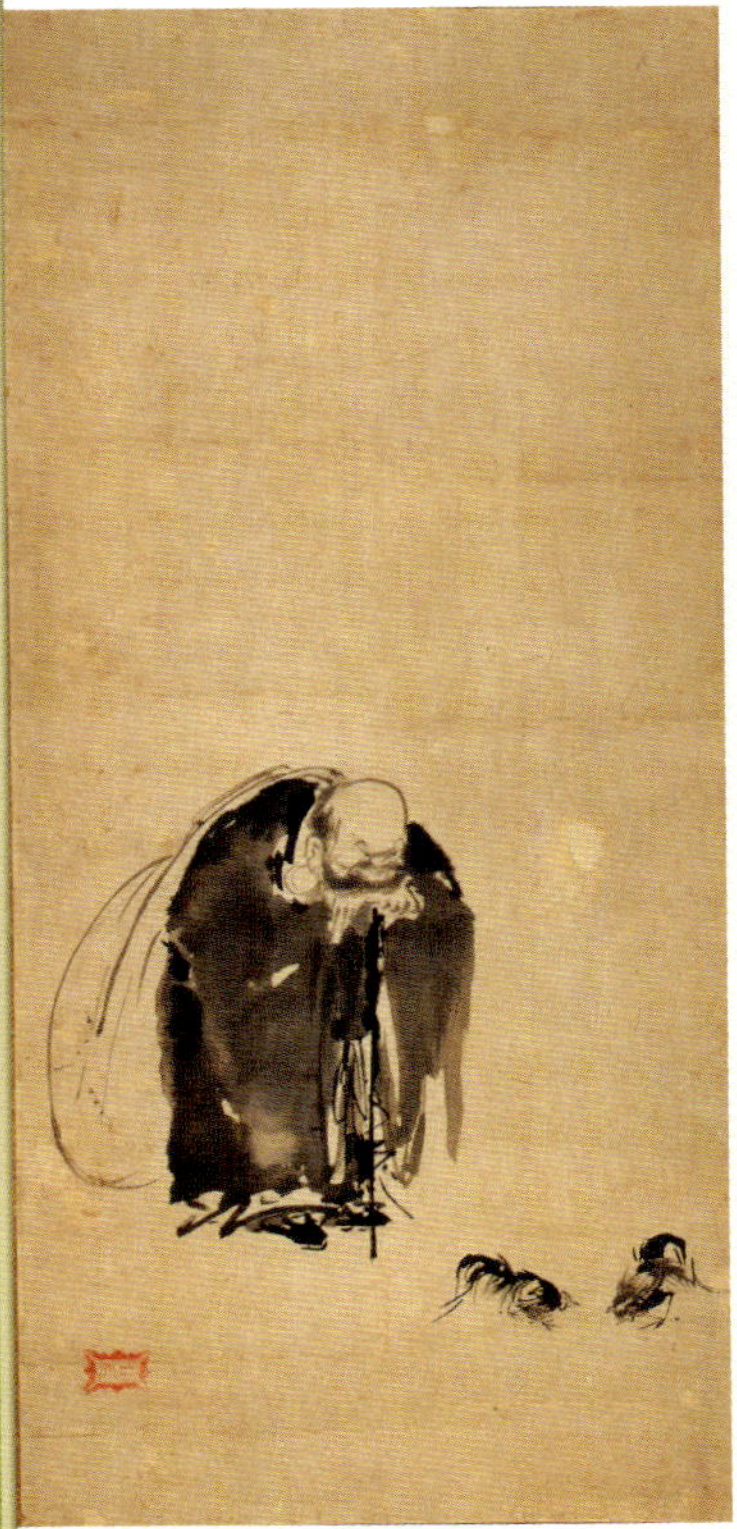

福岡市美術館所蔵（松永コレクション）

## 「布袋《ほてい》見闘鶏図《けんとうけいず》」

戦《たたか》い合う二羽の鶏《にわとり》を、神様である布袋《ほてい》がながめている絵。戦《たたか》いが続《つづ》く人間の世の中を表現《ひょうげん》しているといわれる。

### 宮本《みやもと》武蔵《むさし》(1584～1645) 作者

二刀流の剣豪《けんごう》として知られるが、武士《ぶし》らしい、緊張感《きんちょうかん》がある水墨画《すいぼくが》をえがいた。

➡P316

## 日本初《にほんはつ》の人気ダンサー「出雲阿国《いずものおくに》」の姿《すがた》!!

出雲阿国《いずものおくに》は、歌舞伎《かぶき》をはじめたとされる女性《じょせい》。１６００年頃《ごろ》、男性《だんせい》の服を着て踊《おど》ったことで、大人気を集めた。当時の阿《お》国《くに》の姿《すがた》が資料《しりょう》に残《のこ》されている。

刀を肩《かた》にかけて踊《おど》る出雲阿国《いずものおくに》。

京都国立博物館所蔵

戦国《せんごく》おもしろベスト3

# 戦国《せんごく》最強《さいきょう》の剣豪《けんごう》たち

戦国《せんごく》時代から江戸《えど》時代初期《しょき》にかけて、剣《けん》の技《わざ》を極《きわ》めた剣豪《けんごう》たちを紹介《しょうかい》しよう。

No.1

二刀流で有名!

## 宮本武蔵《みやもとむさし》 (1584～1645)

両手に1本ずつ刀をもって戦《たたか》う「二刀流」をはじめた。巌流島《がんりゅうじま》(山口県《やまぐちけん》)で佐々木小次郎《ささきこじろう》と決闘《けっとう》し、勝利《しょうり》したのをはじめ、60戦以上《せんいじょう》して、無敗《むはい》だった。

No.2

戦国《せんごく》の「剣聖《けんせい》」!

## 上泉信綱《かみいずみのぶつな》 (1508?～1577?)

新しい剣術《けんじゅつ》の流派《りゅうは》「新陰流《しんかげりゅう》」をつくり、戦国最強《せんごくさいきょう》の剣豪《けんごう》といわれる。練習のとき、相手にけがをさせないように「袋竹刀《ふくろしない》」を発明したという。

No.3

無敗《むはい》をほこる剣豪《けんごう》!

## 塚原卜伝《つかはらぼくでん》 (1489～1571)

鹿島神宮《かしまじんぐう》(茨城県《いばらきけん》)にお参《まい》りをして、「一つの太刀《たち》」という究極《きゅうきょく》の技《わざ》を得《え》て、「新当流《しんとうりゅう》」をつくる。合戦《かっせん》に39回、試《し》合《あい》に19回出て、無敗《むはい》だったという。

将軍史上《しょうぐんしじょう》、最高《さいこう》の剣豪《けんごう》!

番外編

## 足利義輝《あしかがよしてる》 (1536～1565)

室町幕府《むろまちばくふ》13代将軍《しょうぐん》。松永久秀《まつながひさひで》(➡P52)に暗殺《あんさつ》された。塚原卜伝《つかはらぼくでん》から直接《ちょくせつ》、剣《けん》の指導《しどう》を受けた。歴代《れきだい》の将軍《しょうぐん》の中で、剣《けん》の腕前《うでまえ》は最高《さいこう》だったといわれる。

# 5章 戦《せん》国《ごく》時代の終わり

1614年 駿府城《すんぷじょう》（静岡県《しずおかけん》）
わしが生きているうちに豊臣家《とよとみけ》をほろぼしておかねば……
崇伝《すうでん》、なにか手はないか？
うぅむ……
崇伝《すうでん》
豊臣家《とよとみけ》が立てた方広寺《ほうこうじ》の鐘《かね》に「国家安康《こっかあんこう》」と刻《きざ》まれております
このあたり
「家康《いえやす》」の文字を分断《ぶんだん》して、家康様《いえやすさま》をのろっているのだと責《せ》めるのはいかがでしょう？
なるほど！
これを聞いた大坂城《おおさかじょう》（大阪府《おおさかふ》）では—
なんてごうまんな言いがかり！
ただちに使者を送るのだ！
はあ!?
淀殿《よどどの》
しかし家康《いえやす》は使者に会おうとしなかった。
つーーん

使者に会わないとは……家康《いえやす》は難《なん》くせをつけて、豊臣家《とよとみけ》を倒《たお》そうとねらっておるな！

戦《たたか》いましょう、母上！

あのタヌキジジィめ！

豊臣秀頼《とよとみひでより》
淀殿《よどどの》の呼《よ》びかけに応《おう》じて、豊臣家《とよとみけ》のために戦《たたか》うことを決意した武将《ぶしょう》たちが大坂城《おおさかじょう》へ集まってきた。

大坂城《おおさかじょう》の動きは家康《いえやす》の耳にも入った。

よし！大名《だいみょう》たちに豊臣家《とよとみけ》をうつように呼《よ》びかけるのだ！

家康《いえやす》は大軍《たいぐん》を率《ひき》いて大坂《おおさか》へ向かった。

久《ひさ》びさの合戦《かっせん》じゃの〜

大坂城《おおさかじょう》では家康《いえやす》と戦《たたか》うための会議《かいぎ》が開かれていた。
いくら家康《いえやす》でもこの城《しろ》は落とせまい！
城《しろ》に立てこもって迎《むか》えうとう！
お待ちください！
確《たし》かに大坂城《おおさかじょう》の守りは固《かた》い。しかし――
南側《みなみがわ》は空堀《からぼり》だけで守りが少し弱いのです
真田幸村《さなだゆきむら》（信繁《のぶしげ》）
では、どうする？
ここに小さな城《しろ》を築《きず》きます！
こうして幸村《ゆきむら》が築《きず》いたのが「真田丸《さなだまる》」であった。

家康《いえやす》は20万人もの大軍《たいぐん》で城《しろ》を囲《かこ》むが……
ふむ……まったくすきがないな
うかつに攻《せ》めるとやられる……
まだ攻撃《こうげき》はするでないぞ!
しかし、家康《いえやす》の命令《めいれい》を聞かず、真田丸《さなだまる》に攻撃《こうげき》をしかける部隊《ぶたい》がいた。
ワァァァァ…
十分に引きつけろ!
敵《てき》が間近にせまったそのとき、いっせい攻撃《こうげき》だ!

合戦《かっせん》ファイル
30
1614年

# 大《おお》坂《さか》冬《ふゆ》の陣《じん》

**真田丸《さなだまる》での戦《たたか》い**
大坂城《おおさかじょう》の南側《みなみがわ》に真田丸《さなだまる》を築《きず》いた真田幸村《さなだゆきむら》は、徳川軍《とくがわぐん》をおびき寄《よ》せて、鉄砲《てっぽう》でいっせいに攻撃《こうげき》した。

分 戦力《せんりょく》 約《やく》20万人

徳川家康《とくがわいえやす》

徳川軍《とくがわぐん》

VS

豊臣軍《とよとみぐん》

豊臣秀頼《とよとみひでより》

分 戦力《せんりょく》 約《やく》10万人

## 大砲《たいほう》による攻撃《こうげき》で淀殿《よどどの》を恐《こわ》がらせる

１６０３年に征夷大将軍《せいいたいしょうぐん》になり江戸幕府《えどばくふ》を開いた徳川家康《とくがわいえやす》は、豊臣秀頼《とよとみひでより》（秀吉《ひでよし》の子）を家臣《かしん》にしようとしていた。家康《いえやす》は「豊臣家《とよとみけ》が自分にのろいをかけようとしている」と言いがかりをつけ、豊臣家《とよとみけ》が自分と戦《たたか》うように追いこんだ。

１６１４年、家康《いえやす》は全国の大名《だいみょう》に豊臣家《とよとみけ》をうつように命令《めいれい》し、豊臣家《とよとみけ》も真田幸村《さなだゆきむら》（➡P３２４）たちを大坂城《おおさかじょう》に呼《よ》んで、戦《たたか》う準備《じゅんび》をはじめた。家康《いえやす》は約《やく》20万人の大軍《たいぐん》で大坂城《おおさかじょう》を取り囲《かこ》んだが、守りが固《かた》いため、なかなか攻撃《こうげき》できずに

## 大坂冬《おおさかふゆ》の陣《じん》の流れ

### 1 徳川軍《とくがわぐん》が大坂城《おおさかじょう》を囲《かこ》む

家康《いえやす》は20万人の大軍《たいぐん》で、豊臣軍《とよとみぐん》が立てこもる大坂城《おおさかじょう》を取り囲《かこ》んだ。しかし、大坂城《おおさかじょう》の守りは固《かた》く、簡単《かんたん》に攻撃《こうげき》できなかった。

### 2 真田丸《さなだまる》で戦《たたか》いが起こる

徳川軍《とくがわぐん》は、幸村《ゆきむら》が大坂城《おおさかじょう》の南に築《きず》いた真田丸《さなだまる》を攻《せ》めたが、幸村《ゆきむら》のわなにかかり、鉄砲《てっぽう》で攻撃《こうげき》されて多くの戦死者《せんししゃ》を出した。

### 3 家康《いえやす》が大砲《たいほう》で攻撃《こうげき》する

大軍《たいぐん》で攻《せ》めても落とせないと考えた家康《いえやす》は、一日中、大砲《たいほう》を城《しろ》に撃《う》ちこんだ。大砲《たいほう》が恐《こわ》くなった淀殿《よどどの》は、家康《いえやす》と仲直《なかなお》りすることを決めた。

# 真田丸《さなだまる》の幸村《ゆきむら》は、徳川軍《とくがわぐん》に大きな被害《ひがい》をあたえた！

いた。幸村《ゆきむら》は大坂城《おおさかじょう》の南側《みなみがわ》に築いた小さな城《しろ》「真田丸《さなだまる》」に徳川軍《とくがわぐん》をおびき寄《よ》せると、鉄砲《てっぽう》でいっせいに攻撃《こうげき》して大きな被害《ひがい》をあたえた。

「大坂城《おおさかじょう》は大軍《たいぐん》で囲《かこ》んでも落とせない」と考えた家康《いえやす》は、毎日、朝から夜まで大砲《たいほう》を大坂城《おおさかじょう》に撃《う》ちこんだ。これに参《まい》った淀殿《よどどの》(秀頼《ひでより》の母)は、家臣《かしん》たちの反対を押《お》し切って、家康《いえやす》と仲直《なかなお》りをした。

大坂《おおさか》夏《なつ》の陣《じん》で家康《いえやす》を追いつめた武将《ぶしょう》

# 真田幸村《さなだゆきむら》

## 天才武将《ぶしょう》の父・昌幸《まさゆき》のもとで優《すぐ》れた武将《ぶしょう》に成長《せいちょう》する

真田幸村《さなだゆきむら》は、上田城《うえだじょう》(長野県《ながのけん》)の城《じょう》主《しゅ》・真田昌幸《さなだまさゆき》の次男として生まれた。本名は信繁《のぶしげ》という。

1582年、幸村《ゆきむら》が16歳《さい》のとき、昌《まさ》幸《ゆき》ら300人の真田軍《さなだぐん》が上田城《うえだじょう》に引き返している途中《とちゅう》、敵《てき》の北条軍《ほうじょうぐん》、約《やく》4万人に出くわしたことがあった。幸村《ゆきむら》は、北条方《ほうじょうがた》の武将《ぶしょう》の軍旗《ぐんき》を兵《へい》にもたせ、夜中におそいかかる作戦《さくせん》を提案《ていあん》した。北条軍《ほうじょうぐん》は、突然《とつぜん》の攻撃《こうげき》に「裏切《うらぎ》りか」と思い大混乱《だいこんらん》し、そのすきに真田《さなだ》軍《ぐん》は北条軍《ほうじょうぐん》を突破《とっぱ》して、無事《ぶじ》に帰ることができたという。喜《よろこ》んだ昌幸《まさゆき》は、幸《ゆき》村《むら》に真田家《さなだけ》の家紋《かもん》「六連銭《ろくれんせん》」の軍旗《ぐんき》をもつことを許《ゆる》したという。

1585年、徳川家康《とくがわいえやす》が7000人の大軍《たいぐん》を上田城《うえだじょう》に送りこんできたが、昌幸《まさゆき》はわずか2000人の兵《へい》で打ち破《やぶ》った。この上田合戦《うえだかっせん》(第一次)のとき、幸村《ゆきむら》は上杉氏《うえすぎし》の人質《ひとじち》になっていたので活躍《かつやく》できなかったが、以後《いご》も、合《かっ》戦《せん》で天才的《てんさいてき》な戦《たたか》いをする昌幸《まさゆき》のもとで、合戦《かっせん》での戦《たたか》い方を学んでいった。

その後、昌幸《まさゆき》は豊臣秀吉《とよとみひでよし》に従《したが》ったため、幸村《ゆきむら》は秀吉《ひでよし》のもとに人質《ひとじち》として差《さ》し出され、家臣《かしん》として仕えることになった。秀吉《ひでよし》が北条氏《ほうじょうし》の小田原城《おだわらじょう》(神《か》奈川県《ながわけん》)を攻《せ》めたときは、昌幸《まさゆき》とともに豊臣軍《とよとみぐん》として戦《たたか》ったという。

### 真田幸村《さなだゆきむら》(信繁《のぶしげ》)

**肖像《しょうぞう》**

**出身地《しゅっしんち》**

甲斐《かい》(現在《げんざい》の山梨県《やまなしけん》)

**生年月日《せいねんがっぴ》**

1567年(誕生日《たんじょうび》は不明《ふめい》)

**死亡年月日《しぼうねんがっぴ》**

1615年5月7日

**享年《きょうねん》**

49歳《さい》(戦死《せんし》)

**能力《のうりょく》**

武 5

知 5

人 4

**運命《うんめい》の戦《たたか》い**

大坂夏《おおさかなつ》の陣《じん》

(➡P332)

**軍旗《ぐんき》・馬印《うまじるし》**

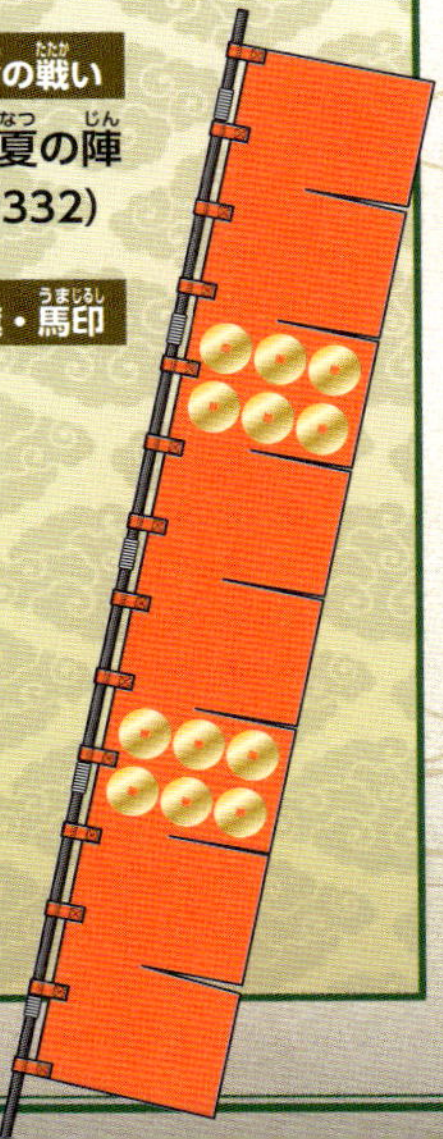

### ウソ!ホント!? 幸村《ゆきむら》の本名は「信繁《のぶしげ》」だった!?

現在《げんざい》、「真田幸村《さなだゆきむら》」という名で知られているが、幸村《ゆきむら》は生きているとき、「幸村《ゆきむら》」ではなく、「信繁《のぶしげ》」という名前だった。父・昌幸《まさゆき》が尊敬《そんけい》していた武田《たけだ》信繁《のぶしげ》(⬇P40)にあやかってつけた名前なのだという。「幸村《ゆきむら》」という名の由来は今もわかっていない。

武田信繁《たけだのぶしげ》(1525～1561)

# 大坂冬《おおさかふゆ》の陣《じん》・夏《なつ》の陣《じん》で、徳川軍《とくがわぐん》を恐怖《きょうふ》させる

秀吉《ひでよし》の死後、家康《いえやす》が天下をねらって関《せき》ケ《が》原《はら》の戦《たたか》いを起こしたときは、幸《ゆき》村《むら》は、昌幸《まさゆき》とともに石田軍《いしだぐん》（西軍《せいぐん》）についた。昌幸《まさゆき》は、どちらが勝っても真田《さなだ》家《け》が生き残《のこ》れるように、長男・信之《のぶゆき》は徳川家《とくがわけ》に味方させた。

ビジュアル資料《しりょう》

**幸村《ゆきむら》、昌幸《まさゆき》、信之《のぶゆき》の話し合い**

関《せき》ケ《が》原《はら》の戦《たたか》いの前、昌幸《まさゆき》と幸村《ゆきむら》は石田軍《いしだぐん》に、信之《のぶゆき》は徳川軍《とくがわぐん》につくことを話し合いで決めた。

幸村《ゆきむら》と昌幸《まさゆき》は、関《せき》ケ《が》原《はら》に向かう徳川《とくがわ》秀忠《ひでただ》の3万8000人の大軍《たいぐん》を、わずか3500人の兵《へい》で迎《むか》えうち、勝利《しょうり》した（上田合戦《うえだかっせん》（第二次））。

しかし関《せき》ケ《が》原《はら》で石田軍《いしだぐん》が敗《やぶ》れたため、幸村《ゆきむら》は昌《まさ》幸《ゆき》とともに処刑《しょけい》されることになった。信之《のぶゆき》が家康《いえやす》に頼《たの》んでくれたおかげで命はたすけられたが、九度《くど》山《やま》（和歌山県《わかやまけん》）に追放された。その後、昌幸《まさゆき》は九度山《くどやま》で病死した。

1614年、徳川家康《とくがわいえやす》と豊臣家《とよとみけ》が対立し、大坂冬《おおさかふゆ》の陣《じん》が起こった。幸村《ゆきむら》は豊《とよ》臣軍《とみぐん》として大坂城《おおさかじょう》に入ると、城《しろ》の南側《みなみがわ》を弱点と見抜《みぬ》き、そこに「真田丸《さなだまる》」という小さな城《しろ》を築《きず》いた。幸村《ゆきむら》は徳川軍《とくがわぐん》を真田丸《さなだまる》におびき寄《よ》せ、間近に迫《せま》ったところで、いっせいに鉄砲《てっぽう》で攻撃《こうげき》して勝《しょう》利《り》した。徳川軍《とくがわぐん》の戦死者《せんししゃ》の8割《わり》は、幸《ゆき》村《むら》の攻撃《こうげき》によるものだったという。

しかし家康《いえやす》と豊臣家《とよとみけ》が仲直《なかなお》りしたため、真田丸《さなだまる》はこわされた。その後、幸《ゆき》村《むら》は家康《いえやす》から、「信濃《しなの》（現在《げんざい》の長野県《ながのけん》）をあたえるので、徳川軍《とくがわぐん》の味方にならないか」とさそわれたが、忠誠心《ちゅうせいしん》の強い幸村《ゆきむら》は、あっさり断《ことわ》っている。

翌年《よくとし》、家康《いえやす》はふたたび大坂城《おおさかじょう》を攻《せ》めることを決意し、15万人の大軍《たいぐん》で大坂城《おおさかじょう》を囲《かこ》んだ（大坂夏《おおさかなつ》の陣《じん》➡P332）。戦《たたか》っても勝ち目はないと判断《はんだん》した幸村《ゆきむら》は、「ねらうのは、家康《いえやす》の首のみ！」と

ビジュアル資料《しりょう》

**幸村《ゆきむら》の甲冑《かっちゅう》**

幸村《ゆきむら》が使ったと伝《つた》えられる甲冑《かっちゅう》。胴《どう》は鉄板でつくられていて、手の甲《こう》には真田家《さなだけ》の家紋《かもん》「六連銭《ろくれんせん》」がデザインされている。

大阪城天守閣所蔵

叫《さけ》んで、家康《いえやす》の本陣《ほんじん》をめがけて突撃《とつげき》した。突撃《とつげき》は3回にもおよんだ。あまりにもすさまじい攻撃《こうげき》に、家康《いえやす》は切腹《せっぷく》を覚悟《かくご》し、家臣《かしん》の中には家康《いえやす》を置《お》いてにげ出した者までいたという。しかし、圧倒的《あっとうてき》に多い徳川軍《とくがわぐん》にじゃまをされ、あと一歩のところで、家康《いえやす》をうち取ることができなかった。けがをした幸村《ゆきむら》は神社で休んでいるところをうち取られた。

翌日《よくじつ》、大坂城《おおさかじょう》は落城《らくじょう》したが、幸村《ゆきむら》は徳川軍《とくがわぐん》から「日本一《ひのもといち》の兵《つわもの》」とたたえられ、家康《いえやす》も幸村《ゆきむら》をほめることを許《ゆる》したという。

**真田家《さなだけ》の軍旗《ぐんき》** ビジュアル資料《しりょう》

真田家《さなだけ》の家紋《かもん》「六連銭《ろくれんせん》」と、鹿《しか》の角を表したデザインがえがかれている。

なるほどエピソード

### 幸村《ゆきむら》はふだん、とても物静《ものしず》かだった!?

大坂夏《おおさかなつ》の陣《じん》では、家康《いえやす》をおびえさせるほど勇《いさ》ましく戦《たたか》った幸村《ゆきむら》であったが、ふだんは物静《ものしず》かで、あまりおしゃべりもせず、怒《おこ》ることはほとんどなかったそうだ。兄・信之《のぶゆき》は、「幸村《ゆきむら》こそ、国を支配《しはい》できる本当の武士《ぶし》だ」と語っている。

## 幸村《ゆきむら》の最期《さいご》！

大坂夏《おおさかなつ》の陣《じん》で、幸村《ゆきむら》は家康《いえやす》を追いつめた。
わしは殺《ころ》される！
にげてください！
しかし、大軍《たいぐん》の徳川軍《とくがわぐん》の前に、あと一歩およばなかった。
もう、無理《むり》か…
傷《きず》つき疲《つか》れた幸村《ゆきむら》が休んでいたところ…
名のある武将《ぶしょう》とお見受けしたが…
わたしは真田幸村《さなだゆきむら》
わたしの首を取って手柄《てがら》にされよ
敵兵《てきへい》にこう言い残《のこ》して、うち取られたという…。

# 豊臣秀頼《とよとみひでより》

大坂《おおさか》夏《なつ》の陣《じん》で敗《やぶ》れた秀吉《ひでよし》の子

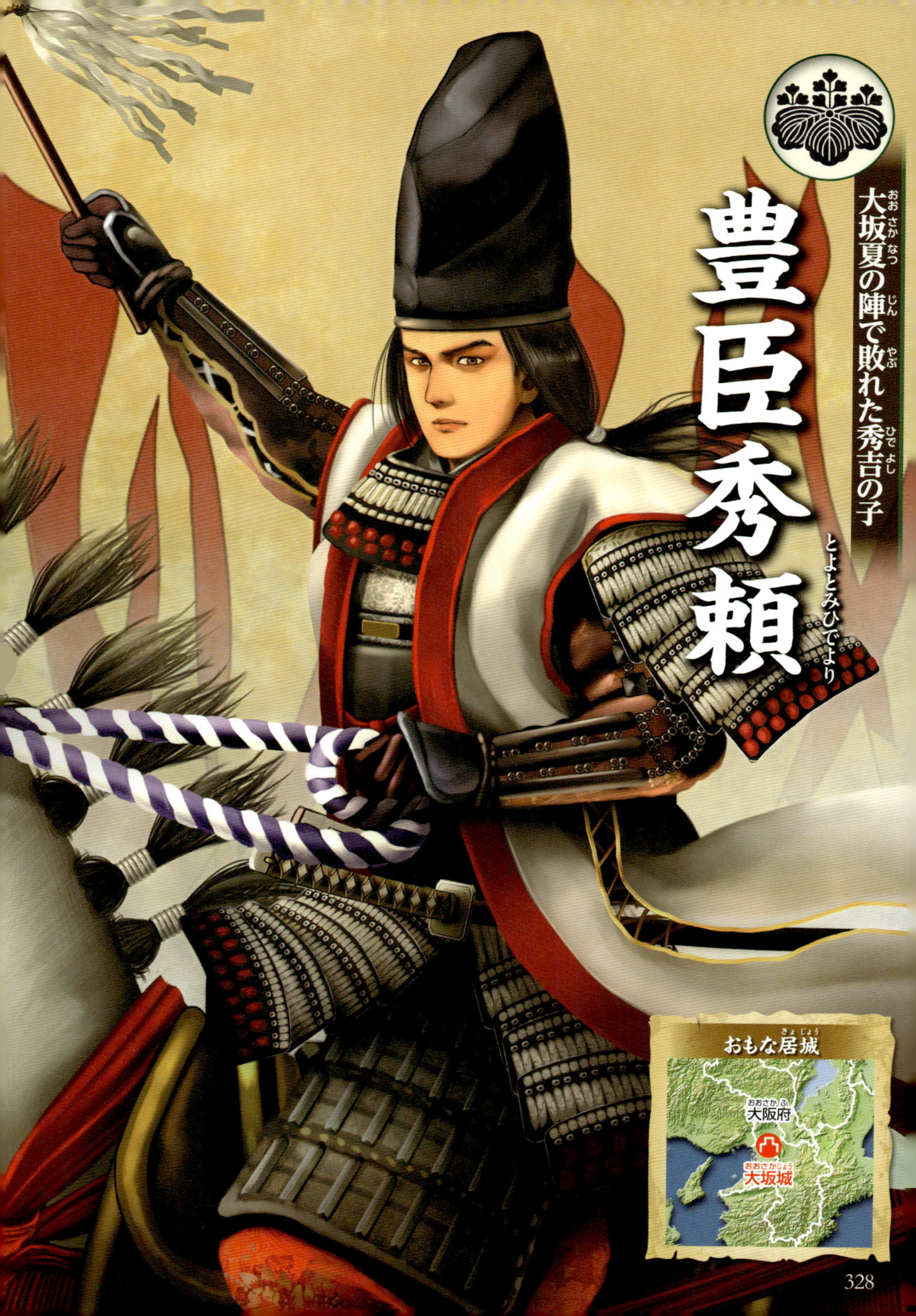

# 大坂《おおさか》夏《なつ》の陣《じん》で戦場《せんじょう》に出ないまま自殺《じさつ》する

豊臣秀頼《とよとみひでより》の父は豊臣秀吉《とよとみひでよし》、母は淀殿《よどどの》である。秀吉《ひでよし》は死ぬ直前、徳川家康《とくがわいえやす》らに秀頼《ひでより》を守ることを誓《ちか》わせて死んだ。このとき秀頼《ひでより》は、わずか6歳《さい》だった。

その2年後、関ケ原《せきがはら》の戦《たたか》いに勝利《しょうり》した家康《いえやす》は政治《せいじ》の実権《じっけん》をにぎり、秀頼《ひでより》は70万石の大名《だいみょう》になった。しかし家康《いえやす》にとって豊臣家《とよとみけ》はじゃまな存在《そんざい》だった。

1611年、70歳《さい》の家康《いえやす》は、19歳《さい》の秀頼《ひでより》と二条城《にじょうじょう》（京都府《きょうとふ》）で会った。堂《どう》どうとした秀頼《ひでより》を見た家康《いえやす》は、「豊臣家《とよとみけ》をほろぼさなければ」と決意したという。

1614年、家康《いえやす》は大軍《たいぐん》で大坂城《おおさかじょう》を取り囲《かこ》んだ（大坂冬《おおさかふゆ》の陣《じん》）。このときは仲《なか》直《なお》りしたが、家康《いえやす》は翌年《よくとし》、ふたたび攻《せ》めこんできた。豊臣軍《とよとみぐん》の兵《へい》は、秀頼《ひでより》が「豊臣軍《とよとみぐん》の大将《たいしょう》」として、戦場《せんじょう》に現《あらわ》れることを望《のぞ》んでいた。秀頼《ひでより》も戦場《せんじょう》に向かおうとしたが、淀殿《よどどの》に「危《あぶ》ない」と止められたという。豊臣軍《とよとみぐん》が敗《やぶ》れると、秀頼《ひでより》は淀殿《よどどの》と一緒《いっしょ》に大坂城内《おおさかじょうない》で自殺《じさつ》した。

**秀頼《ひでより》が自殺《じさつ》した地**

大坂城《おおさかじょう》が落城《らくじょう》すると、秀頼《ひでより》は淀殿《よどどの》と一緒《いっしょ》に城内《じょうない》で自殺《じさつ》した（大阪府《おおさかふ》）。

## 豊臣秀頼《とよとみひでより》

**肖像《しょうぞう》**

**出身地《しゅっしんち》**

大坂《おおさか》（現在《げんざい》の大阪市《おおさかし》）

**生年月日《せいねんがっぴ》**

1593年8月3日

**死亡年月日《しぼうねんがっぴ》**

1615年5月8日

**享年《きょうねん》**

23歳《さい》（自殺《じさつ》）

**能力《のうりょく》**

武 1
知 1
人 3

**運命《うんめい》の戦《たたか》い**

大坂夏《おおさかなつ》の陣《じん》
（➡P332）

**軍旗《ぐんき》・馬印《うまじるし》**

### 戦国のきずな
### 妻《つま》・千姫《せんひめ》の命を救《すく》った秀頼《ひでより》

秀頼《ひでより》は11歳《さい》のとき、豊臣家《とよとみけ》と徳川家《とくがわけ》が仲《なか》よくするために、徳川秀忠《とくがわひでただ》の娘《むすめ》・千姫《せんひめ》（7歳《さい》）と結婚《けっこん》させられた。ふたりはとても仲《なか》がよい夫婦《ふうふ》になったそうだ。大坂夏《おおさかなつ》の陣《じん》で大坂城《おおさかじょう》が落城《らくじょう》する寸前《すんぜん》、秀頼《ひでより》は千姫《せんひめ》をにがして、命をたすけた。

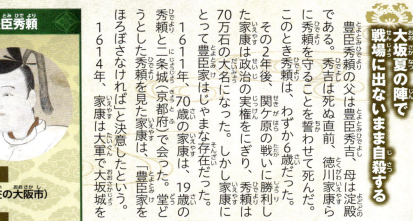

# 淀殿《よどどの》

秀頼《ひでより》の母として豊臣家《とよとみけ》の権力《けんりょく》をにぎる

## 3度の落城《らくじょう》を経験《けいけん》した浅井三姉妹《あざいさんしまい》の長女

淀殿《よどどの》の本名は茶々《ちゃちゃ》。浅井長政《あざいながまさ》とお市《いち》の方《かた》の3人の娘《むすめ》「浅井三姉妹《あざいさんしまい》」の長女である。父・長政《ながまさ》の小谷城《おだにじょう》(滋賀県《しがけん》)が豊臣秀吉《とよとみひでよし》に攻《せ》められて落城《らくじょう》したとき、淀殿《よどどの》は母・お市《いち》の方《かた》や妹たちと一緒《いっしょ》ににげのびた。その後、お市《いち》の方《かた》は柴田勝家《しばたかついえ》と再婚《さいこん》した。しかし、勝家《かついえ》が秀吉《ひでよし》に攻《せ》められたため、淀殿《よどどの》は妹たちとにげのびた。このとき、お市《いち》の方《かた》は勝家《かついえ》とともに自ら命を絶《た》った。

淀殿《よどどの》の父と母は、ともに秀吉《ひでよし》の攻撃《こうげき》で命をうばわれることになった。しかし淀殿《よどどの》は両親のかたきである秀吉《ひでよし》と結婚《けっこん》し、豊臣家《とよとみけ》の後継《あとつ》ぎとなる秀頼《ひでより》を産《う》んだのだった。

秀吉《ひでよし》の死後、秀頼《ひでより》の母として豊臣家《とよとみけ》の実権《じっけん》をにぎった淀殿《よどどの》は、関ケ原《せきがはら》の戦《たたか》いに勝った徳川家康《とくがわいえやす》が豊臣家《とよとみけ》の上に立つことにがまんできなかった。淀殿《よどどの》と家康《いえやす》は対立し、１６１４年、大坂冬《おおさかふゆ》の陣《じん》が起きた。このとき淀殿《よどどの》は大砲《たいほう》の音が恐《こわ》くて家康《いえやす》と仲直《なかなお》りした。

翌年《よくとし》の大坂夏《おおさかなつ》の陣《じん》で、大坂城《おおさかじょう》はふたたび家康《いえやす》に攻《せ》められて落城《らくじょう》し、淀殿《よどどの》は秀頼《ひでより》とともに自殺《じさつ》した。

発見《はっけん》!

**浅井三姉妹《あざいさんしまい》の像《ぞう》**

淀殿《よどどの》(茶々《ちゃちゃ》)と初《はつ》、江《ごう》の像《ぞう》。淀殿《よどどの》は妹たちをきびしくしつけたという(福井県《ふくいけん》)。

### 淀殿《よどどの》

**肖像《しょうぞう》**

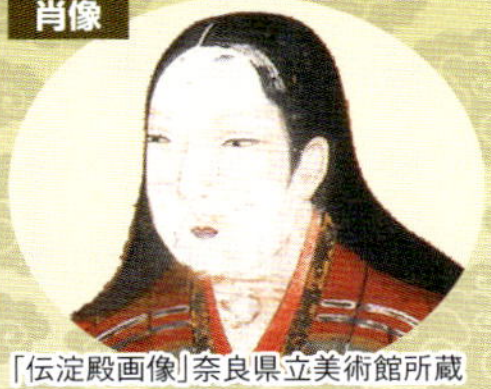

「伝淀殿画像」奈良県立美術館所蔵

**出身地《しゅっしんち》**

近江《おうみ》(現在《げんざい》の滋賀県《しがけん》)

**生年月日《せいねんがっぴ》**

1567年頃《ごろ》

**死亡年月日《しぼうねんがっぴ》**

1615年5月8日

**享年《きょうねん》**

49歳《さい》?(自殺《じさつ》)

**能力《のうりょく》**

- 武 1
- 知 2
- 人 2

**運命《うんめい》の戦《たたか》い**

大坂夏《おおさかなつ》の陣《じん》(➡P332)

なるほどエピソード

**母も子も身長が高かった!?**

淀殿《よどどの》の身長は、１６８センチメートルあったそうで、当時の女性《じょせい》の平均《へいきん》身長と比《くら》べて、かなり高かった。秀頼《ひでより》の身長も１９６センチメートルと高かった。ちなみに、家康《いえやす》の身長は１５９センチメートルだったそうだ。

合戦《かっせん》ファイル

31

1615年

# 大《おお》坂《さか》夏《なつ》の陣《じん》

**徳川軍《とくがわぐん》に突撃《とつげき》する真田幸村《さなだゆきむら》**

幸村《ゆきむら》は、家康《いえやす》の首を取ることだけを目標《もくひょう》にして、徳川軍《とくがわぐん》の大軍《たいぐん》に突撃《とつげき》していった。

勝 戦力《せんりょく》 約《やく》15万人

徳川家康《とくがわいえやす》

徳川軍《とくがわぐん》

VS

豊臣軍《とよとみぐん》

豊臣秀頼《とよとみひでより》

負 戦力《せんりょく》 約《やく》5万人

## 幸村《ゆきむら》に追いつめられるが、家康《いえやす》が豊臣家《とよとみけ》をほろぼす

大坂冬《おおさかふゆ》の陣《じん》で、徳川家康《とくがわいえやす》は豊臣家《とよとみけ》と仲直《なかなお》りするとき、「大坂城《おおさかじょう》の外堀《そとぼり》をうめる」という条件《じょうけん》を出していた。しかし家康《いえやす》は、外堀《そとぼり》だけでなく、勝手に内堀《うちぼり》までうめてしまった。これで大坂城《おおさかじょう》の防御力《ぼうぎょりょく》は完全《かんぜん》に失《うしな》われてしまった。

翌年《よくとし》、家康《いえやす》は全国の大名《だいみょう》たちに、豊臣家《とよとみけ》をうつように命令《めいれい》し、約《やく》15万人の大軍《たいぐん》で大坂城《おおさかじょう》への攻撃《こうげき》を開始した。約《やく》5万人の豊臣軍《とよとみぐん》は、防御力《ぼうぎょりょく》のない城《しろ》から出て戦《たたか》うしか方法《ほうほう》がなかった。

「こうなれば、ねらうのは、家康《いえやす》

# 幸村《ゆきむら》の決死の突撃《とつげき》は家康《いえやす》を追いつめた！

の首のみ！」。豊臣軍《とよとみぐん》の真田幸村《さなだゆきむら》は死を覚悟《かくご》し、家康《いえやす》の本陣《ほんじん》をめがけて突撃《とつげき》した。幸村《ゆきむら》のすさまじい攻撃《こうげき》に追いつめられた家康《いえやす》は、切《せっ》腹《ぷく》しようとしたという。しかし、圧倒的《あっとうてき》な数の徳川軍《とくがわぐん》の前に、幸村《ゆきむら》は力つき、うち取られた。

豊臣軍《とよとみぐん》が総崩《そうくず》れとなり、徳川軍《とくがわぐん》が大坂城《おおさかじょう》になだれこむと、豊臣《とよとみ》秀頼《ひでより》と淀殿《よどどの》は自ら命を絶《た》った。

## 大坂夏《おおさかなつ》の陣《じん》の流れ

### 1 家康《いえやす》が大坂城《おおさかじょう》の堀《ほり》をうめる

大坂冬《おおさかふゆ》の陣《じん》の後、家康《いえやす》は豊臣軍《とよとみぐん》と仲《なか》直《なお》りするとき、「大《おお》坂城《さかじょう》の外堀《そとぼり》をうめる」という条件《じょうけん》をつけた。しかし家康《いえやす》は、勝手に内堀《うちぼり》までうめた。これにより、大坂城《おおさかじょう》は敵《てき》の攻撃《こうげき》を防《ふせ》ぐ力を失《うしな》ってしまった。

### 2 家康《いえやす》が攻撃《こうげき》を開始する

家康《いえやす》は15万人の大軍《たいぐん》を率《ひき》いて、防御力《ぼうぎょりょく》がなくなった大坂城《おおさかじょう》へ攻撃《こうげき》を開始した。

### 3 大坂城《おおさかじょう》が落城《らくじょう》する

豊臣軍《とよとみぐん》の武将《ぶしょう》を次つぎと倒《たお》した徳川軍《とくがわぐん》は、大坂《おおさか》城《じょう》に突入《とつにゅう》した。にげ道がなくなった秀頼《ひでより》と淀殿《よどどの》は、自ら命を絶《た》ち、豊臣家《とよとみけ》はほろびた。

超《ちょう》ビジュアル！
# 戦《せん》国《ごく》新聞
**第6号**
発行所：
大江戸《おおえど》ニュース社

# 家康《いえやす》は家臣《かしん》の力で天下を取った!?

天下を取った徳川家康《とくがわいえやす》を支《ささ》えたのはどんな家臣《かしん》たちだったのだろう？

## 家康《いえやす》を支《ささ》え続《つづ》けた武将《ぶしょう》たちがいた!?

家康《いえやす》の家臣《かしん》には、合戦《かっせん》で大活躍《だいかつやく》する強い武将《ぶしょう》たちが多くいた。中でも酒井忠次《さかいただつぐ》、井伊直政《いいなおまさ》、本多忠勝《ほんだただかつ》、榊原康政《さかきばらやすまさ》の4人は、敵《てき》から恐《おそ》れられ、「徳川四天王《とくがわしてんのう》」と呼《よ》ばれた。

## 家康《いえやす》の参謀《さんぼう》に独占《どくせん》インタビュー

**質問《しつもん》　家康《いえやす》に対して、どんなことに気を使いましたか？**

会議《かいぎ》で家康様《いえやすさま》が何か言い出しにくそうなとき、わたしはあえて反対意見を言って、家康様《いえやすさま》が発言しやすい雰囲気《ふんいき》をつくりました。反対するときは、「反対です」と言うと、家康様《いえやすさま》にはずかしい思いをさせてしまうので、居眠《いねむ》りのふりをして、反対であることを伝《つた》えました。

家康《いえやす》の参謀《さんぼう》・本多正信氏《ほんだまさのぶし》

**天海《てんかい》(1536～1643)**
天台宗《てんだいしゅう》の僧《そう》で家康《いえやす》・秀忠《ひでただ》・家光《いえみつ》の3代の将軍《しょうぐん》に仕えた参謀《さんぼう》。108歳《さい》まで生きた。

## 幕府《ばくふ》を江戸《えど》に開かせたのは天海《てんかい》!?

1603年、家康《いえやす》が幕府《ばくふ》を開くとき、「本拠地《ほんきょち》を江戸《えど》にするべき」と提案《ていあん》したのは、家康《いえやす》の参謀《さんぼう》・天海《てんかい》だったといわれている。天海《てんかい》は、江戸《えど》の都市計画にも関《かか》わったそうだ。

## 幕《ばく》府《ふ》の法律《ほうりつ》は崇伝《すうでん》がつくった!?

家康《いえやす》の参謀《さんぼう》になった僧《そう》・崇伝《すうでん》は、法律《ほうりつ》をつくるのが得意《とくい》だった。家康《いえやす》は江戸《えど》幕《ばく》府《ふ》を開くと、崇伝《すうでん》に命じて、大名たちを取りしまる法律《ほうりつ》や、天皇《てんのう》や朝廷《ちょうてい》を取りしまる法律《ほうりつ》をつくらせた。これらの法律《ほうりつ》によって、幕《ばく》府《ふ》の権力《けんりょく》は強くなり、だれもが崇伝《すうでん》を恐《おそ》れたという。

**崇伝《すうでん》（1569～1633）**

臨済宗《りんざいしゅう》の僧《そう》。大坂冬《おおさかふゆ》の陣《じん》の前、「鐘《かね》に刻《きざ》まれた『国家安康《こっかあんこう》』の文字は家康《いえやす》を切りさくのろいだ」として、家康《いえやす》が豊臣家《とよとみけ》に言いがかりをつけたのは、崇伝《すうでん》のアイデアだったという。

## 「逆《さか》らう家臣《かしん》を許《ゆる》すな」と秀忠《ひでただ》に教えた!?

家康《いえやす》は死ぬ前に、子の秀《ひで》忠《ただ》を呼《よ》んで、「もし、徳川家《とくがわけ》の一族や譜代大名《ふだいだいみょう》（関ケ原《せきがはら》の戦《たたか》い以前《いぜん》から従《したが》っていた大名《だいみょう》）が、命令《めいれい》を聞かなかったら、迷《まよ》うことなくほろぼせ」と言い残《のこ》している。家《いえ》康《やす》の死後、秀忠《ひでただ》は少しでも逆《さか》らった大名《だいみょう》たちを、次つぎと取りつぶした。

## 家康《いえやす》には「勝利《しょうり》の女神」がいた!?

家康《いえやす》の妻《つま》・お梶《かじ》の方《かた》は、甲冑《かっちゅう》を着て馬に乗り、合戦《かっせん》についていったという。関《せき》ケ《が》原《はら》の戦《たたか》いで勝利《しょうり》したとき、家康《いえやす》は勝利《しょうり》を祝《いわ》って、お梶《かじ》の方《かた》の名前を「勝《かつ》」に変《か》えさせたそうだ。

## 家康《いえやす》はキレやすい!?

我《われ》らが殿《との》、家康様《いえやすさま》は
がまん強いと
思われていますが…
いざ合戦《かっせん》となれば、
先頭で戦《たたか》うような
お方で…
かかれ!
三方ケ原《みかたがはら》の戦《たたか》いでは、
あの武田信玄《たけだしんげん》に勝負を
いどみました。
わしは戦《たたか》う!
大負けしましたけど。
こう見えて、
家康様《いえやすさま》は頭に血が
のぼりやすいのです!
何か言ったか!

# 戦国《せんごく》時代の国名《こくめい》マップ

奈良《なら》時代から明治《めいじ》時代のはじめ頃《ごろ》まで、日本の地方は、現在《げんざい》とはちがう名前「国名《こくめい》」で呼《よ》ばれていた。国と国の境《さかい》も、現在《げんざい》の都《と》道府県《どうふけん》との境《さかい》とは少しちがっていた。

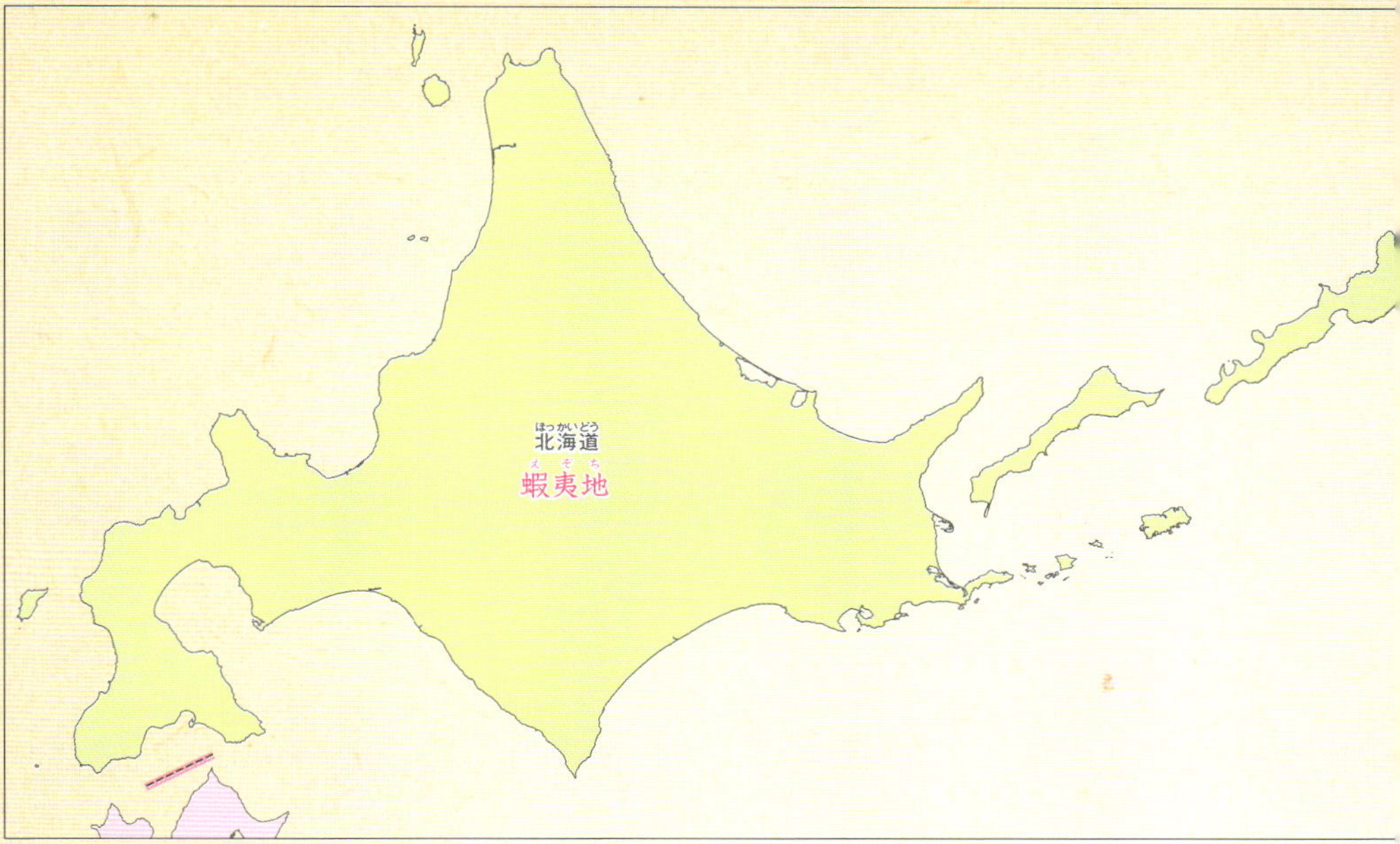
北海道《ほっかいどう》
蝦夷地《えぞち》

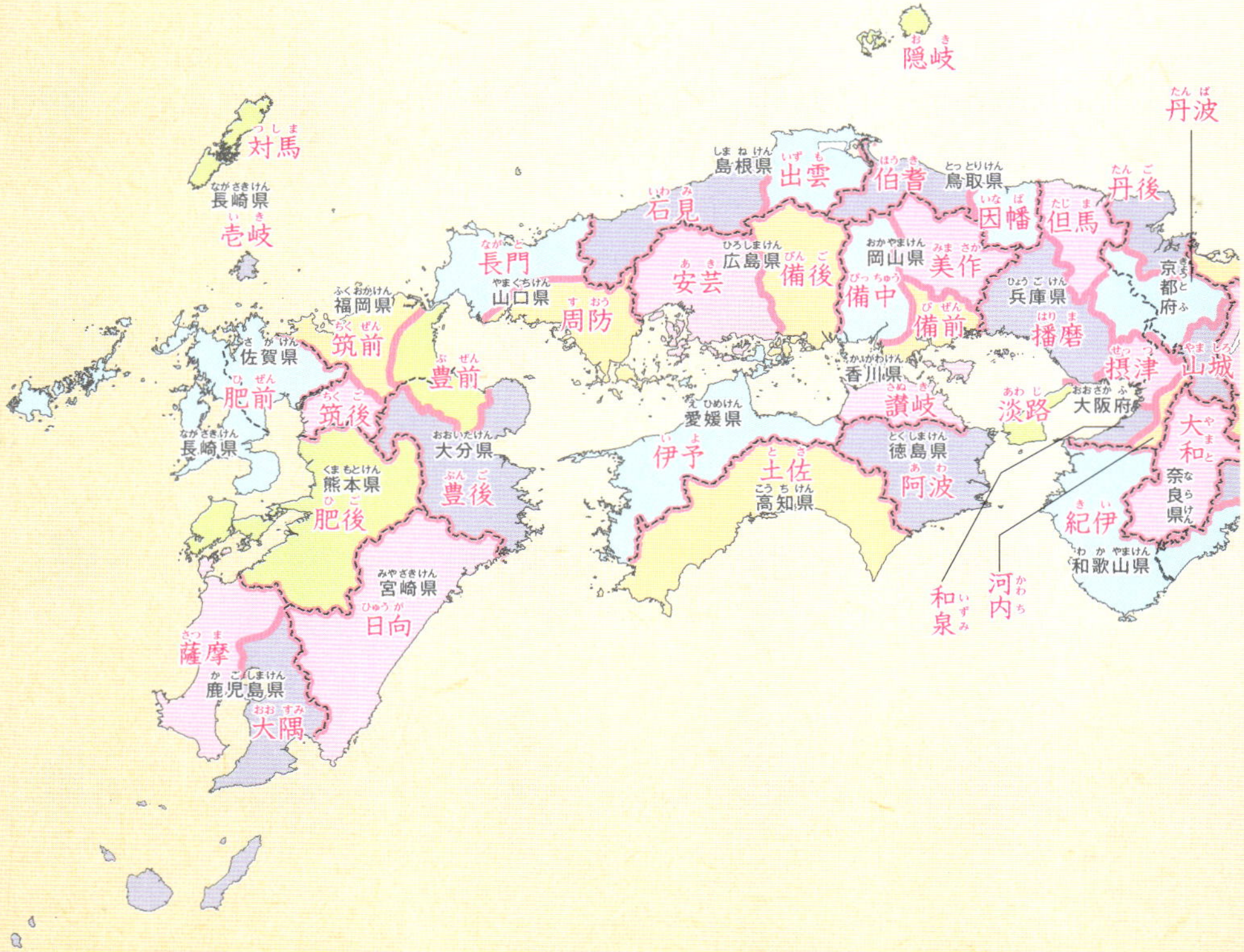
隠岐《おき》
対馬《つしま》
長崎県《ながさきけん》
壱岐《いき》
島根県《しまねけん》
出雲《いずも》
伯耆《ほうき》
鳥取県《とっとりけん》
丹波《たんば》
丹後《たんご》
石見《いわみ》
因幡《いなば》
但馬《たじま》
長門《ながと》
広島県《ひろしまけん》
岡山県《おかやまけん》
美作《みまさか》
安芸《あき》
備後《びんご》
京《きょう》都《と》府《ふ》
山口県《やまぐちけん》
周防《すおう》
福岡県《ふくおかけん》
備中《びっちゅう》
兵庫県《ひょうごけん》
備前《びぜん》
播磨《はりま》
筑前《ちくぜん》
佐賀県《さがけん》
香川県《かがわけん》
豊前《ぶぜん》
摂津《せっつ》
山城《やましろ》
肥前《ひぜん》
讃岐《さぬき》
淡路《あわじ》
大阪府《おおさかふ》
筑後《ちくご》
愛媛県《えひめけん》
大和《やまと》
長崎県《ながさきけん》
大分県《おおいたけん》
徳島県《とくしまけん》
伊予《いよ》
土佐《とさ》
奈《な》良《ら》県《けん》
熊本県《くまもとけん》
豊後《ぶんご》
阿波《あわ》
高知県《こうちけん》
肥後《ひご》
紀伊《きい》
和歌山県《わかやまけん》
宮崎県《みやざきけん》
河内《かわち》
和泉《いずみ》
日向《ひゅうが》
薩摩《さつま》
鹿児島県《かごしまけん》
大隅《おおすみ》

※赤字はこの本で大きく取り上げているできごとです。

# 『戦《せん》国《ごく》武《ぶ》将《しょう》大《だい》事《じ》典《てん》』年表

| 時代 | 西暦《せいれき》（年） | できごと |
|---|---|---|
| 室町《むろまち》時代 | 1449 | 足利義政《あしかがよしまさ》が将軍《しょうぐん》になる（⬇P14） |
| | 1464 | 義政《よしまさ》が足利義視《あしかがよしみ》を後継者《こうけいしゃ》にする |
| | 1465 | 足利義尚《あしかがよしひさ》が生まれる |
| | 1467 | **応仁《おうにん》の乱《らん》が起こる**（⬇P16） |
| | 1477 | 応仁《おうにん》の乱《らん》が終わる |
| | 1488 | 加賀《かが》一向一揆《いっこういっき》が起こる |
| | 1495 | 北条早雲《ほうじょうそううん》が小田原城《おだわらじょう》をうばう（⬇P19） |
| | 1497 | 毛利元就《もうりもとなり》が生まれる |
| | 1521 | 武田信玄《たけだしんげん》が生まれる |
| | 1530 | 上杉謙信《うえすぎけんしん》が生まれる |
| | 1534 | 織田信長《おだのぶなが》が生まれる |
| | 1537 | 豊臣秀吉《とよとみひでよし》が生まれる |
| | 1541 | 信玄《しんげん》が父・武田信虎《たけだのぶとら》を追放する |
| | 1542 | 斎藤道三《さいとうどうさん》が守護《しゅご》・土岐氏《ときし》を追放する |
| | | 徳川家康《とくがわいえやす》が生まれる |

| 時代 | 西暦（年） | できごと |
|---|---|---|
| 室町《むろまち》時代<br>戦国《せんごく》時代 | 1560 | **桶狭間《おけはざま》の戦《たたか》い**（⬇P66） |
| | 1561 | 謙信《けんしん》が小田原城《おだわらじょう》を攻《せ》める（⬇P48） |
| | | 謙信《けんしん》が関東管領《かんとうかんれい》になる |
| | 1562 | **川中島《かわなかじま》の戦《たたか》い（第四次）**（⬇P50） |
| | | 信長《のぶなが》と家康《いえやす》が清洲《きよす》同盟《どうめい》を結《むす》ぶ |
| | 1564 | 竹中半兵衛《たけなかはんべえ》が稲葉山城《いなばやまじょう》を乗っ取る |
| | | 川中島《かわなかじま》の戦《たたか》い（第五次） |
| | 1565 | 松永久秀《まつながひさひで》が将軍《しょうぐん》・足利義輝《あしかがよしてる》を殺《ころ》す（⬇P52） |
| | | 井伊直虎《いいなおとら》が井伊家《いいけ》を継《つ》ぐ |
| | 1566 | 秀吉《ひでよし》が墨俣城《すのまたじょう》を築《きず》く |
| | | 元就《もとなり》が尼子氏《あまごし》の月山富田城《がっさんとだじょう》をうばう |
| | 1567 | 伊達政宗《だてまさむね》が生まれる |
| | | 真田幸村《さなだゆきむら》が生まれる |
| | | 信長《のぶなが》が稲葉山城《いなばやまじょう》を落とす（⬇P136） |
| | 1568 | 信長《のぶなが》が京都《きょうと》に入る |
| | | 足利義昭《あしかがよしあき》が室町幕府《むろまちばくふ》15代将軍《しょうぐん》になる |
| | | 金ケ崎《かねがさき》の戦《たたか》い（⬇P82） |
| | 1570 | **姉川《あねがわ》の戦《たたか》い**（⬇P84） |

## 戦国時代《せんごくじだい》

| | |
|---|---|
| 1543 | 種子島《たねがしま》に鉄砲《てっぽう》が伝《つた》わる |
| 1546 | **河越夜戦《かわごえやせん》**（⬇P22） |
| 1548 | 信長《のぶなが》と道三《どうさん》の娘《むすめ》・濃姫《のうひめ》が結婚《けっこん》する |
| 1549 | ザビエルが日本にキリスト教を伝《つた》える |
| | 徳川家康《とくがわいえやす》が今川家《いまがわけ》の人質《ひとじち》になる |
| 1550 | 大友宗麟《おおともそうりん》が大友家《おおともけ》を継《つ》ぐ |
| 1551 | 織田信秀《おだのぶひで》が死に、信長《のぶなが》が織田家《おだけ》を継《つ》ぐ |
| | 陶晴賢《すえはるかた》が大内義隆《おおうちよしたか》を自殺《じさつ》させる |
| 1553 | 川中島《かわなかじま》の戦《たたか》い（第一次） |
| | 信長《のぶなが》と道三《どうさん》が会見する |
| 1554 | 信玄《しんげん》と北条氏康《ほうじょううじやす》、今川義元《いまがわよしもと》が同盟《どうめい》を結《むす》ぶ |
| | 島津貴久《しまづたかひさ》が合戦《かっせん》ではじめて鉄砲《てっぽう》を使う（⬇P209） |
| 1555 | 川中島《かわなかじま》の戦《たたか》い（第二次） |
| | **厳島《いつくしま》の戦《たたか》い**（⬇P28） |
| 1556 | 長良川《ながらがわ》の戦《たたか》い（⬇P73） |
| 1557 | 川中島《かわなかじま》の戦《たたか》い（第三次） |
| | 信長《のぶなが》が弟・信行《のぶゆき》を殺《ころ》す |
| 1558 | 尼子晴久《あまごはるひさ》が元就《もとなり》から石見銀山《いわみぎんざん》をうばう |

## 安土桃山《あづちももやま》時代

| | |
|---|---|
| | 今山《いまやま》の戦《たたか》い（⬇P171） |
| | **石山合戦《いしやまかっせん》がはじまる**（⬇P90） |
| | 志賀《しが》の陣《じん》（⬇P81） |
| 1571 | 信長《のぶなが》が比叡山延暦寺《ひえいざんえんりゃくじ》を焼《や》き打ちにする |
| 1572 | **三方ケ原《みかたがはら》の戦《たたか》い**（⬇P248） |
| 1573 | 信玄《しんげん》が病死する |
| | 信長《のぶなが》が室町幕府《むろまちばくふ》をほろぼす |
| | 信長《のぶなが》が朝倉氏《あさくらし》をほろぼす |
| | **小谷城《おだにじょう》の戦《たたか》い**（⬇P92） |
| 1574 | 信長《のぶなが》が伊勢長島《いせながしま》の一向一揆《いっこういっき》を破《やぶ》る |
| 1575 | **長篠《ながしの》の戦《たたか》い**（⬇P98） |
| | 信長《のぶなが》が越前一向一揆《えちぜんいっこういっき》を破《やぶ》る |
| 1576 | 信長《のぶなが》が安土城《あづちじょう》を築《きず》きはじめる |
| | 天王寺《てんのうじ》の戦《たたか》い（⬇P91） |
| | 木津川口《きづがわぐち》の戦《たたか》い（第一次）（⬇P107） |
| 1577 | 和歌川《わかがわ》の戦《たたか》い（⬇P87） |
| | 信長《のぶなが》が安土城下《あづちじょうか》で自由な商業活動を認《みと》める |
| | 謙信《けんしん》が七尾城《ななおじょう》を落とす |

# 安土桃山《あづちももやま》時代

- 1577 **手《て》取《どり》川《がわ》の戦《たたか》い**（⬇P110）
  - 信長《のぶなが》が松永久秀《まつながひさひで》をほろぼす
  - 秀吉《ひでよし》が毛利氏《もうりし》攻《ぜ》めを開始する
- 1578 三木城《みきじょう》の戦《たたか》いがはじまる
  - 謙信《けんしん》が病死する
  - 荒木村重《あらきむらしげ》が信長《のぶなが》に反乱《はんらん》を起こす
  - 耳川《みみかわ》の戦《たたか》い（⬇P211）
  - **木津川口《きづがわぐち》の戦《たたか》い（第二次）**（⬇P106）
- 1579 上杉景勝《うえすぎかげかつ》が後継者《こうけいしゃ》争《あらそ》いに勝利《しょうり》する
  - 信長《のぶなが》が家康《いえやす》の長男・信康《のぶやす》を切腹《せっぷく》させる
- 1580 秀吉《ひでよし》が三木城《みきじょう》を落とす
  - 石山合戦《いしやまかっせん》が終わる
- 1581 高天神城《たかてんじんじょう》の戦《たたか》い
  - **鳥取城《とっとりじょう》の戦《たたか》い**（⬇P140）
  - 立花宗茂《たちばなむねしげ》が立花道雪《たちばなどうせつ》の養子《ようし》になる
  - 信長《のぶなが》が伊賀《いが》を攻《せ》める
- 1582 天正遣欧少年使節《てんしょうけんおうしょうねんしせつ》が送られる（⬇P201）
  - 秀吉《ひでよし》が備中高松城《びっちゅうたかまつじょう》を攻《せ》める（⬇P146）

# 安土桃山《あづちももやま》時代

- 1586 秀吉《ひでよし》が太政大臣《だいじょうだいじん》になる
  - 戸《へ》次《つぎ》川《がわ》の戦《たたか》い（⬇P213）
- 1587 秀吉《ひでよし》が九州《きゅうしゅう》攻《ぜ》めをおこなう
  - 秀吉《ひでよし》がキリスト教を禁止《きんし》する
- 1588 秀吉《ひでよし》が後陽成天皇《ごようぜいてんのう》を聚楽第《じゅらくだい》に招《まね》く
  - 秀吉《ひでよし》が海賊取締令《かいぞくとりしまりれい》を出す
- 1589 摺上原《すりあげはら》の戦《たたか》い（⬇P195）
- 1590 **小田原城《おだわらじょう》の戦《たたか》い**（⬇P218）
  - 伊達政宗《だてまさむね》が秀吉《ひでよし》に降伏《こうふく》する
  - 家康《いえやす》が関東《かんとう》に移《うつ》され、江戸城《えどじょう》に入る
- 1591 千利休《せんのりきゅう》が切腹《せっぷく》する
  - 秀吉《ひでよし》が豊臣秀次《とよとみひでつぐ》に関白《かんぱく》をゆずる
- 1592 **文禄《ぶんろく》の役《えき》**（⬇P230）
- 1593 豊臣秀頼《とよとみひでより》が生まれる
- 1595 秀次《ひでつぐ》が切腹《せっぷく》する
- 1597 **慶長《けいちょう》の役《えき》**（⬇P230）
- 1598 秀吉《ひでよし》が病死する
- 1599 前田利家《まえだとしいえ》が病死する

## 安土桃山時代《あづちももやま じだい》

- 信長《のぶなが》が武田氏《たけだし》をほろぼす
- **本能寺の変《ほんのうじのへん》**（⬇P116）
- 家康《いえやす》の伊賀越《いがご》え
- **山崎《やまざき》の戦《たたか》い**（⬇P148）
- 神流川《かんながわ》の戦《たたか》い（⬇P71）
- 清洲会議《きよすかいぎ》がおこなわれる

1583

- **賤ケ岳《しずがたけ》の戦《たたか》い**（⬇P160）
- **北《きた》ノ庄城《のしょうじょう》の戦《たたか》い**（⬇P162）
- 秀吉《ひでよし》が大坂城《おおさかじょう》を築《きず》きはじめる

1584

- **小牧《こまき》・長久手《ながくて》の戦《たたか》い**（⬇P178）
- **沖田畷《おきたなわて》の戦《たたか》い**（⬇P172）

1585

- 秀吉《ひでよし》が雑賀衆《さいかしゅう》をほろぼす
- 秀吉《ひでよし》が四国攻《しこくぜ》めをおこなう
- 秀吉《ひでよし》が関白《かんぱく》になる
- **上田合戦《うえだかっせん》（第一次）**（⬇P186）
- **人取橋《ひととりばし》の戦《たたか》い**（⬇P196）

1586

- **岩屋城《いわやじょう》の戦《たたか》い**（⬇P206）
- 家康《いえやす》が秀吉《ひでよし》に従《したが》う

## 江戸時代《えど じだい》

- 石田三成《いしだみつなり》が加藤清正《かとうきよまさ》らにおそわれる

1600

- 家康《いえやす》が会津攻《あいづぜ》めに向かう
- 伏見城《ふしみじょう》の戦《たたか》い（⬇P293）
- 田辺城《たなべじょう》の戦《たたか》い（⬇P293）
- **大津城《おおつじょう》の戦《たたか》い**（⬇P292）
- **長谷堂城《はせどうじょう》の戦《たたか》い**（⬇P300）
- **上田合戦《うえだかっせん》（第二次）**（⬇P304）
- **関ケ原《せきがはら》の戦《たたか》い**（⬇P310）

1603

- 家康《いえやす》が江戸幕府《えどばくふ》を開く

1605

- 徳川秀忠《とくがわひでただ》が2代将軍《しょうぐん》となる

1607

- 家康《いえやす》が江戸城《えどじょう》から駿府城《すんぷじょう》へ移《うつ》る

1611

- 家康《いえやす》と秀頼《ひでより》が会見する

1612

- 幕府《ばくふ》がキリスト教禁止令《きんしれい》を出す
- 宮本武蔵《みやもとむさし》が佐々木小次郎《ささきこじろう》と決闘《けっとう》する

1613

- 政宗《まさむね》が支倉常長《はせくらつねなが》をヨーロッパへ送る

1614

- **大坂冬《おおさかふゆ》の陣《じん》**（⬇P322）

1615

- **大坂夏《おおさかなつ》の陣《じん》**（⬇P332）

1616

- 家康《いえやす》が病死する

# さくいん

※赤字は人名です。

## あ


赤備え　あかぞなえ……97、166、253
明智光秀　あけちみつひで……112、116、148
浅井三姉妹　あざいさんしまい……93、162、233、331
浅井長政　あざいながまさ……80、84、92
朝倉義景　あさくらよしかげ……78
浅野長政　あさのながまさ……222
浅野幸長　あさのよしなが……223
足利学校　あしかががっこう……45
足利晴氏　あしかがはるうじ……22
足利義昭　あしかがよしあき……74
足利義輝　あしかがよしてる……316
足利義尚　あしかがよしひさ……15、16
足利義政　あしかがよしまさ……14、16
足利義視　あしかがよしみ……15、16
足軽　あしがる……16
安土城　あづちじょう……61
姉川の戦い　あねがわのたたかい……84
尼子勝久　あまごかつひさ……31
尼子晴久　あまごはるひさ……30
荒木村重　あらきむらしげ……153

有馬晴信　ありまはるのぶ……172
井伊直孝　いいなおたか……273
井伊直虎　いいなおとら……238
井伊直政　いいなおまさ……97、252
イエズス会　イエズスかい……118
伊賀上野城　いがうえのじょう……267
伊賀越え　いがごえ……259
戦目付　いくさめつけ……39
池田輝政　いけだてるまさ……272
生駒親正　いこまちかまさ……274
石落とし　いしおとし……100
石垣　いしがき……275
石垣山一夜城　いしがきやまいちやじょう……218
石川数正　いしかわかずまさ……273
石田三成　いしだみつなり……276、310
石突　いしづき……77
石山合戦　いしやまかっせん……90
石山本願寺　いしやまほんがんじ……89、90
出雲阿国　いずものおくに……315
一乗谷城　いちじょうだにじょう……79
一宮城　いちのみやじょう……183
厳島の戦い　いつくしまのたたかい……26、28
一向一揆　いっこういっき……90
一向宗　いっこうしゅう……89

稲葉山城　いなばやまじょう……62、72、133、136
犬山城　いぬやまじょう……272
今川館　いまがわやかた……64
今川義元　いまがわよしもと……64、66
今治城　いまばりじょう……275
今山の戦い　いまやまのたたかい……171
石見銀山　いわみぎんざん……26、31
岩屋城の戦い　いわやじょうのたたかい……206
上杉景勝　うえすぎかげかつ……294
上杉謙信　うえすぎけんしん……46、48、50、110
上杉朝定　うえすぎともさだ……22
上杉憲政　うえすぎのりまさ……22、47
上田合戦（第一次）　うえだかっせん（だいいちじ）……186
上田合戦（第二次）　うえだかっせん（だいにじ）……304
上田城　うえだじょう……184、186、304、324
宇喜多直家　うきたなおいえ……52
宇喜多秀家　うきたひでいえ……228、230
臼杵城　うすきじょう……200
打込接ぎ　うちこみはぎ……275
内城　うちじょう……208、210、286
宇土城　うとじょう……284
蔚山城の戦い　うるさんじょうのたたかい……231

江尻城　えじりじょう……96
江戸城　えどじょう……244、247、302
お市の方　おいちのかた……92、162、233
応仁の乱　おうにんのらん……16
大内義隆　おおうちよしたか……33
大江匡房　おおえのまさふさ……236
大坂城　おおさかじょう……126、322、328、330、332
大坂夏の陣　おおさかなつのじん……332
大坂冬の陣　おおさかふゆのじん……322
大袖　おおそで……164
大多喜城　おおたきじょう……254
太田城　おおたじょう……194
大谷吉継　おおたによしつぐ……288
大津城の戦い　おおつじょうのたたかい……292
大友宗麟　おおともそうりん……200
大鎧　おおよろい……164
岡崎城　おかざきじょう……245
お梶の方　おかじのかた……335
岡山城　おかやまじょう……229、282
沖田畷の戦い　おきたなわてのたたかい……172
桶狭間の戦い　おけはざまのたたかい……66
岡豊城　おこうじょう……182
織田有楽斎　おだうらくさい……175
小谷城　おだにじょう……80
小谷城の戦い　おだにじょうのたたかい……92
織田信雄　おだのぶかつ……174、178
織田信長　おだのぶなが……58、66、84、90、92、98、116、118、136
織田信康　おだのぶやす……272
小田原城の戦い　おだわらじょうのたたかい……48、218
小田原評定　おだわらひょうじょう……215
おね……232、271

## か

海津城　かいづじょう……50
甲斐姫　かいひめ……238
花押　かおう……271
鶴翼の陣　かくよくのじん……237
掛川城　かけがわじょう……264
影武者　かげむしゃ……41
過所旗　かしょき……105
春日山城　かすがやまじょう……46、49
片倉小十郎　かたくらこじゅうろう……192
月山富田城　がっさんとだじょう……30
甲冑　かっちゅう……164、166
勝山城　かつやまじょう……258
加藤清正　かとうきよまさ……156、272
加藤嘉明　かとうよしあき……268、274
金沢城　かなざわじょう……150
金山城　かねやまじょう……176
狩野永徳　かのうえいとく……315
上泉信綱　かみいずみのぶつな……316
亀山城　かめやまじょう……112
蒲生氏郷　がもううじさと……221、224
河越城　かわごえじょう……21、22
河越夜戦　かわごえやせん……22
川中島の戦い　かわなかじまのたたかい……50
雁行の陣　がんこうのじん……237
神流川の戦い　かんながわのたたかい……71
関白　かんぱく……128
北ノ庄城の戦い　きたのしょうじょうのたたかい……162
木津川口の戦い（第一次）　きづがわぐちのたたかい（だいいちじ）……91、107
木津川口の戦い（第二次）　きづがわぐちのたたかい（だいにじ）……91、106
吉川経家　きっかわつねいえ……140
吉川広家　きっかわひろいえ……281
吉川元春　きっかわもとはる……144
木村重成　きむらしげなり……120
京極高次　きょうごくたかつぐ……233、292
清洲城　きよすじょう……128、174
魚鱗の陣　ぎょりんのじん……237

切込接ぎ　きりこみはぎ……275
キリシタン……153、200、285
銀閣　ぎんかく……15
近習衆　きんじゅしゅう……38
九鬼水軍　くきすいぐん……102
九鬼嘉隆　くきよしたか……102
草摺　くさずり……164
九度山　くどやま……305
国崩　くにくずし……201
熊本城　くまもとじょう……156、272
車懸りの陣　くるまがかりのじん……237
曲輪　くるわ……273
黒田官兵衛　くろだかんべえ……45、134、143、148
黒田長政　くろだながまさ……262
軍師　ぐんし……44
軍配　ぐんばい……44
慶長の役　けいちょうのえき……230
顕如　けんにょ……88、90
江　ごう……233、303
甲州金　こうしゅうきん……35
高知城　こうちじょう……274
豪姫　ごうひめ……229
甲府城　こうふじょう……222
小西行長　こにしゆきなが……284
小荷駄奉行　こにだぶぎょう……39
小早　こはや……105
小早川隆景　こばやかわたかかげ……142
小早川秀秋　こばやかわひであき……282、310
小牧・長久手の戦い　こまき・ながくてのたたかい……178
小松姫　こまつひめ……235

## さ

雑賀衆　さいかしゅう……87
雑賀孫一　さいかまごいち……86
妻女山　さいじょさん……50
斉藤道三　さいとうどうさん……52、62、73
斎藤義龍　さいとうよしたつ……72
酒井忠次　さかいただつぐ……250
榊原康政　さかきばらやすまさ……84、256
佐賀城　さがじょう……168、170
佐竹義重　さたけよししげ……194、196
佐竹義宣　さたけよしのぶ……195
真田信之　さなだのぶゆき……326
真田昌幸　さなだまさゆき……184、186、304
真田丸　さなだまる……322
真田幸村　さなだゆきむら……322、324、326、332
ザビエル……209
侍　さむらい……39
佐和山城　さわやまじょう……68、252、276
三献の儀　さんこんのぎ……44
三法師　さんぼうし……160
志賀の陣　しがのじん……81
賤ケ岳の七本槍　しずがたけのしちほんやり……161
賤ケ岳の戦い　しずがたけのたたかい……160
柴田勝家　しばたかついえ……108、110、160、162
柴田勝豊　しばたかつとよ……275
島左近　しまさこん……278
島津家久　しまづいえひさ……172、212
島津貴久　しまづたかひさ……208
島津歳久　しまづとしひさ……213
島津義久　しまづよしひさ……210、213
島津義弘　しまづよしひろ……213、286
守護大名　しゅごだいみょう……15
浄土真宗　じょうどしんしゅう……89
白石城　しろいしじょう……192
陣形　じんけい……236
陣羽織　じんばおり……198
陣場奉行　じんばぶぎょう……39
新府城　しんぷじょう……94
崇伝　すうでん……335
陶晴賢　すえはるかた……28、32

墨俣城　すのまたじょう……131
相撲奉行　すもうぶぎょう……119
諏訪御料人　すわごりょうにん……36
征夷大将軍　せいいたいしょうぐん……313
関ケ原の戦い　せきがはらのたたかい……310、312
戦国大名　せんごくだいみょう……19
仙台城　せんだいじょう……191
千利休　せんのりきゅう……220
千姫　せんひめ……329

## た

太原雪斎　たいげんせっさい……45、65
太政大臣　だいじょうだいじん……128
高槻城　たかつきじょう……152
高天神城　たかてんじんじょう……95
高橋紹運　たかはしじょううん……204、206
高山右近　たかやまうこん……152、221
滝川一益　たきがわかずます……70
武田勝頼　たけだかつより……94、98
武田信玄　たけだしんげん……34、38、50、248
武田信繁　たけだのぶしげ……40
武田信虎　たけだのぶとら……35
竹中半兵衛　たけなかはんべえ……132
太刀打ち　たちうち……77
立花城　たちばなじょう……202
立花道雪　たちばなどうせつ……202
立花宗茂　たちばなむねしげ……290、292
伊達輝宗　だててるむね……189
館林城　たてばやしじょう……256
伊達政宗　だてまさむね……188、196
田辺城の戦い　たなべじょうのたたかい……293
俵屋宗達　たわらやそうたつ……314
茶道　ちゃどう……220
茶の湯　ちゃのゆ……220
中国大返し　ちゅうごくおおがえし……148
千代　ちよ……234、265
朝鮮出兵　ちょうせんしゅっぺい……230
長宗我部元親　ちょうそかべもとちか……182
長蛇の陣　ちょうだのじん……237
使番　つかいばん……39
塚原卜伝　つかはらぼくでん……316
築山殿　つきやまどの……235
躑躅ケ崎館　つつじがさきやかた……34、37、40
角隈石宗　つのくませきそう……45
鶴ケ城　つるがじょう……224
敦賀城　つるがじょう……288
鉄甲船　てっこうせん……106
鉄砲狭間　てっぽうさま……100
鉄砲奉行　てっぽうぶぎょう……38
手取川の戦い　てどりがわのたたかい……110
天海　てんかい……334
天正遣欧少年使節　てんしょうけんおうしょうねんしせつ……201
天王山　てんのうざん……148
天王寺の戦い　てんのうじのたたかい……91
当世具足　とうせいぐそく……165
藤堂高虎　とうどうたかとら……266、275
藤堂高刑　とうどうたかのり……120
胴丸　どうまる……164
胴乱　どうらん……101
徳川家康　とくがわいえやす……84、98、178、244、248、310、322、332、334
徳川四天王　とくがわしてんのう……334
徳川秀忠　とくがわひでただ……302、304
鳥取城の戦い　とっとりじょうのたたかい……140
鳥羽城　とばじょう……102
富田信高　とみたのぶたか……238
豊臣秀長　とよとみひでなが……180
豊臣秀吉　とよとみひでよし……126、138、140、148、160、162、178、218
豊臣秀頼　とよとみひでより……322、328、332
鳥居強右衛門　とりいすねえもん……120

鳥居元忠　とりいもとただ……186
蜻蛉切　とんぼきり……255

な

直江兼続　なおえかねつぐ……296、300
長柄組　ながえぐみ……77
長尾為景　ながおためかげ……47
長久手の戦い　ながくてのたたかい……179
長篠城　ながしのじょう……98
長篠の戦い　ながしののたたかい……98
中津城　なかつじょう……134
長浜城　ながはまじょう……139
長良川の戦い　ながらがわのたたかい……73
七尾城　ななおじょう……110
鍋島直茂　なべしまなおしげ……170
南蛮　なんばん……198
二条御所　にじょうごしょ……117
二条城　にじょうじょう……74
丹羽長秀　にわながひで……68
忍者　にんじゃ……39、258
濃姫　のうひめ……232
能島　のしま……105
野面積み　のづらづみ……275

は

羽黒の戦い　はぐろのたたかい……179
長谷川等伯　はせがわとうはく……314
支倉常長　はせくらつねなが……191
長谷堂城の戦い　はせどうじょうのたたかい……300
畠山義継　はたけやまよしつぐ……189、196
蜂須賀小六　はちすかころく……130
蜂須賀城　はちすかじょう……130
初　はつ……233
服部半蔵　はっとりはんぞう……258
馬場信春　ばばのぶはる……97
馬防柵　ばぼうさく……99
腹巻　はらまき……165
半蔵門　はんぞうもん……259
比叡山　ひえいざん……81
彦根城　ひこねじょう……273
人取橋の戦い　ひととりばしのたたかい……196
火縄銃　ひなわじゅう……100
日野山城　ひのやまじょう……144
姫路城　ひめじじょう……272
百万一心　ひゃくまんいっしん……25
平城　ひらじろ……273
平山城　ひらやまじろ……273

広島城　ひろしまじょう……158
福岡城　ふくおかじょう……262
福島正則　ふくしままさのり……158
伏見城の戦い　ふしみじょうのたたかい……293
古田織部　ふるたおりべ……221
文禄の役　ぶんろくのえき……230
碧蹄館の戦い　へきていかんのたたかい……231
戸次川の戦い　へつぎがわのたたかい……213
方円の陣　ほうえんのじん……237
鋒矢の陣　ほうしのじん……237
北条氏直　ほうじょううじなお……215、218
北条氏政　ほうじょううじまさ……214、218
北条氏康　ほうじょううじやす……20、22、215
北条早雲　ほうじょうそううん……18
細川勝元　ほそかわかつもと……15、16
細川ガラシャ　ほそかわがらしゃ……234
細川忠興　ほそかわただおき……221、260
細川幽斎　ほそかわゆうさい……261
菩提山城　ぼだいさんじょう……132
堀尾吉晴　ほりおよしはる……226
本陣　ほんじん……38
本多重次　ほんだしげつぐ……270
本多忠勝　ほんだただかつ……254
本多正信　ほんだまさのぶ……334

本能寺の変　ほんのうじのへん……116

## ま

麻阿姫　まあひめ……109
前田慶次　まえだけいじ……154
前田利家　まえだとしいえ……150
前田利長　まえだとしなが……167
まつ……235
松江城　まつえじょう……226
松下加兵衛　まつしたかへえ……127
松永久秀　まつながひさひで……52、221
松本城　まつもとじょう……273
松山城　まつやまじょう……274
厩橋城　まやばしじょう……70
丸岡城　まるおかじょう……275
丸亀城　まるがめじょう……274
三方ケ原の戦い　みかたがはらのたたかい……248
美濃攻略戦　みのこうりゃくせん……136
三原城　みはらじょう……142
耳川の戦い　みみかわのたたかい……211
宮本武蔵　みやもとむさし……315、316
村上水軍　むらかみすいぐん……29、104
村上武吉　むらかみたけよし……104、106
毛利隆元　もうりたかもと……27
毛利輝元　もうりてるもと……27、280
毛利元就　もうりもとなり……24、28
最上義光　もがみよしあき……270、298、300
母里友信　もりとものぶ……159
森長可　もりながよし……176、178
森可成　もりよしなり……177
森蘭丸　もりらんまる……177

## や

柳川城　やながわじょう……290
山内一豊　やまうちかずとよ……264、274
山形城　やまがたじょう……298
山県昌景　やまがたまさかげ……96
山崎の戦い　やまざきのたたかい……148
山城　やまじろ……273
大和郡山城　やまとこおりやまじょう……180
山中鹿之介　やまなかしかのすけ……31
山名宗全　やまなそうぜん……15、16
山本勘助　やまもとかんすけ……42
槍　やり……76
右筆　ゆうひつ……271
ゆき……238
弓奉行　ゆみぶぎょう……38
与板城　よいたじょう……296
吉田郡山城　よしだこおりやまじょう……26
吉田城　よしだじょう……250
淀殿　よどどの……233、330
米沢城　よねざわじょう……294

## ら

李舜臣　りしゅんしん……230
龍造寺隆信　りゅうぞうじたかのぶ……168、172
ルイス・フロイス……118
六連銭　ろくれんせん……185、326
露梁海戦　ろりょうかいせん……231

## わ

和歌川の戦い　わかがわのたたかい……87
若山城　わかやまじょう……32

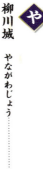

263 黒田長政画像（福岡市博物館所蔵）／銀箔押一の谷形兜（福岡市博物館所蔵 藤本健八撮影）

265 山内一豊画像（東京大学史料編纂所所蔵[模写]）

267 藤堂高虎画像（東京大学史料編纂所所蔵[模写]）

270 織田信長の印（国立国会図書館所蔵）

271 豊臣秀吉の花押（国立国会図書館所蔵）

272 池田輝政画像（東京大学史料編纂所所蔵[模写]）

273 井伊直孝画像（東京大学史料編纂所所蔵[模写]）

274 生駒親正画像（東京大学史料編纂所所蔵[模写]）

277 石田三成画像（東京大学史料編纂所所蔵[模写]）

279 太平記英雄伝 嶋左近友之（山口県立萩美術館・浦上記念館所蔵）／戦死する左近（国立国会図書館書所蔵）

281 毛利輝元画像（東京大学史料編纂所所蔵[模写]）／紅地一に三つ星紋旗（山口県立山口博物館所蔵）

283 小早川秀秋画像（東京大学史料編纂所所蔵[模写]）

287 島津義弘画像（尚古集成館所蔵）

291 立花宗茂画像（東京大学史料編纂所所蔵[模写]）

292 京極高次画像（東京大学史料編纂所所蔵[模写]）

295 上杉景勝画像（米沢市上杉博物館所蔵）

297 直江兼続画像（米沢市上杉博物館所蔵）

299 長谷堂合戦図屛風[複製]（写真提供：最上義光歴史館）

303 徳川秀忠画像（東京大学史料編纂所所蔵[模写]）／崇源院[江様]肖像（養源院所蔵）

313 大日本名将鑑 徳川家康公（山口県立萩美術館・浦上記念館所蔵）

314 松島図屛風（ユニフォトプレス写真提供）

316 宮本武蔵画像（東京大学史料編纂所所蔵[模写]）／塚原ト伝画像（東京大学史料編纂所所蔵[模写]）／足利義輝画像（東京大学史料編纂所所蔵[模写]）

325 真田幸村画像（上田市立博物館所蔵）

326 真田父子犬伏密談図（上田市立博物館所蔵）

327 六連銭軍旗（上田市立博物館所蔵）

329 豊臣秀頼公肖像（養源院所蔵）

334 本多正信画像（東京大学史料編纂所所蔵[模写]）／天海僧正画像（東京大学史料編纂所所蔵[模写]）

335 本光国師[以心崇伝]画像（東京大学史料編纂所所蔵[模写]）

## 主要参考文献

『完訳フロイス日本史② 信長とフロイス 織田信長篇Ⅱ』松田毅一・川崎桃太訳（中公文庫）／『戦国武将100 家紋・旗・馬印FILE』大野信長（学研）／『歴史群像シリーズ特別編集 決定版 図説 戦国武将118』（学研）／『戦国武将「旗指物」大鑑』加藤鐵雄（彩流社）／『詳説日本史図録』（山川出版社）／『詳説日本史B』（山川出版社）／『日本史B用語集』全国歴史教育研究協議会（山川出版社）／『ビジュアルワイド　図説日本史』（東京書籍）／『歴史文学地図 地図で知る戦国 上巻・下巻』（武揚堂）

151 前田利家画像（東京大学史料編纂所所蔵[模写]）

157 加藤清正（国立国会図書館所蔵）

159 黒漆塗桃形大水牛脇立兜（福岡市博物館所蔵 藤本健八撮影）／福島正則画像（東京大学史料編纂所所蔵[模写]）

161 佐久間盛政（国立国会図書館所蔵）

166 朱塗合子形兜（福岡市博物館所蔵 藤本健八撮影）

169 龍造寺隆信像（佐賀県立博物館所蔵）／紺糸威桶側二枚胴具足[佐賀県重要文化財]（佐賀県立博物館所蔵）

171 鍋島直茂（国立国会図書館所蔵）

175 織田信雄画像（丹波市教育委員会所蔵）

177 森長可（国立国会図書館所蔵）

181 豊臣秀長像（春岳院所蔵）

183 長曽我部元親画像（東京大学史料編纂所所蔵[模写]）

185 真田昌幸画像（上田市立博物館所蔵）／真田昌幸着用具足（上田市立博物館所蔵）

186 鳥居元忠（国立国会図書館所蔵）

189 伊達政宗画像（東京大学史料編纂所所蔵[模写]）

195 佐竹義重所用黒漆紺糸威具足（秋田市立佐竹史料館所蔵）

209 島津貴久像（尚古集成館所蔵）

211 島津軍旗（尚古集成館所蔵）

213 島津家久（国立国会図書館所蔵）

215 北条氏政像（小田原城天守閣所蔵）／北条氏直像（小田原城天守閣所蔵）

220 傘亭（高台寺写真提供）

221 松永久秀（国立国会図書館所蔵）

223 浅野長政画像（東京大学史料編纂所所蔵[模写]）／浅野幸長画像（東京大学史料編纂所所蔵[模写]）

225 蒲生氏郷画像（東京大学史料編纂所所蔵[模写]）

227 太平記英雄伝 堀尾茂助吉晴（山口県立萩美術館・浦上記念館所蔵）

229 宇喜多秀家画像（岡山城天守閣所蔵）

232 豊臣秀吉室[浅野氏高台院湖月心公]画像（東京大学史料編纂所所蔵[模写]）

233 浅井長政室[織田氏]画像（東京大学史料編纂所所蔵[模写]）／京極高次画像（東京大学史料編纂所所蔵[模写]）

234 山内一豊室[若宮氏]画像（東京大学史料編纂所所蔵[模写]）／今古誠画浮世画類考之内 慶長五年之頃 細川忠興室 河北石見 小笠原勝斎（山口県立萩美術館・浦上記念館所蔵）

235 東錦昼夜競 真田信幸室おすみの方（山口県立萩美術館・浦上記念館所蔵）

236 大江匡房（国立国会図書館所蔵）

245 徳川家康画像（東京大学史料編纂所所蔵[模写]）

246 黒塗南蛮鉢歯朶前立兜（福岡市博物館所蔵 藤本健八撮影）

251 酒井忠次（国立国会図書館所蔵）

253 井伊直政画像（東京大学史料編纂所所蔵[模写]）

255 本多忠勝画像[武装]（東京大学史料編纂所所蔵[模写]）

257 榊原康政画像（東京大学史料編纂所所蔵[模写]）

259 服部半蔵（国立国会図書館所蔵）

261 細川忠興画像（東京大学史料編纂所所蔵[模写]）／細川藤孝画像（東京大学史料編纂所所蔵[模写]）

## 写真資料所蔵・提供一覧

15 足利義政画像（東京大学史料編纂所所蔵[模写]）

19 北条早雲画像（小田原城天守閣所蔵）

21 北条氏康画像（小田原城天守閣所蔵）

25 毛利元就画像（東京大学史料編纂所所蔵[模写]）

27 毛利隆元画像（東京大学史料編纂所所蔵[模写]）／吉川広家画像（東京大学史料編纂所所蔵[模写]）

31 尼子晴久像（山口県立山口博物館所蔵）／山中鹿之介（国立国会図書館所蔵）

33 陶晴賢（国立国会図書館所蔵）／大内義隆画像（東京大学史料編纂所所蔵[模写]）

35 武田[信玄]晴信画像（東京大学史料編纂所所蔵[模写]）／武田信虎画像（東京大学史料編纂所所蔵[模写]）

36 諏訪法性兜（諏訪湖博物館・赤彦記念館所蔵）

41 武田信繁（国立国会図書館所蔵）

43 川中島合戦図屏風（米沢市上杉博物館所蔵）

45 太原雪斎像（臨済寺所蔵）

47 上杉謙信像（米沢市上杉博物館所蔵）

59 織田信長像（提供：PPA/アフロ）

60 長篠合戦図屏風（長浜城歴史博物館所蔵）

63 斎藤[道三]利政画像（東京大学史料編纂所所蔵[模写]）

65 今川義元（国立国会図書館所蔵）

69 丹羽長秀画像（東京大学史料編纂所所蔵[模写]）

71 滝川一益（国立国会図書館所蔵）

73 斎藤義竜画像（東京大学史料編纂所所蔵[模写]）

75 足利義昭画像（東京大学史料編纂所所蔵[模写]）

79 朝倉義景像（心月寺所蔵）

81 浅井長政画像（東京大学史料編纂所所蔵[模写]）

87 雑賀孫一（国立国会図書館所蔵）

89 顕如上人画像（東京大学史料編纂所所蔵[模写]）／石山本願寺（国立国会図書館所蔵）

95 武田勝頼画像（東京大学史料編纂所所蔵[模写]）

97 山県昌景（国立国会図書館所蔵）／馬場信春（国立国会図書館所蔵）

103 九鬼嘉隆画像（東京大学史料編纂所所蔵[模写]）

109 柴田勝家像（福井市立郷土歴史博物館所蔵）

113 伝明智光秀画像（東京大学史料編纂所所蔵[模写]）

118 織田信長像（提供：PPA/アフロ）

120 落合左平次道次背旗（東京大学史料編纂所所蔵）／関ケ原合戦図屏風（岐阜市歴史博物館所蔵）

127 豊臣秀吉画像（東京大学史料編纂所所蔵[模写]）

128 清洲城の工事（国立国会図書館所蔵）

129 豊臣秀次（国立国会図書館所蔵）

131 蜂須賀正勝画像（東京大学史料編纂所所蔵[模写]）／小六と秀吉（国立国会図書館所蔵）

133 竹中重治画像（東京大学史料編纂所所蔵[模写]）／半兵衛を説得する秀吉（国立国会図書館所蔵）

135 黒田官兵衛像（福岡市博物館所蔵）

136 斎藤龍興（国立国会図書館所蔵）

143 小早川隆景画像（東京大学史料編纂所所蔵[模写]）

145 吉川元春画像（東京大学史料編纂所所蔵[模写]）

# イラストレーター紹介

## あおひと

足利義政／応仁の乱／今川義元／雑賀孫一／前田慶次／森長可／小牧・長久手の戦い／佐竹義重／島津貴久／蒲生氏郷／藤堂高虎

## おつけもの

陶晴賢／斎藤義龍／加藤清正／宇喜多秀家／山内一豊／小西行長／徳川秀忠

## カゼマチ

尼子晴久／九鬼嘉隆／黒田官兵衛／福島正則／酒井忠次

## 喜久家系

滝川一益／武田勝頼／龍造寺隆信／豊臣秀長／高橋紹運／島津家久／堀尾吉晴／榊原康政／加藤嘉明／上杉景勝

## 添田一平

姉川の戦い／山崎の戦い／賤ケ岳の戦い

## 福田彰宏

北条早雲／北条氏康／河越夜戦／毛利元就／武田信玄／上杉謙信／川中島の戦い／織田信長／桶狭間の戦い／柴田勝家／明智光秀／本能寺の戦い／豊臣秀吉／前田利家／真田昌幸／伊達政宗／徳川家康／三方ケ原の戦い／本多忠勝／石田三成／大谷吉継

## なんばきび

山本勘助／斎藤道三／足利義昭／山県昌景／蜂須賀小六／立花道雪／服部半蔵／島津義弘／最上義光

## ホマ蔵

丹羽長秀／朝倉義景／鍋島直茂／小早川秀秋

## 山口直樹

顕如／吉川元春／織田信雄／大友宗麟／島津義久／浅野長政／黒田長政／毛利輝元／豊臣秀頼

## Natto-7

武田信繁／浅井長政／村上武吉／小早川隆景／片倉小十郎／北条氏政／井伊直政／細川忠興／島左近／立花宗茂／直江兼続／大坂冬の陣／真田幸村／大坂夏の陣

## tsumo

小谷城の戦い／竹中半兵衛／高山右近／長宗我部元親／濃姫／淀殿

## 狛ヨイチ

1章および5章カットイラスト・「なるほどエピソード」・「名勝負」・「ウソ？ホント!?」・「戦国のきずな」、「戦国おもしろベスト3」、4コママンガ

## pigumo

2章および4章カットイラスト・「なるほどエピソード」・「名勝負」・「ウソ？ホント!?」・「戦国のきずな」

## 松浦はこ

3章カットイラスト・「なるほどエピソード」・「名勝負」・「ウソ？ホント!?」・「戦国のきずな」

## 掘口順一朗

1～5章軍旗・馬印

# マンガ家紹介

## 藤科遥市

1～5章プロローグマンガ、マンガ金ケ崎の戦い、マンガ本能寺の変、マンガ中国大返し、マンガ小田原城の戦い、マンガ関ケ原の戦い

●監修者紹介　矢部 健太郎

[やべ けんたろう]

1972年、東京都生まれ。國學院大學大学院文学研究科日本史学専攻博士課程後期修了、博士（歴史学）。現在、國學院大學文学部教授。専門は日本中世史および室町・戦国・安土桃山時代の政治史。おもな著書に、『豊臣政権の支配秩序と朝廷』（吉川弘文館）、『関ヶ原合戦と石田三成』（吉川弘文館）など。監修に『超ビジュアル！日本の歴史人物大事典』『超ビジュアル！日本の歴史大事典』（ともに西東社）がある。

●CG製作 ――― 成瀬京司
●マンガ ――― 藤科遥市
●イラスト ――― 合間太郎　あおひと　奥田みき　おつけもの　カゼマチ　喜久家系　菊屋シロウ　狛ヨイチ　添田一平　中西立太　ナチコ　なんばきび　福田彰宏　堀口順一朗　ホマ蔵　松浦はこ　山口直樹　Natto-7　pigumo　tsumo
●デザイン ――― ダイアートプランニング（坂口博美）
●地図製作 ――― ジェオ
●DTP ――― ダイアートプランニング　明昌堂
●編集協力 ――― 浩然社　入澤宣幸（λプロダクション）　大道寺ちはる

## 超《ちょう》ビジュアル！　戦国《せんごく》武将《ぶしょう》大事典《だいじてん》

2016年 1月15日発行　第1版
2024年 2月20日発行　第2版　第19刷

●監修者 ――― 矢部 健太郎
●発行者 ――― 若松 和紀
●発行所 ――― 株式会社西東社《せいとうしゃ》
〒113-0034 東京都文京区湯島2-3-13
電話　03-5800-3120（代）
URL　https://www.seitosha.co.jp/
本書の内容の一部あるいは全部を無断でコピー、データファイル化することは、法律で認められた場合をのぞき、著作者及び出版社の権利を侵害することになります。
第三者による電子データ化、電子書籍化はいかなる場合も認められておりません。
落丁・乱丁本は、小社「営業」宛にご送付ください。送料小社負担にて、お取替えいたします。
ISBN978-4-7916-2391-4